Naturalismus/Ästhetizismus

Beiträge von Peter Bürger, Hans Sanders, Onno Frels, Lothar Paul, Wilfried Grauert, Gerhard Goebel, Inge Degenhardt, Gert Sautermeister, Andreas Huyssen

Herausgegeben von Christa Bürger, Peter Bürger, Jochen Schulte-Sasse

Suhrkamp Verlag

Hefte für Kritische Literaturwissenschaft 1

edition suhrkamp 992
Erste Auflage 1979

Satz, in Linotype Garamond, Druck und Bindung bei Georg Wagner, Nördlingen. Gesamtausstattung Willy Fleckhaus.

Inhalt

Vorbemerkung der Herausgeber

Die folgenden Ausführungen erheben keinen programmatischen Anspruch, sie geben nur die Überlegungen wieder, die uns zur Herausgabe der Heftreihe veranlassen.

1. Die von Jürgen Habermas im Positivismusstreit angesprochene Gefahr einer Bildung »wissenschaftlicher Subkulturen«, die gegeneinander abgeriegelt sind, läßt sich auch in der Literaturwissenschaft beobachten, und zwar keineswegs nur in der traditionellen. Die Tendenz zur Abkapselung in Zirkel, die einander ignorieren, ist für die Ausarbeitung einer kritischen Kulturwissenschaft zweifellos verhängnisvoll. Dieser Tendenz möchten die »Hefte« entgegenwirken. Sie wollen die sachliche Diskussion verschiedener Ansätze kritischer, materialistischer und historisch-soziologischer Literaturwissenschaft fördern, die sich bisher, wenn überhaupt, nur polemisch aufeinander bezogen haben. Ob die neuerliche Formierung konservativer und reaktionärer Kräfte in der Bundesrepublik, die auch im Bereich der Literaturwissenschaft nicht nur durch Berufsverbote in vielfältiger Weise wirksam ist, die Einsicht in die Notwendigkeit einer solchen Diskussion innerhalb der kritischen Intelligenz erzwingt, wird sich zeigen. Die »Hefte« können dazu allenfalls einen Beitrag leisten.

2. Die Theoriefeindlichkeit der werkimmanenten Interpretation ist nach 1968 durch eine verstärkte Beschäftigung mit Fragen der Literaturtheorie abgelöst worden. Heute läßt sich eine – wie wir meinen: problematische – Tendenz beobachten: Die Literaturtheorie verselbständigt sich immer mehr gegenüber der Arbeit mit literarischen Texten und historischen Dokumenten; daneben besteht die Einzelinterpretation fort, die sich der Auseinandersetzung mit der Literaturtheorie entzieht. Beide Tendenzen sind keineswegs ausschließlich für die traditionelle Literaturwissenschaft charakteristisch. Wir sehen daher eine wesentliche Aufgabe der »Hefte« darin, die Verknüpfung von theoretischer Problemstellung und historischen Fallstudien zu fördern. Das wird am ehesten durch thematische Heftschwerpunkte zu leisten sein, die allerdings mehr bringen müßten als eine Sammlung von Aufsätzen zu einem Gegenstandsbereich, nämlich Arbeiten, die von einer gemeinsamen Problemstellung ausgehen und untereinander in einem erkennbaren Diskussionszusammenhang stehen.

3. Kritische Wissenschaft setzt nicht abstrakt die »richtige« Auffassung der traditionellen entgegen, sondern entwickelt Probleme und Fragen in Auseinandersetzung mit den fortgeschrittensten Ansätzen traditioneller Wissenschaft. Wenn daher in den »Heften« strukturalistische, rezeptionsästhetische und semiotische Ansätze erörtert werden, so geschieht dies zum einen, um aus deren Brüchen und Widersprüchen Elemente einer kritischen Literaturwissenschaft zu gewinnen, die auf eine Kritik der Kultur in der bürgerlichen Gesellschaft abzielt, zum andern, um Möglichkeiten einer wissenschaftstheoretisch fundierten Verknüpfung verschiedener Ansätze zu erproben (z. B. semiotisch-strukturalistischer und historisch-kritischer) und so sowohl der medialen Eigenart als auch der Geschichtlichkeit von Literatur gerecht zu werden.

4. Die Notwendigkeit, die herkömmliche Fächertrennung zu überwinden und neue Formen interdisziplinärer Zusammenarbeit zu entwickeln, ist hinlänglich diskutiert worden. Inzwischen sind die Schwierigkeiten, die der Verwirklichung dieses Programms entgegenstehen, deutlich geworden. Im Kontext der technokratischen Hochschulreform droht die Forderung nach Interdisziplinarität unterzugehen. Solange die Wissenschaftsorganisation an den Universitäten noch an die Systematik herkömmlicher Einzelfächer gebunden ist, wird man über eine allerdings sorgfältig abzuwägende Einbeziehung der Ergebnisse von Nachbardisziplinen nur selten hinausgelangen.

5. Die »Hefte« wenden sich an Studenten und Lehrende. Sie wollen Organ der Selbstverständigung kritischer Literaturwissenschaft sein und zur Verbreitung kritischer Wissenschaft beitragen. Die Verknüpfung beider Aufgaben macht wissenschaftliche Genauigkeit und Verständlichkeit der Darstellung notwendig. Die Linke hat durch ihre elitäre Sprache selbst mit zu ihrer gesellschaftlichen Isolierung beigetragen.

6. Zum Aufbau der Hefte:

Neben den Einzelbeiträgen zum thematischen Schwerpunkt sollen die »Hefte« nach Möglichkeit folgende Rubriken enthalten:

– Statt traditioneller Forschungsberichte, die die Gesamtheit der Publikationen zu einem Gegenstand aufarbeiten, was nicht selten einer bloß quantitativen Auffassung wissenschaftlichen Fortschritts Vorschub leistet, problemorientierte Literaturberichte zum Heftschwerpunkt, in denen auch Methode und Erkenntnisinteresse zum Objekt der Kritik werden.

– Eine Auswahlbibliographie zu denjenigen Bereichen des Heftschwerpunkts, die nicht in Literaturberichten erfaßt werden.

– Ein Diskussionsteil über den Themenschwerpunkt des voraufgegangenen Hefts (Höchstumfang des Einzelbeitrags: 5 Manuskriptseiten).

– Statt herkömmlicher Rezensionen in Ausnahmefällen ausführliche Erörterungen methodisch relevanter Einzelarbeiten.

Folgende Hefte sind in der Planung (die »Hefte« werden in unregelmäßiger Folge erscheinen):

Heft 2: Aufklärung und literarische Öffentlichkeit, Hrsg. Jochen Schulte-Sasse

Heft 3: Trennung von ernster und Unterhaltungs-Literatur, Hrsg. Christa Bürger

Heft 4: Funktionswandel der Literatur, Hrsg. Peter Bürger.

Peter Bürger

Einleitung: Naturalismus und Ästhetizismus als rivalisierende Institutionalisierungen der Literatur

Vergangenheit erschließt sich nicht einer naiven Anschauung des Vorhandenen. Was dem Interpreten als solche erscheint, ist in Wahrheit das Resultat der Anwendung unreflektiert bleibender Kategorien, wie unscharf diese auch sein mögen. Um Vergangenheit als eine für die Gegenwart bedeutsame zu erkennen, bedarf es reflektierter Anwendung präziser Kategorien, die zueinander in einem rational bestimmbaren Verhältnis stehen. Anders formuliert: eine kritisch-hermeneutische Aneignung der Vergangenheit ist auf Geschichtskonstruktion angewiesen.

Da die Mehrzahl der in diesem Band vereinigten Arbeiten implizit oder explizit auf die von mir in der *Theorie der Avantgarde* vorgeschlagene Konstruktion der Entwicklung der Kunst in der bürgerlichen Gesellschaft Bezug nimmt und die Ergebnisse eine Korrektur der Konstruktion nahelegen, dürfte es zweckmäßig sein, den Ausgangspunkt der gemeinsamen Arbeit noch einmal zu umreißen[1]. Der Begriff der Institution Kunst, wie er in der *Theorie der Avantgarde* verwendet wird, soll die Formbestimmtheit (im Marxschen Wortsinn) der Kunst in der bürgerlichen Gesellschaft bezeichnen, ohne diese vorschnell mit der Warenform gleichzusetzen. Der Begriff zielt auf die Verkehrsform, die in der entfalteten bürgerlichen Gesellschaft den Umgang mit Kunstwerken regelt. Diese, so lautete die These, ist charakterisiert durch den Autonomiestatus der Werke (ihre Abgehobenheit von der Lebenspraxis und Freisetzung von unmittelbaren gesellschaftlichen Verwendungsansprüchen). Der Begriff benennt also eine Vermittlungsebene zwischen Einzelwerk und Gesellschaft. Wenn man annimmt, daß die so charakterisierte Verkehrsform in

1 Die Arbeiten von Wilfried Grauert, Lothar Paul, Gert Sautermeister und von mir sind im Zusammenhang eines vom SS 1977 bis SS 1978 gemeinsam an der Universität Bremen veranstalteten Projekts »Krise der Literatur um 1900« entstanden; die Arbeiten von Onno Frels und Hans Sanders im Rahmen eines mit dem Projekt verbundenen Forschungskolloquiums.

der bürgerlichen Gesellschaft konstant bleibt, dann sind Veränderungen der Kunst vor allem auf der Ebene der Einzelwerke auszumachen. In der vorgeschlagenen Konstruktion kommt dem Ästhetizismus eine zentrale Stelle zu als Fluchtpunkt einer Entwicklung, die auf die Aufhebung des Spannungsverhältnisses zwischen institutionellem Rahmen (Autonomiestatus) und möglichen politischen Gehalten der Einzelwerke hindrängt.

Aus Gründen, die mit der Entwicklung des Bürgertums nach seiner politischen Machteroberung zusammenhängen, tendiert die Spannung zwischen institutionellem Rahmen und Gehalten der Einzelwerke in der zweiten Hälfte des 19. Jahrhunderts dazu, zu verschwinden. Die Abgehobenheit von der Lebenspraxis, die immer schon den institutionellen Status der Kunst in der bürgerlichen Gesellschaft ausgemacht hat, wird nun zum Gehalt der Werke. Institutioneller Rahmen und Gehalte fallen zusammen. Der realistische Roman des 19. Jahrhunderts dient noch dem Selbstverständnis der Bürger. Die Fiktion ist Medium einer Reflexion über das Verhältnis des Individuums zur Gesellschaft. Im Ästhetizismus verliert die Thematik an Bedeutung zugunsten einer immer größeren Konzentration der Kunstproduzenten auf das Medium selbst.[2]

An dieser Konstruktion ist bedenkenswerte Kritik geübt worden. So hat z. B. Henning Krauß darauf hingewiesen, daß damit zwar eine dominierende Entwicklungstendenz der Kunst in der entfalteten bürgerlichen Gesellschaft zutreffend gefaßt sei, daß aber gegenläufige Tendenzen besonders nach dem Ästhetizismus (wie z. B. die *littérature engagée* in Frankreich zwischen 1940 und 1948) aus der Konstruktion herausfielen[3]. Selbstverständlich

2 P. Bürger, *Theorie der Avantgarde* (ed. suhrkamp, 727). Frankfurt 1974, 34 f.

3 Vgl. H. Krauß, *Die Zurücknahme des Autonomiestatus der Literatur im Frankreich der vierziger Jahre* (Vorlage zum Romanistentag in Gießen, Oktober 1977), erscheint in: *Bildung und Ausbildung [. . .]*, hrsg. v. R. Kloepfer u. a. München 1979. Auch Burkhardt Lindner wendet sich gegen eine Verabsolutierung der Geschichtskonstruktion, wenn er meine These vom Scheitern des Angriffs der historischen Avantgardebewegungen auf die Institution Kunst kritisiert: »Wenn als Resultat der Avantgardebewegungen die Bloßlegung, d. h. die Bestätigung eben jener bürgerlichen Institution Kunst, der der avantgardistische Angriff galt, zu bestimmen ist, ist die Chance versperrt, avantgardistische Theoreme und Praktiken wahrzunehmen, die tatsächlich den Rahmen dieser Institution Kunst sprengen« (*Aufhebung der Kunst in Lebenspraxis? [. . .]*, in: *›Theorie der Avantgarde‹. Antworten auf Peter Bürgers Bestimmung von Kunst und bürgerlicher Gesellschaft*, hrsg. v. W. M. Lüdke [ed. suhrkamp, 825]. Frankfurt 1976, 92). Im Gegensatz zu Krauß, der von einer dem Sartreschen Engagement-Begriff verpflichteten Position aus argumentiert, setzt Lindner auf die fortdauernde Wirksamkeit von avantgardistischen

wäre es ein Unding, das Faktum der *littérature engagée* und deren Bedeutung für die Epoche der Résistance und der Nachkriegszeit leugnen zu wollen. Die Frage kann nur lauten: macht der Hinweis eine Korrektur der Geschichtskonstruktion erforderlich? Für den Naturalismus ließe sich ein vergleichbares Problem formulieren: Handelt es sich beim naturalistischen Roman nur um ein Festhalten an aufklärerischen Werkgehalten, oder muß man davon ausgehen, daß hier eine gegen die herrschende Institution Kunst/Literatur gerichtete oppositionelle Institutionalisierung der Literatur vorliegt? So formuliert, enthält die Frage bereits den Ansatz zur Lösung des Problems.

In der *Theorie der Avantgarde* ging es vor allem darum, den Angriff der historischen Avantgardebewegungen auf die herrschende Institution Kunst global zu fassen. Erst nachdem die Kategorie (nicht deren Benennung) derart aus der geschichtlichen Realität gewonnen war, konnte in einem zweiten Schritt der Versuch unternommen werden, sie zum Instrument literatur- und kunstsoziologischer Forschung zu machen[4]. Man muß sich aber darüber im klaren sein, daß sich damit der Status der Kategorie verändert. Er bezeichnet jetzt nicht mehr ausschließlich die Verkehrsform, die in der entfalteten bürgerlichen Gesellschaft den Umgang mit Kunstwerken regelt, sondern allgemein die in einer Gesellschaft (bzw. in einzelnen Klassen und Schichten) geltenden Vorstellungen über Kunst in ihrer sozialen Bedingtheit.

Wird damit nicht, so könnte man fragen, eine Kategorie der bürgerlichen Gesellschaft auf andere Gesellschaftsformationen übertragen, so daß »ganz unter der Hand bürgerliche Verhältnisse als unumstößliche Naturgesetze der Gesellschaft in abstracto untergeschoben werden«[5]. Meine Anstrengung richtete sich vor allem darauf, diese Gleichsetzung zu vermeiden, ohne deshalb einem Historismus das Wort zu reden, der, konsequent zu Ende gedacht, für jede Gesellschaftsformation eigene Kategorien anset-

Praktiken, eine Auffassung, die auch von andern Beiträgern des genannten Bandes geteilt wird.

4 Vgl. P. Bürger, *Institution Kunst als literatursoziologische Kategorie. Skizze einer Theorie des historischen Wandels der gesellschaftlichen Funktion der Literatur*, in: Romanistische Zeitschrift für Literaturgeschichte 1 (1977), 50-76.

5 K. Marx, *Einleitung*, in: ders., *Grundrisse der Kritik der politischen Ökonomie [. . .]*. Frankfurt/Wien o. J., 8 f.

zen müßte[6]. Nicht die besondere Ausprägung der Institution Kunst in der entfalteten bürgerlichen Gesellschaft soll auf andere Gesellschaftsformationen übertragen werden, sondern einzig die abstrakte Kategorie »Vorstellungen über Kunst in ihrer sozialen Bedingtheit, die den Umgang mit Kunstwerken regeln«. Vielleicht wäre es zweckmäßig, diese »verständige Abstraktion«, wie Marx derartige allgemeine Kategorien nennt, als *Institutionalisierung* zu bezeichnen und sie damit auch terminologisch von der *Institution Kunst* abzusetzen als der – so wäre dann zu formulieren – herrschenden Institutionalisierung der Kunst in der bürgerlichen Gesellschaft.

In diesem Sinne hat Christa Bürger den Ursprung der bürgerlichen Institution Kunst im Kontext der Auseinandersetzung zwischen zwei rivalisierenden Institutionalisierungen zu erfassen versucht, der höfisch-feudalen, die die Funktion der Kunst vornehmlich auf *divertissement* und Repräsentation festlegt, und der bürgerlich-aufklärerischen, die in Opposition dazu Literatur und Kunst als Medium des moralisch-politischen Selbstverständnisses der Bürger benutzt[7]. Mit der Entwicklung der Autonomiedoktrin und der – allererst noch zu erforschenden – Durchsetzung der Institution Kunst in der entfalteten bürgerlichen Gesellschaft verschwindet der bürgerlich-aufklärerische Literatur- und Kunstbegriff nicht einfach, sondern erhält sich als oppositionelle Institutionalisierung, die unter besonderen historisch-gesellschaftlichen Bedingungen sogar zur epochalen Dominante zu werden vermag, wie das Beispiel der *littérature engagée* zeigt.

Auch der französische Naturalismus ist als eine solche oppositionelle Institutionalisierung aufzufassen, daran lassen die programmatischen Schriften Zolas und die heftige Ablehnung, auf die der Naturalismus gestoßen ist, keinen Zweifel. Ob auch der deutsche Naturalismus als ganzer den gleichen Status hat, wird man nicht vorschnell aus der Anlehnung an Zola folgern dürfen.

6 Vgl. die in der französischen Sozialgeschichtsschreibung geführte Debatte um die Anwendung des Klassenbegriffs auf die feudalabsolutistische Gesellschaft Frankreichs im 17. Jahrhundert. Z. B. R. Mandrou, *Introduction à la France moderne 1500-1640 [. . .]*. ²Paris 1974, 141 ff. und G. Lemarchand, *Der Feudalismus im ländlichen Frankreich in der Neuzeit [. . .]*, in: *Feudalismus. Materialien zur Theorie und Geschichte*, hrsg. v. L. Kuchenbuch / B. Michael (Ullstein Buch, 3354). Frankfurt 1977, 624 ff.

7 Ch. Bürger, *Der Ursprung der bürgerlichen Institution Kunst im höfischen Weimar [. . .]*. Frankfurt 1977; bes. Einleitung und Kap. 1.

Wenn man zum Beispiel von den programmatischen Äußerungen der Münchner Gruppe um die von Michael Georg Conrad herausgegebene Zeitschrift »Die Gesellschaft« ausgeht, wird man die Frage eher verneinen. Trotz des Pathos radikaler Erneuerung und heftiger Polemik gegen in der Tradition der Weimarer Klassik stehende Autoren wie Paul Heyse kommt es nicht zur Formulierung einer in der Tradition der Aufklärung stehenden egalitären Literaturauffassung, die sich der herrschenden Institution Kunst konsequent entgegenstellt, wie dies bei den französischen Naturalisten der Fall ist. Die Zolarezeption Conrads wird vielmehr mit Wagnerkult, Bismarckverehrung und Versatzstücken der Autonomieästhetik zu einer widersprüchlichen Programmatik verbunden, die nichts von der großartigen Einseitigkeit und Konsequenz des Zolaschen Konzepts hat. Conrad geht sogar so weit, den Begriff des Naturalismus im Sinne einer Volkstumsideologie umzudeuten: »Der Naturalismus als Kunstprinzip ist im Grunde nur eine Verstärkung des sozialen Nationalprinzips«, der naturalistische Roman wird damit zum »konzentrierten Volksgeist«[8]. Auch den Berliner Naturalisten gelingt es nicht, eine Alternative zur affirmativen Kultur der bürgerlichen Gesellschaft zu entwikkeln, ihr Versuch, eine proletarische Gegen-Öffentlichkeit aufzubauen, scheitert; in seinem Literaturbericht sieht Andreas Huyssen den Grund für dieses Scheitern vor allem in der Bindung der Sozialdemokratie an den bürgerlich (-autonomen) Kunstbegriff.

Der Frage, warum die in Frankreich konsequenter entwickelten Ansätze zu einer oppositionellen Institutionalisierung der Literatur sich letztlich nicht haben durchsetzen können, gehen mehrere Beiträge des Hefts nach. Es dürfte in diesem Zusammenhang nützlich sein, sich noch einmal zu verdeutlichen, wie sehr der autonome Literaturbegriff auch die Vorstellungen sozialistischer Kritiker beherrscht. Daß Franz Mehring von der Ästhetik Kants ausgeht, ist bekannt. Dieser Kantianismus macht es ihm unmöglich, Zola als Künstler anzuerkennen[9]. Weniger bekannt sind die

8 M. G. Conrad, *Vom vaterländischen Roman*, in: Die Gesellschaft 1 (1885), 833 f.; die Hinweise auf die Programmatik der Münchner Naturalisten und die darin zutage tretende Vermischung von sozialkritischen Impulsen und romantisch-reaktionären Tendenzen verdanke ich einer im Zusammenhang mit dem Bremer Projekt »Krise der Literatur um 1900« entstandenen Arbeit von Anhild Seecamp, *Widersprüche der naturalistischen Ästhetik in Deutschland.*

9 »Seine Romane sind weit mehr reformatorische Mahn- und Weckrufe als reine

Arbeiten von Madelaine Rebérioux zur Literaturkritik der französischen Linken am Ausgang des 19. Jahrhunderts, die deren Traditionalismus aufzeigen[10].

Ich möchte nicht den Versuch machen, die Ergebnisse der einzelnen Beiträge des Hefts zusammenzufassen, weil dadurch deren Argumentation notwendig verkürzt würde. Statt dessen sollen einige Problemfelder benannt werden, die in den Beiträgen bearbeitet werden.

1. *Zur Dialektik des Naturalismus:* Die Auffassung des Naturalismus als einer oppositionellen Institutionalisierung von Literatur, die quersteht zur herrschenden Institution Kunst, darf nicht den Blick für die Tatsache verstellen, daß es eine Ebene gibt, auf der – trotz aller Gegensätze – Naturalismus und Ästhetizismus miteinander vermittelt sind, die Ebene des künstlerischen Materials. Bereits Georg Lukács hat auf Gemeinsamkeiten zwischen Naturalismus und Ästhetizismus hingewiesen. Onno Frels geht dem Problem in der Programmatik und Praxis von Arno Holz nach. Er vermag zu zeigen, wie der »konsequente Naturalismus« von Arno Holz bruchlos in ästhetizistische Positionen übergeht. Die Aufnahme eines Beitrags über Fontane in das Heft wird verständlich, wenn man mit Inge Degenhardt dessen Spätwerk als einen Versuch liest, den Gegensatz von Naturalismus und Ästhetizismus zu überwinden. Die Anlehnung an die traditionelle Autonomieästhetik (»Kunst ist Kunst«) führt in der literarischen Praxis Fontanes nicht zu einer Eliminierung des Politischen.

2. *Zur Dialektik des Ästhetizismus:* Man kann den Ästhetizismus als Radikalisierung der Autonomiedoktrin verstehen, als Tilgung der politischen Gehalte (im Sinne aufklärerischer Verständigung über die moralisch-politischen Normen gesellschaftlichen Handelns) zugunsten einer Konzentration auf die Form. Man wird aber sehen müssen, daß die Transformation politischer Gehalte in wirkungsorientierte Reizmomente zugleich den Weg freimacht sowohl für eine Politisierung des Ästhetizismus, wie D'Annunzio sie vornimmt, als auch für dessen marktkonforme

Kunstwerke« (zit. nach G. Lukács, *Franz Mehring,* in: ders., *Probleme der Ästhetik* [Werke, 10]. Neuwied/Berlin 1969, 397).

10 Vgl. M. Rebérioux, *Zola et la critique,* in: Europe No. 468/469 (avril/mai 1968), 7-16; und: dies., *Avant-garde esthétique et avant-garde politique. Le Socialisme français entre 1890 et 1914,* in: *Esthétique et marxisme* (Coll. 10/18, 838). Paris 1974, 21-39.

Verwendung. Dem zuletzt genannten Aspekt geht der Aufsatz von Gerhard Goebel nach. Am konsequentesten hat sicherlich Nietzsche die in dem Autonomiekonzept angelegte Opposition von Kunst und bürgerlicher Gesellschaft entwickelt, indem er jene in einen radikalen Gegensatz bringt zum Prinzip der Rationalität (vgl. den Beitrag von Gert Sautermeister).

3. *Zur Dialektik der Subjektivität:* Seit der Autonomiesetzung der Kunst in der Ästhetik des deutschen Idealismus wird die Kunst zu derjenigen Institution, die den bürgerlich sozialisierten Individuen ermöglicht, die fortschreitende Rationalisierung aller gesellschaftlichen Bereiche zu ertragen[11]. Nicht mehr in der Auseinandersetzung mit der Gesellschaft bildet sich das Subjekt, sondern im institutionalisierten Freiraum ästhetischer Erfahrung. So korrespondiert dem zumindest partiellen Verlust gesellschaftlicher Erfahrung eine zunehmende Komplexität der Innerlichkeit. Lothar Paul untersucht, wie ein Subjekt, das die gesellschaftliche Wirklichkeit nicht mehr als sinnhafte erfährt, auf die Zumutung reagiert, rationale Welterklärung geben zu sollen (vgl. auch die Beiträge von Bürger und Sanders).

4. *Methodenprobleme der Literatursoziologie*[12]: Die Literatursoziologie, die sich in der Tradition von Hegel und Marx bestimmt, hat bisher verschiedene Erklärungsansätze nebeneinander verwendet: Soziologie des bürgerlichen Schriftstellers, Zurechnung von Werken und Werkgruppen zu sozialen Trägerschichten, Rückgriff auf den literarischen Markt. So hat z. B. Georg Lukács die Tendenz zur Verselbständigung der Beschreibung im naturalistischen Roman aus der veränderten Stellung des bürgerlichen Schriftstellers nach 1848 erklärt, der nicht mehr aktiv am gesellschaftlichen Leben mitwirke wie der Schriftsteller in der Aufstiegsphase des Bürgertums, sondern in die Rolle des bloß passiven Beobachters gedrängt werde[13]. Erich Köhler und seine Schüler haben besonders für das Mittelalter die sozialen

11 Vgl. J. Habermas, *Bewußtmachende oder rettende Kritik – die Aktualität Walter Benjamins,* in: *Zur Aktualität Walter Benjamins,* hrsg. v. S. Unseld (Suhrkamp Taschenbuch, 150). Frankfurt 1972, 192 f.

12 Vgl. dazu den Reader *Literatur- und Kunstsoziologie,* hrsg. v. P. Bürger (suhrkamp taschenbuch wissenschaft, 245). Frankfurt 1978.

13 G. Lukács, *Erzählen oder Beschreiben? [. . .],* in: *Literatur- und Kunstsoziologie,* S. 72-115.

Trägerschichten literarischer Gattungen ausmachen können[14], und Lucien Goldmann hat den allerdings nicht ganz unproblematischen Versuch unternommen, die Romanform aus der Homologie zur Warenform zu erklären[15]. Das Verhältnis, in dem die verschiedenen Ansätze zueinander stehen, ist bislang jedoch nicht hinlänglich geklärt. Die Beiträge von Onno Frels und Wilfried Grauert versuchen, mehrere Erklärungsmodelle miteinander zu verknüpfen, die Beiträge von Hans Sanders und von mir erörtern das angesprochene theoretische Problem am historischen Fall. Die Bedeutung, die dem Begriff der Institution Kunst/Literatur in diesem Zusammenhang zukommt, besteht v. a. darin, daß er erlaubt, die Frage nach der gesellschaftlichen Funktion der Literatur in den Mittelpunkt des Interesses zu rücken.

14 Vgl. z. B. E. Köhler, *Ideal und Wirklichkeit in der höfischen Epik. [. . .]* (Beihefte zur Zeitschrift für Romanische Philologie, 97). [2]Tübingen 1970.
15 L. Goldmann, *Pour une sociologie du roman* (Coll. Idées, 93). Paris 1964.

Peter Bürger

Naturalismus – Ästhetizismus und das Problem der Subjektivität*

1. Vorbemerkung

Von einem längeren Parisaufenthalt nach Deutschland zurückgekehrt, schreibt Hermann Bahr in seinem 1891 veröffentlichten Aufsatz *Die Krisis des Naturalismus:* »Die Neugierde der Lesenden und die Neigung der Schreibenden kehren sich von draußen wieder nach innen, vom Bilde des rings um uns zur Beichte des tief in uns, von dem *rendu de choses visibles* nach den *intérieurs d'âmes*«[1]. Der seismographisch reagierende Hermann Bahr gibt wieder, was er in Pariser Literatenzirkeln aus dem Umkreis des Ästhetizismus erfahren hat. Der konservative Kritiker Ferdinand Brunetière hatte Anfang der 80er Jahre den Naturalismus noch mit dem Instrumentarium der traditionellen Kritik bekämpft und Zola literarische Unbildung und Kulturlosigkeit vorgeworfen; er hatte die *bienséance*-Regeln der klassischen Literaturdoktrin zur Anwendung gebracht[2]. Die Naturalismus-Kritik des Ästhetizismus richtet sich nicht gegen die Verletzung traditioneller ästhetischer Normen, sondern sie stellt das naturalistische Projekt der Wiedergabe gesellschaftlicher Realität überhaupt in Frage.

Es gibt untrügliche Verfahrensweisen, um einen Roman nach der romantischen und naturalistischen Formel zu verfassen; aber Romantiker und Naturalisten der letzten Stunde scheinen nicht einmal zu bemerken, daß es darum geht, aus sich das Innerste, Besonderste, andern und ihnen selbst Unbekannteste herauszuziehen, um daraus ihre Romane zu machen[3].

* Um die Lesbarkeit des Aufsatzes für Nicht-Romanisten zu erleichtern, sind alle für das Verständnis wichtigen französischen Zitate übersetzt worden. Originalsprachliche Zitate sind als zusätzliche Belege aufzufassen.

1 H. Bahr, *Die Krisis des Naturalismus,* in: ders., *Zur Überwindung des Naturalismus. Theoretische Schriften 1887-1904,* hrsg. v. G. Wunberg (Sprache und Literatur, 46). Stuttgart 1968, 49.

2 »Le grand malheur de M. Zola, c'est de manquer d'éducation littéraire et du culture philosophique«. »Il y a des détails insignifiants, il y a des détails bas, il y a surtout des détails inutiles (F. Brunetière, *Le Roman naturaliste.* Paris 1883, 112 u. 119).

3 Ch. Morice, *La Littérature de tout à l'heure.* Paris 1889, 25; im folgenden abgekürzt zitiert: *Littérature.*

Dem Ästhetizismus zufolge verfehlt der Naturalismus gerade das, was Literatur zu leisten hätte, die Wiedergabe subjektiver Erfahrung in ihrer Einmaligkeit und Unverwechselbarkeit. Indem der Naturalismus sich auf die Darstellung der Außenwelt konzentriere, entgehe ihm die Innenwelt des Subjekts.

Während die Zola-Kritik Brunetières trotz ihrer nicht zu unterschätzenden Wirkung heute unschwer als Ausdruck der moralisch-ästhetischen Normen der konservativen Bourgeoisie der zweiten Hälfte des 19. Jahrhunderts erkennbar und damit in ihrem Geltungsanspruch eingeschränkt ist, gilt das nicht in gleichem Maße für die Naturalismus-Kritik des Ästhetizismus. Das dürfte unter anderm damit zusammenhängen, daß die ästhetischen Vorstellungen in der spätbürgerlichen Gesellschaft durch den Ästhetizismus geprägt sind. So hat z. B. Proust, dessen ästhetische Auffassungen bis heute die Wertungskriterien der Literaturwissenschaft und der Literaturkritik beeinflussen, die skizzierte Kritik am Naturalismus wiederaufgenommen. Wenn er den künstlerischen Sinn (sens artistique) als »Unterwerfung unter eine innere Realität« (soumission à la réalité intérieure) bestimmt[4], dann wiederholt er nur eine den Ästhetizisten der Jahrhundertwende geläufige Auffassung[5]. Das gleiche gilt für Prousts Ablehnung der Dingbeschreibung:

> Die Literatur, die sich damit zufriedengibt, die »Dinge zu beschreiben«, eine elende Aufzählung von Linien und Oberflächen zu geben, ist, obwohl sie sich realistisch nennt, am weitesten von der Realität entfernt, sie verarmt uns und stimmt uns traurig mehr als jede andere, denn sie schneidet schroff jede Kommunikation unseres gegenwärtigen Ich mit der Vergangenheit ab, deren Essenz die Dinge bewahrten (*Recherche*, III, 885).

Die gleiche Auffassung des Dings als eines Zeichens innerer Erfahrung des Subjekts hat Charles Morice ebenfalls bereits am Ende des 19. Jahrhunderts formuliert:

> Das Äußere der Dinge (l'aspect des choses) ist nur ein Symbol, das zu interpretieren Aufgabe des Künstlers ist. Sie haben Wahrheit nur in ihm, sie haben nur eine innere Wahrheit (une vérité interne) (*Littérature*, 166).

Bei der Auseinandersetzung zwischen Naturalismus und Äs-

4 M. Proust, *A la Recherche du temps perdu*, hrsg. v. P. Clarac / A. Ferré (Bibl. de la Pléiade). Bd. III, Paris 1954, 882; im folgenden abgekürzt: *Recherche*.

5 Vgl. Ch. Morice: »en art, il n'y a pas de vérité externe« (*Littérature*, 165).

thetizismus geht es offenbar um mehr als um künstlerische Verfahrensweisen; es geht um die Institutionalisierung der Literatur in der bürgerlichen Gesellschaft. Gegenstand der Auseinandersetzung sind die allgemeinen Vorstellungen über Literatur, die deren gesellschaftliche Funktion festlegen. Eine Literaturwissenschaft, die unreflektiert die ästhetizistische Radikalisierung des autonomen Kunstbegriffs übernimmt, konkret: die die Proustsche Ästhetik zum Horizont gegenwärtiger ästhetischer Erfahrung macht, kann die Bedeutung dieser Auseinandersetzung ebensowenig in den Blick bekommen wie eine Auffassung, die das im Werk ausmachbare soziale Engagement zum einzigen Kriterium literarischer Bewertung erhebt. In beiden Fällen unterstellt der Interpret seinen Literaturbegriff als den richtigen. Er tritt damit in den Streit der beiden rivalisierenden Institutionalisierungen ein, vermag aber kaum Erkenntnis über diese zu gewinnen. Erst die Einsicht, daß mit den historischen Avantgardebewegungen der autonome Literaturbegriff in das Stadium der Selbstkritik eingetreten ist, das auch durch Sartres Konzeption engagierter Literatur keineswegs eine Lösung gefunden hat, macht es möglich, die Institutionalisierung der Literatur zu thematisieren. Anders formuliert: die Krise des Literaturbegriffs in der Gegenwart, die durch das Nebeneinander der Dokumentarliteratur Günter Wallraffs und der neoästhetizistischen Prosa Peter Handkes umrissen werden kann, ist der Ansatzpunkt für den Versuch, an dem Streit zwischen Naturalismus und Ästhetizismus um die Institutionalisierung der Literatur etwas zu erkennen, was nicht einfach bereits in einem der beiden Literaturbegriffe vorgegeben ist.

Versuchen wir, das Gesagte im Hinblick auf das Problem der Subjektivität zu präzisieren. Die ästhetizistische Kritik am Naturalismus fordert eine Gegenkritik heraus; denn von den Ästhetizisten wird ein bestimmter Subjektbegriff als der einzig gültige unterstellt. Diesem zufolge ist das Subjekt ein total vereinzeltes, das weder mit andern Subjekten noch mit der Objektwelt in eine tätige Auseinandersetzung eintritt, die Objektwelt nur als auf sich bezogenes Zeichen aufzufassen vermag (vgl. dazu den Beitrag von Onno Frels). In der Emanzipationsphase des Bürgertums hatte dagegen das Subjekt sich allererst in der Auseinandersetzung mit der Objektwelt konstituiert. Der Verlust dieser Subjekt-Objekt-Dialektik liegt der ästhetizistischen Naturalismus-Kritik zugrunde; trotzdem ist diese Kritik nicht bedeutungslos. Wenngleich von einem solipsistisch verengten Subjektbegriff ausgehend, benennt sie doch ein wesentliches Defizit des Naturalismus: seine Unfähigkeit, subjektive Erfahrung zur Darstellung zu bringen.

2. Zur Programmatik des französischen Naturalismus

Die Programmatik des Naturalismus hat in der Literaturwissenschaft eine beinahe einhellige Ablehnung erfahren, und zwar von seiten von Autoren, die sehr verschiedene politische und literaturtheoretische Positionen vertreten. Das Spektrum der Verurteilungen reicht von Brunetière bis Lukács. Da die naturalistische Programmatik auch von Autoren abgelehnt wird, die den Schriftsteller Zola durchaus anerkennen, wird man vermuten dürfen, daß sie etwas enthält, was der herrschenden Vorstellung von Literatur/Kunst widerstreitet. Es ist nicht schwierig, dieses Ärgernis ausfindig zu machen; es liegt in dem Versuch, Literatur der Wissenschaft anzunähern. Damit droht die Spezifizität der Literatur verlorenzugehen. Diesem Problem ist nachzugehen. Zuvor aber wird man versuchen müssen, die historisch-gesellschaftliche Bedeutung des naturalistischen Literaturprogramms zu erschließen.

In der Tat hat sich Zola in seinem 1880 veröffentlichten *Roman expérimental* auf die *Introduction à l'étude de la médecine expérimentale* des Physiologen Claude Bernard bezogen und die These aufgestellt, daß der Romancier – wie der Physiologe – ein Experiment vornehme, wenn er eine mit bestimmten Anlagen ausgestattete Figur in ein Milieu versetze und die Reaktionen der Figur beobachte. Die gängige Widerlegung Zolas weist darauf hin, daß zwischen dem Experiment des Physiologen und dem des Romanschreibers ein entscheidender Unterschied besteht: das Experiment des Physiologen findet in der Realität, das des Romanschreibers aber in seinem Kopf statt[6]. Mit diesem zutreffenden

6 Vgl. z. B. G. Lanson, *Histoire de la littérature française*, 1060. – Daß die Vorstellung von der Möglichkeit eines solchen geistigen Experiments Ende des 19. Jahrhunderts recht verbreitet war, zeigt eine Bemerkung von Renan: »Le premier devoir de l'homme sincère est de ne pas influer sur ses propres opinions, de laisser la réalité se refléter en lui comme en la chambre noire du photographe, et d'assister en spectateur aux batailles intérieures que se livrent les idées au fond de sa conscience« (*Examen de conscience philosophique* 1888, in: ders., *Feuilles détachées*. [10]Paris 1892, 401).

Hinweis ist man dem Verständnis der naturalistischen Programmatik allerdings noch nicht nähergekommen.

Es ist das Verdienst von Aimé Guedj[7], darauf aufmerksam gemacht zu haben, daß bei Claude Bernard der Begriff der *expérimentation* keineswegs immer in streng naturwissenschaftlichem Sinne gefaßt ist, sondern sich gelegentlich der Alltagserfahrung annähert. Besonders aufschlußreich ist diesbezüglich eine von Zola zitierte Stelle, in der Claude Bernard *méthode expérimentale* gleichsetzt mit dem Prozeß alltäglicher Erfahrungsgewinnung im Umgang mit Menschen, deren Intentionen wir nicht kennen: »dann müssen wir die Akte dieses Menschen die einen durch die andern kontrollieren; wir betrachten, wie er in einer gegebenen Situation handelt, mit einem Wort, wir greifen auf die experimentelle Methode zurück« (zit. nach A. Guedj, *Préface*, 35). Daraus ergibt sich: der Begriff des Experiments, den Zola aus der zeitgenössischen Wissenschaft übernimmt, ist nicht eindeutig auf den restringierten Bedeutungsumfang des Experimentbegriffs der empirischen Naturwissenschaft festgelegt, sondern umfaßt zugleich den Prozeß rationaler Erfahrungsgewinnung im Alltag.

Will man die Intention der unter dem Titel *Le Roman expérimental* zusammengefaßten Artikel verstehen, so muß man sich zunächst verdeutlichen, daß es sich hierbei um Kampfschriften handelt. Zola sagt das ausdrücklich: »ce sont ici des articles de combat, des manifestes« (*Rom. exp.*, 55). Gegenstand der Auseinandersetzung ist die Institutionalisierung der Literatur in einer modernen, vom wissenschaftlich-technischen Fortschritt abhängigen Gesellschaft, die mit andern Gesellschaften des gleichen Typs (vor allem mit Deutschland) in einer existenzbedrohenden Rivalität steht. Dies sind Zolas Auffassung nach die Rahmenbedingungen, innerhalb derer er die Frage nach der gesellschaftlichen Funktion der Literatur stellt (vgl. die *Lettre à la jeunesse*, in: *Rom. exp.*, 101 ff.).

Zola nimmt eine erfolgreiche Aufführung von Victor Hugos *Ruy Blas* zum Anlaß, um mit der herrschenden Institution Literatur abzurechnen.

In dem Augenblick, wo man es [ein Drama Hugos] unter dem Gesichtspunkt der Geschichte und der menschlichen Logik betrachtet, wo

7 Vgl. A. Guedj, *Préface* zu: E. Zola, *Le Roman expérimental* (Garnier-Flammarion, 248). Paris 1971, 38; im folgenden wird diese Ausgabe abgekürzt zit.: *Rom. exp.*

man praktische Wahrheiten, Fakten, Dokumente daraus zu entnehmen sucht, stößt man auf ein erstaunliches Chaos von Irrtümern und Lügen und fällt in die Leere lyrischen Wahnsinns (*Rom. exp.*, 105).

Das Beurteilungskriterium von Zola ist »Wahrheit«. Diese faßt er einmal als Übereinstimmung mit Ergebnissen der Geschichtsforschung (»Geschichte«), zum andern als Übereinstimmung mit einer in der Alltagserfahrung überprüfbaren Verhaltensweise (»menschliche Logik«). Diesen Kriterien gegenüber vermag das Drama Hugos nicht zu bestehen. Was bleibt, bezeichnet Zola abwertend mit den Begriffen »Musik« und »Rhetorik« (»C'est de la musique et rien autre chose«; *Rom. exp.*, 106). Erreicht werde derart eine bloß emotionale Wirkung, die der Realitätsprüfung nicht standhält.

Die romantische Schule hat aus dem Patriotismus eine bloße Frage der Rhetorik gemacht. Um Patriot zu sein, genügte es, in einem Drama in einem beliebigen literarischen Werk das Wort »Vaterland« so häufig wie möglich zu verwenden, Fahnen zu schwenken und Tiraden über Heldentaten zu schreiben [. . .]. Das ist jedoch nur eine sinnliche Erregung für schöne Taten. Man wirkt auf die Nerven, man spricht nicht zum Verstand [. . .]. Aber diese Nervenerregung hat nur einen geringen und vorübergehenden Einfluß auf den Sieg. Der Sieg hängt in unsern modernen Zeiten immer mehr vom technischen Verstand des kriegführenden Generals ab, der Hand, die die wissenschaftliche Formel unserer Epoche auf den Krieg anwendet (*Rom. exp.*, 131)[8].

Die Stelle ist in mehrfacher Hinsicht aufschlußreich. Einmal läßt sie den Grund von Zolas hartnäckiger Bemühung um eine Verwissenschaftlichung der Literatur erkennen. Nicht nur um die Legitimation der eigenen literarischen Praxis geht es hier, sondern um den Versuch, einen neuen Literaturbegriff durchzusetzen, der diese vom Makel der Irrationalität befreit und sie damit zu einem nützlichen Instrument innerhalb einer wissenschaftlichen Zivilisation macht. Zum andern wird aber auch die Problematik des Unterfangens deutlich. Die Rationalität, die Zola einer irrationalen Literaturpraxis entgegenhält, ist die auf die Erfassung von Zweck-Mittel-Relationen verkürzte Rationalität der positivisti-

8 Der Ästhetizismus wird gerade in der von Zola abgelehnten Erregung der Nerven eine wesentliche Zweckbestimmung der Literatur sehen. So rühmt z. B. der junge Hofmannsthal an einem Buch Hermann Bahrs »diese Virtuosität der Nervenerregung, dieses zuckende Arrangement der suprême sensation« (H. v. Hofmannsthal, *Prosa I,* hrsg. v. H. Steiner. Frankfurt 1950, 18).

schen Wissenschaft. Diese verfügt nicht über Kriterien, die eine rationale Entscheidung über alternative Wertvorstellungen erlauben. (In der zitierten Stelle behandelt Zola nur die Angemessenheit der Mittel zur Erreichung eines Zwecks, nämlich des Siegs [über Deutschland], ob dieser Zweck erstrebenswert ist, bleibt unerörtert.)

Es wäre verfehlt anzunehmen, der Kampf Zolas gelte ausschließlich der Romantik. Er begreift diese nur als die gegenwärtige Ausprägung einer Literaturvorstellung, die er als idealistisch bezeichnet. Wenn die Anhänger Hugos die »Erhebung zum Ideal« (envolement dans l'idéal) preisen, so ist Zola gerade dieses Hinausgehen über das hier und jetzt Gegebene verdächtig. Die Behauptung, Hugo erhebe den Zuschauer aus der Alltäglichkeit (»il nous enlève à notre vie vulgaire et nous mène sur les sommets«; *Rom. exp.*, 106), ruft Zolas Widerstand hervor. Die Idealität, die klassischer und romantischer Kunst gemeinsam ist, lehnt er im Namen seines Wahrheitsbegriffs ab. Eine Literatur, die sich über das im Alltag Erfahrbare erheben will, gilt ihm tendenziell als unwahr.

Wenn Zola sich bemüht, die Literatur so weit wie möglich der Wissenschaft anzunähern, so geschieht dies vor allem deshalb, weil seiner Auffassung nach nur eine dem positivistischen Wahrheitsbegriff verpflichtete Literatur Erkenntnis über gesellschaftliche Zusammenhänge vermitteln und so an der Entwicklung der modernen Gesellschaft mitwirken kann. Die praktische Umsetzung der gewonnenen Einsichten (z. B. die Veränderung eines Milieus, dessen negativer Einfluß auf die Lebensbedingungen der Menschen erwiesen ist) will er allerdings den Gesetzgebern überlassen (vgl. *Rom. exp.*, 79 f.). Die Literaturauffassung Zolas läßt sich also als eine instrumentelle charakterisieren. Innerhalb als gegeben angenommener gesellschaftlicher Rahmenbedingungen wird der Literatur die Funktion zugewiesen, praktisch nutzbare Einsichten über soziale und biologische Bedingungsfaktoren menschlichen Verhaltens zu gewinnen und den Lesern zu vermitteln.

Durch die erstrebte Annäherung der Literatur an die Wissenschaft, genauer ihre Unterwerfung unter einen positivistischen Wahrheitsbegriff, entsteht jedoch ein schwerwiegendes Problem: die Institution Literatur ist gegenüber der Institution Wissenschaft nicht mehr klar abgrenzbar. Daß Zola das Problem erkannt hat, läßt sich an seinen durchaus widersprüchlichen Versuchen einer Bestimmung der Stellung des Literaturproduzenten sehen. Er schwankt nämlich zwischen zwei verschiedenen Auffassungen: einer weitgehenden Ausgrenzung der Subjektivität des Schriftstellers aus dem Schaffensprozeß und einer Wiederherstellung der (von ihm doch gerade bekämpften) Vorstellung vom Primat der schöpferischen Persönlichkeit.

Die erste Auffassung entwickelt Zola im Zusammenhang seiner Romantik-Kritik. Im Mittelpunkt der Programmatik steht der Begriff des Dokuments. Nicht die Wiedergabe von Erfahrungen eines Subjekts intendiert Zola, sondern die Wiedergabe von Beobachtungen. Mit Entschiedenheit wendet er sich gegen Auffassungen, die die Persönlichkeit des Künstlers zum Zentrum des literarischen Schaffensprozesses erklären[9]. Bei dem Bemühen, die Literatur der Wissenschaft anzunähern, erscheint die Subjektivität des Schriftstellers als ein der erstrebten Objektivität widerstreitendes Moment. Wirksam werden darf diese einzig in dem von Zola als untergeordnet behandelten Bereich der sprachlichen Gestaltung.

Legen wir die Methode fest (fixons la méthode), die allen gemeinsam sein muß, und akzeptieren wir dann in der Literatur alle Rhetoriken (toutes les rhétoriques), die sich entwickeln, betrachten wir sie als Ausdruck des literarischen Temperaments der Schriftsteller (*Rom. exp.*, 92).

»Methode« ist hier als die objektive, »Rhetorik« als die subjektive Seite des literarischen Produktionsprozesses begriffen. Dabei geht es Zola offenbar darum, den Anteil der Subjektivität des Schriftstellers am Schaffensprozeß soweit wie möglich einzuschränken, da er darin irrationale Potenzen erkennt, die querstehen zu seiner instrumentellen Funktionsbestimmung der Literatur.

Die Aussparung der Subjektivität des Schriftstellers schafft jedoch ihrerseits Probleme: Wie läßt sich ein Roman von einer sozialwissenschaftlichen Studie unterscheiden? Welches sind die besonderen Qualitäten eines künstlerischen Romans? Wie vermag der Roman auf die Leser zu wirken, wenn er vor allem Beobachtungsergebnisse rational ordnet? Diese Probleme sucht Zola dadurch zu lösen, daß er doch wieder auf den »persönlichen

9 »je n'accepte pas les paroles suivantes de Claude Bernard: ›Pour les arts et les lettres, la personnalité domine tout [. . .]‹« (*Rom. exp.*, 93 f.).

Ausdruck« (expression personnelle) des Schriftstellers rekurriert. Er stellt dem handwerksmäßig arbeitenden Autor die bedeutende Schriftstellerpersönlichkeit gegenüber. Der erste ist ein fleißiger Arbeiter, der täglich eine bestimmte Zahl von Seiten schreibt, der der Illusion erliegt, man mache ein gutes Buch, wie man ein gutes Paar Schuhe macht (*Rom. exp.*, 221 f.), der sich aber seinen Gegenstand nicht mit allen Fasern seiner Person anzueignen vermag (»il n'y a pas dessous un homme qui a véritablement senti«; ebd.). Anders der bedeutende Autor: dieser identifiziert sich mit dem Gegenstand der Darstellung und vermag ihn deshalb auch lebendig zu gestalten. Seine Werke haben daher auch eine emotionale Wirkung auf das Publikum (vgl. *Rom. exp.*, 220 f.). Das Argumentationsmuster ist einfach: die Originalität der bedeutenden Werke wird durch die Originalität der Autorpersönlichkeit erklärt. Zola greift hier auf die traditionelle Genievorstellung zurück, die unvereinbar ist mit seinen Bemühungen um eine Verwissenschaftlichung der Literatur. Gerade die Kraßheit des Widerspruchs ist aufschlußreich. Sie weist auf ein grundsätzliches Problem des naturalistischen Projekts hin, einen Literaturbegriff zu formulieren und kämpferisch durchzusetzen, der einer auf wissenschaftlich-technischem Fortschritt aufbauenden demokratischen Gesellschaft entspricht. Zola vermag die Stellung des produzierenden Subjekts innerhalb seines Literaturkonzepts nicht zu klären. Anders formuliert: sein Wahrheitsbegriff ist mit subjektiver Erfahrung nicht vermittelt. In der ungelösten Stellung der subjektiven Erfahrung innerhalb des naturalistischen Literaturbegriffs wird man den Ansatzpunkt für den ästhetizistischen Angriff auf den Naturalismus erkennen müssen und mithin die in der Sache gelegenen Voraussetzungen für das, was die Literaturgeschichte als »Überwindung des Naturalismus« bezeichnet. Zola hat den Anspruch erhoben, *die* Literaturauffassung der Republik zu formulieren (»la République sera naturaliste ou elle ne sera pas«; *Rom. exp.*, 343). Wenn diese sich nicht durchgesetzt hat, sondern die Avantgardebewegungen des 20. Jahrhunderts vom Ästhetizismus ihren Ausgang nehmen, so läßt sich diese Entwicklung durch das erörterte Defizit des naturalistischen Konzepts erklären.

3. Konsequenzen des naturalistischen Literaturbegriffs für die Entwicklung des epischen Materials

Die klarste Antwort auf die Frage nach den Konsequenzen des naturalistischen Literaturbegriffs für die Entwicklung des epischen Materials hat Georg Lukács in seinem Aufsatz *Erzählen oder Beschreiben?* aus dem Jahre 1936 formuliert. Die Tatsache, daß Lukács, ausgehend von einer überhistorisch-normativen Ästhetik, den Naturalismus verurteilt, hat oft späteren Interpreten den Blick verstellt für die Qualität seiner Beobachtungen[10]. Diese, und nicht die Widersprüche der Lukácsschen Ästhetik, werden uns im folgenden beschäftigen[11]. Dabei wird sich zeigen, daß man sehr wohl die Beobachtungen von Lukács aufnehmen kann, ohne deshalb dessen Wertung zu übernehmen.

Während Zola in seinen programmatischen Schriften den Naturalismus als systematische Weiterentwicklung des realistischen Romans der ersten Hälfte des 19. Jahrhunderts auffaßt, geht Lukács davon aus, daß es sich um zwei grundsätzlich verschiedene »schöpferische Methoden« handelt. Die neuen Verfahrensweisen, deren Ursprung er bei Flaubert und im Naturalismus Zolas sieht, nennt Lukács »Beschreiben«; er konfrontiert sie mit der für den klassischen Realismus von Goethe, Balzac, Stendhal und Tolstoi charakteristischen Methode des »Erzählens«. Beschreibungen, so führt Lukács aus, gibt es sowohl bei Balzac als auch im Naturalismus. Der Unterschied bestehe in dem anderen Stellenwert, der ihnen jeweils innerhalb des Werks zukommt. Während bei den großen Realisten die beschreibenden Partien funktional den handelnden Personen untergeordnet seien, verselbständige sich die Beschreibung bei Flaubert und im Naturalismus[12].

10 Vgl. z. B. H. U. Gumbrecht, der den gängigen Dogmatismus-Vorwurf wiederholt, wenn er die Vermutung äußert, »die traditionelle Geringschätzung Zolas auf marxistischer Seite [stelle] sich als die fortgesetzte Bemühung dar, für die von Friedrich Engels vorgegebene Abwertung immer neue Begründungen beizusteuern« (*Zola im historischen Kontext*. Preprint, Bochum 1976, 3).

11 Zur Problematik der von Lukács unternommenen Verknüpfung von überhistorisch-normativer Ästhetik und materialistischer Geschichtskonstruktion vgl. Verf. *Was leistet die Widerspiegelungstheorie in der Literaturwissenschaft?* in: Das Argument, Nr. 90 (Mai 1975), 199–228; hier: 207 ff., sowie den Beitrag von Hans Sanders in diesem Heft.

12 G. Lukács, *Erzählen oder Beschreiben? Zur Diskussion über Naturalismus und Formalismus [1936]*, in: *Seminar: Literatur- und Kunstsoziologie*, hrsg. v. P. Bürger (suhrkamp taschenbuch wissenschaft, 245). Frankfurt 1978.

Was Lukács als Verselbständigung der Beschreibung tadelt, läßt sich als Verschiebung des Primats der Darstellung von handelnden Figuren auf soziale Lebenswelten fassen. Nicht zu Unrecht ist bemerkt worden, daß dem Leser der Romane Zolas oft weniger die Gestalten in Erinnerung sind als vielmehr das Milieu, in dem diese sich bewegen[13]. Man könnte geradezu von einer Umkehrung der Abhängigkeit von Figur und Milieu sprechen. Im realistischen Roman der ersten Hälfte des 19. Jahrhunderts ist die Milieu-Schilderung entweder ein Mittel der Figurencharakteristik (die Beschreibung der Pension Vauquer zu Beginn von Balzacs *Père Goriot* z. B. dient der Charakteristik ihrer Bewohner) oder aber die Darstellung eines Stücks Welt, mit der der Held in Auseinandersetzung treten muß, um er selbst zu werden (man denke an die verschiedenen Lebenswelten, an denen Julien Sorel sich bildet). In beiden Fällen ist die Schilderung des Milieus funktional auf die Figuren bezogen. Im naturalistischen Roman dagegen wird vielfach die Figur zum Medium der Vermittlung einer sozialen Lebenswelt[14]. Dem Autor geht es nicht in erster Linie um die Charakteristik einer Figur, auch nicht um deren Auseinandersetzung mit der Realität, sondern um die Darstellung einer sozialen Lebenswelt.

Diese Verschiebung des Primats der Darstellung ist in einem Roman wie *Au Bonheur des dames* besonders deutlich faßbar. Die Hauptfigur Denise, die, trotz enger verwandtschaftlicher Beziehungen zum Kleinhandel, im Großkaufhaus arbeitet, von der kleinen Verkäuferin zur Abteilungsleiterin aufsteigt und schließlich den Besitzer des Kaufhauses heiratet, hat vor allem die Funktion, die Auseinandersetzung zwischen Kleinhandel und Großkaufhaus zu veranschaulichen. Nicht das Milieu dient zur

13 Vgl. J. Dubois' Bemerkung: »plus peut-être que par leurs héros, les *Rougon-Macquart* vivent en nous par les lieux de travail, d'habitation et de plaisir qu'ils mettent en scène« (*Introduction,* in: E. Zola, *L'Assommoir* [Garnier-Flammarion, 198]. Paris 1969, 11.

14 Zu Recht hat H.-J. Neuschäfer darauf aufmerksam gemacht, daß im Eingangskapitel von *Germinal* Etienne Lantier als »Vermittlerfigur« eingesetzt ist, »mit dessen Augen der Leser das neue Milieu kennenlernt« (*Populärromane im 19. Jahrhundert von Dumas bis Zola* [UTB, 524]. München 1976, 170).

15 E. Zola, *Ebauche de »Au Bonheur des dames«,* in: ders., *Œuvres complètes,* hrsg. v. M. Le Blond. Bd. XV. Paris 1928, 467 f.; diese Ausgabe wird im folgenden abgekürzt zitiert: *Œ. c.,* die römischen Ziffern bezeichnen den Band, die arabischen die Seite.

Charakteristik der Figur, sondern die Figur macht eine soziale Lebenswelt erfahrbar. Die Notizen Zolas zu dem Roman lassen diese Verschiebung des Primats der Darstellung klar erkennen:

Ich will in *Au Bonheur des dames* das Gedicht der modernen Aktivität schreiben [. . .]. Ich brauche zum Beispiel eine Verkäuferin, das Elend im Seidenkleid, ein Mädchen, dessen Leiden ich darstelle und die ich glücklich oder eher unglücklich mache am Ende. Aber man muß eine Intrige finden. [. . .] Es gilt, eine große Figur zu finden, einen Mann oder lieber eine Frau, in der ich den untergehenden Kleinhandel personifizieren kann.[15]

Gegenstand der Darstellung ist »die moderne Aktivität« (l'activité moderne) bzw. »der untergehende Kleinhandel« (le petit commerce agonisant). Figuren und Handlung sind demgegenüber sekundär, sie dienen der Veranschaulichung der thematisierten Lebenswelt[16].

Die Verselbständigung der Beschreibung wird von Lukács unter zwei Aspekten scharf kritisiert: einmal, weil bei dieser Darstellungsweise nicht mehr die Totalität der Gesellschaft (ihr Funktionszusammenhang) in den Blick komme, wie noch bei Balzac, zum andern, weil das Werk nicht mehr eine organische Totalität im Sinne des Symbolbegriffs der klassisch-idealistischen Ästhetik darstelle (dem zufolge das Kunstwerk anschaulich das Einzelne mit dem Allgemeinen vermittelt). Die der Kritik zugrunde liegenden Beobachtungen sind zumindest tendenziell zutreffend. Zola thematisiert Einzelbereiche der Gesellschaft. Er schreibt Romane über das Bergwerk *(Germinal)*, das Großkaufhaus *(Au Bonheur des dames)*, über die Börse *(L'Argent)*, über das Milieu Pariser Künstler *(L'Œuvre)*. Der Genauigkeit und Vollständigkeit, mit der sowohl das äußere Erscheinungsbild als auch die Funktionsmechanismen des gesellschaftlichen Teilbereichs dargestellt werden, entspricht ein weitgehender Verzicht auf die Darstellung gesamtgesellschaftlicher Zusammenhänge. So wird z. B. in *L'Argent* jede andere Sphäre gesellschaftlicher Aktivität, die nicht die Börsenspekulation betrifft, vollkommen ausge-

16 V. Klotz weist darauf hin, daß Zola das Warenhaus durch den Blick der Romanfiguren wiedergibt: »Nicht die Sache, wie sie ein für allemal ist, kommt ins Bild, sondern der flüchtige Eindruck, den sie bei einem reizbaren Ich auslöst.« (*Die erzählte Stadt [. . .].* München 1969, 197) Diese Subjektivierung der Beschreibung findet jedoch ihre Grenze darin, daß fast alle Beschreibungen Zolas *einem* Wahrnehmungstypus folgen, gleichgültig welcher Figur sie zugesprochen werden.

blendet. Das gleiche gilt für andere Romane. Die Totalität der kapitalistischen Gesellschaft wird von Zola nur als die Summe aller einzelnen Teilbereiche gefaßt, d. h. additiv, und nicht als Funktionszusammenhang. Der Verzicht darauf, im Einzelwerk den Zusammenhang der Gesellschaft wie immer auch andeutungsweise zur Darstellung zu bringen, ist als Ausfluß der positivistischen Wissenschaftsauffassung der Naturalisten zu verstehen. Auch der Positivist meint die Erkenntnis des Ganzen aus der Addition unendlich vieler Teilerkenntnisse gewinnen zu können.

Man wird jedoch sehen müssen, daß die positivistische Beschränkung auf einen additiven Begriff von Totalität zumindest in der Vorstellung Zolas auch ein kritisches Moment enthält. So läßt er den stark autobiographische Züge tragenden Schriftsteller Sandoz in *L'Œuvre* sagen:

> Wie schön wäre es, wenn man seine ganze Existenz an ein Werk setzen könnte, in dem man die Dinge, die Tiere, die Menschen, die ganze ungeheure Arche wiederzugeben suchte (où l'on tâcherait de mettre les choses, les bêtes, les hommes, l'arche immense). Nicht in der Ordnung unserer philosophischen Handbücher, nach der blödsinnigen Hierarchie, in der unser Stolz sich wiegt; sondern im vollen Fluß des allgemeinen Lebens; eine Welt, in der wir nur ein Ereignis neben andern wären (un monde où nous ne serions qu'un accident), wo der vorbeilaufende Hund und sogar der Pflasterstein uns vervollständigen und erklären würde; schließlich das große Ganze, ohne oben und unten, ohne schmutzig und sauber, so wie es funktioniert ... Sicher, Romanautoren und Dichter müssen sich der Wissenschaft zuwenden, sie ist heute die einzig mögliche Quelle. Aber was soll man von ihr übernehmen, wie mit ihr zusammengehen? Sogleich merke ich, daß ich mich im Unklaren verliere ...[17].

Mit Entschiedenheit wendet sich Zola gegen einen hierarchischen Totalitätsbegriff, dessen herrschaftslegitimierende Funktion er erkennt. Selbst die Sonderstellung des Menschen gilt ihm als Ausdruck eines nicht-egalitären Denkens. Der demokratische Impetus der Zolaschen Literaturauffassung ist hier deutlich faßbar. Die Anlehnung an die zeitgenössische Wissenschaft soll helfen, die Literaturvorstellungen von jenen Wertbegriffen zu reinigen, die, aus einer hierarchisch geordneten Gesellschaft stammend, den Prinzipien einer egalitär-demokratischen Gesellschaft zutiefst widersprechen[18]. Der demokratische Impuls, der

17 E. Zola, *L'Œuvre* (Garnier-Flammarion, 278). Paris 1974, 102.

18 Hier wäre der Ansatzpunkt, um im Naturalismus die adäquate Institutionali-

hinter dem naturalistischen Literaturbegriff steht, ist übrigens von der konservativen Kritik frühzeitig erkannt worden[19]. So spricht der Kritiker der »Gazette de France« anläßlich der Publikation von *L'Assommoir* von einer »ekelhaften Literatur«, die dank der Erfolge der Demokratie entstanden sei: »Une littérature infecte s'est produite à la faveur des triomphes de la démocratie et du radicalisme comme ces couches d'insectes puants et malfaisants qui pullulent dans la vase et augmentent la pestilence après les débordements« (*Œ. c.*, XI, 477).

Die skizzierte Totalitätsauffassung, die das berechtigte Mißtrauen gegen hierarchische Ordnungsvorstellungen so weit treibt, Zusammenhänge ohne Zuhilfenahme von Konstruktionen unmittelbar erkennen zu wollen, hat Konsequenzen für die Stellung des Literaturproduzenten zum Gegenstand der Darstellung. Der Autor darf, strenggenommen, nicht mehr als sinnstiftende Instanz in Erscheinung treten.

> Man wird schließlich nur noch einfache Studien liefern, ohne Peripetien und Auflösungen, die Analyse eines Jahres in einem Dasein, die Geschichte einer Leidenschaft, die Biographie einer Figur, aus dem Leben gegriffene und logisch geordnete Notizen (*Rom. exp.*, 243).

Das Dokument soll für sich sprechen; nicht Sinnstiftung ist die Aufgabe des Autors, sondern das Ordnen der vorgefundenen Dokumente[20].

Man kann die Veränderung der Haltung des Schriftstellers auch

sierung der Literatur in einer bürgerlich-egalitären Gesellschaft zu sehen, der der Ästhetizismus eines Hofmannsthal die Sehnsucht noch traditionalen Hierarchien entgegensetzt (vgl. den Beitrag von Lothar Paul in diesem Heft).

19 Zolas Romane sind bekanntlich von der dem Bildungsbürgertum nahestehenden traditionellen Kritik immer wieder mit dem Kriterium der *bienséance* beurteilt worden, dem eine Hierarchievorstellung von hohen und niederen Gegenständen und Sprachhaltungen zugrunde liegt. Ein Beispiel: »On imaginerait difficilement une telle préoccupation de l'odieux dans le choix du sujet, de l'ignoble et du repoussant dans la peinture des caractères, du matérialisme et de la brutalité dans le style« (F. Brunetière, *Le Roman naturaliste*, 13).

20 Den Verzicht auf die symbolische Darstellung gesellschaftlicher Totalität hat der Naturalismus mit dem Ästhetizismus gemein. Hier setzen offenbar Veränderungen des epischen Materials sich durch, die die einander bekämpfenden Bewegungen übergreifen. Sie dürften am ehesten einem gesamtgesellschaftlichen Erklärungsansatz zugänglich sein (vgl. dazu Abschnitt 5). Auf die durchaus modernistischen Aspekte der Zolaschen Programmatik (man denke an Prousts Analyse einer Leidenschaft oder den Verzicht auf Sinnstiftung im *hasard objectif* der Surrealisten) sei hier nur am Rande verwiesen.

noch anders fassen: als Verzicht auf symbolische Darstellung. Nicht Zeichen von etwas anderem, eines Allgemeinen, soll die Darstellung sein, sie meint nur sich selbst: Vergegenwärtigung von Wirklichkeit in ihrer ganzen Fülle. Nicht zu Unrecht hat Lukács in dieser Veränderung eine Abkehr vom Kunstwerktypus der klassischen Ästhetik gesehen. Wo die Vollständigkeit der Erfassung eines gesellschaftlichen Teilbereichs Ziel der Darstellung ist, tritt tendenziell das Prinzip der fortsetzbaren Reihung an die Stelle des Bezugs von Einzelelement und Werkganzem. Mit andern Worten: Lukács kritisiert Zola als Vorläufer der Avantgarde, die er im Namen seiner am organisch-symbolischen Kunstwerkbegriff der idealistischen Ästhetik orientierten Auffassung des sozialistischen Realismus ablehnt[21]. – Auch hier wird man zwischen der aufschlußreichen Beobachtung, die einen Aspekt des Zolaschen Werks erhellt, und der Bewertung dieser Beobachtung unterscheiden müssen. Letztere ist vor allem deshalb problematisch, weil sie die überhistorische Gültigkeit des Kunstwerkbegriffs der idealistischen Ästhetik voraussetzt.

Die Lukácssche Bewertung läßt sich auch auf der Ebene der Einzelanalyse in Frage stellen. Zolas Roman *Au Bonheur des dames* kann als einer gelten, der mehr als andere durch das von Lukács kritisierte Prinzip der verselbständigten Beschreibung geprägt ist. Nicht nur beschreibt Zola wiederholt das äußere Erscheinungsbild des sich ständig erweiternden Kaufhauses, er gibt uns darüber hinaus geradezu monographisch genau Auskunft über Techniken der Unternehmensführung und der Kundenwerbung, über Konflikte zwischen Angestellten und Verhaltensweisen der Käufer. Kurz, der Roman tendiert zur Reportage. Gerade diese Reportageteile enthalten jedoch kritische Einsichten in einen Teilbereich der gesellschaftlichen Wirklichkeit (z. B. Warenästhetik, Bedürfnisweckung, Käufermanipulation). Hier kommt die positivistische Bemühung des Autors um vollständige Wiedergabe aller Aspekte eines Teilbereichs zu bedeutsamen Ergebnissen[22]. Denn obwohl Zola in der Auseinandersetzung

21 Zum Gegensatz von organischem und avantgardistischem (montiertem) Werkmodell vgl. Verf., *Theorie der Avantgarde* (ed. suhrkamp, 727). Frankfurt 1974; Kap. III.

22 Sozialhistoriker haben übrigens wiederholt den Realitätsgehalt der Zolaschen Beschreibungen bestätigt. Vgl. M. Bouvier-Ajam, *Zola et les magasins de nouveauté (Au Bonheur des dames)* und J. Bouvier, *L'Argent: Roman et réalité*, beide im

zwischen Kleinhandel und Großkaufhaus entschieden für das letztere Partei ergreift, da es ihm als Ausdruck gesellschaftlichen Fortschritts gilt, verdeckt er doch keineswegs die Mechanismen einer bis in die psychische Struktur der Subjekte eingreifenden Käufermanipulation durch den sinnlichen Reiz des massenhaften Warenangebots, die allererst den ökonomischen Erfolg des Großkaufhauses ermöglicht. Wo Zola sich jedoch darum bemüht, den Menschen als handelnden darzustellen, der in die geschilderten Geschehnisse eingreift, da droht der Roman ideologisch zu werden und die (wenngleich beschränkte) Authentizität der Reportage zu verlieren. Wenn am Schluß von *Au Bonheur des dames* die Verkäuferin den Besitzer des Großkaufhauses heiratet, dann wird den von Zola ja durchaus erreichten Lesern aus der Unterschicht suggeriert, jeder könne den Traum vom großen Glück durch Fleiß und Ausdauer verwirklichen. Die sentimentale Geschichte der kleinen Verkäuferin verstellt die Einsicht in die Härte der Auseinandersetzung zwischen Lohnabhängigen und Kapitaleignern[23].

Daß gerade der Versuch, die dargestellten sozialen Auseinandersetzungen zu vermenschlichen, zu ideologischen Verzerrungen führt, ist kein Einzelfall bei Zola. So gerät ihm zum Beispiel in *L'Argent* bei dem Bemühen, die Spekulationswut psychologisch verständlich zu machen, der Börsenspekulant zum dämonischen Übermenschen[24]. Die von Lukács vorgenommene Bewertung läßt sich also geradezu umkehren: die von ihm kritisierte Nähe des Zolaschen Romans zur Reportage erscheint dann als Grundlage für dessen gesellschaftskritische Einsichten, während die von Lukács geforderte »Wechselbeziehung zwischen den

Zolaheft der Zeitschrift ›Europe‹ Nr. 468-469 (Avril-Mai 1968), 47-54 und 54-64.

23 Dieser Typus der Psychologisierung bringt Zola in die Nähe der populären Biographie, die L. Löwenthal einer ideologiekritischen Analyse unterzogen hat (*Literatur und Gesellschaft. Das Buch in der Massenkultur* [Soz. Texte, 27]. ²Neuwied/Berlin 1972, bes. 203 ff.).

24 »Mais Saccard ne s'échauffait que par l'outrance de ses conceptions [. . .] Et ce que les Croisades avaient tenté, ce que Napoléon n'avait du accomplir, c'était cette pensée gigantesque de la conquête de l'Orient qui enflammait Saccard, mais une conquête raisonnée, réalisée par la double force de la science et de l'argent« (E. Zola, *L'Argent* [Garnier-Flammarion, 271]. Paris 1974, 116 f.). Vgl. auch folgende Bemerkung aus dem *Dossier préparatoire* Zolas über die Psychologie seines Helden: »Certainement, il veut avoir de l'argent, pour l'assouvissement de besoins [. . .]. Mais il y a aussi la joie pure de se battre, la conquête pour la conquête, la joie en elle-même du joueur, soit qu'il gagne soit qu'il perde« (ebd., 463).

Menschen und den Ereignissen der Außenwelt«[25] bei Zola zumindest die Gefahr einer ideologischen Darstellung birgt.

Indem sich Zola der Darstellung sozialer Lebenswelten zuwendet, vermag er den Menschen auch nur noch als deren Teil zu erfassen. Als Funktionsträger innerhalb einer bestimmten sozialen Lebenswelt ist Denise auf die Eigenschaften Fleiß und Ausdauer reduziert *(Au Bonheur des dames)*, Saccard auf Spekulationsfieber *(L'Argent)*, Nana auf Sinnlichkeit *(Nana)*. Allenfalls können zwei Eigenschaften auftreten, von denen eine im Hinblick auf die Funktionsträgerrolle sich dysfunktional auswirken kann. Während die fürsorgliche Liebe von Denise gegenüber ihren Geschwistern ihre im Sinne des Kaufhauses funktionalen Eigenschaften, Fleiß und Ausdauer, verstärkt, tritt bei Gervaise ihre Gourmandise in Widerspruch zum Komplex derjenigen Eigenschaften, die sie eine selbständige kleinbürgerliche Existenz erstreben lassen *(L'Assommoir)*. Das Umkippen in eine ideologische Darstellung ist jeweils dort zu beobachten, wo Zola, entgegen seiner Einsicht in das Primat sozialer Lebenswelten gegenüber dem Handeln einzelner, doch deren Eigenschaften handlungsbestimmenden Einfluß zuspricht. Wenn Saccard weniger an der Irrationalität des Spekulationsgeschäfts als an seinem abstrakten Eroberungswillen scheitert, wenn Gervaise unter anderm ihr Ziel deshalb nicht erreicht, weil sie naschhaft ist, dann werden die zufälligen Eigenschaften der Protagonisten zu bestimmenden Faktoren des Geschehens gemacht und damit die Einsicht in die Macht der realen Lebensbedingungen wieder aufgehoben.

Wir stoßen hier auf den gleichen Widerspruch wie auf der Ebene der Programmatik. Wie dort der Wissenschaftsanspruch des Romans durch die Ideologie des großen schöpferischen Individuums zurückgenommen wird, so auf der Ebene des epischen Materials das Primat der Darstellung sozialer Lebenswelten durch die Psychologisierung der Handlung. Die Annahme liegt nahe, daß sich diese aus der Ausrichtung Zolas auf ein Massenpublikum erklärt. Zola ist einer der letzten bürgerlichen Autoren, die den Versuch unternehmen, die auseinanderstrebenden Materialstände von ernstem und Unterhaltungsroman zusammenzuzwingen. Diese Bemühung verdient zweifellos Hochachtung; trotzdem wird man nicht umhin können, die künstlerischen, und

25 G. Lukács, *Erzählen oder Beschreiben?* 88.

das heißt hier ideologischen Mängel zu benennen, die sich der Ausrichtung auf die Erwartungen und Bedürfnisse des Massenpublikums verdanken[26].

In Ermangelung repräsentativer Zeugnisse über die Aufnahme Zolas beim Massenpublikum wird man versuchen müssen, aus den zeitgenössischen Rezensionen Aufschlüsse darüber zu gewinnen, ob die von uns gemachten Annahmen zutreffen. Allerdings wird man dabei zu bedenken haben, daß die Mehrzahl der Rezensenten durch die herrschende Institution Literatur geprägt ist. Das bedeutet, daß sie auch an die Romane Zolas die moralisch-ästhetischen Kriterien der *doctrine classique* anlegen und im Sinne der *bienséance*-Regeln die Niedrigkeit des Gegenstands und die Verwendung der Sprache der Unterschicht kritisieren. Diese Kriterien dürften für die breiten Lesermassen kaum von Bedeutung sein. Anders verhält es sich mit einer Feststellung, zu der auch diejenigen Rezensenten sich wiederholt gedrängt sehen, die dem Werk Zolas eher ablehnend gegenüberstehen, dem Hinweis auf die Lebendigkeit seiner Figuren. So schreibt anläßlich von *L'Assommoir* Henry Houssaye, der sich wie viele andere darüber entrüstet, daß ein Schriftsteller von diesem Rang sich derart habe erniedrigen können (»nous nous indignons qu'une telle plume se soit volontairement jetée dans la boue«): »Seine Personen leben ein bloß animalisches Leben, das stimmt, aber sie leben.« Der Kritiker des »Bien Public« hebt hervor, Zola habe die soziale Frage nicht auf der Ebene ökonomischer Diskussionen und philosophischer Theorie, sondern »in der lebendigen Wirklichkeit« gestellt. Und der Rezensent der »Vie Littéraire« lobt die klare und lebendige Zeichnung der Charaktere (»le ciseleur vigoureux et délicat en sa rudesse«; *Œ. c.*, XI, 480 ff.). Man wird aus den angeführten Zeugnissen schließen dürfen, daß die Figurendarstellung Zolas auch beim Massenpublikum jenen Eindruck von »Leben« hervorgerufen hat, den die Rezensenten von *L'Assommoir* so einhellig bestätigen. Dagegen scheinen die beschreibenden Abschnitte eher auf Widerstand beim Massenpublikum zu stoßen. So wird an *Au Bonheur des dames* die Monotonie der aufeinanderfolgenden Dokumente getadelt: »die beachtliche

26 Anders beurteilt H.-J. Neuschäfer den angesprochenen Zusammenhang, wenn er feststellt, daß Zola »die eher trockene ökonomische Auseinandersetzung überhaupt erst mit dem nötigen *human interest* [versieht]« (Populärromane, 194).

Summe wahrer Beobachtungen wäre interessant, wenn das Bild weniger weiträumig wäre«. Ein Kritiker führt sogar den relativ geringen Erfolg der Feuilletonveröffentlichung dieses Romans auf die Fülle der Beschreibungen zurück (»Le portrait sous ses différentes faces, de l'immense bazar y tient trop de place pour satisfaire aux exigences du journal«; *Œ. c.*, XV, 484 u. 486). Die These, daß Zola eine Zwischenstellung einnimmt zwischen avantgardistischem Reportageroman und Unterhaltungsliteratur, findet in den zitierten Rezeptionsdokumenten eine Bestätigung.

Auch die oben skizzierte ideologiekritische Deutung von *Au Bonheur des dames* läßt sich durch eine Einbeziehung zeitgenössischer Rezensionen absichern. Nicht daß die Kritik dort bereits vorformuliert wäre, aber die Nähe zur Unterhaltungsliteratur ist in der Epoche bereits gesehen worden. Das Happy-End wird mit der Belohnung der Tugend in den Komödien von Scribe und dem Schluß des Erfolgsromans *L'Ami Fritz* von Erckmann-Chatrian verglichen[27]. Interessant ist, daß diese Nähe von dem Rezensenten des »Mot d'Ordre« keineswegs negativ bewertet wird. Die uns geläufige Trennung von ernster und Unterhaltungsliteratur ist – in Frankreich – zumindest noch nicht allgemein durchgesetzt. Noch aufschlußreicher ist etwas anderes: Hatte die Kritik bislang immer wieder Veranlassung gehabt, moralisch-ästhetischen Abscheu gegenüber den Sujets von Zola zu äußern, so ist sie bei Erscheinen von *Au Bonheur des dames* freudig überrascht, »nicht nur ein gesundes, moralisches Werk, sondern eine der rührendsten und pathetischsten Erzählungen« anzutreffen. Behandelt Zola in diesem Roman doch »die Prüfungen, die Kämpfe, das mutige Dasein eines bescheidenen und ehrbaren Mädchens«. Es verwundert daher auch nicht, wenn ein Rezensent explizit die Trostfunktion des Buchs für Unterschichtleser positiv gegenüber andern Romanen Zolas hervorhebt (»Les demoiselles de magasin, qui liront peut-être ce livre dans la mansarde, à la lueur d'un bout de bougie, à l'heure des tentations mauvaises que leur envoie le Paris nocturne en train de s'amuser, y trouveront plus de consolation que dans Nana«; *Œ. c.*, XV, 484 und 485). Die positive Einschätzung der affirmativen Momente des Romans durch die

27 »Le dénoûment est simple, vrai et attendrissant. C'est celui de *L'Ami Fritz:* Denise déclare à Mouret ›qu'elle l'aime‹ de même que Suzel se jette au cou de Kobus spontanément [. . .] Le livre se termine par la récompense accordée à la vertu et par le traditionnel mariage final des vaudevilles de Scribe« (*Œ. c.*, XV, 483).

konservative Kritik liefert unserer ideologiekritischen Interpretationsskizze die einzig mögliche empirische Bestätigung.

Fassen wir zusammen: Zola kämpft für eine Institutionalisierung der Literatur, die einer auf wissenschaftlich-technischem Fortschritt beruhenden, demokratischen Gesellschaft entspricht. Kernpunkt seines Programms ist die Verwissenschaftlichung der Literatur, ihr entsprechen auf der Ebene des epischen Materials eine Verschiebung des Primats der Darstellung auf soziale Lebenswelten und, eng damit verbunden, der Verzicht auf Sinnstiftung durch den Autor. Von diesem Programm, das an die bürgerlich-aufklärerische Institution Literatur anknüpft und Literatur als Medium der Verständigung über politische Probleme faßt, weicht Zola ab, weil er auf die Trost- und Kompensationsbedürfnisse breiter Leserschichten Rücksicht nimmt. Um diesen Bedürfnissen zu entsprechen, »psychologisiert« er die dargestellte Handlung. Während in seinem wissenschaftlichen Konzept von Literatur Subjekte allenfalls als Funktionsträger eine Stelle haben, spricht er ihnen in den Romanen handlungsbestimmenden Einfluß zu und verfällt damit tendenziell der Ideologie des autonomen Individuums, die er im Namen positivistischer Wissenschaft bekämpft. Unsere Interpretationsskizze könnte nun die Auffassung nahelegen, die Problematik Zolas ließe sich auf den Gegensatz von (avantgardistischem) Reportageroman und Unterhaltungsliteratur zurückführen. Anders formuliert: Bei einer konsequenten Ausrichtung auf einen wissenschaftlichen bzw. der Wissenschaft angenäherten Literaturbegriff hätte Zola nicht nur die Entwicklung des epischen Materials, sondern darüber hinaus die der Institutionalisierung der Literatur entscheidend beeinflussen können. Eine solche Auffassung ist in mehrfacher Hinsicht problematisch. Der Gedanke, daß ein einzelner Schriftsteller oder eine Schriftstellergruppe die Institutionalisierung der Literatur verändern könne, verfehlt die gesellschaftliche Bedingtheit institutionalisierter Literaturvorstellungen. Zola kann nur dann mit einiger Aussicht auf Erfolg die herrschende Institution Literatur angreifen, wenn er die Bedürfnisse breiter Leserschichten erfüllt. Ohne den Massenerfolg wäre er ein Außenseiter geblieben, den man später vielleicht als »Vorläufer« der Avantgardebewegungen entdeckt hätte.

Wichtiger ist ein anderer Aspekt: Wenn es richtig ist, daß in der entfalteten bürgerlichen Gesellschaft Literatur als ein Bereich institutionalisiert ist, in dem Probleme subjektiver Erfahrung bearbeitet werden, die aus einer nach Prinzipien der Zweckrationalität geordneten gesellschaftlichen Wirklichkeit herausfallen, dann wird man zugestehen müssen, daß das naturalistische Projekt zu dieser Institutionalisierung quersteht. Die Verwissenschaftlichung der Literatur zerreißt das Erfahrungskontinuum, das den Autor mit dem Gegenstand seiner Darstellung verbindet; daß Zola nachträglich die Persönlichkeit des Autors wieder einführt, macht auf das Problem aufmerksam, ohne es zu lösen (vgl. Abschnitt 2). Innerhalb des Zolaschen Konzepts der Darstellung sozialer Lebenswelten hat das Subjekt nur als Funktionsträger eine Stelle, nicht als problematisches. An ihm werden soziale Zustände veranschaulicht, nicht Probleme der Subjektivität verhandelt.

Die Zeitgenossen haben das durchaus gesehen. Wenn der bekannte Kritiker Jules Lemaître von den Hauptfiguren des Künstlerromans *L'Œuvre* sagt, es seien »physiologische Puppen« (des bonhommes physiologiques; *Œ. c.*, XVIII, 427), dann ließe sich das noch als Bemerkung eines antinaturalistischen Autors verstehen, der bei Zola den Konflikt von Werten vermißt. Doch der Zola-Anhänger d'Armon, der eine Gegenkritik zu der von Jules Lemaître verfaßt, sagt nichts anderes: »Ein Individuum ist für ihn [sc. Zola] nur ein Fragment einer außerordentlich großen Serie von Fakten« (un individu n'est pour lui qu'un fragment d'une immense série de faits; ebd., 429). Zola will das Subjekt als Resultante aus biologischen und sozialen Prozessen begreifen, auflösbar in Erbanlage und Milieu. Gerade diese Bemühung muß jedoch von denjenigen als Mangel empfunden werden, die der Literatur die Funktion zusprechen, die unaufgelösten Probleme bürgerlicher Subjektivität zu reflektieren. Konsequent kann von dieser Position aus die fehlende Erlebnisperspektive bei Zola kritisiert werden.

> Wer Leidenschaften erlebt hat, spricht davon mit Melancholie wie René [sc. der Held des gleichnamigen Romans von Chateaubriand] oder mit Schrecken wie Augustinus; aber immer mit wahrem Gefühl (avec une émotion juste). Herr E. Zola fürchtet, sie nicht ausführlich genug darzustellen, und zeigt sie unter der Linse eines Mikroskops! [. . .] Vorstellungen, die uns kalt lassen, da sie mit kühler Berechnung entworfen wurden, wie der Kriegsbericht eines Mannes, der nicht im Feuer gestanden hat (*Œ. c.*, XIII, 458).

Diese Kritik ist deshalb so aufschlußreich, weil sie zeigt, daß die Problematik, die zum ästhetizistischen Rückzug aufs Subjekt geführt hat, im Naturalismus bereits enthalten ist. Die Verschiebung des Primats der Darstellung auf die Erfassung sozialer Lebenswelten führt konsequent zu einem Typus des Reportageromans, der die Erörterung problematischer Subjektivität tendenziell ausschließt. Der mit Zola befreundete Céard hat das erkannt. Er bedauert, daß Zola in *Germinal* nicht überhaupt auf individualisierte Figuren verzichtet habe, da sein Sujet, das Bergwerk, als einzige Person die Menge nahelege[28]. Die Tatsache, daß ein Gegner und ein Mitstreiter des Naturalismus bei radikal unterschiedlicher Bewertung in der Sache übereinstimmen, läßt die Annahme zu, daß die naturalistische Hinwendung zur Erfassung sozialer Lebenswelten die Darstellung problematischer Subjektivität in der Tat tendenziell ausschließt.

Abschließend ist auf eine Schwierigkeit in unserer Argumentation aufmerksam zu machen. Die Kritik am Defizit des Naturalismus in der Darstellung von Subjektivität verdankt sich dem Ästhetizismus, dessen solipsistisch verengter Subjektbegriff seinerseits der Kritik unterliegt. Die Argumentation scheint einem Zirkelschluß nahezukommen; doch scheint dem nur so. Dialektische Kritik, die auf die Einführung einer Norm verzichtet, die nicht in der Wirklichkeit auffindbar ist, kritisiert das Gegebene, indem sie dessen Widersprüche aufweist. Die ungelöste Subjektproblematik ist der Widerspruch, der im Naturalismus am Werk ist. Er wird im Ästhetizismus seine falsche Auflösung finden.

4. Der Ästhetizismus als Rückzug aufs Subjekt. Die »Entdeckung des Ich« bei Maurice Barrès

Wir haben gesehen, daß für Zola die Subjektivität des Schriftstellers ein ungelöstes Problem darstellt. In seinen programmatischen

28 »Après avoir renoncé au personnage central, pourquoi ne pas renoncer complètement au personnage doué d'une individualité propre? Puisque son sujet, par sa nature même et par son étendue *rejetait par principe toute psychologie*, pourquoi, élevant cette fois ses habitudes littéraires à un degré extrême de poésie et d'abstraction, n'aurait-il pas donné à son livre un seul, unique et énorme personnage, la foule, la grande foule, qui gronde si superbement dans les meilleurs chapitres de ›Germinal‹« (zit. nach: A. Dezalay, *Lectures de Zola*. Paris 1973, 52 f.; Herv. v. Verf.).

Schriften faßt er sie einmal als ein der angestrebten Objektivität der Darstellung widerstreitendes Moment auf, ein andermal dagegen als organisierendes Zentrum des Romans. Dieser Widerspruch kehrt in den Einzelwerken insofern wieder, als Zola einerseits die dargestellten Subjekte auf die Dimension der sozialen Lebenswelt einschränkt, in der sie sich bewegen, andererseits aber diese reduzierten Subjekte handlungsbestimmend werden läßt, womit er die eigene Einsicht in die Macht der Verhältnisse entweder aus dem Blick zu verlieren (vgl. die Psychologisierung der Wirtschaftstätigkeit in *L'Argent*) oder zu verklären droht (man denke an den Aufstieg von Denise in *Au Bonheur des dames*). Vor allem aber schließt die Verschiebung des Primats der Darstellung auf soziale Lebenswelten, denen der Schriftsteller als Beobachter gegenübersteht, die Möglichkeit weitgehend aus, dessen Subjektivität anders denn als artistische ins Werk einzubringen. Zur Kontrolle dieses – auch durch Zeugnisse primärer Rezeption gestützten – Ergebnisses soll noch ein kurzer Blick auf den Roman *L'Œuvre* geworfen werden, der wegen seiner Künstlerthematik dem unmittelbaren Erfahrungsbereich Zolas am nächsten liegt und in dem man daher auch die Darstellung eines Subjekts erwarten könnte, das nicht auf die Erfüllung seiner sozialen Rolle (bzw. das Scheitern daran) beschränkt ist. Das ist jedoch nicht der Fall: die Künstlerfiguren des Romans treten nur in ihrer Rolle als Künstler in Erscheinung; wie die Käuferinnen in *Au Bonheur des dames* gehen sie fast ganz in ihrer sozialen Rolle auf. Das Sujet, das Scheitern eines außerordentlich begabten Malers bei dem Versuch, das Meisterwerk zu realisieren, von dem er träumt, hätte die Darstellung einer problematischen Subjektivität durchaus möglich gemacht, wobei gerade diese Problematik als eine gesellschaftliche hätte erkennbar werden können. Diese im Sujet angelegten Möglichkeiten setzen sich im Roman jedoch nur gleichsam gegen den Autor durch. Statt seinen Helden daran scheitern zu lassen, daß die Widersprüche der modernen Wirklichkeit sich nicht mehr in einem einzigen Bild symbolisch veranschaulichen lassen (das Thema klingt im Roman durchaus an), greift Zola auf eine »wissenschaftliche« Erklärung zurück und nimmt als Ursache des Scheiterns eine unglückliche Erbanlage an. Damit aber wird der Kampf des Malers um die Verwirklichung des Werks zu einem Scheinkampf, dessen Ausgang auf der Ebene der biologischen Determination längst entschieden ist. Das Individuum hat, strenggenommen, keine Subjektivität, weil es, unausweichlich durch seine Erbanlage determiniert, nicht in der Lage ist, sich in der Auseinandersetzung mit der Welt zu bilden.

Es ist nur allzu verständlich, daß die jungen Autoren, die im Gegensatz zu Zola der bürgerlichen Demokratie eher ablehnend gegenüberstehen, gerade die im Naturalismus ungelöste Problematik der Subjektivität aufgreifen. Bereits 1883 veröffentlicht Paul Bourget seine einflußreichen, um das Problem der Subjektivität zentrierten Studien über die Literatur des 19. Jahrhunderts unter dem Titel *Essais de psychologie contemporaine.* In der Sprache der heutigen Soziologie formuliert, kann man sagen: Bourget betrachtet die Literatur als Sozialisationsinstanz. Er analysiert Stendhal, Flaubert, Baudelaire, Renan und Taine unter dem leitenden Gesichtspunkt des in den Werken dieser Autoren zum Ausdruck kommenden Erfahrungstypus. Der junge Barrès macht diese Auffassung zum Programm. Der Titel der in den Jahren 1889 bis 1891 veröffentlichten Romantrilogie, *Le Culte du moi* (Der Kult des Ich), verkündet programmatisch die Hinwendung zur Erfahrung des einzelnen. In deutlicher Abgrenzung vom objektivistischen Wirklichkeitsbegriff der Naturalisten bestimmt Barrès im Vorwort zum ersten Band des *Culte du moi* Realität als etwas von den Wahrnehmungs- und Denkgewohnheiten des Subjekts Abhängiges. »Dies ist eine kurze realistische Monographie. Die Realität verändert sich mit dem Betrachter (avec chacún de nous), denn sie ist die Gesamtheit unserer Seh-, Fühl- und Denkgewohnheiten«[29]. Nicht Genauigkeit in der Wiedergabe einer beobachtbaren äußeren Wirklichkeit eines Milieus meint hier der Begriff *realistisch,* sondern die Echtheit einer persönlichen Erfahrung. Gegen den Wissenschaftsanspruch Zolas gewendet, schreibt Barrès: »Dies ist keine logische Untersuchung (enquète logique) über die Veränderungen der Sensibilität; ich gebe vielmehr ohne Überarbeitung tiefgefühlte Visionen und Emotionen wieder« (*Culte,* 19). Der Darstellung einer sozialen Lebenswelt mißt Barrès, seinem subjektivistischen Ansatz entsprechend, keinerlei Bedeutung zu. Auch die Darstellung eines äußeren Handlungsablaufs muß konsequenterweise nebensächlich werden, wenn das Ziel des Romans eine Art innere Biographie ist (vgl. »ce roman de la vie intérieure« und »cette monographie [. . .] est aussi une partie d'un livre de mémoires«; *Culte,* 17 und 20).

Das hat Folgen für das epische Material. Wir haben gesehen, daß Zola, trotz seiner entschlossenen Hinwendung zur Alltäglichkeit, dennoch auf die Konstruktion einer Handlung nicht verzichtet. Die Romane des *Culte du moi* wird man dagegen als fragmentarisch bezeichnen können. Insofern Barrès nicht nur über eine Erfahrung berichten, sondern darüber hinaus eine Methode individueller Lebensführung entwerfen will, hat er die Möglichkeit, Erlebnisdarstellung und Reflexion miteinander abwechseln zu lassen. Es ist nun für die Form des Buches charakteristisch, daß Barrès die reflektierenden Teile nicht selten schroff vom Erlebnisbericht abhebt. So hat er z. B. im ersten Band der Trilogie, der die Krisen eines jungen Mannes schildert, äußere Lebensereignisse und Reflexionen des Helden in kursiv gedruckten Abschnitten (concordances) vom Haupttext der Erzählung abgesetzt. Es ließen sich unschwer noch weitere Belege dafür anführen, daß Barrès keineswegs die Geschlossenheit des organischen Kunstwerks anstrebt, daß er vielmehr Erfahrungen und Reflexionen als vereinzelte, isolierte wiederzugeben sucht, wobei er das Fragmentarische ausdrücklich hervorkehrt.

Gerade die Aufsprengung der geschlossenen Form des organischen Kunstwerks dürfte zu der wiederholt bezeugten außerordentlichen Wirkung des *Culte du moi* auf die junge Generation der 90er Jahre beigetragen haben[30]. Denn sie legt dem Leser ja geradezu nahe, sich Fragmente der mitgeteilten Erfahrung zu eigen zu machen[31]. Vor allem aber dürfte die existentielle Wirkung des Buches sich aus der Tatsache erklären, daß hier ein Subjekt über seine Erfahrungen berichtet. Während Zola dem Leser seiner Romane, die wie *L'Œuvre* eine problematische Subjektivität thematisieren, nur die pessimistische Feststellung »so ist es« erlaubt, schlägt Barrès dem Leser eine Methode des

29 M. Barrès, *Le Culte du moi* (Livre de Poche, 1964). Paris 1966, 17; diese Ausgabe wird im folgenden abgekürzt zitiert: *Culte*.

30 An Hand zeitgenössischer Besprechungen und unveröffentlichter Briefe von Barrès-Verehrern hat E. Carassus zeigen können, daß dieser für eine Anzahl junger Leute die Rolle eines geistigen Führers gespielt hat (*Barrès et sa fortune littéraire*. Bordeaux 1970, 35-42). Das gilt auch über die Grenzen Frankreichs hinaus. So notiert z. B. H. U. Hofmannsthal über den *Culte du moi:* »Es ist die Systematik des heutigen Lebens, die Ethik der modernen Nerven. Es lehrt leben« (*Prosa I*, 44).

31 Maurras beispielsweise spricht von »toutes ces strophes en pointe qui [...] nous éclairaient aussi sur nous-même et sur le monde« (zit. bei Massis, *Préface*, in: *Culte*, 11).

Verhaltens vor, die ihm die Lösung der Probleme seiner eigenen Subjektivität verspricht. Barrès macht den Roman explizit zu einer Anleitung individueller Lebensführung. Die Einbeziehung der subjektiven Erfahrung des Schriftstellers in das Werk, die den Roman den Memoiren annähert, ermöglicht einen Typus von Wirkung auf den Leser, der dem objektivistischen Roman des Naturalismus abgeht. Insofern der Roman nicht einen Bereich der Gesellschaft darstellen, sondern Erfahrungen eines Subjekts wiedergeben will, kann er vom Rezipienten relativ leicht in den eigenen Erfahrungshaushalt hereingenommen werden. Das macht verständlich, warum der subjektivistische Roman einen Einfluß auf die Verhaltens- und Denkweisen der zeitgenössischen (bürgerlichen) Jugend gewinnen konnte, der dem Naturalismus trotz der hohen Auflagen zahlreicher Romane Zolas versagt blieb.

Wir wollen im folgenden den von Barrès in *Le Jardin de Bérénice* geschilderten Typus der Erfahrung analysieren; es ist der des *dilettantisme*. Bourget hatte diesen in seinen *Essais de psychologie contemporaine* als die Fähigkeit beschrieben, sich lustvoll in die verschiedensten Lebens- und Denkhaltungen hineinzuversetzen, ohne eine davon sich endgültig zu eigen zu machen. Barrès nun problematisiert diesen Typus der Erfahrung, indem er das Moment der Diskontinuität, die fehlende Einheit daran hervorhebt.

> Was mich angeht, habe ich von den ersten kindlichen Reflexionen an die Barbaren gefürchtet, die mir vorwarfen, anders zu sein; ich verehrte das Ewige in mir, und das führte mich dazu, eine Methode zu entwickeln, die tausend Facetten meines Ideals zu genießen. Das bedeutete, mir tausend aufeinanderfolgende Seelen zu geben; damit eine entstehen kann, muß eine andere sterben; ich leide an dieser Zersplitterung. In dieser Aufeinanderfolge von Unvollkommenheit sehne ich mich danach, mich von mir selbst zu erholen in einer umfassenden Einheit. Kann ich nicht alle diese dissonanten Töne zu einer großen Harmonie zusammenfügen? (*Culte*, 368).

Der Icherzähler des Barrèsschen Buches hat das Bewußtsein, daß er anders ist als die erwerbstätigen Bürger, die »Barbaren«, die er zugleich verachtet und fürchtet. Diese Andersartigkeit drückt sich in einer äußerst beweglichen und wandlungsfähigen Sensibilität aus. Gegen die Zielgerichtetheit zweckrationalen Handelns setzt er seine unendliche Empfänglichkeit für Eindrükke und Erfahrungen. Diese universale Sensibilität hat jedoch kein

Prinzip der Einheit in sich. Das Ich ist nur eine unendliche Abfolge von Seelenzuständen, die nichts miteinander verbindet. Das Auffinden einer Einheit des Ich wird so zum zentralen Problem.

Die fehlende innere Kontinuität suchen Barrès und sein Held Philippe durch eine Hinwendung nach außen zu finden. Einsam, auf einem alten Befestigungsturm von Aigues-Mortes stehend, blickt Philippe über die Dächer der mittelalterlichen Stadt und die Seenlandschaft der Camargue; in der Ferne auf dem Meer sieht er geblähte Segel, die ihm Aufbruch und Sehnsucht nach dem Unbekannten symbolisieren. Einen Augenblick lang gelingt die Versenkung in den Anblick der Landschaft, doch das Bewußtsein des Momentanen verläßt Philippe dabei nicht. »Denn ich bin *eine Minute* dieses Landes und *für diesen Augenblick* ruht es in mir.« Der Gedanke an die andern, die vor eben dieser Landschaft dieselbe Einheit der Seele gesucht haben wie er (»pour s'en faire une belle âme unique«; *Culte,* 369 f.), macht dem erfüllten Augenblick ein Ende.

Auch in Bérénice, einer jungen Tänzerin, die um den Tod ihres Geliebten trauert, sucht Philippe jene Einheit der Seele, die ihm fehlt.

Niemand hatte bessere Voraussetzungen als dieses kleine Mädchen, das ganz in der Liebe eines Toten aufging, um eine große Einheit des inneren Lebens (une grande unité de vie intérieur) zu besitzen; ich wünschte daran teilzuhaben (*Culte,* 389).

Der Icherzähler ist sich darüber im klaren, daß die wirkliche Bérénice banale Gedanken und Probleme hat, die nicht in das Bild der um ihren Geliebten Trauernden passen. Aber er überspringt diese Einsicht und macht aus dem wirklichen Mädchen ein lebendes Symbol der Erinnerung, der Tradition des einfachen Volkes. Es kommt hier weniger darauf an, die symbolischen Qualitäten, die der Icherzähler Bérénice zuspricht, im einzelnen zu untersuchen, als vielmehr die Vorgehensweise selbst zu erfassen. Diese ist charakterisiert durch die totale Verfügung des Ich über die Welt, gleichgültig, ob diese belebt ist oder nicht. Wie die Landschaft der Camargue, wird auch Bérénice betrachtet einzig unter dem Aspekt der Nützlichkeit für das Ich (vgl. *Culte* 388, 397, 409). Der *dilettante,* der sich von der Zweckorientierung der auf Erwerb ausgerichteten und von ihm als »Barbaren« verachteten Bürger abwendet, ist selbst von dieser Denk- und Verhaltensweise keineswegs frei. Im Gegenteil, er trägt die Zweckrationalität sogar in den Bereich der zwischenmenschlichen Beziehungen hinein. Indem Philippe Bérénice »benutzt«, um seine eigenen seelischen Probleme zu lösen, verzichtet er darauf, eine authentische Beziehung mit ihr einzugehen. Die Handlung des Buches macht das unmißverständlich deutlich. Philippe überredet Bérénice dazu, eine Ehe mit einem Mann einzugehen, den sie nicht liebt, dem Vertreter eines undialektischen, traditionsfeindlichen Fortschrittsoptimismus. Bérénice geht an dieser Ehe zugrunde. Philippe gesteht zwar zu, daß er einen Interpretationsfehler begangen hat, tröstet sich jedoch in dem Gedanken, er bewahre das Beste von ihr (*Culte*, 447). Wenig später belächelt er seine Begeisterung für ein Mädchen, »das letztlich nur ein kleines, recht rührendes Weibchen war« (qui ne fut en somme qu'un petit animal de femme assez touchante; ebd., 451); und wenn am Schluß des Buches Philippe die Befreiung der Elenden (les misérables) proklamiert, so geschieht auch dies wiederum im Hinblick darauf, daß er »aus ihrer Nähe Nutzen ziehen« kann (pour qu'auprès d'eux je profite; ebd., 457). Der *dilettante* vermag seine Ichbezogenheit nicht zu durchbrechen. Seine Unfähigkeit, authentische zwischenmenschliche Beziehungen einzugehen, wird ihm nicht etwa zum Problem, sie erscheint ihm vielmehr als Kennzeichen methodischer Lebensführung. Entfremdung wird hier gleichsam zum Prinzip erhoben, nach dem es zu leben gilt. Der *dilettante*, der die Vielfalt seiner Erlebnisse nicht mehr zur Einheit von Erfahrung verknüpfen kann[32], antwortet auf diese Selbstentfremdung mit dem Versuch, sich die Welt zu unterwerfen, um so die Einheit des Ich zu finden. Die Vergewaltigung der Natur, die der Icherzähler dem positivistischen Technokraten vorwirft, der alte Häuser durch Fabriken ersetzt sehen will, begeht er selbst im Umgang mit Bérénice. Überspitzt könnte man formulieren: er macht aus Bérénice das, was er in ihr sehen will: das Symbol der Einheit des Ich. Um derart zum Zeichen für etwas anderes zu werden, muß die wirkliche Bérénice sterben.

Zu den beunruhigendsten und bislang noch nicht genügend geklärten Seiten des Ästhetizismus gehört seine Nähe zur Ge-

32 »Je fus écoeuré de cette surcharge d'émotions sans unité dont je défaille« (*Culte*, 387), »ma dispersion d'âme« (ebd., 389).

waltsamkeit[33]. Das dem Ästhetizismus zugrunde liegende Prinzip der beliebigen Transposition der Wirklichkeit, die Fähigkeit, mit Hilfe von Analogiesetzungen alles in alles zu verwandeln, ist weniger harmlos, als es den Anschein hat: denn es enthält stets ein Moment der Vergewaltigung von Wirklichkeit[34]. Die Krise des bürgerlichen Individuums am Ende des 19. Jahrhunderts scheint Verhaltensstrukturen hervorzutreiben, die, ohne unmittelbar ökonomisch bedingt zu sein, dennoch in frappierender Analogie zum Imperialismus stehen.

Versucht man, den geschichtlichen Gehalt des Barrèsschen Frühwerks zusammenzufassen, so wird man sagen können: die Zerstückelung von Erfahrung vermag der *dilettante* nur dadurch zu überwinden, daß er den Inhalt seiner Erfahrung selbst produziert. Wörtlich schreibt Barrès in der Selbstinterpretation des *Jardin de Bérénice:* »Wir sind es, die das Universum erschaffen, dies ist die Wahrheit, die jede Seite dieses kleinen Werks prägt« (*Culte,* 477 f.). Hatte der Naturalismus Wirklichkeit als Objektivität gefaßt und das Problem der Subjektivität der Erfahrung übergangen, so vermag umgekehrt der antinaturalistische Roman eines Barrès dieses Problem offenbar nur unter der Bedingung anzugehen, daß die Wirklichkeit als Produktion des Subjekts aufgefaßt wird. Dem Naturalisten erstarrt die Wirklichkeit zum Gegenstand, in den einzugreifen ihm verwehrt ist, dem Ästhetizisten wird sie zur Setzung des Subjekts. Man kann das hier zu Tage tretende Dilemma auch anders formulieren: die Naturalisten haben die Wirklichkeit in der Vielfalt ihrer Erscheinungen, aber sie bleibt dem Subjekt äußerlich (dem entspricht das Vorherrschen der Beschreibung); die Ästhetizisten dagegen haben das tätige Subjekt, aber dessen Tätigkeit bleibt eine rein ideelle Sinnsetzung, die die Außenwelt unverändert läßt. So erscheint die Subjekt-Objekt-Dialektik auseinandergerissen.

Hier soll nicht das Nebeneinander und Gegeneinander von

33 Das vielleicht krasseste Beispiel für die Verknüpfung von Schönheitskult und Verherrlichung von Gewalt ist D'Annunzio. Vgl. dazu A. Recknagel, *Die restaurative Rebellion gegen den Autonomiestatus der Kunst bei D'Annunzio,* in: *Bildung und Ausbildung* (Vorlagen des Mannheimer Romanistentags 1977), hrsg. v. R. Kloepfer u. a. München 1978.

34 Vgl. dazu Verf., *Ästhetisierende Wirklichkeitsdarstellung bei Proust, Valéry und Sartre,* in: ders., *Aktualität und Geschichtlichkeit* (ed. suhrkamp, 879). Frankfurt 1977, 160-194.

Naturalismus und Ästhetizismus auf das Subjekt-Objekt-Problem der Philosophie zurückgeführt werden; vielmehr geht es um die Einsicht, daß beide Bewegungen einander entsprechen – wenn auch in gegenseitiger Negation. In diesem Auseinanderfallen von Subjekt- und Objektseite wird letztlich *eine* geschichtliche Erfahrung erkennbar: die gesellschaftliche Realität wird erlebt als eine, die sich dem gestaltenden Eingreifen des Subjekts entzieht. Die passive Betrachtung der Wirklichkeit, die in der naturalistischen Beschreibung abgespaltener Einzelbereiche der Gesellschaft zur Darstellung kommt, und die Aktivität des ästhetizistischen Subjekts, das die Objektivität der Außenwelt leugnen muß, um ihrer mächtig zu erscheinen, sind Ausdruck der Entfremdung, die das Subjekt in dieser Phase der Entwicklung der bürgerlichen Gesellschaft erfährt.

5. Probleme der Literatursoziologie

Bevor wir uns dem Problem einer historisch-soziologischen Erklärung der sogenannten »Überwindung des Naturalismus«, d. h. dem Rückzug zahlreicher Schriftsteller auf einen ästhetizistischen Subjektivismus, zuwenden, sind einige allgemeine Überlegungen erforderlich. Die historisch-soziologisch arbeitende Literaturwissenschaft hat bislang das Problem der verschiedenen Erklärungsebenen nicht hinreichend beachtet. Sie begnügt sich vielfach damit, entweder eine Erklärung anzubieten, ohne alternative Erklärungsmöglichkeiten zu diskutieren, oder sie stellt unverbunden verschiedene Erklärungsansätze nebeneinander. Zunächst wird man unterscheiden müssen zwischen Erklärungsansätzen, die sich auf die Gesellschaftsformation als ganze, und solchen, die sich auf die politisch-soziale Konstellation einer Epoche beziehen. Zu den ersten gehört z. B. das von Max Weber formulierte und u. a. von Jürgen Habermas weiterentwickelte Rationalisierungstheorem, demzufolge die Entwicklung der bürgerlich-kapitalistischen Gesellschaft als eine der fortschreitenden Rationalisierung aller Lebensbereiche beschrieben werden kann[35]. Zu dem gleichen Typus gehören Erklärungen, die auf die

35 Eine eingehende Erörterung der Möglichkeit, diesen Ansatz für eine Theorie des Romans zu nutzen, findet sich in: H. Sanders, *Institution Kunst und Theorie des Romans*. Diss. Bremen 1977.

immer tiefere Gliederung der Arbeitsteilung und die daraus sich ergebende Zunahme der Entfremdungserscheinungen zurückgreifen, schließlich solche, die der Entwicklung des literarischen Markts Rechnung tragen. Die Problematik dieser Erklärungsansätze besteht in ihrer außerordentlich großen Reichweite. Weil sie für die Erklärung der Literatur in der bürgerlichen Gesellschaft insgesamt von Bedeutung sind, lassen sich mit ihrer Hilfe bestimmte historische Phänomene (wie z. B. der naturalistische Roman) kaum erfassen. Das ist kein Grund, um auf diese Erklärungsansätze zu verzichten, zumal das, was sie zum Gegenstand haben, sich nicht in eine Summe einzelner kurzfristiger politisch-sozialer Determinanten auflösen läßt. Notwendig scheint allerdings zweierlei: Man wird einmal das Verhältnis von Erklärungsansatz und zu erklärendem Phänomen zu bedenken haben, und d. h. darauf verzichten, mit globalen Ansätzen Einzelphänomene erfassen zu wollen. Zum andern wird man sich bemühen müssen, gleichsam »Schwellen« ausfindig zu machen, an denen ein zunächst kumulativer Prozeß eine neue Qualität erhält.

Zu dem zweiten auf die politisch-soziale Konstellation einer Epoche bezogenen Erklärungstypus gehören diejenigen Ansätze, die sich um eine möglichst genaue historisch-soziologische Zurechnung literarischer Werke und Werkgruppen zu Klassen und Schichten innerhalb einer gegebenen Gesellschaft bemühen[36]. Die Gefahr dieser Ansätze ist der historistische Reduktionalismus. Die Erkenntnis, daß ein Einzelwerk oder eine Werkgruppe Ausdruck der politisch-sozialen Interessenlage einer Klasse oder einer Schicht ist, bleibt so lange im Historismus befangen, wie sie nicht durch eine Reflexion auf die im Text angelegten Möglichkeiten späterer Aktualisierung ergänzt wird. Auch dies ist kein Grund, um diesen Erklärungsansatz aufzugeben; aber man wird auch hier, mehr als bisher geschehen, auf das reflektieren müssen, was der Ansatz nicht erklärt: die Tatsache, daß es in einer bestimmten Gesellschaftsformation im Bereich des Überbaus eine begrenzte Anzahl von Problemen und Problemlösungen gibt, die unter sehr verschiedenen historischen Bedingungen aktualisiert werden können[37].

36 Vgl. dazu Teil II des o. g. Readers *Seminar: Literatur- und Kunstsoziologie.*
37 Vgl. den bedenkenswerten Hinweis von G. Goebel auf die »zyklische Wiederkehr schon einmal durchgespielter Formen« in der Krisengeschichte des bürgerli-

Ich will versuchen, die vorstehenden Überlegungen im Hinblick auf den Gegensatz von Naturalismus und Ästhetizismus zu konkretisieren. Man kann den Naturalismus, wie Zola ihn repräsentiert, mit guten Gründen dem zurechnen, was Jean-Marie Mayeur in seiner Analyse des republikanischen Siegs von 1875 als den »Block des dritten Standes« bezeichnet, »der die Demokratie akzeptiert, nicht im Sinne von sozialer Gleichheit, wohl aber von Chancengleichheit«[38]. Genauer wird man den in der Tradition der Aufklärung stehenden kämpferischen Republikanismus Zolas im Umkreis der Anfang der 70er Jahre von Gambetta ausgemachten »neuen bürgerlichen Schichten« *(couches nouvelles)* verorten können, zu denen neben kleinen Industriellen, Kaufleuten und Vertretern freier Berufe vor allem die neu aufstrebenden Schichten zwischen Bürgertum und lohnabhängigen Arbeitern und Bauern gehören. Die Unschärfe der Begriffe »Block des dritten Standes« und »neue Schichten« wird man hinnehmen können, wenn Mayeurs These zutrifft, daß in dieser Phase der Dritten Republik »die weltanschaulichen Präferenzen gegenüber den sozialen Antagonismen überwiegen«, konkret: daß »die Macht des Mythos der Republik« noch so groß ist, daß nicht selten Arbeiter ihre Stimme ihrem Chef geben, wenn dieser Republikaner ist[39].

Auch die historisch-gesellschaftliche Position des jungen Barrès läßt sich unschwer bestimmen. Als boulangistischer Abgeordneter gehört er zu jener radikalen Oppositionsbewegung gegen die parlamentarische Demokratie, die »nationale« und »soziale« Ziele zu verfolgen vorgibt und die als Ausdruck der Enttäuschung der Volksmassen an der von ökonomischen und politischen Krisen erschütterten Republik verstanden werden kann[40]. Die Tatsache, daß Barrès ein Anhänger des Generals Boulanger ist, legt zunächst den Gedanken nahe, daß auch der von Barrès vertretene Subjektivismus sich der Krise der Republik verdankt, die Frankreich seit der Mitte der 80er Jahre erlebt. Sicherlich erfaßt dieser Erklärungsansatz ein Moment, das für seine Ablehnung des Naturalismus bestimmend ist: die Abkehr von einem durch

chen Literaturbegriffs (*Literaturgeschichte als Geschichte des Literaturbegriffs an französischen Beispielen des 20. Jahrhunderts*, in: *Bildung und Ausbildung*, a.a.O.).

38 J.-M. Mayeur, *Les Débuts de la IIIe République 1871-1898* (Nouvelle Histoire de la France contemporaine, 10). Paris 1973, 49.

39 Ebd., 53.

40 Zum Boulangismus vgl. ebd., 165 ff., bes. 179.

Egalitätsvorstellungen geprägten Literaturbegriff. Was an dessen Stelle treten soll, hat Barrès klar formuliert: »andere Milieus als die der Mittelmäßigkeit und Seelen, die sich von vulgären Seelen unterscheiden« (des milieux autres que des milieux de médiocrité et des âmes différentes des âmes vulgaires)[41]. Das folgende Beispiel läßt die politischen Implikationen der angestrebten Veränderung des epischen Materials deutlich erkennen: »Sicher gibt es mehr Kämpfe und interessantere Auseinandersetzungen in der Seele z. B. einer abgesetzten Kaiserin, die die Höhen des Ruhms und die Tiefen des Ruins kennengelernt hat, als in der Seele einer Putzfrau, deren Mann täglich betrunken nach Hause kommt und sie schlägt, oder in der eines am Marterpfahl angebundenen Sioux-Indianers« (ebd.). Gegen die egalitäre, in der Tradition der Aufklärung stehende Weltsicht Zolas wird hier eine elitäre, von hierarchischen Prinzipien bestimmte Auffassung vertreten. Das »psychologische« Interesse von Barrès gilt dem Ausnahmemenschen bzw. dem Menschen in einer Ausnahmesituation (was eine Mystifizierung der Volksseele, der *âme populaire*, keineswegs ausschließt).

Trotz der Plausibilität des Erklärungsansatzes, der die sogenannte »Überwindung des Naturalismus« auf die politisch-ökonomische Krise Frankreichs zurückführt (vgl. dazu auch den Beitrag von Hans Sanders), wird man doch zwei Bedenken formulieren müssen. Der gewählte Erklärungsrahmen ist zugleich zu weit und zu eng. Zu weit, insofern die Krise der liberalen Republik breite Bevölkerungsgruppen betrifft, während die skizzierte Rückwendung aufs Subjekt nur von einem Teil der bürgerlichen Jugend vollzogen wird[42]. Zu eng, insofern der Erfolg des Ästhetizismus in den 90er Jahren ein allgemeineuropäisches Phänomen ist und daher nicht allein durch die nationale politische Entwicklung Frankreichs erklärt werden kann.

Darüber hinaus wird man bedenken müssen, daß die Gegnerschaft gegen den Naturalismus älter ist als die Krise der Republik

41 Zitiert nach: J. Huret, *Enquête sur l'évolution littéraire*. Paris 1894, 18; diese zeitgenössische Umfrage wird im folgenden abgekürzt zitiert: *Enquête*.

42 »La République libérale et parlementaire, en ces années de difficultés économiques et sociales, déçoit les masses« (J.-M. Mayeur, *Les Débuts de la IIIe République*, 162). – Bedauerlicherweise sind die von E. Carassus erörterten Dokumente, aus denen die Rolle von Barrès als Leitfigur der Jugend des Fin de siècle hervorgeht, nicht auf die soziale Zugehörigkeit der Schreiber hin untersucht worden (*Barrès et sa fortune littéraire*, 35-42).

und daß sie ein in sich durchaus heterogenes Phänomen ist. Bereits der erste große Erfolg Zolas, das Erscheinen von *L'Assommoir* im Jahre 1876, war ein Skandal. Schon 1880 veröffentlicht Brunetière in der angesehenen »Revue des deux mondes« einen Verriß des *Roman expérimental.* Der Widerstand des an traditionellen ästhetischen Wertmaßstäben orientierten konservativen Bürgertums gegen den Naturalismus ist so alt wie dieser selbst. Davon zu unterscheiden ist die Opposition, die sich nach der Veröffentlichung von *La Terre* (1887) von der naturalistischen Gruppe abspaltet und die als »Manifest der fünf« in die Literaturgeschichte eingegangen ist. Das traurige Pamphlet dürfte am ehesten durch eine gruppensoziologische Analyse zu erklären sein, die den Spannungen innerhalb der Naturalistengruppe nachzugehen hätte[43]. Gerade das Fehlen substantieller Argumente gegen den Naturalismus spricht im Fall der Autoren des Manifests für diese Erklärung[44]. Wiederum anders gelagert sind dagegen die ästhetizistischen und subjektivistischen Angriffe auf den Naturalismus, wie sie am wirksamsten von Charles Moréas und Maurice Barrès vorgetragen werden. Es gibt jedoch eine Ebene, auf der die in ihren Literaturvorstellungen außerordentlich stark differierenden Gegner des Naturalismus das gleiche Ziel verfolgen: dies ist der literarische Markt. Untersucht man unter diesem Gesichtspunkt die *Enquête sur l'évolution littéraire* von Jules Huret, so drängt sich einem der Eindruck auf, daß es vielen Autoren vor allem um eine Verbesserung der eigenen Marktposition geht. Auch Huret sieht sich am Ende seiner Einleitung zur Buchausgabe seiner Umfrage zu der Feststellung gedrängt, »daß auch das literarische Handwerk dem harten Gesetz der Konkurrenz (la loi féroce de la concurrence vitale) unterliegt und daß, hier wie in jeder Laufbahn, die materiellen Interessen die geistigen überwältigen und tyrannisieren« (*Enquête,* XXI). Daß Huret die Auseinandersetzungen der Literaten sozialdarwinistisch aus den »niedrigen Notwendigkeiten des Kampfs ums Dasein« er-

43 Vgl. als Beispiel für eine solche gruppensoziologische Analyse Th. Neumann, *Der Künstler in der bürgerlichen Gesellschaft. Entwurf einer Kunstsoziologie am Beispiel der Künstlerästhetik Friedrich Schillers* (Soz. Gegenwartsfragen, N. F. 27). Stuttgart 1968. Neumann arbeitet u. a. die Instabilität von Freundschaftsbünden von Künstlern heraus.

44 Das »Manifeste des cinq« ist abgedruckt in: M. Le Blond, *La Publication de »La Terre«.* Paris 1937, 63-66.

klärt, ist dabei weniger von Belang als die Tatsache, daß sich bei der Mehrzahl der befragten Autoren ein Wille zur Durchsetzung der eigenen Position beobachten läßt, den man nicht individualpsychologisch, sondern nur ökonomisch erklären kann: als Kampf um Marktanteile. Daß die Schriftsteller sich der ökonomischen Dimension ihrer Auseinandersetzungen durchaus bewußt sind, zeigt der wechselseitig immer wieder erhobene Vorwurf der Reklame. Ein von Huret den Realisten zugerechneter Autor, der sich selbst von Zola absetzt, bezeichnet die gängige Naturalismus-Kritik als »kommerzielle Reaktion, die man gegen den Naturalismus in Gang zu bringen versuche« (réaction commerciale; *Enquête*, 263).

Das nicht zuletzt durch die außerordentlich hohen Auflagen Zolas geschärfte Bewußtsein für Fragen des literarischen Markts prägt auch einige Kategorien der Literaturauffassung des Ästhetizismus. Die Bedeutung, die bei Ästhetizisten unterschiedlichster Ausprägung ein von jeder inhaltlichen Bestimmung entleertes Konzept der Neuheit gewinnt, läßt sich wohl nur als Verinnerlichung der Konkurrenzprinzipien des literarischen Markts erklären. Daß ein solcher Zusammenhang tatsächlich besteht, läßt das folgende Zitat erkennen: »Ein zügelloses und heilsames Bedürfnis nach Originalität (un effréné et salutaire besoin d'originalité), eine Verachtung der Nachahmung, die jedem einzelnen auferlegte strenge Verpflichtung, er selbst zu sein, widrigenfalls er nicht zählt« (*Enquête*, 288). Originalität erscheint hier nicht als Resultat eines individuellen Bildungsprozesses, sondern als von außen, und d. h. vom literarischen Markt auferlegte Forderung, die jeder Autor erfüllen muß.

Die Marktabhängigkeit der Literatur vermag zwar die Heftigkeit der Auseinandersetzungen der Schriftsteller untereinander verständlich zu machen, ihr lassen sich jedoch kaum Hinweise über die Richtung der literarischen Entwicklung entnehmen. Es ist bezeichnend, daß das marktbedingte Kriterium der Neuheit inhaltlich ganz leer bleibt. Das gilt auch für die von Edmond de Goncourt in der *Préface* zu seinem Roman *Chérie* formulierte Theorie literarischer Evolution, die in der *Enquête* von Barrés vertreten wird. Dieser Theorie nach ist die jeweils neue literarische Bewegung eine Reaktion gegen die vorausgegangene. So haben Barrès zufolge die Naturalisten auf den konventionellen Gesellschaftsroman Octave Feuillets reagiert, der nur die Angehörigen der gehobenen Schichten dargestellt habe; er selbst und die jungen Autoren seiner Generation reagierten nun ihrerseits auf die Naturalisten, die ausschließlich den äußeren Aspekt menschlicher Handlungen hervorgehoben hätten (*Enquête*, 17 f.). Der Unterschied zwischen Zolas Konzeption literarischer Entwicklung und der von Barrès vertretenen ist aufschlußreich. Zola kämpft gegen die Romantik im Namen von Wahrheit und Wissenschaft, d. h. weil er der Überzeugung ist, daß seine Literaturauffassung die einer demokratisch-egalitären Gesellschaft angemessene ist. Barrès dagegen macht die literarische Evolution am abstrakten Prinzip der Erneuerung fest. Dahinter dürfte sich zweierlei verbergen: einmal eine geschickte Marktstrategie (die Theorie erlaubt Barrès, seinen eigenen Roman als gegenwärtig, den naturalistischen dagegen als obsolet hinzustellen, ohne diesen jedoch verurteilen zu müssen), zum andern eine (wenngleich verzerrte) Einsicht in ein Prinzip literarischer Evolution unter Bedingungen massiver Vermarktung von Literatur. Denn in der Tat setzt der subjektivistische Roman von Barrès an bestimmten Problemen an, die der naturalistische nicht gelöst hatte. Verzerrt ist die Einsicht von Barrès insofern, als er nur abstrakt Darstellung der Außenwelt und Darstellung der Innenwelt einander entgegensetzt und damit die Art und Weise, wie er die Subjektproblematik behandelt, verdeckt. Darin aber steckt, wie unsere Analyse gezeigt hat, die politische Dimension des Ästhetizismus.

Wenn die beiden Erklärungsansätze (Krise der Republik und Marktabhängigkeit der Literaturproduktion) die Wendung zum Subjektivismus nicht vollständig zu erklären vermögen, dann dürfte das daran liegen, daß sie zwar die ökonomischen und politischen Rahmenbedingungen der Auseinandersetzung benennen, nicht aber das Problem, um das es geht. Die Auseinandersetzung zwischen Naturalismus und Ästhetizismus wird man als historisch besondere Ausprägung eines mit der Gesellschaftsformation gesetzten Problems aufzufassen haben. Der Naturalismus knüpft, wie wir gesehen haben, an den bürgerlich-aufklärerischen Literaturbegriff an, der Literatur als Medium des moralisch-politischen Selbstverständnisses der Bürger faßt. Instrumentell darf dieser Begriff deshalb heißen, weil Literatur hier als Mittel zur Erreichung eines gesellschaftlichen Zwecks eingesetzt wird. Der Ästhetizismus dagegen radikalisiert den autonomen Literaturbegriff, demzufolge das Kunstwerk als Selbstzweck gefaßt wird.

Beide Literaturbegriffe stehen in einem widersprüchlichen Verhältnis zur bürgerlichen Gesellschaft. Der instrumentelle akzeptiert die Rationalität der bürgerlichen Gesellschaft, dringt aber auf deren totale Verwirklichung. Paradoxerweise trifft er auf Widerstand, gerade weil er die Prinzipien der bürgerlichen Gesellschaft verwirklichen will. Der Grund dafür: Er ist stets in Gefahr, das Subjekt entweder den vorgegebenen Zwecken anzupassen oder es zu vernachlässigen. Der autonome Literaturbegriff setzt sich der bürgerlichen Gesellschaft radikal entgegen. Indem er die aus dem Rationalisicrungsprozeß herausfallenden menschlichen Bedürfnisse zumindest ideell befriedigt, entspricht er paradoxerweise einer Gesellschaft, die er doch zugleich in Frage stellt. Seine Gefahr ist der blinde Irrationalismus.

Die Einsicht, daß die beiden Literaturbegriffe zwei entgegengesetzte Antworten auf das durch die bürgerliche Gesellschaft aufgeworfene Problem der Rationalisierung aller Lebensbereiche darstellen, schließt den Versuch einer historisch-soziologischen Erklärung der besonderen epochalen Ausprägung dieses Gegensatzes nicht aus. Immanente Entwicklung, die sich jedoch einer formationsspezifischen Problemstellung verdankt, und Determination durch die epochale politisch-soziale Konstellation greifen ineinander. Die mit der bürgerlichen Gesellschaft gegebene Rivalität zweier Institutionalisierungen von Literatur wird gegen Ende des 19. Jahrhunderts unter anderm dadurch verschärft, daß der Naturalismus kämpferisch auftritt mit dem Anspruch, den einzigen einer demokratisch verfaßten Gesellschaft adäquaten Literaturbegriff zu formulicren und allgemein durchzusetzen. Innerhalb von Literaturverhältnissen, die durch eine außerordentlich scharfe Konkurrenz der Schriftsteller charakterisiert sind, werden die dem Naturalismus ferner stehenden Autoren dazu gedrängt, die im Material des naturalistischen Romans angelegten Probleme aufzunehmen, um sie in einer Weise weiterzuentwickeln, die eine möglichst große Distanz zum Naturalismus erlaubt. Die subjektivistische Wende ist in der ungelösten Subjektproblematik des Naturalismus vorgezeichnet. Die Art und Weise, wie die Ästhetizisten dieses Problem bearbeiten, ist durch ihre gesellschaftliche Position bedingt. Die Ablehnung der egalitären Prinzipien der parlamentarischen Demokratie führt konsequent zur Entwicklung einer solipsistisch verengten, elitären Subjektauffassung.

Daß trotzdem die Wahrheit nicht einfach auf der Seite des Naturalismus ist, versuchte unsere Analyse zu zeigen. Solange der Interpret, sei es die naturalistische, sei es eine ästhetizistische Position einnimmt, bewegt er sich in den Widersprüchen bürgerlicher Kultur, ohne diese als ganze in den Blick zu bekommen. Beide Bewegungen sind jedoch nur zwei Seiten eines Problems, das sich überspitzt als Auseinanderfallen von Gesellschaftserfahrung ohne Subjekt und Subjekterfahrung ohne Gesellschaft charakterisieren ließe. In dem Auseinandertreten von Naturalismus und Ästhetizismus, von Literatur für die Massen und Literatur für die Bildungselite, wird das Mißlingen einer egalitären bürgerlichen Kultur faßbar, in der Gesellschaftserfahrung und Subjekterfahrung aufeinander bezogen wären.

Hans Sanders

Naturalismus und Ästhetizismus. Zum Problem der literarischen Evolution

1. Theoretische Voraussetzungen

Ästhetizismus und Engagement scheinen relativ stabile Lösungsmuster soziokultureller Problemkonstellationen darzustellen. Variabel sind freilich die jeweiligen historischen Rahmenbedingungen und spezifischen Ausformungen ästhetizistischer und engagierter Tendenzen. Wenn Status und Funktion der Institution Literatur durch die Gesellschaftsformation bestimmt werden, muß die relative Stabilität der beiden Varianten im Bezug auf relativ konstante Organisationsprinzipien der Gesellschaftsformation begründbar sein.

In der Feudalgesellschaft, so läßt sich eine globale Funktionsbestimmung vornehmen, funktioniert Literatur/Kunst als Legitimation absoluter Herrschaft. Dies scheint seinen ökonomischen Grund in der Form der mäzenatischen Produktion zu haben[1]. Sie bedingt eine relativ enge Bindung an die Wertvorstellungen der herrschenden Gruppen in der späten Feudalgesellschaft. Demgegenüber scheint die Produktion für das »diffuse Publikum«[2], das im Rahmen der bürgerlichen Öffentlichkeit am Markt partizipiert, die unmittelbare Beziehung von Institution Literatur und partikularen Interessen einer relativ homogenen Gruppe aufzulösen. Damit hat bürgerliche Kunst einen Möglichkeitsspielraum, der für höfische Kunst nicht gelten kann. Möglich werden nichtpartikulare auf eine einzige, nämlich die herrschende Gruppe bezogene Sinngehalte.

Eine weitere wesentliche, für die bürgerliche Gesellschaftsformation charakteristische Veränderung betrifft den institutionellen Rahmen. Privatsphäre und Öffentlichkeit entwickeln sich als getrennte Bereiche[3]. Dies bedeutet aber einen einschneidenden

1 Vgl. P. Bürger, *Institution Kunst als literatursoziologische Kategorie,* in: Romanistische Zeitschrift für Literaturgeschichte, Nr. 1 (1977), S. 64 f.

2 J. Habermas, *Strukturwandel der Öffentlichkeit. Untersuchungen zu einer Kategorie der bürgerlichen Gesellschaft* (Sammlung Luchterhand, 25). [5]Neuwied u. Berlin 1971, S. 54.

3 Ebd., S. 28 ff.

Wandel im Objektivationsbereich der Institution Literatur/Kunst. Zu ihrem Möglichkeitsspielraum gehört damit entweder eine Bearbeitung primär der Normen privaten Lebens oder aber primär der Normen des öffentlich-gesellschaftlichen Bereichs. Mit anderen Worten: Der Parallelismus von ästhetizistischer und engagierter Kunst wird gesellschaftlich möglich.

Wenn die Varianten Ästhetizismus/Engagement an den Rahmen der bürgerlichen Gesellschaft gebundene Phänomene sind, wenn sie also relativ stabile institutionalisierte Muster sind, müssen sich identische Merkmale fixieren lassen. Mit anderen Worten: Eine historische Typologie muß konstruierbar sein. Wir gehen von folgendem Modell aus[4]. In bezug auf den institutionellen Kontext literarischer und politischer Öffentlichkeit gelten für die Varianten Engagement und Ästhetizismus folgende Rahmenbedingungen: Ästhetizismus bezeichnet diejenige Grundvariante der Institution Kunst in der bürgerlichen Gesellschaft, die sich durch die Entflechtung von literarischer und politischer Öffentlichkeit auszeichnet. Das impliziert aber eine scharfe Trennung zwischen Privatsphäre und Öffentlichkeit. Dieser Trennung wiederum entspricht drittens eine bestimmte Verfassung kollektiver Identität: Erfahrungen von Subjektivität können nicht mehr im gesamtgesellschaftlichen Bezugsrahmen interpretiert werden. Demgegenüber bezeichnet die Variante Engagement eine Ausprägung der Institution Literatur/Kunst als ganzer oder einzelner Sektoren, die sich durch Integration von literarischer und politischer Öffentlichkeit auszeichnet. Dies schließt eine relativ enge Verflechtung von Privatsphäre und Öffentlichkeit ein[5]. Diesen Verhältnissen entspricht ein Typus kollektiver Identität, der nicht der Reduktion auf rein existentiale (= gesellschaftslose) Erfahrung unterliegt. Erfahrung von Subjektivität und gesellschaftliche Erfahrung sind integriert.

4 Zur Entwicklung dieser historischen Typologie vgl. Verf., *Institution Literatur und Theorie des Romans. Ein Beitrag zur Rekonstruktion des Vermittlungsproblems.* Diss. Bremen 1977.

5 Wir gehen davon aus, daß zwar für die bürgerliche Gesellschaft die Herausbildung von Privatsphäre und Öffentlichkeit als getrennte Bereiche typisch ist, daß aber der jeweilige Grad des Bruchs zwischen privater und öffentlicher Erfahrung bzw. eine relative Integration beider abhängig ist von konkreten historischen Rahmenbedingungen. Ein Beispiel: Die Dreyfusaffäre trug den öffentlichen Konflikt bis in die Familien hinein und polarisierte Anhänger und Gegner einer Revision des Prozesses.

2. »Germinal« und »A rebours«. Gesellschaftliche Erfahrung und Erfahrung von Subjektivität

Die folgende, jeweils von einem Einzelkapitel ausgehende Gegenüberstellung von Zolas *Germinal* und Huysmans' *A rebours* wird sich an diesem Modell orientieren. Es wird gefragt: Wird auf die Beziehung privater und öffentlicher Erfahrung abgehoben oder geht es primär um Probleme von Subjektivität?

Im ersten Kapitel des vierten Teils von *Germinal*[6] werden der Ausbruch des Streiks der Grubenarbeiter und die Reaktion der Grubenleitung auf die Situation dargestellt. Das Kapitel umfaßt drei Erzählsequenzen: Die kurze Exposition der Streiksituation (1), die Beziehung zwischen dem Direktor Hennebeau und seiner Frau mit einem Abriß der Lebensgeschichte beider (2), das Essen, zu dem die Hennebeaus Freunde, alle zur bürgerlichen Oberschicht der Region gehörend, eingeladen haben (3).

Die Exposition betont den Ernst der Lage im Konflikt zwischen Kapital und Arbeit. Kriegsbilder (»cette déclaration de guerre«, 191; »lui [der Grubendirektor, H. S.] qui venait [...] de préparer militairement son champ de bataille«, 192), syntaktische Parallelismen (»des messagers accouraient, des dépêches tombaient sur son bureau, [...]«, 191; »c'était Mirou, c'était Crèvecoeur, c'était Madeleine [...]« [Namen von Gruben, H. S.], 192), Häufung von Zeitbestimmungen (»Ce lundi-là [...] Et, brusquement, ce lundi même, à quatre heures du matin [...] A cinq heures [...] de quart d'heure en quart d'heure [...] Tout d'un coup [...]«, 191 f.) unterstreichen die Dynamik einer sich zuspitzenden Situation.

Die Funktion der Exposition besteht einmal in der Herstellung der Beziehung zum bisherigen Werkkontext. Der Ausbruch ist der Höhepunkt eines zunehmenden Widerstands der Arbeiter gegen ihre Misere, die mit der behäbigen Existenz der bürgerlichen Oberschicht kontrastiert worden ist (Grubenarbeiterfamilie Maheu vs. »les bourgeois de la Piolaine«, ein Landgut, auf dem ein Aktionär einer der Kohlengruben mit seiner Familie lebt). Zum anderen dient die Exposition als auktorial gehaltene Beurteilungsfolie für den Leser gegenüber den in Sequenz zwei und drei

6 E. Zola, *Germinal* (Livre de poche, 145). Paris 1971. Zitate nach dieser Ausgabe.

entwickelten, unterschiedlich adäquaten Situationsdeutungen der Vertreter des Bürgertums. – Der folgende Erzählabschnitt akzentuiert zunächst einen Widerspruch im Verhalten Hennebeaus. Es ist der Widerspruch zwischen einem militärisch-entschlossenen Handeln als Direktor und einem Zögern gegenüber dem Willen seiner Frau, das Essen trotz der ernsten Situation stattfinden zu lassen. Es geht um den Identitätskonflikt zwischen der von der Berufsrolle auferlegten Affektkontrolle und den erotischen Wünschen des Grubendirektors:

> Lui, toujours correct, se réfugiant dans sa froideur menteuse d'homme administratif, était ravagé par le désir de cette créature [...] Il ne l'avait jamais possédé en amant, il était hanté d'une continuelle image, l'avoir une fois à lui, comme elle s'était donnée à un autre. Chaque matin, il révait de la conquérir le soir; puis, lorsqu'elle le regardait de ses yeux froids, [...] il évitait même de lui effleurer la main. C'était une souffrance sans guérison possible cachée sous la raideur de son attitude, la souffrance d'une nature tendre agonisant en secret de n'avoir pas trouvé le bonheur dans son ménage (194).

Die Opposition von Triebnatur vs. Berufsdisziplin dient nicht nur zur Vergegenwärtigung einer problematisch-gespaltenen Identität. Sie wird im folgenden von der Ebene der Identität einer Figur auf die der gegensätzlichen Verhaltensorientierungen der beiden Partner projiziert: Für Hennebeau gilt außer Härte, Verschlossenheit, Disziplin (»son visage dur et fermé d'homme de discipline«, 192), Korrektheit eine »honnêteté stricte« (193). Für Mme Hennebeau gilt: *vanité, rêve* (»satisfactions vaniteuses, rêvées en pension«, 193), *inconscience* (»la tranquille inconscience de cette femme, qui prenait son bonheur où elle le trouvait«, 193). Sie ist orientiert an »toutes les folies luxueuses de l'époque« (193). Der Aufbau der Opposition von Triebnatur vs. Berufsrolle/Affektkontrolle auf der doppelten Ebene der problematischen Identität einer Figur und der der gegensätzlichen Verhaltensorientierungen beider Ehepartner läßt ihre Bedeutungshaltigkeit im Rahmen der kommunikativen Intention des Romans vermuten. Welche Funktion erfüllt sie in der hier untersuchten Szene? Ihre Bedeutung ergibt sich aus der Beziehung zur Exposition. Angesichts der Dynamik einer krisenhaft zugespitzten Situation verweist die Identitätsproblematik des Grubendirektors auf die eingeschränkte Handlungsfähigkeit der Kapitalseite. Das ausschließlich an privater Erfahrung orientierte Verhalten von Mme Hennebeau markiert ein Moment von Realitätsverlust angesichts der in der Exposition unterstrichenen gesellschaftlichen Bedeutung des Streiks: »Ce mariage [Mme versucht eine Heirat zwischen ihrem Neffen und der Erbin der Grégoire-Aktien herbeizuführen, H. S.] devrait vous toucher plus que les bêtises de vos ouvriers [...]« (192).

Man wird also feststellen können, daß die Vergegenwärtigung individueller und kommunikativer Deformation ihre Funktion im Hinblick auf das Problem des Romans, den Konflikt zwischen Kapital und Arbeit, erfüllt. In diesem Bezug eines umfassenden gesellschaftlichen Problems auf die Subjektivität der gesellschaftlichen Akteure wird die spezifisch gattungsmäßige Form deutlich, in der der Roman Sinnstrukturen aufbaut[7]. Dabei übersetzen binäre Oppositionen das Grundproblem des Romans auf alle Ebenen[8]: Es bestimmt die Aufeinanderfolge (Maheu-Familie vs.

7 Dabei ist in Rechnung zu stellen, daß bei Zola und im naturalistischen Roman allgemein »vielfach die Figur zum Medium der Vermittlung einer sozialen Lebenswelt« wird (P. Bürger, *Naturalismus-Ästhetizismus und das Problem der Subjektivität,* in diesem Band). Die Eliminierung der klassischen Psychologie bei Zola ist schon sehr früh bemerkt worden. So von J. Lemaître und Brunetière. Vgl. A. C. Proulx, *Aspects épiques des Rougon-Macquart de Zola.* The Hague/Paris 1966, S. 23, 101. Daß die Figuren Zolas vielfach soziale Funktionsträger sind, betonen auch: G. Robert, *Emile Zola. Principes et caractères généraux de son oeuvre.* Paris 1952, S. 121. C. Abastado, *Emile Zola. Germinal. Analyse critique* (Profil d'un oeuvre 8). Paris 1970, S. 34, 37. A. de Lattre, *Le réalisme selon Zola. Archéologie d'une intelligence.* Paris 1975, S. 60 ff., 71, 135. Die extreme Gegenposition vertritt: F. W. J. Hemmings, *Emile Zola.* London/Oxford/New York 1966, S. 206. Das menschliche Leiden Hennebeaus sei »raised to the plane of universal truth« jenseits des sozialen Konflikts. – Diese Auffassung ist nicht haltbar. Man trifft wohl den Sachverhalt, wenn man davon ausgeht, daß die Identitätsproblematik des Grubendirektors repräsentativ für die sozialpsychologische Situation des Bürgers im Roman angelegt ist. In diesem Sinne: C. Duchet, *Le trou des bouches noires. Parole, société, révolution dans »Germinal«,* in: Littérature, Nr. 24 (déc. 1976), S. 29. S. Petrey, *Discours social et littérature dans »Germinal«,* in: Littérature, Nr. 22 (mai 1976), S. 71. Schließlich zeigt die bemerkenswerte Analyse von H. Mittérand (*Fonction narrative et fonction mimétique. Les personnages de »Germinal«,* in: *Poétique* IV, 1973, S. 477-490), daß *Germinal* die Beziehung von Privatsphäre und Öffentlichkeit eben über die erotisch-sexuelle Dimension herstellt. Man wird also festhalten können, daß Zola die traditionelle Psychologie eliminiert ohne die gattungstypische Form des Bezugs umfassender gesellschaftlicher Probleme auf Subjektivität aufzugeben. In diesem Sinne stellt H. J. Neuschäfer in einer glücklichen Formulierung zu Recht fest, durch die epische Interaktion der Figuren werde »Dokumentation zur Erfahrung« (*Emile Zola. Germinal,* in: K. Heitmann (Hrsg.), *Der französische Roman. Vom Mittelalter bis zur Gegenwart.* Bd. II, Düsseldorf 1975, S. 11.

8 Die Bedeutung der »Kontrasttechnik« ist hervorgehoben bei H. J. Neuschäfer, ebd.

»bourgeois de la Piolaine«) und den internen Aufbau einzelner Kapitel, wie an unserem Beispiel zu sehen, als Opposition zwischen dem normativen Horizont eines bürgerlichen Milieus und der in diesem Rahmen nicht mehr angemessen begreifbaren gesellschaftlichen Bedeutung des ausbrechenden Konflikts. Zugleich kann, wie hier deutlich wird, das Prinzip der binären Opposition den Aufbau einer Einzelfigur und die Vergegenwärtigung einer verfehlten Kommunikation organisieren.

Nicht-integrierte Identität und verzerrte Kommunikation sind einerseits auf das Thema, den Konflikt Kapital/Arbeit, zum anderen aber auch auf den Zerfall der Beziehung von Privatsphäre und Öffentlichkeit bezogen. Hennebeau kann das öffentlich-gesellschaftliche Problem des Streiks nicht an seine Frau vermitteln:

»Ah! ils sont en grève, dit-elle tranquillement, lorsqu'il l'eut consultée. Eh bien, qu'est-ce que cela nous fait? [...] Nous n'allons point cesser de manger, n'est-ce pas« (192)?

In der problematischen Kommunikation der Hennebeau erscheint die Entpolitisierung bürgerlicher Intimsphäre. Erfahrung von Subjektivität ist nicht mehr auf Erfahrung von Herrschaft (und sei es die der eigenen gesellschaftlichen Gruppe) beziehbar. In der gebrochenen Identität Hennebeaus ist öffentliches bzw. Berufs-Handeln (beides fällt in der Situation des Streiks zusammen) nicht mehr mit befriedigender Erfahrung und Ausdrucksfähigkeit von Subjektivität vermittelbar.

Die Essensszene, der dritte Erzählabschnitt des hier untersuchten Kapitels, führt den doppelten Bezug auf den thematischen Konflikt und die Normen der bürgerlichen Kommunikation weiter fort. Zunächst fällt eine Reihe semantischer Parallelismen auf: der Luxus des Interieurs und der Gegenstände (»salle tendue de tapisseries flamandes«, »pièces d'argenterie«, 198), die Mischung aus forcierter Fröhlichkeit der Gäste und latent-zunehmender Angst:

Tous l'interrompirent d'un grand éclat de gaieté [...] Chut! dit M. Hennebeau contrarié, en regardant les fenêtres, d'où l'on voyait la route [...] Les rires recommencèrent, mais plus discrets [...] on salua chaque plat, ainsi qu'une épave échappée a un pillage, dans une ville conquise; et, derrière cette gaieté forcée, il y avait une sourde peur, [...] (198).

Die Essensszene treibt einen Kontrast zwischen der realen

Lage, deren Bewußtsein sich die Gäste schließlich nicht mehr entziehen können, und einem Repertoire von Verhaltensnormen der Höflichkeit hervor:

> Nous resterons ici, dit obligeamment M. Grégoire. Ce sera tout plaisir [...] (197) Déjeunez avec nous. Je vous continuerai ça au dessert. Oui, comme il vous plaira, répondit Deneulin, [...] Il eut pourtant conscience de son impolitesse, il se tourna vers Mme Hennebeau, en s'excusant. Elle fut d'ailleurs charmante [D., der Besitzer der Nachbargrube, entschuldigt sich, weil er mit seinem Bericht über den Streik das Essen stört, H. S.] [...] (197 f.) Vous pouvez parler, dit Mme Hennebeau complaisamment. Ils ne sont pas encore ici (200).

Ganz unverkennbar wird hier die Intention des zweiten Abschnitts weitergeführt: Kritik der Normen bürgerlicher Kommunikation, des Auseinandertretens von subjektiver und gesellschaftlicher Erfahrung, von Privatsphäre und Öffentlichkeit. Die Ausgrenzung der gesellschaftlichen Problematik von Arbeit und Herrschaft erscheint als Problem. Realitätsverlust erscheint als Indiz der aporetischen Lebenssituation einer gesellschaftlichen Gruppe[9].

Der funktionale Zusammenhang der hier untersuchten Erzählabschnitte wird deutlich, wenn man die Kunstmittel der Erzählung einbezieht. Entscheidend ist die Funktion der auktorial gehaltenen Exposition. Sie erstellt einen Beurteilungshintergrund, anhand dessen Geschehen, Verhaltensweisen und explizierte Einschätzungen der Teilnehmer am Essen gemessen werden können. Für das Verfahren der Perspektivierung ist die Schrumpfung der auktorialen Form in Erzählsequenz zwei und drei bezeichnend. In zwei beschränkt sich die Kommentierung auf gelegentlich eingefügte Wendungen. Im dritten Abschnitt dominiert die personale Form. In überwiegend wörtlicher Rede wird ein Gespräch der Gäste aufgebaut, in dem sie sich u. a. über die Bedeutung der Situation verständigen. Dabei werden bestimmte Einschätzungen durch ihren Widerspruch zur Exposition als unangemessen dargestellt. So assoziiert die Tochter der Grégoire beim Wort Streik »des visites et des distributions d'aumônes dans les corons« (197).

9 Zur Kritik des Bürgertums bzw. seiner Verhaltens- und Denkstrukturen vgl. C. Duchet, *Parole, société, révolution dans »Germinal«*, a.a.O., und S. Petrey, *Discours social et littérature dans »Germinal«*, a.a.O.

Über Mme Hennebeau heißt es:

Mais Mme Hennebeau s'étonnait, en entendant parler de la misère des charbonniers de Montsou. Est-ce qu'ils n'étaient pas très heureux? Des gens logés, chauffés, soignés aux frais de la Compagnie (201)!

Im Vorgriff auf die Untersuchung der ästhetischen Theorie Zolas wird man die Funktion der hier vorliegenden Technik überwiegend indirekter Perspektivierung folgendermaßen bestimmen können: Sie folgt dem doppelten Imperativ parteilich-engagierter und objektiver Darstellung[10]. Die Opposition zwischen dem auktorial-berichtsmäßig entwickelten Rahmensachverhalt und der subjektiven Sicht der Figuren entspricht dem Prinzip *vérité* der Zolaschen Ästhetik, auf dessen ästhetischen und sozialen Gehalt noch eingegangen werden muß.

Die Bedeutung des hier analysierten Kapitels wird durch seine Stellung im Handlungszusammenhang des Romans unterstrichen. Es markiert den Drehpunkt, wo ein Wandel in der Beziehung der beiden antagonistischen Klassen eingeleitet wird. In den ersten Hauptteilen war das materielle, soziale und auch kulturelle Elend der Arbeiter mit dem bürgerlichen Milieu konfrontiert worden. Zugleich, konzentriert in der Figur Etiennes, der zum Repräsentanten einer kollektiven Gegenidentität wird, ist der Ausbruch des Konflikts vorbereitet worden. Bezogen auf die Basisopposition des Romans, die zwischen Arbeit und Kapital, gehört unser Kapitel in eine Reihe mit 2, II und 2, III, die die beiden Gruppen unmittelbar miteinander in Kommunikation treten lassen. Diese Kapitel sind also Kristallisationsstellen der Konfrontation zweier Lebenswelten. Ihre Funktion liegt in der Destruktion des kulturell-normativen Überlegenheitsanspruchs der Bürger[11].

10 Als erzähltechnische Konsequenzen des Objektivitätsprinzips hebt A. Pagès (*En partant de la théorie du roman expérimental,* in: Les cahiers naturalistes XX, 47 (1974), S. 70-87) hervor: den Rückgang der auktorialen Perspektive und die Bedeutung des *style indirect libre.* Ähnlich, allerdings bezogen auf *L'assommoir:* J. Dubois, *L'assommoir de Zola. Société, discours, idéologie* (Coll. Thèmes et textes) Paris 1973. Im Gegensatz zu Pagès hebt den Engagementcharakter des Romans hervor: I. N. Shor, *The Novel in History. Lukács and Zola,* in: Clio, II, 1 (Oct. 1972), S. 19-41. Jedenfalls zeigt die Handhabung der erzählerischen Kunstmittel im hier untersuchten Kapitel, daß Engagement und »objektivierende« Techniken sich nicht ausschließen.

11 In dieser Destruktion des bürgerlichen Superioritätsanspruchs sieht H. J.

Diese ist eine der beiden Hauptebenen der Sinnstruktur des Romans. Die zweite ist die der kollektiven Gegenpraxis und Gegenidentität[12]. Sie ist an der Figur des Protagonisten Etienne Lantier festgemacht. Wir fragen im folgenden nach dem normativen Horizont, der die Konstruktion des Helden als Repräsentant kollektiver Gegenidentität bestimmt. Man kann, bezogen auf den Verlauf der Handlung, zwei Phasen unterscheiden. Der Held ist zunächst Außenseiter. Das ihn charakterisierende typische semantische Merkmal ist »insoumission« gegenüber der »soumission« der Arbeiter. Das Oppositionsschema ist positiv zugunsten der Orientierung des Helden besetzt:

> Alors, tu est machineur, et on t'a renvoyé de ton chemin de fer [. . .] Pourquoi? [so fragt Cathérine, die spätere Geliebte Lantiers, H. S.] Parce que j'avais giflé mon chef. Elle demeura stupéfaite, bouleversée dans ses idées héréditaires de subordination, d'obéissance passive (47, vgl. auch 54 f.).

Das ändert sich bezeichnenderweise von dem Moment an, da der Held, in das Kollektiv der Arbeiter integriert und zu ihrem Führer aufgestiegen, die Bewegung auf eine radikale »proletarische« Lösung des Konflikts orientiert. In der Kritik an der Haltung des Helden baut der Roman eine normative Reserve auf. War für die Technik der Perspektivierung in den Kapiteln, die die Kritik des Bürgertums entwickeln, ein rational-objektivierendes Moment charakteristisch (vgl. 2, II/III), so wird die Negation der »proletarischen« Lösung erzähltechnisch vorwiegend durch einen relativ massiven auktorialen Kommentar getragen[13]. Sehen wir uns einige charakteristische Stellen (3, I; 3, III; 4, IV) an:

> Mais Etienne s'enflammait. Toute une prédisposition de révolte le jetait à la lutte du travail contre le capital, dans les *illusions premières de son ignorance* (138) (Herv. v. Verf.) et, quand il sortait du cabaret de l'Avantage [. . .] il marchait dans un rêve [. . .] D'ailleurs, *les moyens d'exécution demeuraient obscurs,* [. . .] (160). (Herv. v. Verf.)

Diese Konstruktion entspricht zunächst dem klassischen Ro-

Neuschäfer, *Emile Zola. Germinal,* a.a.O., einen wesentlichen Unterschied zum paternalistischen Muster des frühen Sozialromans im 19. Jahrhundert.

12 Zwischen drei Handlungssträngen *(drame de la grève, drame de l'amour* und *»saga« des Maheu)* unterscheidet: N. de Faria, *Structures et unité dans »Les Rougon-Macquart«* (La poétique du cycle). Paris 1977, S. 80.

13 Dieses Moment übersieht A. Pagès, *En partant de la théorie du roman expérimental,* a.a.O.

manschema des oppositionellen Helden, der an Werten orientiert ist, die in der Lebenspraxis nicht verwirklicht bzw. nicht verwirklichbar sind[14]. Der normative Fluchtpunkt der Erzählerorientierung ist der zweckrationalen Handelns. In bezug darauf erscheint die Orientierung des Protagonisten defizitär[15]. Das zweite bedeutsame Merkmal des hier entwickelten normativen Horizonts ist die Verknüpfung der negativ bewerteten Orientierung an Radikalität, der »proletarischen Lösung« also, mit negativen Charaktereigenschaften des Protagonisten:
vanité und *orgueil*[16]:

> Dès lors [Etienne wird zum anerkannten Führer, seine materielle Situation bessert sich, H. S.], il s'opéra chez Etienne une transformation lente. Des instincts de coquetterie et de bien-être, endormis dans sa pauvreté, se révélèrent, lui firent acheter des vêtements de drap. Il se paya une paire de bottes fines, et du coup il passa chef, tout le coron se groupa autour de lui. Ce furent des satisfactions d'amour-propre délicieuses, il se grisa de ces premières jouissances de la popularité: être à la tête des autres, commander, lui si jeune et qui la veille encore était un manoeuvre, l'emplissait d'*orgueil*, agrandissait son *rêve d'une révolution prochaine*, où il jouerait un rôle. Son visage changea, il devint grave, il s'écouta parler; tandis que son ambition naissante *enfiévrait* ses théories et le poussait aux *idées de bataille* (166 f.). (Herv. v. Verf.)

Die Negation der radikalen Lösung impliziert einen noch latenten *Begriff vernunftgemäßer Praxis*. Dies wird darin deutlich, daß die moralische Degradation des Helden zugleich als zunehmend irrationale Orientierung gekennzeichnet wird. Man kann zwei oppositionelle semantische Isotopieebenen konstruieren[17]: *rêve, fièvre, orgueil, révolution, idées de bataille* vs. zweckrationales Handeln, Vernunft, Vermeidung von Stolz und Gewalt. Diese Isotopieebenen bilden eine Skala, auf der das Handeln des Helden verortet wird. Die personalen Träger der beiden normativen

14 Dazu L. Goldmann, *Pour une sociologie du roman* (Coll. Idées, 93). Paris 1964, S. 21-57.

15 Ähnlich angelegt sind Florent in *Le ventre de Paris* und Silvère in *La fortune des Rougon*.

16 Diese Züge des Arbeiterführers hat Zola der zeitgenössischen Literatur entnommen: R. H. Zakarian, *Zolas »Germinal«. A Critical Study of its Primary Sources*. Genève 1972, S. 153.

17 Zum Begriff der Isotopie und seiner Verwendung in der Textanalyse vgl. J. Schulte-Sasse / R. Werner, *Einführung in die Literaturwissenschaft* (UTB, 640). München 1977, S. 68 ff., 155 ff.

Extreme sind Rasseneur und Souvarine. In der Tat wird Rasseneur, der Wirt, der für friedliche schrittweise Lösungen eintritt, mit den positiv besetzten semantischen Merkmalen *brave, raisonnable, claire* ausgestattet. Dennoch wird eine völlige Identifikation von Erzählerperspektive und der Perspektive Rasseneurs vermieden.

Dessen Haltung wird als »affectation de prudence« der »exagération révolutionnaire« (231) Etiennes gegenübergestellt. Der Erzähler wahrt eine Distanz zur Orientierung der Figuren und erhöht damit die Möglichkeiten rationaler Auseinandersetzung mit den verschiedenen normativen Mustern.

Die Figur Souvarines verkörpert Destruktion als quasi-religiösen Kult (233 f.). Das semantische Merkmal des Religiösen in seiner extremen Opposition zum positiv besetzten Merkmal der Rationalität ist denn auch das massivste Mittel normativer Ausgrenzung, über das der Roman verfügt[18]. Die Begeisterung, die eine Rede Etiennes erzeugt, wird folgendermaßen charakterisiert:

C'était le coup de folie de la foi, l'impatience d'une secte religieuse, qui, lasse d'espérer le miracle attendu, se décidait à le provoquer enfin (279) (4, VII).

Zusammenfassend wird man festhalten können: Der soziale Konflikt wird über die Konstruktion des Helden in einen normativen Horizont integriert, der einerseits die Legitimation der Vertreter der bürgerlichen Herrschaft im Roman destruiert, zugleich aber die radikale Form des Aufbaus einer alternativen gesellschaftlichen Praxis durch die Unterdrückten negiert. Das Schema zweier semantischer Isotopieebenen baut eine normative Reserve gegenüber der »proletarischen« Lösung auf. Dies wird auch deutlich in der Konversion[19]. Nach dem Scheitern des Aufstands der Grubenarbeiter reflektiert der Protagonist seine Erfahrung folgendermaßen:

18 Auf diese Tradition normativer Ausgrenzung greift noch nach der Jahrhundertwende der Roman *Les dieux ont soif* von A. France zurück.

19 Zur Bedeutung der Konversion im Rahmen der Gattungstradition des Romans vgl. vor allem R. Girard, *Deceit, Desire and the Novel. Self and Other in Literary Structure* (frz.: *Mensonge romantique et vérité romanesque*). Baltimore, Maryland 1965. – In mehreren Arbeiten wird die revolutionäre bzw. marxistische Perspektive von *Germinal* ohne Beachtung der Erzählstruktur unterstellt. So bei G. Robert, *Emile Zola,* a.a.O., S. 100 f., C. Duchet, *Parole, société, révolution dans »Germinal«*, a.a.O., S. 39, S. Petrey, *Discours social et littérature dans »Germinal«*, a.a.O., S. 73 f.

Et il songeait à présent que la violence peut-être ne hâtait pas les choses. Des câbles coupés, des rails arrachés, des lampes cassées, quelle inutile besogne! Cela valait bien la peine de galopper à trois mille, en une bande dévastatrice! Vaguement, il devinait que la légalité, un jour, pouvait être plus terrible. Sa raison mûrissait, il avait jeté la gourme de ses rancunes. Oui, la Maheude le disait bien avec son bon sens, ce serait le grand coup: s'enrégimenter tranquillement, se connaître, se réunir en syndicats, lorsque les lois le permettraient; puis, le matin où l'on se sentirait les coudes, où l'on se trouverait des millions des travailleurs en face de quelques milliers de fainéants, prendre le pouvoir, être les maîtres. Ah! Quel réveil de vérité et de justice (502)!

In der Konversion kann sich Girard zufolge der Protagonist von den Normen distanzieren, die bis dahin sein Verhalten orientiert haben. In diesem Sinne distanziert sich Etienne Lantier von der radikalen »proletarischen Lösung«, die er gegenüber seinem Rivalen um die Führung der Bewegung, Rasseneur, angestrebt hatte. Der Erzähler konstatiert jetzt zunehmende Reife seines Helden *(Sa raison mûrissait)*. Und zwar wird der Protagonist mit dem positiv besetzten semantischen Merkmal *raison* versehen und damit in den normativen Horizont der Erzählung integriert. Damit wird die um *raison* als ihr Zentralelement aufgebaute Isotopie um die Elemente *légalité* und *justice* erweitert. Diese sind aber Schlüsselkategorien eines langzeitigen normativen Rahmens, des Rahmens der bürgerlichen Öffentlichkeit[20]. Die historisch-soziologische Erklärung im zweiten Teil dieser Untersuchung wird zeigen müssen, welche sozialen Träger diese Perspektive innerhalb der frühen Dritten Republik hat.

Als bedeutsames Ergebnis hinsichtlich der Verwendung der Kunstmittel kann man – ohne dessen Verallgemeinerbarkeit zu behaupten – abschließend feststellen: Die objektivierenden Techniken werden eingesetzt zur Kritik von Geltungsansprüchen (nämlich der Normen der bürgerlichen Oberschicht im Roman), während die auktoriale Form umgekehrt einer Affirmation von Geltungsansprüchen dient (Negation der »proletarischen Lösung«, Orientierung an der Tradition bürgerlicher Öffentlichkeit).

Die folgende Untersuchung von *A rebours*[21] geht vom zweiten Kapitel des Romans aus. Es enthält in paradigmatischer Akzentu-

20 Dazu J. Habermas, *Strukturwandel der Öffentlichkeit*, a.a.O., S. 101-171.
21 J. K. Huysmans, *A rebours* (Fasquelle). Paris 1974.

ierung Elemente der ästhetizistischen Weltsicht. Hier werden untersucht die Opposition Natur vs. Künstlichkeit und die ambivalente Sicht der zeitgenössischen Gegenwart. In einem zweiten Schritt wird die Erzählweise einbezogen. Zunächst fällt ein Zusammenhang zwischen den Elementen des Textausschnitts auf. Was aus der ästhetizistischen Tradition als Kult der Künstlichkeit seit spätestens Gautier bekannt ist[22], ist verbunden mit der Opposition Phantasie vs. Faktizität. Letztere steht in Zusammenhang mit dem Rückzug auf die Privatsphäre als Wirklichkeitsbercich, der einzig noch ciner normativen Interpretation (nämlich als sinnvolles Leben) zugänglich zu sein scheint. Der Rückzug auf das Sinnreservat der Privatsphäre schließt Verweigerung von Kommunikation ein. Diese wiederum verbindet sich mit einer Negation der zeitgenössischen Wirklichkeit[23].

Überlegenheit von Phantasie über Faktizität ist an der tradierten Problematik der Opposition von Naturschönem und Kunstschönem[24] orientiert. Dabei geraten, eine entscheidende Verschiebung des Problemstands, als Inbegriff des Artifiziellen industriell erzeugte Produkte in den Mittelpunkt der Aufmerksamkeit. Zunächst aber zur Kritik des Naturschönen:

> Le tout est [...] de savoir s'abstraire suffisamment pour amener l'hallucination et pouvoir substituer *le rêve de la réalité à la réalité même. Au reste l'artifice paraissait à des Esseintes la marque distinctive du génie de l'homme. Comme il le disait, la nature a fait son temps;* elle a définitivement lassé, par la dégoûtante *uniformité* de ses paysages et de ses ciels, l'attentive patience des raffinés. Au fond, quelle *platitude de spécialiste confinée dans sa partie,* quelle petitesse de *boutiquière* tenant tel article *à l'exclusion de tout autre,* quel monotone magasin de prairies et d'arbres, quelle *banale agence* de montagnes et de mers (51 f.)! (Herv. v. Verf.)

Die Bilder entwickeln Natur als begrenztes Warenangebot, das den Bedürfnissen des Käufers nicht genügt. Damit erscheint Naturerfahrung durch die Erfahrung eines bestimmten gesell-

22 Zum Ästhetizismus Gautiers vgl. Verf., *Die Theorie des Ästhetizismus und ihre gesellschaftlichen Implikationen im französischen 19. Jahrhundert.* Staatsarbeit Bonn 1971.

23 Eine Beschreibung wesentlicher Elemente der ästhetizistischen Sicht unter Einbeziehung des literarhistorischen Kontextes gibt: F. Livi, *J. K. Huysmans et l'esprit décadent.* Paris 1976.

24 Vgl. Th. W. Adorno, *Ästhetische Theorie* (suhrkamp taschenbuch wissenschaft, 2). Frankfurt/M. 1974, S. 97-121.

schaftlichen Entwicklungsstands der Warenproduktion vermittelt. Dies ist ein fortgeschrittener Stand. Denn er zeichnet sich aus durch Vielfalt gegenüber Einfalt, Universalität gegenüber Spezialistentum, Abwechslung gegenüber Monotonie, Raffiniertheit gegenüber Banalität und Plattheit[25]. Indem sie mit einer geschichtlich-gesellschaftlichen Erfahrung verknüpft wird, wird Natur historisiert. Damit wird »Moderne« positiv erfahren als Inbegriff eines Angebots von Waren.

Das umgekehrte Verfahren wird in der Beschreibung zweier Lokomotiven verwendet: der Rückbezug eines technischen Produkts auf den menschlich-animalischen Bereich. Auch für die Frau, »das vollkommenste Werk der Natur«, gebe es ein überlegenes technisch-artifizielles Pendant:

> L'une, la Crampton, une adorable blonde, à la voix aiguë, à la grande taille frêle, emprisonnée dans un étincelant corset de cuivre, au souple et nerveux allongement de chatte, une blonde pimpante et dorée, dont l'extraordinaire grâce épouvante lorsque, raidissant ses muscles d'acier, activant la sueur de ses flancs tièdes, elle met en branle l'immense rosace de sa fine roue et s'élance toute vivante, en tête des rapides et des marées (52 f.)!

Der Integration von Natur in den Rahmen einer historisch-gesellschaftlichen Erfahrung steht hier die Integration eines technischen Produkts in den Rahmen einer natürlichen Welt gegenüber, den Rahmen einer Naturerfahrung. Der mitimplizierte humane Bedeutungsbereich ist durchaus auf die Dimension naturhafter Vitalität zurückgenommen. Dabei abstrahiert die ästhetische Apologie des technischen Produkts von seinem zweckrationalen Funktionszusammenhang. Anders formuliert: Natur wird historisiert, Technik wird ästhetisiert. Natur wird einer gesellschaftlich relativ fortgeschrittenen, Technik einer archaischen Erfahrung integriert. In beiden Fällen erreicht das Verfahren der Sinnkonstitution[26] aber eine normative Interpretation gesellschaftlicher Phänomene, die historisch sich eben dadurch auszeichnen, daß sie von normativen Interpretationen weitgehend abgekoppelt sind: Produktion von Waren und Entwicklung tech-

25 Es wäre zu verifizieren, ob und in welcher Weise das Phänomen der Warenproduktion bei Huysmans positiv gesehen ist. An dieser Stelle erklärt sich die positive Sicht aus dem spezifischen Blickwinkel Artefakt/Natur.

26 Zur literatursoziologischen Begründung des Begriffs vgl. Verf., *Institution Literatur und Theorie des Romans*, a.a.O., S. 41 ff.

nischer Produktivkräfte. Darin also konvergieren die Kritik des Naturschönen und die Apologie der Technik.

Damit ist die Frage aufgeworfen: Welcher gesellschaftliche Problemstand wird bearbeitet? In welcher Weise trägt der Text zur normativen Interpretation der zeitgenössischen Lebenspraxis bei? Mit anderen Worten: Welche Modelle kollektiver Identität entwickelt er? Halten wir fest: Ausschließlich als Inbegriff eines die Sinnlichkeit reizenden Warenangebots und technischer Artefakte wird die industriell geprägte Lebenswelt bejaht[27]. Die Zentralstellung des Prinzips Phantasie und die Ausgrenzung zweckrationaler Funktionszusammenhänge schließen aber auch Negation von Modernität ein:

> Puis il avait aperçu, dans le village, ce jour-là, des bourgeois ventrus [. . .] portant, ainsi que des saints sacrements, des têtes de magistrats et de militaires; et, depuis cette rencontre, son horreur s'était encore accrue, de la face humaine [. . .] Positivement, il souffrait de la vue de certaines physionomies [. . .] se sentait des envies de souffleter ce monsieur qui flânait, en fermant les paupières d'un air docte, [. . .] cet autre enfin qui paraissait agiter un monde de pensées, tout en dévorant, les sourcils contractés, les tartines et les faits divers d'un journal. Il flairait une sottise si invétérée, une telle exécration pour ses idées à lui, un tel mépris pour la littérature, pour l'art [. . .] ancrés dans ces *étroits cerveaux de négociants,* exclusivement *préoccupés de filouteries et d'argent* et seulement accessibles à cette basse distraction des esprits médiocres, la politique [. . .] Enfin il haïssait, de toutes ses forces, *les générations nouvelles,* ces couches d'affreux rustres qui éprouvent le besoin de parler et de rire haut dans les restaurants et dans les cafés, qui vous bousculent, *sans demander pardon,* sur les trottoirs, qui vous jettent, *sans même s'excuser, sans même saluer,* les roues d'une voiture d'enfant entre les jambes (54 f.). (Herv. v. Verf.)

Zu unterscheiden sind verschiedene Ebenen einer Kritik der bürgerlichen Industriegesellschaft. Ins Auge springen zunächst das Bürgerstereotyp, die Konfrontation der bürgerlichen Wirtschaftstätigkeit als »niedrig« mit der künstlerischen. Signifikant ist die Wendung »occupés de filouteries et d'argent«. Sie verweist auf den normativen Horizont der Kritik. Dieser ist ein moralischer. Er richtet sich auf einen Bereich des Lebens und eine Tätigkeit, die sich im Zuge der Entwicklung der bürgerlichen

27 Zum Interesse Huysmans' für durch die Industrialisierung bewirkte Veränderungen der Umwelt vgl. H. Trudgian, *L'esthétique de J. K. Huysmans* (Slatkine Reprints). Genève 1970, S. 93-138.

Gesellschaftsformation von moralischen Imperativen des Handelns abgelöst haben. Der Horizont der Kritik kann soziologisch im Sinne der Weberschen Verwendung des Begriffs[28] traditional genannt werden[29]. Traditionale Kritik insistiert per definitionem auf einer normativen Orientierung der Lebenspraxis, die im Zuge gesellschaftlichen Wandels verlorenzugehen droht. So auch hier: Von den »générations nouvelles« wird ein Kanon von Normen der Höflichkeit nicht mehr beachtet. Das wiederholte »sans demander pardon [...] sans même s'excuser, sans même saluer« reflektiert einen Wandel, der an die Stelle eines Kommunikationsrituals, also immerhin noch direkter zwischenmenschlicher Beziehungen, Indifferenz und Anonymität setzt. – Es ist also zu unterscheiden zwischen der Kritik an der bürgerlichen Wirtschaftstätigkeit, die ein relativ konstantes Motiv der Künstlerkritik an der Lebensform des Bürgers ist, und der Kritik, die dem Auftauchen der »générations nouvelles« gilt, sich also auf ein historisch relativ neues Moment gesellschaftlicher Erfahrung bezieht, einen Komplex soziokultureller Veränderungen, der zu untersuchen sein wird.

Für die Sinnstruktur des Textes konstituierend ist also eine Dialektik von traditionaler Orientierung und Bejahung von Modernität. Diese Dialektik ist auch für die Opposition Phantasie vs. Faktizität bestimmend. Letztere impliziert eine Reihe von Erfahrungen, die im folgenden als Experimente mit Grenzzuständen von Subjektivität bzw. als Überschreitung der normativen Grenzen der Epoche bezeichnet werden sollen. Diese markieren eine soziale Dimension ästhetizistischer Kunst, die von der engagierter grundlegend verschieden ist. Bearbeitet die engagierte Kunst Zolas die Normen politischer und gesellschaftlicher Herrschaft im Sinne einer Infragestellung ihrer Geltung oder Legitimität[30], so negiert der Ästhetizismus Huysmans', daran an die ästhetizistische Tradition mindestens seit Gautier anknüpfend, die Geltungsansprüche moralischer, d. h. das alltägliche Rollenverhalten

28 M. Weber, *Methodologische Schriften*. Frankfurt/M. 1968, S. 317.

29 Eine interessante Zusammenstellung der für den sozialen Konservatismus Huysmans' bezeichnenden Quellen gibt F. Zayed, *Huysmans. Peintre de son époque*. Paris 1973, S. 517 ff.

30 Daß für das Romanwerk Zolas die Bearbeitung öffentlich-gesellschaftlicher Probleme den Vorrang vor Erfahrungen der Subjektivität hat, unterstreicht M. Euvrard, *Emile Zola*. Paris 1967, S. 26 ff.

orientierender Normen[31]. Eines ihrer Kernstücke ist die Sexualmoral. Diese Überschreitung des moralischen Horizonts der Epoche ist in zwei Kapiteln des Romans exemplarisch durchgeführt, in der Bordellszene und in der Phantasie vom Geschlechtsrollentausch (Kap. VI u. IX). Die Bordellszene wird als Erinnerung präsentiert. Der Protagonist begegnet einem Jungen und nimmt ihn mit in ein Bordell. Als Ziel dieses Handelns wird angegeben, einen Verbrecher zu erzeugen, »un ennemi de plus pour cette hideuse société qui nous rançonne« (105). Dabei nimmt des Esseintes an, daß der Widerspruch zwischen den teuren, aber begehrten Vergnügungen des Etablissements und den geringen finanziellen Mitteln des Jungen diesen eines Tages zu Diebstahl, Raub und Mord veranlassen werde. Halten wir zunächst das Moment der Negation von elementaren Normen der bürgerlichen Lebenswelt fest: die Verführung eines Kindes, das Ziel einer planvollen Erzeugung von Kriminalität. In der Tat ist bürgerliche Anständigkeit, gefaßt im Begriff des *honnête,* der Bezugspunkt der Argumentation. Eben gegen diese Lebensform richtet sich das Handeln von des Esseintes (105). Zugleich wird ein Zusammenhang deutlich zwischen dieser Negation der Normen bürgerlicher Lebensführung und dem traditionalen Ort der Huysmansschen Gesellschaftskritik:

> [...] en agissant de la sorte [sagt des Esseintes, dessen Plan freilich nicht gelingt, H. S.], j'avais réalisé la parabole laïque, l'allégorie de l'instruction universelle qui [...] s'ingénie, au lieu de crever définitivement et par passion les yeux des misérables, à les leur ouvrir tout grands et de force, pour qu'ils aperçoivent autour d'eux des sorts immérités et plus cléments, des joies plus laminées et plus aiguës et, par conséquent, plus désirables et plus chères (106).

Die Stelle bezieht sich historisch auf das Erziehungsprogramm der Republikaner und damit die Tradition des aufklärerischen Optimismus.

Ist an dieser Stelle die Überschreitung der bürgerlichen Moral in den normativen Horizont der konservativen Klassen der französischen Gesellschaft integriert – die Ablehnung der allgemeinen Schulausbildung ist ein Topos der rechten Kritik seit den 30er Jahren –, so impliziert der phantasierte Wechsel der Geschlechts-

31 Den Bezug ästhetizistischer Kunst zu den normativen Orientierungen der Alltagswelt zeigt der Beitrag von G. Goebel in diesem Band.

rolle umgekehrt eine Durchbrechung des Codes der kirchlich-konservativen Moral. Auch diese Szene ist im Zusammenhang der Opposition *Phantasie/Faktizität* zu sehen. Des Esseintes erinnert sich an eine Akrobatin, deren Vorstellungen er oft besucht hatte. In der Phantasie verwandelt er sie in einen Mann, dem gegenüber er die weibliche Rolle wahrnimmt. Die Realität freilich bleibt im unaufhebbaren Gegensatz zur Phantasie. Als des Esseintes mit der Akrobatin schläft, stellt er fest:

> la transmutation des idées masculines dans son corps de femme n'existait pas [. . .] Fatalement, des Esseintes rentra dans son rôle d'homme momentanément oublié; ses impressions de féminité, de faiblesse, de quasi-protection achetée, de peur même, disparurent; l'illusion n'était plus possible; [. . .] (142).

Man sieht, die Opposition Traum/Wirklichkeit ist eine der *idées obsessionnelles* des Huysmansschen Ästhetizismus. Ist für Zola der Sinn des Handelns eben durch seine Realitätskontrolle verbürgt, so sind umgekehrt innerhalb der ästhetizistischen Konstruktion allein der Traum bzw. die Phantasie Medien sinnvollen Handelns.

Fassen wir zusammen: Die Funktion des ästhetizistischen Phantasieprinzips liegt hier in der Überschreitung der fundamentalen Rollendichotomie unserer Lebenswelt. Deren Problematik wird angedeutet: der Widerspruch zur kirchlich-konservativen Moral. Die Phantasien des Esseintes' werden als »les salaces apprêts« bezeichnet »que l'Eglise désapprouve« (139). Festzuhalten wäre abschließend, daß beide Szenen im Rahmen konservativer Normen entworfen sind, den sie aber zugleich überschreiten. Festzuhalten wäre auch im Sinne der Eingangsfragestellung, daß die beiden Romane offenbar extrem polarisierte Beispiele für unser Modell sind. *Germinal* bearbeitet primär das Problem der Geltung einer sozialen Ordnung. Die Subjektivität der Figuren ist allein in Hinblick auf dieses Zentralproblem von Bedeutung. *A rebours* faßt gesellschaftliches Dasein als einen Bereich bloßer sinnleerer Faktizität auf. Die soziale Lebenswelt ist nur die Folie für die Hinwendung zur Subjektivität.

Inwiefern ist die ästhetizistische Sehweise auch durch die Form der Erzählung bedingt? Hat die Dialektik von Tradition und Modernität ein Pendant in der Form der Erzählung? Dies läßt sich an der Verwendung des auktorialen Typus erörtern. Auf den ersten Blick erscheint die Verwendung der auktorialen Form, verglichen mit *Germinal*, einfach. Denn auf Perspektivierungstechniken im Sinne des »rationalisierten« ästhetischen Verfahrens Zolas wird verzichtet. Diesem steht gegenüber eine tendenzielle Integration von Erzählerperspektive und Perspektive des Protagonisten[32]. Bezeichnend in diesem Sinne die mit affirmierenden Wendungen einsetzenden Kommentare:

A son avis, il était possible de contenter les désirs réputés les plus difficiles à satisfaire dans la vie normale, et cela par un léger subterfuge, par une approximative sophistication de l'objet poursuivi par ces désirs mêmes. *Ainsi, il est bien évident que* (Herv. v. Verf.) tout gourmet se délecte aujourd'hui, dans les restaurants renommés par l'excellence de leurs caves, en buvant les hauts crus fabriqués avec de basses vinasses traitées suivant la méthode de M. Pasteur (50).

Das Zitat beginnt mit auktorialer Wiedergabe der Auffassungen des Protagonisten. Diese werden im Erzählerkommentar unterstrichen und durch ein Beispiel ergänzt. An anderer Stelle werden die Grenzen zwischen Reflexion der Figur und Erzählerkommentar fließend:

Ces réflexions venaient à des Esseintes quand la brise apportait jusqu'à lui le petit sifflet de l'enfantin chemin de fer qui joue de la toupie, entre Paris et Sceaux; [. . .] (53).

Über mehrere Abschnitte hinweg wird der subjektive Charakter dieser Reflexionen, es sind die schon zitierten über Naturschönes und Schönheit der Technik, nicht markiert. Man könnte sie mit Reflexionen des auktorialen Erzählers verwechseln, wenn sie nicht zu Anfang des Abschnitts des Esseintes zugeschrieben worden wären: Der Abschnitt beginnt zwei Seiten vorher mit der Wendung: »Au reste l'artifice paraissait à des Esseintes la marque distinctive du génie de l'homme. Comme il le disait, la nature a fait son temps; [. . .]« (51).

Zielen die in *Germinal* (freilich, wie sich am Beispiel der Konstruktion des Helden zeigte, nicht durchgängig) verwendeten Kunstmittel der Erzählung auf eine Haltung rationaler Prüfung, für die die Unterscheidung zwischen Sachverhalt und subjektiver

32 Diese Beobachtungen werden in einer differenzierten Strukturanalyse bestätigt durch R. P. Weinreb, *Structural Techniques in »A rebours«*, in: The French Review, Vol. XLIX, Nr. 2 (December 1975), S. 222-233. Interessant auch der Hinweis auf die Häufigkeit »autoritativer« Adverbien wie *décidément, à n'en pas douter, certainement* etc., S. 229.

Auffassung konstitutiv ist, so zielt die hier verwendete Technik auf Aufhebung der Distanz. Erzählerattitüde und Attitüde der Figur sind inhaltlich und tendenziell auch formal identisch. Erstere leistet die diskussionslose Affirmation einer subjektiven Sicht. Die Kunstmittel der Erzählung sind als implizite Negation der rationalen Perspektivierungstechnik Zolas angelegt. Die diskussionslose Affirmation eines normativen Horizonts, des ästhetizistischen nämlich, verweist aber eher auf einen traditionalen, vorkritischen Habitus. In bezug auf die Erzählhaltung kann man also nicht von einer Dialektik von Tradition und Modernität sprechen.

3. Tradition und »Modernität«. Zur ästhetischen Theorie Zolas und Huysmans'

Im folgenden wird nach dem Zusammenhang von sozialen und ästhetischen Normen in der Ästhetik Huysmans' und Zolas gefragt. Zola[33] stellt die Frage: Welche Fähigkeiten sind in der Gegenwart erforderlich, um einen Roman zu schreiben? Seine Antwort ist: *Imagination* als subjektive Bedingung für die Entstehung von Romanen ist veraltet. Notwendig seien *sens du réel* und *expression personnelle.*

Wie wird *sens du réel* bestimmt? Zunächst ist auffallend, daß Zola die Erörterung der Romantechnik auf die Ebene der subjektiven Fähigkeiten der Produzenten projiziert. Dieser ordnet er entsprechende Dispositionen auf der Rezipientenseite zu. Der führenden Folle der Produzentenfähigkeit *imagination* habe die Rezipientenorientierung an *récréation/amusement* entsprochen (1285). Die Eigenschaft der Werke, die die Erwartungen der Rezipienten erfüllt, bezeichnet er als *grâce* und *verve.* Was meint demgegenüber *sens du réel?*

> Puisque l'imagination n'est plus la qualité maîtresse du romancier, qu'est-ce donc qui l'a remplacée? il faut toujours une qualité maîtresse. Aujourd'hui, la qualité maîtresse du romancier est le sens du réel [...] Le sens du réel, c'est de sentir la nature et de la rendre telle qu'elle est (1286).

Sens du réel meint also die Fähigkeit der Reproduktion der

33 E. Zola, *Du roman,* in: ders., *Le roman expérimental. Emile Zola. Œuvres complètes* (Fasquelle). Hrsg. v. H. Mittérand. Bd. X, Paris 1968, S. 1285-1302.

Wirklichkeit ohne *invention*. Im folgenden wird deutlich, daß diese Bestimmung an einem Wahrheitsbegriff orientiert ist, der näher untersucht werden muß. Zunächst weist er eine publikumssoziologische Dimension auf:

Les phrases, les alinéas, les pages, le livre tout entier doit sonner la vérité. On dira qu'il faut des oreilles délicates. Il faut des oreilles justes, pas davantage (1288).

In der Opposition *délicate* vs. *juste* sind gegensätzliche Wertorientierungen impliziert, in denen sich soziale und ästhetische Normen verbinden. Die sozialgeschichtliche Erörterung wird zu klären haben, auf welche sozialen Träger sich diese Opposition bezieht. Vorläufig festgehalten werden kann: Der Begriff des Wahren verbindet soziale und ästhetische Normierungen derart, daß eine Orientierung an Wissenschaft als Leitinstitution sichtbar wird. Die Annäherung des ästhetischen Verfahrens an das Verfahren der Wissenschaft wird denn auch hervorgehoben[34]: Der Schriftsteller arbeitet mit Dokumenten, er macht Beobachtungen und macht Notizen. Er ist an Exaktheit orientiert. Die Einheit von wissenschaftlichem und ästhetischem Verfahren ist in der Formel festgehalten: »la méthode naturaliste du siècle« (1297).

Neben der ästhetischen, wissenschaftlichen und sozialen wird eine weitere Dimension des *vérité*-Begriffs faßbar: die Dimension der Modernität. Diese impliziert eine Auffassung von Geschichte als auf Gegenwart sich hinbewegenden Fortschritt. Ästhetisch folgt daraus die Bearbeitung zeitgenössisch-gegenwärtiger Probleme: Von Balzac und Stendhal wird gesagt: »ils sont grands parce qu'ils ont peint leur époque, et non parce qu'ils ont inventé des contes« (1285). Man kann sagen, Zola versucht die ästhetischen Konsequenzen aus der Auffassung zu entwickeln, Wissenschaft sei zum Inbegriff von Modernität und geschichtlichem Fortschritt geworden.

Die bei Zola versuchte Integration von Wissenschaftsbegriff und normativer Deutung der zeitgenössischen Gegenwart hat Konsequenzen für seine Bestimmung der Beschreibung als ästhe-

34 A. de Lattre, *Le réalisme selon Zola*, a.a.O., S. 19 f. – stellt fest, bei Zola habe das Dokument im Gegensatz zu Flaubert ein Eigengewicht. Es werde nicht im gleichen Maße ästhetisch aufgehoben wie bei letzterem. – Noch immer mit Gewinn liest man zur Annäherung zwischen Wissenschaft und Kunst, 1848-1860: F. Doucet, *L'esthétique d'Emile Zola et son application à la critique*. Den Haag 1924, S. 35-52.

tischem Verfahren. Beschreibung diene der Erklärung menschlichen Daseins. Sie wird abgegrenzt von Beschreibung als Selbstzweck:

J'ai dit parfois que j'aimais peu le prodigieux talent descriptif de Théophile Gautier. C'est que je trouve justement chez lui la description pour la description, sans souci aucun de l'humanité [. . .] il n'y a là que des choses, aucune voix, aucun frisson humain ne monte de cette terre morte (1300).

Mit der Formel *expression personnelle* faßt Zola eine weitere wichtige Voraussetzung für das Entstehen bedeutender Romane. Damit unternimmt er den Versuch, Subjektivität als Faktor einzubeziehen. Dies ist aber nicht ohne weiteres vereinbar mit der Annäherung des poetischen an das wissenschaftliche Verfahren[35]. Denn für wissenschaftliche Tätigkeit gilt die Ausgrenzung der Subjektivität des Wissenschaftlers. Zolas Versuch greift auf das klassisch-bürgerliche Traditionspotential zurück, die Genieästhetik:

Un grand romancier est, de nos jours, celui qui a le sens du réel et qui exprime avec originalité la nature, en la faisant vivante de sa vie propre (1294).

Mit Originalität als Prinzip einer Subjekts- gegenüber der Regelästhetik tauchen auch andere paradigmatische Elemente ersterer auf: das emotive des inneren Zwangs: »Elle [nämlich eine vergangene sinnliche Wahrnehmung, H. S.] finit par devenir une obsession« (1290), das der Einheit von Biographie und Schöpfung, verbunden mit dem der Einfühlung des Schriftstellers in seine Gestalten: »Dès ce moment il joue les personnages, il habite les milieux, il s'échauffe en confondant sa personnalité propre avec la personnalité des êtres et même des choses qu'il veut peindre« (1291).

Huysmans hat seine Abwendung vom Naturalismus, dem er im Umkreis des *groupe de Medan* zunächst angehörte, in einem

35 Seit den fünfziger Jahren hat die Forschung zu zeigen versucht, daß die literarische Praxis Zolas im Gegensatz zu seinem theoretischen Programm stehe. Die Formel für diese Problemstellung war *documentation et imagination:* F. Wolfzettel, *Zwei Jahrzehnte Zola-Forschung,* in: Romanistisches Jahrbuch 21 (1970), S. 157. Typisch für diese Orientierung: G. Robert, *Emile Zola,* a.a.O., S. 52 f., 60 f. Dort starke Betonung der *activité créatrice.* Auf dieser Linie auch: A. C. Proulx, *Aspects épiques des »Rougon-Macquart«,* a.a.O., S. 49. C. Abastado, *Emile Zola. Germinal,* a.a.O., S. 16 f., 25.

mehr als zwanzig Jahre nach Erscheinen von *A rebours* verfaßten Vorwort dargelegt. Das Vorwort entwickelt die Differenzen zwischen naturalistischem und ästhetizistischem Programm und reflektiert die Bedingungen, die in der Sicht Huysmans' einen Wandel notwendig machten. Es läßt sich also als ästhetizistisches Programm und Quelle zur literarischen Evolution lesen. Wie bei Zola kommt dem Begriff des Wahren auch bei Huysmans zentrale Bedeutung zu. Auch hier vermittelt der Begriff soziale und ästhetische Normen.

Zunächst ist der Huysmanssche Begriff der Wahrheit als Negation des Zolaschen entwickelt. Als Inbegriff des Wahren gilt das Abnorme, aus dem Rahmen der Alltagserfahrung Herausfallende. Die Opposition zur naturalistischen Ästhetik erscheint in den begrifflichen Gegensätzen *invraisemblable* vs. *semblable, subtil* vs. *moyen, mystère* vs. *existence commune*. In bezug auf die Psychologie der Figuren wird festgestellt, der Naturalismus sei nicht in der Lage gewesen, »vertu« und »héroïsme de l'âme« (8) darzustellen. Dies impliziert Kritik an der naturalistischen Psychologie: »ses héros étaient dénués d'âme, régis tout bonnement par des impulsions et des instincts« mit dem bedeutsamen Zusatz: »ce qui simplifiait le travail de l'analyse« (10).

Huysmans kritisiert das Prinzip der Alltäglichkeit, das die Geschichte des Romans seit der Abwendung von der romantischen Tradition bestimmt hat[36]. In der Identität des Helden soll nicht eine gesellschaftlich durchschnittlich erfahrbare, sondern eine abnorme Problematik bearbeitet werden. Ein weiterer Indikator der Beziehung ästhetischer und sozialer Normen bei Huysmans kann in der globalen Kritik der zeitgenössischen Gegenwart gesehen werden. Sie gilt ihm als Inbegriff der »mœurs américaines de son temps« (11). Prinzip Außergewöhnlichkeit und Negation der soziokulturellen Aspekte der zeitgenössischen Gegenwart korrelieren im Kontext ästhetischer und sozialer Normierungen mit der Zuwendung zum Mittelalter als Inbegriff von »époques plus cordiales« und »milieux moins vils« (11)[37]. Auch hier verweisen die Adjektive auf die Tendenzen der gesellschaftlichen Ent-

36 M. Raimond, *Le roman depuis la Révolution* (Coll. U). Paris 1967, S. 10 f., 13, 49, 85 f., 90, 94, 96, 101, 124.

37 Die Ablehnung der zeitgenössischen Gegenwart entwickelt sich erst mit der Abwendung vom Naturalismus. Dazu: M. Issacharoff, *J. K. Huysmans devant la critique en France (1874-1960)*. Paris 1970, S. 49-64.

wicklung, die dem traditionalen Habitus zum Problem werden: die Auflösung unmittelbarer zwischenmenschlicher Beziehungen und die partielle Einebnung von sozialer Hierarchie. Das Mittelalter als Bezugspunkt einer historischen Erfahrung von Bedeutsamkeit wird für die Lebensform des Helden des Esseintes zentral. Auch in der Wahl dieses historischen Bezugspunktes wird man die Konkretisierung zentraler Elemente des ästhetizistischen Programms sehen können: Negation zeitgenössischer Gegenwart, genauer ihrer soziokulturellen Dimension, und Prinzip Nicht-Alltäglichkeit. Dem entspricht die Apologie einer wichtigen kulturellen Institution des Mittelalters, der Kirche:

L'étrange fut que [. . .] je fus amené [. . .] à étudier l'Eglise sous bien des faces. Il était, en effet, impossible de remonter jusqu'aux seules ères propres qu'aient connues l'humanité, jusqu'au Moyen Age, sans constater qu'Elle tenait tout, que l'art n'existait qu'en Elle et que par Elle (11).

Es ist von Bedeutung für den Zusammenhang sozialer und ästhetischer Normen, daß alle Elemente ersterer, z. B. die positive normative Besetzung von Mittelalter und Kirche, unter dem Primat der Kunst stehen. Kirche und Mittelalter verbürgen also in erster Linie eine ästhetische Erfahrung des Nicht-Banalen gegenüber der Banalität der bürgerlichen Alltagswirklichkeit. Für Zola gilt die Orientierung an der dominanten Institution Wissenschaft. Für den Zusammenhang ästhetischer und sozialer Normen bei Huysmans ist die Orientierung am Primat der Institution Literatur/Kunst charakteristisch.

Die *Préface* von 1903 dokumentiert die Krise des Naturalismus um 1885. Wie stellt sich Huysmans das Problem um 1903 dar? Er stellt fest, der Naturalismus sei veraltet gewesen (»condamnée à se rabâcher, en piétinant sur place.« 7) hinsichtlich des bevorzugten Sujets des Romans, des Ehebruchs (»Quoi qu'on inventât, le roman se pouvait résumer en ces quelques lignes: savoir pourquoi monsieur Un tel commettait ou ne commettait pas l'adultère avec madame Une telle;« 9), hinsichtlich des Prinzips Alltäglichkeit (»Elle [der Naturalismus, die naturalistische Schule, H. S.] n'admettait guère, en théorie du moins, l'exception; elle se confinait donc dans la peinture de l'existence commune, s'efforçait, sous prétexte de faire vivant, de créer des êtres qui fussent aussi semblables que possible à la bonne moyenne des gens.« 7 f.) und hinsichtlich der Gattung des *roman de mœurs* (8 f.)[38].

38 Diese Kritik der Gattungstradition ist auch im Kontext der Krise des Romans

Wichtig ist, daß die Krise der naturalistischen Tradition unter der Kategorie des Neuen reflektiert wird. Damit erscheint aber Innovation als das Prinzip literarischer Evolution:

Et, assez mélancholiquement, je tâche de me rappeler [...] la condition d'âme que je pouvais bien avoir au moment où je les écrivis [= *A rebours*, H. S.] (7) [...] nous en étions donc, tous réduits, en ce temps là, à louvoyer, à rôder par des voies plus ou moins explorées, tout autour [Flauberts *Education sentimentale* sei die Bibel der Gruppe von Medan gewesen. Aber der Roman sei »parachevé, irrécommençable« gewesen] (8) [...] Au moment où parut A rebours, c'est-à-dire en 1884, la situation était donc celle-ci: le naturalisme s'essoufflait à tourner la meule dans le même cercle. [...] Nous autres, moins râblés et préoccupés d'un art plus subtil et plus vrai, nous devions nous demander si le naturalisme n'aboutissait pas à une impasse [...] A vrai dire, ces réflexions ne surgirent en moi que bien plus tard. Je cherchais vaguement à m'évader d'un cul-de-sac où je suffoquais, [...] (10).

Die Reflexionen über die literarische Situation um 1885 werden als Elemente der Biographie des Autors gegeben. Insofern ist der Bezug zur eigenen subjektiven Lage in dem betreffenden Zeitabschnitt nicht überraschend. Dennoch ist es nicht uninteressant, daß eine subjektive Problemlage mit dem Kriterium ästhetischer Innovation verbunden wird. Dies zeigt der Versuch, die Entstehung von *A rebours* zu rekonstruieren:

[...] A rebours qui me libéra d'une littérature sans issue, en m'aérant est un ouvrage parfaitement inconscient, imaginé sans idées préconçues, il m'était d'abord apparu, telle qu'une *fantaisie* brève, sous la forme d'une nouvelle *bizarre;* j'y voyais un peu un pendant d'A vau-l'eau *transféré dans un autre monde;* je me figurais un monsieur Folantin, plus lettré, plus raffiné, plus riche et qui a *découvert, dans l'artifice, un dérivatif au dégoût que lui inspirent les tracas de la vie et les moeurs américaines de son temps;* je le profilais *fuyant* à tire-d'aile *dans le rêve,* se réfugiant dans *l'illusion d'extravagantes féeries,* vivant, seul, *loin de son siècle,* dans le *souvenir* évoqué *d'époques plus cordiales, de milieux moins vils* (10 f.). (Herv. v. Verf.)

Zunächst scheint die Zentralstellung des Innovationsproblems, »faire à tout prix du neuf« (21), eine empirische Bestätigung der frühen formalistischen Evolutionstheorie zu sein. Sklovskij und

in der zweiten Hälfte der 80er Jahre zu sehen. Dazu: M. Raimond, *La crise du roman*, in: P. Abraham / R. Desné (Hrsg.), *Manuel d'histoire littéraire de la France. Bd. V., 1848-1917*. Paris 1977, S. 546-556.

Tynjanov versuchten, literarischen Wandel aus zyklisch verlaufendem Verschleiß von Kunstmitteln zu erklären[39]. Die Begründung dafür war eine wahrnehmungspsychologische. Kunst vermittele eine die Automatismen der alltäglichen Wahrnehmung durchbrechende Sicht. Ein epochales Repertoire von Kunstmitteln veralte, wenn es die Funktion der Deautomatisierung nicht mehr erfülle.

Huysmans reflektiert aber das Problem des Veraltens einer Tradition in Hinblick auf eine historische Lage von Subjektivität. Mit anderen Worten: In seiner Rekonstruktion dieser Lage löste *A rebours* nicht abstrakt das Problem der Deautomatisierung, sondern das einer Krise ästhetischer und sozialer Identität. Huysmans' Rekonstruktion seiner zur Zeit der Entstehung von *A rebours* nicht bewußten Motivationen beschreibt richtig die Hauptelemente der Sinnstruktur des Romans. Sie lassen sich in allen Einzelzügen als Negation des Zolaschen Programms verstehen: Das Element der bizarren Phantasie – dazu gehört die Betonung von Illusion und Extravaganz – negiert das quasi-wissenschaftliche Verfahren der Zolaschen Ästhetik. Ebenso ist die Betonung der nicht-bewußten Entstehung negativ auf die rationale Arbeitstechnik Zolas bezogen. Die Betonung der Abstraktion von alltäglicher Erfahrungswirklichkeit negiert die Zentralstellung des Prinzips Alltäglichkeit in *Du roman.* Damit zusammenhängend das »loin de son siècle«, das die Gegenposition zu Zolas Begriff von zeitgenössischer Relevanz vertritt. Dieses Element wiederum steht im Systemzusammenhang mit dem der Hinwendung zur Geschichte vs. Prinzip Gleichzeitigkeit im naturalistischen Programm. Fluchtpunkt aller Einzelelemente der Sinnstruktur ist die Erfahrung von gesellschaftlicher Gegenwart als Inbegriff bloßer Faktizität. Sie bezeichnet das Zentrum der Identitätskrise, die *A rebours* zu lösen versucht.

Man kann die frühe formalistische Evolutionstheorie als Theoretisierung von Aspekten des ästhetizistischen Selbstverständnisses lesen. Mit diesem konvergiert sie in der Abstraktion von den gesellschaftlichen Determinanten der literarischen Evolution. Sie grenzt aber auch eine Problematik aus, auf die sich zwangsläufig

39 V. Sklovskij, *Die Kunst als Verfahren,* in: J. Striedter (Hrsg.), *Russischer Formalismus. Texte zur allgemeinen Literaturtheorie und zur Theorie der Prosa* (UTB, 40). München 1971, S. 3-35. J. Tynjanov, *Das literarische Faktum,* a.a.O., S. 393-431.

die Aufmerksamkeit richten muß, geht man von der Bedeutung des subjektiven Faktors im Rahmen des Konzepts der Institution Literatur/Kunst aus. Huysmans' Rekonstruktion der historischen Lage zur Zeit der Entstehung von *A rebours* begreift literarischen Wandel unter der formalen Kategorie der *Reorganisation von Kunstmitteln* und der subjektiven der *Lösung einer Identitätskrise.* Letztere hat ihr Zentrum im Auseinanderfallen von gesellschaftlicher und Erfahrung von Subjektivität.

4. Gesellschaftlicher Wandel und literarische Evolution

Der im folgenden entwickelte Versuch einer historisch-soziologischen Erklärung geht vom Konzept der Institution aus. Institutionen erzeugen Legitimationen gesellschaftlicher Lebenspraxis im weitesten Sinne von normativen Interpretationen bzw. Sinninterpretationen. Institutionalisierte Sinnstrukturen werden auf dem Wege der Verinnerlichung Bestandteile der Motivation von Subjekten[40]. Sie haben die Funktion »identitätsverbürgender Weltbilder« (Habermas), dienen also der normativen Orientierung des Handelns.

Wenn Institutionen einerseits spezifische, nicht substituierbare Funktionen[41] erfüllen, andererseits nicht unabhängig von den jeweiligen Formen der Produktion und Verteilung von Gütern gedacht werden können[42], stellt sich als wesentliche die Frage nach den historischen Veränderungen der Beziehung von ökonomischem System und institutionellem Rahmen. Es ist deutlich, daß Untersuchungen des Funktionswandels einer Institution, der der Institution Literatur, ohne Vorstellungen über den allgemeinen Zusammenhang von ökonomischem bzw. sozialem System und institutionellem Rahmen nicht möglich sind.

Zugrunde gelegt wird das bisher plausibelste Modell eines

40 Diese Dimension wird in Hinblick auf die Funktion des Romans entwickelt bei M. Waltz, *Handlung als Kommunikation. Zur Soziologie des Romans.* Unveröffentlichtes Manuskript.

41 Z. B. können etwa Religion und Literatur Legitimationsfunktionen übernehmen. Nicht identisch sind aber die spezifischen Mittel, die verwendet werden. Man wird also genauer von nicht substituierbaren Funktionsmodi sprechen müssen.

42 Dazu: P. Bürger, *Institution Literatur als literatursoziologische Kategorie,* a.a.O., S. 64 f.

solchen Zusammenhangs (im Sinne eines heuristischen, der empirischen Verifikation bedürftigen Modells)[43]. Unterschieden wird zwischen traditionaler und modern-bürgerlicher Gesellschaft. Für erstere charakteristisch ist ein Zusammenhang zwischen relativ niedrigem Entwicklungsstand des ökonomischen Systems und Dominanz des institutionellen Rahmens. Man sieht in ersterem eine Erklärung für das zweite. Institutionen sind relativ immun gegen Kritik. Sie besitzen weithin Einspruch ausschließende Geltung. Negation nach Kriterien von Rationalität kann demnach nur in einem sehr eingeschränkten Sinne möglich sein. Für die modern-bürgerliche Gesellschaft charakteristisch sind, dem Modell zufolge, eine sprunghafte Entwicklung des ökonomischen Sektors, dessen Expansion auf Dauer gestellt wird, und eine Rationalisierung des institutionellen Rahmens als dessen Folge. Legitimationen durch traditionale Weltbilder brechen zusammen (Beispiel: Dechristianisierung, Auflösung des Zusammenhangs von Staat und Kirche). Rationalität als prinzipielle Möglichkeit von Kritik und Negation wird institutionalisiert. Mit dem in das Wirtschaftssystem »eingebauten« Prinzip fortwährender Expansion ist im soziokulturellen Bereich verbunden ein beschleunigter Umschlag oder Verschleiß von Traditionen, der als historisch nachprüfbare Erosion von Normen bzw. normativen Orientierungen faßbar wird.

Im folgenden sind im Anschluß an die bisher entwickelten allgemeinen Annahmen zwei Fragen zu stellen. 1. Lassen sich bestimmte Züge der Opposition von Naturalismus und Ästhetizismus in Hinblick auf das Problem der Rationalisierung der Institutionen erklären? Das impliziert die Frage nach dem Einfluß des allgemeinen Prozesses der Rationalisierung auf die Institution Literatur. 2. Die Opposition von Zolaschem Naturalismus und Huysmansschem Ästhetizismus ist aber eine historisch konkret situierte. Die Kontroverse um den Naturalismus wird an der Wende zur zweiten Hälfte der 80er Jahre eröffnet. Man wird annehmen können, daß sie ihren Grund *auch* in kurzzeitigen sozialgeschichtlichen Veränderungen hat. Es fragt sich also, ob das soziologische Langzeitkonzept der Rationalisierung der Institutionen mit dem konkreten sozialgeschichtlichen Prozeß vermit-

43 J. Habermas, *Technik und Wissenschaft als Ideologie* (ed. suhrkamp, 287). [3]Frankfurt/M. 1969, S. 48-103.

telt werden kann[44]. Mit anderen Worten: Ist eine historische Erklärung unseres Problems auf der Ebene einer Vermittlung des soziologischen Konzepts der Institution mit sozialgeschichtlicher Empirie möglich? Eine Erklärung dieser Art hätte den Vorteil, den sozialgeschichtlichen Erklärungsansatz mit einem Begriffsrahmen zu verbinden, der auf die spezifische Struktur und Funktion literarischer Medien bezogen ist.

Im Zusammenhang dieser Überlegungen erscheinen zunächst die Ergebnisse der bisher weitgehend immanenten Untersuchung in einem anderen Blickwinkel. Zolas Orientierung an Wissenschaft als dominanter und für Modernität und historischen Fortschritt paradigmatischer Institution wird als Adaption an Rationalisierung als Folge des Industrialisierungsprozesses faßbar. Die ästhetischen Konsequenzen erscheinen als spezifische Reaktion auf diesen Prozeß im Rahmen der Institution Literatur. Im Hinblick auf die Zentralstellung des Funktionsproblems wäre also zu fragen: Welche Probleme werden durch diese Adaption gelöst, bzw. welche Probleme werden erzeugt? Zunächst jedenfalls kann man festhalten: Zolas Romanästhetik zieht aus der Orientierung an Wissenschaft die Konsequenz einer Rationalisierung der ästhetischen Verfahrensweise[45]. Diese Lösung operiert nicht im traditionsfreien Raum. Sie tritt als Anknüpfung an die mimetische Tradition des klassischen Realismus auf. Sie erscheint als Hochform der mimetischen Tradition[46].

44 Zum Problem langzeitlicher geschichtlicher Entwicklungen: F. Braudel, *Histoire et science sociale. La longue durée*, in: ders., *Ecrits sur l'histoire*. Paris 1969, S. 41-83. Zur Frage der Verbindung von Geschichtswissenschaft und soziologischer Theorie: H. P. Dreitzel, *Theorielose Geschichte und geschichtslose Soziologie*, in: H. U. Wehler (Hrsg.), *Geschichte und Soziologie* (Neue wissenschaftliche Bibliothek, 53). Köln 1972, S. 37-52, H. U. Wehler, *Geschichte und Soziologie*, in: ders., *Geschichte als historische Sozialwissenschaft* (ed. suhrkamp, 650). Frankfurt/M. 1973, S. 9-44, J. Habermas, *Zum Thema: Geschichte und Evolution*, in: Geschichte und Gesellschaft. Zeitschrift für historische Sozialwissenschaft, 2. Jg. (1976), H. 3, S. 310-357.

45 Seine innovatorische Leistung sei die »Umsetzung wissenschaftlicher Erfahrungsschemata des 19. Jahrhunderts in einen neuen Typ des Romans«, stellt H. U. Gumbrecht fest: *Zola im historischen Kontext. Für eine neue Lektüre des Rougon-Macquart-Zyklus*, Preprint, Bochum 1976.

46 In diesem Zusammenhang kann die Lukácssche These nicht erörtert werden, es handele sich um eine Auflösung der realistischen Tradition: G. Lukács, *Erzählen oder Beschreiben. Zur Diskussion über Naturalismus und Formalimus*, in: R. Brinkmann (Hrsg.), *Begriffsbestimmung des literarischen Realismus* (Wege der Forschung, 212). Darmstadt 1969, S. 33-85.

Die Rationalisierung des ästhetischen Verfahrens wird zugleich korrigiert und eingeschränkt durch den Rückgriff auf Originalität, also ein Element der frühen bürgerlichen Institution Literatur. Ebenso greift Zolas Explikation der Beschreibung auf den klassisch bürgerlichen Traditionsbestand zurück. Sie wird auf das humanistische Ziel der Verständigung über den Sinn personalen Daseins bezogen. Die Tatsache nun, daß Zola sich genötigt sieht, durch einen zweifachen Rückgriff auf Tradition, die allgemeine des bürgerlichen Humanismus und die spezifische der Genieästhetik, die Grenzen der Rationalisierung abzustecken, erscheint in einem genauer zu klärenden Sinn als signifikant. Denn beide Male impliziert die Begrenzung der Rationalisierung eine *Unterstreichung des Subjektsbezugs ästhetischer Erfahrung*. Ist das ein Hinweis auf die Problematik des »Einwanderns« der Rationalisierung in die Institution Literatur?

Mit der Ablehnung des normativen Horizonts der Zolaschen Ästhetik und einer Denunziation von gegenwärtiger gesellschaftlicher Erfahrung überhaupt korreliert bei Huysmans ästhetisch die *Negation der mimetischen Tradition*. In der Betonung der ästhetischen Erzeugung einer *sekundären artifiziellen Wirklichkeit* liegt der für den Ästhetizismus Huysmans' signifikante Aspekt von Modernität. Man kann darin eine Reaktion auf den gründlichen Eingriff der Industrialisierung in die *Struktur der Erfahrung* sehen[47]. Denn Ablösung von der Naturalbasis durch Industrialisierung heißt auch tendenzielle Konstitution einer sekundären Umwelt. Der Technikkult bei Huysmans ergreift in dieser Konstitution einer sekundären Umwelt den Sinn der Moderne. Im Zusammenhang unserer Prämissen besagt die Gegenüberstellung der Dialektik von Tradition und Modernität bei Huysmans und Zola folgendes: Die Institution Literatur verfügt über verschiedene Formen der »Antwort« auf die umfassende gesellschaftliche Tendenz der Rationalisierung. In den konträren Antworten von Huysmans und Zola auf ein und dieselbe Erfahrung sind verschiedene Möglichkeiten der Reaktion auf den gesellschaftlichen Prozeß institutionalisiert (zu überprüfen wäre

47 Vgl. zu diesem Problem die bedeutende Arbeit von Gehlen: A. Gehlen, *Die Seele im technischen Zeitalter. Sozialpsychologische Probleme in der industriellen Gesellschaft* (rowohlts deutsche enzyklopädie, 53). ³Hamburg 1976. – Wir teilen allerdings nicht Gehlens konservative Prämissen, vor allem nicht die normative Orientierung an *stabilen Institutionen*.

allerdings, ob diese Feststellungen allgemeine Geltung beanspruchen können). Dabei ist auffallend, daß das Zolasche Programm relativ unterbetont, was bei Huysmans zentral ist: Subjektivität. Mithin scheinen die alternativen Antworten nicht nur konträr, sondern zugleich komplementär aufeinander bezogen. Welche Erklärungen gibt es dafür?

Zunächst ist im Sinne unseres Ziels der Vermittlung von soziologischem Konzept und sozialgeschichtlicher Empirie nach dem Einfluß der Industrialisierung auf den Wandel sozialer und kultureller Normen in Frankreich zu fragen. Industrialisierung und Rationalisierung sind Phänomene *de longue durée*. Welche historische Abgrenzung läßt sich im Hinblick auf das hier untersuchte Problem vornehmen? Von Bedeutung scheint die langwellige wirtschaftliche Expansionsphase zwischen etwa 1850 und 1873 zu sein. Man hat davon gesprochen, das Zweite Kaiserreich bezeichne für Frankreich den historischen Zeitpunkt der »naissance de la France moderne«[48]. In der Tat kann man die Ansätze eines »capitalisme de grandes unités« (107) feststellen. Es kommt auch zur Bildung für den Fortschritt der Industrialisierung signifikanter Finanz- und Industriegruppen. Diese Entwicklung verweist auf den Sachverhalt, daß immer größere Kapitalmengen zur Gründung von Fabriken und zur Tätigung von Investitionen erforderlich sind. Dem seit den fünfziger Jahren forcierten Eisenbahnbau kommt in diesem Zusammenhang die Rolle eines wirtschaftlichen, aber auch kulturellen Katalysators zu. Das benötigte Material (Stahl, Konstruktionen etc.) bildet einen wichtigen Anreiz für Investitionen. Zugleich kommt es zu einschneidenden Veränderungen in der klassischen Beziehung von Staat und Gesellschaft, die das liberale Konzept als getrennte Bereiche vorgestellt hatte. Es entwickelt sich eine enge Kooperation zwischen dem Staat, der die Aufträge zum Bau der Eisenbahnlinien vergibt, und den herrschenden Industrie- bzw. Finanzgruppen (Rothschild monopolisiert die Compagnie du Nord, Péreire beherrscht die Compagnie du Midi).

Was die Frage nach den kulturellen Folgen dieser Entwicklung betrifft, so ist letztere mit dem wirtschaftlichen Phänomen des

48 Die Darstellung der wirtschaftlichen Entwicklung folgt A. Plessis, *De la fête impériale au mur des fédérés 1852-1871* (Nouvelle histoire de la France contemporaine, 9). Paris 1973.

Verschwindens lokaler Industrien und Märkte eng verbunden. Das wiederum bedeutet einen Fortschritt in Richtung der Ausbildung eines *marché national.* Zugleich verändert sich die für die überwiegend agrarische Gesellschaft charakteristische Beziehung zwischen Stadt und Land. Das impliziert zunächst wirtschaftlich die zunehmende Partizipation der Bauern an einem zunehmend von regionalen Fesseln freigesetzten Markt; dies wiederum führt zu einer *agriculture de profit* anstelle der für die in regionale Märkte aufgespaltene Agrargesellschaft typischen *agriculture de subsistance.* Nach einem klassischen Muster[49] bewirkt die Ausweitung der Märkte Veränderungen der Kommunikationsstrukturen (Ausweitung des vorher nur lokalen Horizonts, Zunahme regionaler Mobilität). Die Veränderung der Mentalität der ländlichen Gruppen wird faßbar im Niedergang der Kolportageliteratur. Komplementär dazu werden die ländlichen Gruppen immer mehr in die städtische Massenkultur integriert (Zeitungen, Einrichtung von Bahnhofskiosken etc.).

Auch in den Beziehungen und dem kulturellen Habitus[50] der städtischen Gruppen setzen sich einschneidende Veränderungen durch, die allerdings nur teilweise als Rationalisierungsphänomene zu begreifen sind. So das Fortschreiten der Dechristianisierung bei Teilen der Arbeiter. Man wird darin eine Folge veränderter gesellschaftlicher Erfahrung in einer durch den städtischen Lebensrhythmus bestimmten Umwelt sehen können. Zusammenfassend kann man sagen: Tendenziell treten säkulare Weltbilder republikanischer bis sozialistischer Orientierung an die Stelle der Religion.

Die Erosion der traditionalen Weltbilder läßt sich also historisch-empirisch aufweisen. Sie wird in der Dechristianisierungsbewegung faßbar, mit der zunehmend säkulare Orientierungen an Wissenschaft und politische an republikanischen Normen sich durchsetzen[51]. Die Frage nach den kulturellen Folgen der Indu-

49 Vgl. J. Habermas, *Strukturwandel der Öffentlichkeit,* a.a.O., S. 28 ff.

50 Zum Begriff des Habitus vgl. P. Bourdieu, *Zur Soziologie der symbolischen Formen* (suhrkamp taschenbuch wissenschaft, 107), Frankfurt/M. 1970, S. 143. Unter Habitus versteht B. ein »System verinnerlichter Muster«, »die es erlauben, alle typischen Gedanken, Wahrnehmungen und Handlungen einer Kultur zu erzeugen«.

51 Im folgenden wird das Konzept der Erosion von Normen in einem umfassenderen Sinne verwendet als in *Technik und Wissenschaft als Ideologie.* Dort sind vorbürgerliche Traditionen gemeint. Wir gehen im Anschluß an spätere Arbeiten Habermas' davon aus, daß in der bürgerlichen Gesellschaft der Prozeß des beschleu-

strialisierung ist für Frankreich damit zu beantworten, daß die Durchsetzung säkularer Orientierungen in der spezifischen Form der Verknüpfung von wissenschaftlichem Weltbild und politischem Republikanismus sich ausprägt[52]. Die Träger dieser antitraditionalen Orientierungen sind vor allem Teile der Mittelschichten, die *couches nouvelles* und diejenigen Teile der Arbeiter, die im Umkreis der damaligen Industriezentren leben.

Die konträren Reaktionen des Zolaschen Naturalismus und des Huysmansschen Ästhetizismus zeigen, daß Vorgänge im Rahmen der Institution Literatur/Kunst durch Veränderungen im Bereich der Basis zwar beeinflußt, aber nicht determiniert sind. Es ist ein Möglichkeitsspielraum einzubeziehen. Dieser hat seine Grundlage nicht nur in der relativen Autonomie der Kunst, sondern auch im Handlungsspielraum der Subjekte gesellschaftlicher Praxis: »Es kann nicht gegangen werden, ohne daß wer geht«[53].

Der Frage nach den gesellschaftlichen Rahmenbedingungen der Opposition Naturalismus/Ästhetizismus soll im folgenden unter Einbeziehung der soziostrukturellen Ebene, der Veränderung der Kräfteverhältnisse zwischen den Klassen und Gruppen, weiter nachgegangen werden. In diesem Sinne wäre zunächst der Konnex zur eingangs entwickelten historischen Typologie herzustellen. Wenn zu den gesellschaftlichen Voraussetzungen des Ästhetizismus eine Verfassung kollektiver Identität gehört, die sich durch Desintegration von gesellschaftlicher und Erfahrung von Subjektivität auszeichnet, so ist in bezug auf den hier in Frage stehenden Zeitabschnitt nach den sozialgeschichtlichen Voraussetzungen und den sozialen Trägern dieser Partialisierung von Erfahrung zu fragen. Ebenso ist im Hinblick auf das naturalistische Engagement nach den sozialgeschichtlichen Bedingungen der Integration privater und gesellschaftlicher Erfahrung zu forschen.

Die Durchsetzung der Republik nach dem Ende des Zweiten Kaiserreichs impliziert auf der sozialen und politischen Ebene,

nigten »Verschleißes« normativer Orientierungen auf Dauer gestellt wird. In diesem Sinne wird etwa unten von der Erosion der 48er-Tradition gesprochen.

52 Diese Verknüpfung belegt etwa ein Zitat von Gambetta: »La France est sentimentale, elle doit devenir scientifique«. Gambetta ist einer der repräsentativsten Führer der republikanischen Bewegung in der frühen Dritten Republik. Zitat nach M. Euvrard, *Emile Zola,* a.a.O., S. 22.

53 E. Bloch, *Experimentum Mundi. Frage, Kategorien des Herausbringens, Praxis* (Werkausgabe ed. suhrkamp, Bd. 15), S. 150.

weniger der der ökonomischen Macht – hier bleiben die Verhältnisse wesentlich bewegungsresistenter[54] –, Veränderungen, die in der Geschichtswissenschaft mit den Formeln *»fin des notables«* bzw. *»avènement des couches nouvelles«* bezeichnet werden. Um welche gesellschaftlichen Kräfte- bzw. Interessenkonstellationen und Entwicklungen handelt es sich? Welchen Erklärungsstellenwert haben sie?

Die folgende Darstellung kommt um eine etwas vereinfachende Schematisierung der Übersichtlichkeit halber nicht herum[55]. Man kann die soziale Konfliktlinie der ersten Jahre der Dritten Republik folgendermaßen charakterisieren: Auf der einen Seite stehen die traditionellen Eliten. Diese firmieren unter den politischen Etiketten der Legitimisten, Orleanisten und Bonapartisten. Dahinter stehen bestimmte soziale Gruppen: der alte Adel, die alte = grundbesitzende Bourgeoisie, Teile des mit diesen Gruppen verbundenen industriellen Bürgertums. Auf der anderen Seite steht die sozial durchaus heterogene Gruppe der Republikaner (das soziale Spektrum reicht von klein- bis mittelbürgerlichen Gruppierungen, auch Angehörige der großen Industrie sind nicht ausgeschlossen). Auf dem linken Flügel der Formation stehen die *radicaux*. Deren soziale Basis bilden primär kleinbürgerliche Gruppen, ihre Klientel sind Teile der avancierten städtischen Arbeiterschaft.

Um welche gesellschaftlichen Ziele geht es im Konfliktbereich dieser Gruppierungen? Zunächst ist die Koalition der traditionellen Eliten durch schwerwiegende Zielkonflikte geschwächt. Die Legitimisten wollen einen von Kirche und Monarchie bestimmten Staat. Die Orleanisten treten für einen begrenzten Parlamentarismus ein und neigen eher dazu, den gesellschaftlichen Einfluß der Kirche einzuschränken. Die republikanischen Gruppierungen kämpfen für das politische Ziel einer säkularisierten Gesellschaft. Dies impliziert auf der Ebene der politischen Institutionen die Forderung des allgemeinen Wahlrechts als Legitimationsprinzip. So fordern die Republikaner in der Konsequenz ihrer politischen Intentionen ein Einkammersystem, basierend auf dem allgemei-

54 Dazu J. L'homme, *La grande bourgeoisie au pouvoir (1830-1880). Essai sur l'histoire sociale de la France.* Paris 1960, S. 333-354.

55 Sie folgt im wesentlichen der Darstellung von J.-M. Mayeur, *Les débuts de la IIIe République 1871-1898* (Nouvelle histoire de la France contemporaine, 10). Paris 1973.

nen Wahlrecht. Die Orleanisten orientieren sich demgegenüber am Konzept eines eingeschränkten Parlamentarismus, was in der schließlich sich durchsetzenden Forderung eines Zweikammersystems zum Ausdruck kommt. Diese Forderung ist in der Verfassung von 1875 sanktioniert: Eine der beiden Kammern, der Senat, und der Präsident sind nicht auf der Grundlage des allgemeinen Wahlrechts gewählt. Beide Institutionen, insbesondere der Senat, sind denn auch Bastionen konservativer Interessen.

Seit dem Ende der siebziger Jahre entwickeln sich, wie am Indikator der Wahlergebnisse ablesbar, die politischen Kräfteverhältnisse zugunsten der Republikaner. Die sozialgeschichtlichen Ursachen für die politische Durchsetzung des Republikanismus liegen im Bündnis des »bloc du tiers état« einschließlich Teilen der Arbeiterschaft und der Bauern gegen die traditionalen Herrschaftsgruppen. In diesem Bündnis manifestiert sich die Geltung der 48er-Tradition. Dieser normative Horizont bestimmt auch die überwiegend an den politischen Institutionen orientierte Konfliktlinie. Soziale Fragen bleiben marginal. Sie werden im linken Spektrum, von den *radicaux* insbesondere, stärker in den Vordergrund gestellt.

Die notwendig schematisierend verfahrende Darstellung zeigt, daß die Rationalisierung der Institutionen sich auch in der Auseinandersetzung um die Struktur der politischen Institutionen abbildet. Darin wird deutlich, daß der Prozeß des Austauschs traditionaler durch modern-säkularisierte Normen sich in je spezifischer Weise in den einzelnen Feldern gesellschaftlicher Praxis durchsetzt, im politischen System in anderer Form als im kulturellen. Wenn aber zu den Voraussetzungen engagierter Literatur ein enger Zusammenhang von politischer und literarischer Öffentlichkeit gehört, so ist die Annahme naheliegend, daß sich der normative Horizont der jeweiligen politischen Öffentlichkeit in den normativen Horizont der literarischen Konstruktion umsetzt.

Das ist in *Germinal* der Fall. Die schon erwähnte Konstruktion der Biographie des Helden grenzt die »proletarische Lösung« des Klassenkampfs zugunsten des Wegs der Legalität und der Reformen aus. Dabei impliziert der Lösungsversuch im Rahmen der bürgerlichen Öffentlichkeit aber zugleich eine Kritik der 48er-Tradition. Denn der Konflikt polarisiert Bürger und Arbeiter derart, daß eine Lösung im Rahmen dieses normativen Horizonts nicht mehr denkbar erscheint. Dies freilich nicht – man kann darin ein aporetisches Moment sehen –, ohne in der schon erwähnten Konstruktion der Konversion den normativen Rahmen der bürgerlichen Öffentlichkeit zugleich zu affirmieren. Versucht man unter Berücksichtigung dieser beiden signifikanten Aspekte der Sinnstruktur des Romans, also einerseits des scharfen Konflikts zwischen Kapital und Arbeit, andererseits aber auch der in der Konversion explizierten Perspektive des »vernünftigen« Wegs der Legalität unter Ausgrenzung von Gewalt, eine Zurechnung, so erscheint die auf den normativen Horizont der »radikalen« Opposition die plausibelste[56].

Welche Erklärungsrelevanz hat der entwickelte sozialgeschichtliche Zugang für den Ästhetizismus Huysmans'? Man kann feststellen: Der Huysmanssche Ästhetizismus impliziert eine Negation des sozioästhetischen Wertsystems, wie es bei Zola entwikkelt ist. Dies beinhaltet notwendig auch eine Distanzierung von den sozialen Trägern des Zolaschen Wertsystems, den republikanischen bis linksrepublikanischen Teilen der *couches nouvelles*. Eben auf diese Gruppen und auf die mit ihrer Durchsetzung in der politischen Öffentlichkeit der frühen Dritten Republik verbundene Zurückdrängung des traditionalen Habitus zielt die Bemerkung über die *générations nouvelles*, die *affreux rustres*. Zum mindesten spricht – mit dem Vorbehalt der bisher eher schmalen empirischen Basis der Untersuchung – eine große Wahrscheinlichkeit für diese These. Wenn das richtig ist, ist dann die positive Umkehrung der Zurechnung möglich? Läßt sich also der Huysmanssche Ästhetizismus der soziokulturellen Identität oder dem Habitus der *notables* zurechnen? Ein sozialgeschichtlicher Erklärungsansatz dieser Art könnte auf die traditionale

56 Vgl. F. Doucet, *L'esthétique d'Emile Zola*, a.a.O., S. 167 (Zola habe sich gegen Ende seines Lebens auf den Sozialismus hinbewegt; »il eût été un électeur de Jean Jaurès.« (Jaurès ist einer der führenden Köpfe des *bloc des gauches*, in dem *radicaux* und nicht-militante Sozialisten vereinigt sind, H. S.), F. W. J. Hemmings, *Emile Zola*, a.a.O., S. 74 (»He would probably be best ascribed as a reforming radical.«), M. Euvrard, *Emile Zola*, a.a.O., S. 80 (Z. habe sich zwar seit 1869 auf radikale Positionen zubewegt, sei aber nicht Sozialist geworden), D. Delas, *Zola et la démocratie parlementaire*, in: Europe, 468-469 (avril-mai 1968), S. 30/35. (Dort heißt es – mit anderer Datierung –, Z. sei ab 1880 Sozialist in der Negation gewesen. Ansonsten auch hier, allerdings für die Zeit vor 1880, Zuordnung zur Position der *radicaux*). – Alle diese Arbeiten beziehen sich allerdings nicht auf die Erzählstruktur der Romane.

normative Orientierung, die Apologie von Kirche und Mittelalter hinweisen. – Wesentlich schlechter ist in diesem Rahmen das Problem des Ästhetizismus lösbar: Konstruktion einer Phantasiewelt, Ästhetisierung der Technik, Erfahrung extremer Subjektivität, Ausgrenzung gesellschaftlicher Erfahrung. Es sei denn, man nimmt seine Zuflucht zu einer Erklärung ex negativo: Der Rückzug auf private Erfahrung wäre dann als kulturelle Reaktion derjenigen sozialen Gruppen erklärbar, die zunehmend weniger die Möglichkeit haben, ihre Identität in der politischen Öffentlichkeit durchzusetzen. Dies wäre eine mögliche, wenn auch nicht besonders befriedigende Erklärung, würden im Ästhetizismus Huysmans' nicht zugleich Elemente der konservativen Identität negiert. Das gilt für das klerikale Element, das unter dem *Primat des Ästhetischen und nicht dem traditionaler Gläubigkeit* steht. Es gilt ebenso für die amoralistische Tendenz (Bordellszene, Wechsel der Geschlechtsrolle, letzteres offenbar eines der relativ stabilen Elemente des Ästhetizismus, wie der Vergleich mit Gautiers *Mademoiselle de Maupin* zeigt[57]). Also: Durch Zurechnung des Huysmansschen Ästhetizismus zur traditionalen Identität der *notables* ist das Problem einer sozialgeschichtlichen Erklärung offenbar nicht lösbar. In diesem Sinne ist nicht im Hinblick auf Zola, wohl aber im Hinblick auf Huysmans die Erklärungsschwäche der bisher entwickelten Ansätze einzugestehen.

Im letzten Teil dieser Untersuchung sind also Lösungsvorschläge für folgende Probleme zu entwickeln: Wie lassen sich die Tendenzen der ästhetizistischen Weltsicht erklären, die als Konstruktion einer sekundären ästhetischen Sinnstruktur bzw. Experiment mit den Grenzerfahrungen von Subjektivität gefaßt wurden? Wie läßt sich die Evolution von einem naturalistischen zu einem ästhetizistischen Programm genetisch erklären? Worin besteht das Moment der Komplementarität der beiden entgegengesetzten Lösungen? Wie läßt sich die Kritik der mimetischen Tradition erklären?

Das Problem soll im folgenden unter dem Hauptgesichtspunkt der literarischen Evolution behandelt werden[58]. Die Krise des

57 Vgl. die Bedeutung des Hermaphroditismusmotivs in Gautiers *Mademoiselle de Maupin.*

58 Eine systematische Bearbeitung dieses Problems auf historisch-soziologischer Grundlage fehlt. Das gilt auch für die entsprechenden Aufsätze im *Manuel d'histoire*

Naturalismus seit der zweiten Hälfte der 80er Jahre bzw. die Abkehr Huysmans' vom Naturalismus wäre zunächst im kurzzeitigen Kontext der opportunistischen Republik und ihrer Krise zu situieren. Der Terminus meint die Ausübung der Regierungsgewalt, soweit diese in der Besetzung von Ministerien sich ausdrückt (zu berücksichtigen sind die aus dem Rampenlicht der Öffentlichkeit zurücktretenden Bastionen konservativer Macht: Armee, Staatsapparat), mehrheitlich durch die gemäßigten Republikaner. Diese verfolgen auf dem Wege von Kompromissen und kleinen Schritten das Ziel der *Säkularisierung der Gesellschaft*. (Die Opportunisten versuchen ein liberales Programm zu verwirklichen, das sich durch die Abwesenheit sozialer Reformen auszeichnet – der »lag« der Republik in dieser Hinsicht bis zur Jahrhundertwende wirft ein bezeichnendes Licht auf die Ausblendung des sozialen Problemfelds.) Die Säkularisierungspolitik der Opportunisten setzt bei der sozialen Macht der Kirche an. Diese beherrscht etwa das Feld der Grundschulerziehung weithin. In der Gymnasialerziehung beträgt der Anteil des kirchlichen Sektors 50%. Die Universität entzieht sich dem Einfluß der Kirche ebenfalls nicht. Seit der sogenannten *loi Falloux* von 1850

littéraire de la France, a.a.O. Vgl. besonders die im übrigen interessanten Beiträge von A. Guedj, *L'offensive naturaliste,* S. 250-257 (dort werden Naturalismus und Spiritualismus als »exacte antithèse« aufeinander bezogen, S. 254), M. Decaudin, *Le mouvement symboliste,* S. 433-434 (Hinweis auf die repräsentative Bedeutung von *A rebours* als »manuel romancé de la Décadence«; im übrigen beschränkt sich der Beitrag darauf, auf die »crise d'âme de la Décadence« zu rekurrieren), J. Dubois, *Le roman symboliste,* S. 452-458 (der Übergang vom Naturalismus zum Symbolismus sei zugleich Bruch und Evolution), M. Raimond, *La crise du roman,* S. 546-556 (Trotz seiner geistes- bzw. ideologiegeschichtlichen Anlage aufschlußreicher Beitrag. Von Balzac bis Zola habe es eine »sécurité épistémologique« gegeben. Erst die »valeurs symbolistes« hätten die Kontinuität der Gattungstradition seit den Anfängen der Romantik in Frage gestellt). Einen Überblick über konservative Strömungen im letzten Drittel des Jahrhunderts ohne Berücksichtigung des Evolutionsproblems geben: S. B. John / H. R. Kedward, *Literature and Ideology 1880-1914,* in: J. Cruickshank (Hrsg.), *French Literature and its Background.* Bd. 5. *The Late Nineteenth Century.* London/Oxford/New York 1969, S. 173-199. Rein chronikalisch verfährt: M. Aymonin / J. O. Fischer et al., *Die literarische Entwicklung der letzten Jahrzehnte des 19. Jahrhunderts,* in: R. Schober (Hrsg.), *Französische Literatur im Überblick.* Leipzig 1970, S. 273-318. Die gelegentlichen Bezüge zur gesellschaftlichen Entwicklung bleiben – wie bei einem Buch dieser Art auch wohl kaum anders möglich – stereotyp. – Insgesamt scheint für die verbreiteten literaturgeschichtlichen Darstellungen eine chronikalische Struktur typisch zu sein. Hier wäre der Anschluß an den Stand der geschichtswissenschaftlichen Theoriebildung zu suchen.

sitzen Kirchenvertreter in wichtigen Gremien der Universität. Darüber hinaus gibt es katholische Universitäten, die sich staatlicher Einflußnahme weitgehend entziehen.

Zunächst verfolgen die Opportunisten das Ziel, die laizistische Schule durchzusetzen. Im Prozeß der Laizisierung fallen schrittweise die Institutionalisierungen des traditionalen Habitus: Die *loi Falloux* wird aufgehoben, katholische Universitäten werden gesetzlich unterbunden etc. Bis in einzelne gesetzliche Regelungen dringt die Liberalisierung durch. So wird es möglich, ohne Genehmigung eine Kneipe zu eröffnen (da die Kneipen Zentren republikanischen Widerstandes waren, wurde die Eröffnung im Zweiten Kaiserreich scharf kontrolliert). Auch öffentliche Versammlungen bedürfen nicht mehr der förmlichen Genehmigung.

Politische Tendenzen, die das liberale Programm überschreiten, bleiben in der ersten Phase der Dritten Republik freilich in der Opposition. Die Träger dieser linksrepublikanischen Tendenzen sind die *radicaux.* Diese binden bis über die Jahrhundertwende hinaus große Teile der Arbeiterschaft an sich. Sie fordern »La république démocratique et sociale«. Diese Formel schließt politische und soziale Forderungen ein, so etwa die der Beseitigung nicht demokratisch gewählter Institutionen, die Forderung, den Eisenbahnbau in öffentliches Eigentum zu überführen, oder etwa Tendenzen direkter Demokratie wie die Wahl der Richter durch das Volk.

Die opportunistische Republik gerät in die Krise im Zuge der Herausbildung einer neuen gesellschaftlichen Problemlage in den 80er Jahren. Die Wirtschaftskrise, deren für Frankreich bedeutsames Signal der Zusammenbruch der *Union générale* ist, läßt die Grenzen des liberalen Konzepts erkennen. Es kommt zu einer wachsenden Opposition gegen die liberale Demokratie von rechts und von links. Dies bedeutet einerseits die Neuformierung der traditionellen Rechten (soziale und ökonomische Basis überwiegend Grundbesitz, Adel und mit diesem verbundene Gruppen), andererseits erste Ansätze einer neuen Konstellation der Rechten. Im Zuge der sozialen Polarisierung rücken große Teile kleinbürgerlicher und mittelbürgerlicher Schichten »par réflexe de défense sociale« nach rechts. Dabei ist der Eintritt der opportunistischen Republik in die Krise mit der Herausbildung einer neuen Konfliktlinie verbunden. An die Stelle des *Primats der politischen Frage* (Laizisierung und Demokratisierung der Institutionen gegen das Konzept einer traditional hierarchischen, autoritätsbestimmten Gesellschaft), die die Opposition von Notabeln und *couches nouvelles* bestimmt hatte, tritt der *Primat der sog. sozialen Frage.* Damit ist eine Umstrukturierung des normativen gesellschaftlichen Problemfeldes bezeichnet, die weitreichende Konsequenzen hat. Die Genese dieses soziokulturellen Wandels läßt sich an der Entwicklung der Arbeiterbewegung stichwortartig verdeutlichen. Die Republik wurde erkämpft ökonomisch auf der Grundlage einer noch stark traditionalen Wirtschaftsstruktur, sozial im Rahmen des *bloc du tiers état,* normativ auf Grundlage des tradierten Konzepts der Interessenidentität des *peuple,* also der 48er-Tradition. Das heißt: Die Arbeiterschaft kämpfte unter Führung des republikanischen Bürgertums um die Durchsetzung einer bürgerlichen Öffentlichkeit, d. h. auch um die Durchsetzung der Institutionen einer bürgerlich-parlamentarischen Demokratie, deren politisches Legitimitätsprinzip das allgemeine Wahlrecht ist. Das besagt auch: Es gibt keine ökonomischen (noch keine), sozialen und kulturellen Voraussetzungen, die die Geltung der 48er-Tradition wirksam und umfassend in Frage zu stellen vermöchten. Eine Änderung dieser Verhältnisse tritt erst mit der Herausbildung einer autonomen Arbeiterbewegung ein. Autonomie heißt: Das Konzept der Interessenidentität des *peuple* zerbricht. Eine wichtige Voraussetzung dafür ist im Fortschritt der Industrialisierung zu sehen. Die erste autonome Arbeiterpartei in Frankreich, der *Parti ouvrier français* des Jules Guesde, rekrutiert sich zu 60% aus Industriearbeitern. Das in der 48er-Tradition stehende Konzept bleibt in der Folgezeit tendenziell bei kleinen Produzenten und denjenigen Gruppen von Lohnabhängigen lebendig, deren Arbeits- und Lebenszusammenhang außerhalb der großen Industriezentren liegt. Die 48er-Tradition schrumpft tendenziell auf ein soziales und normatives Reservat.

Freilich ist das eine schematisierende, von den langsamen, an Verzögerungen, lokalen Varianten etc. reichen empirischen Einzelvorgängen idealtypisch[59] abstrahierende Darstellung. Ein sol-

59 Vgl. M. Weber, *Methodologische Schriften,* a.a.O., S. 42-62. Dort heißt es: »Er [der Idealtypus, H. S.] wird gewonnen durch einseitige Steigerung eines oder einiger Gesichtspunkte und durch Zusammenschluß einer Fülle von diffus und diskret, hier mehr, dort weniger, stellenweise gar nicht, vorhandenen Einzelerscheinungen, die sich jenen einseitig herausgehobenen Gesichtspunkten fügen, zu einem in sich einheitlichen Gedankengebilde« (43). »Jede aufmerksame Beobachtung der begriffli-

ches Vorgehen ist aber unumgänglich, denn der Zusammenhang zwischen sozioökonomischem und kulturellem Prozeß liegt wesentlich auf der Ebene der bedeutsamen Strukturveränderungen und nicht auf der der empirischen Einzeldaten. Bezogen auf das theoretische Konzept dieser Untersuchung ist die *Erosion der 48er-Tradition* ein weiteres wesentliches Moment im Rahmen der Erosion tradierter Normen, bedingt durch den beschleunigten Wandel des Wirtschaftssystems.

Halten wir fest: Die Herausbildung einer autonomen Arbeiterbewegung ist selbstverständlich nicht nur, aber im Rahmen unserer Fragestellung besonders auch, im Hinblick auf eine Umwandlung des kulturellen Feldes, d. h. des normativen Rahmens der betreffenden gesellschaftlichen Entwicklungsphase, von Bedeutung. Freilich zerbricht das Bündnis zwischen Arbeiterschaft und republikanischem Kleinbürgertum nicht von einem Tag zum anderen. Dies um so weniger, als dessen ökonomische Grundlage, die Kleinindustrie, nicht von einem Tag zum anderen verschwindet. Dennoch wird die Geltungskrise der 48er-Tradition besonders deutlich in der Entwicklung der politischen Gruppierung, die als deren Repräsentant auftrat, der *radicaux*. Deren Rechtsentwicklung zu einer die Interessen der Mittelschichten zunehmend in Abgrenzung gegenüber den Forderungen der Arbeiterbewegung vertretenden Partei vollzieht sich parallel zur Eroberung der parlamentarischen Mehrheit und damit der Besetzung der wichtigen Regierungsämter. Insgesamt erscheint die erste Phase der Dritten Republik auf der Grundlage des republikanischen Konsens und der Integration weiter Teile der Arbeiterschaft als Durchgangsstadium zu einer modernen, nämlich der fortgeschrittenen bürgerlichen Industriegesellschaft entsprechenden Problemlage.

Dieser Abschnitt läßt sich dahingehend zusammenfassen, daß der Eintritt Frankreichs in die internationale Wirtschaftskrise eine neue gesellschaftliche Konstellation – und zwar nicht nur wirtschaftlich, sozial und politisch, sondern auch kulturell – markiert. Während einerseits die Säkularisierungstendenz weiter fort-

chen Elemente historischer Darstellung zeigt nun aber, daß der Historiker, sobald er den Versuch unternimmt, über das bloße Konstatieren konkreter Zusammenhänge hinaus die Kulturbedeutung eines noch so einfachen individuellen Vorgangs festzustellen, ihn zu ›charakterisieren‹, mit Begriffen arbeitet und arbeiten muß, welche regelmäßig nur in Idealtypen scharf und eindeutig bestimmbar sind« (45).

geführt wird, kommt es zur Rechristianisierung, einer sekundären Rückwendung zur Kirche als Ordnungsfaktor bei Angehörigen der bis dato aufklärerisch-antiklerikal orientierten *classes moyennes.* Ein besonders auffälliges Phänomen ist die Rückwendung zur Religion auch bei Teilen der Intelligenz. Während die politische Tradition von 48 erste Ansätze der Erschütterung und des Geltungsverlustes zeigt, aber doch für die Beziehungen zwischen republikanischem Kleinbürgertum und Arbeiterschaft ein wesentlicher Faktor bleibt (und damit für die politische Öffentlichkeit der französischen Gesellschaft), entstehen Ansätze einer autonomen Arbeiterbewegung, Indikatoren einer neuen, alle Bereiche gesellschaftlicher Praxis betreffenden Problemlage.

Inwiefern kann aus der Krise der opportunistischen Republik ein Ansatz zur Erklärung des Huysmansschen Ästhetizismus entwickelt werden? Zunächst zu seinen traditionalen Elementen. Man kann sagen: Es handelt sich um die partielle Restauration eines Wertsystems, nämlich des traditionalen, das parallel mit dem politischen Machtverlust seiner sozialen Träger in die Krise geraten war. Unter welchen historischen Rahmenbedingungen findet diese Restauration statt? Sie findet statt in einer ökonomischen und politischen Krise, der Krise der opportunistischen Republik. Dieser Befund wird erklärungsrelevant, wenn wir nach seiner normativen Dimension fragen. Auf der normativen Ebene impliziert die Krise der opportunistischen Republik, die zunächst als ein historisch eher wenig bedeutendes Durchgangsstadium auf der Ebene der politischen Kurzzeitkonjunktur erscheinen mag, nicht weniger als eine Schwächung der kulturellen Orientierungsfunktion (im Sinne der hier dargelegten Auffassung der Funktion von Institutionen: Aufbau von verhaltensorientierenden, identitätsverbürgenden Weltbildern) der republikanischen Tradition[60]. Damit entsteht als Begleitphänomen der ökonomischen und politischen Krise, determiniert bzw. in den gesamtge-

60 M. Euvrard, *Emile Zola,* a.a.O., S. 82 erklärt dazu nur, das republikanische Regime sei ohne Ideal und »sans imagination« gewesen. Ähnlich begriffslos gegenüber dem Zusammenhang von sozioökonomischem und normativem Wandel: H. Trudgian, *L'esthétique de J. K. Huysmans,* a.a.O., S. 86 (hier bloße Klitterung von Pessimismus der 80er Jahre und Wirtschaftskrise), F. Zayed, *Huysmans. Peintre de son époque,* a.a.O., S. 412 (Charakteristisch die lockere Kombination narrativer Aussagen auf verschiedenen Ebenen der historischen Entwicklung, deren Zusammenhang stillschweigend unterstellt wird: Ende des Empire, Commune, Verblassen des szientistischen Optimismus etc.).

sellschaftlichen Rahmen integriert, aber durchaus autonom im Hinblick auf ihre spezifischen Funktionen, eine kulturelle Krise. Sie manifestiert sich als eine Art normatives Vakuum im Gefolge eines sozioökonomisch bedingten Erosionsschubs. Man kann davon ausgehen, daß das kulturelle System die Tendenz hat, Mangel an Sinnpotentialen auszugleichen. Genau dies findet im Ästhetizismus Huysmans' als Rückgriff auf ältere Traditionspotentiale statt. Ein solcher Rückgriff ist unter den untersuchten historischen Rahmenbedingungen möglich geworden, d. h. er hat eine hohe Durchsetzungschance im öffentlichen Raum, zumal alternative »progressive« normative Orientierungen – die Arbeiterbewegung hätte ihr Träger sein können – nicht stark und entwickelt genug sind. In diesem Zusammenhang wird der Parallelismus zwischen der Restauration traditionaler Normen im Bereich der Institution Literatur und der Regruppierung der Rechten, die bis dato kontinuierlich auf dem Rückzug war, historisch durchschaubar als unterschiedliche Ausprägungen *eines* gesellschaftlichen Vorgangs.

Stellen wir nun den Bezug zur eingangs entwickelten historischen Typologie her, so ergibt sich folgende Argumentation: Bei Huysmans korreliert eine Hinwendung zu den normativen Grenzbereichen der Subjektivität (Geschlechtsrollentausch, Bordellszene etc.) mit einer globalen Denunziation von gesellschaftlicher Erfahrung als Erfahrung bedeutungsleerer Faktizität. Bezogen auf die Analyse der gesellschaftlichen Situation in Frankreich, kann man das normative Vakuum im Bereich der politischen Öffentlichkeit als reale Grundlage dieser Erfahrung ausmachen. Man kann auch sagen: Das Versagen der Sinnangebote im Bereich der politischen Öffentlichkeit wird mit der Hinwendung zu Subjektivität bilanziert[61]. Oder anders ausgedrückt: Das Experi-

61 Demgegenüber ist die Darstellung privater Subjektivität bei Zola Ausnahme. Sie steht im Vordergrund etwa in *Une page d'amour*. Vgl. A. C. Proulx, *Aspects épiques des Rougon-Macquart*, a.a.O., S. 76. – *A rebours* wurde mit dieser Hinwendung auf Subjektivität als repräsentativ erlebt. Vgl. dazu: M. Issacharoff, *J. K. Huysmans devant la critique*, a.a.O., S. 16 (*A rebours* sei im Jahr seines Erscheinens der in der literarischen Presse meist- und kontrovers diskutierte Roman gewesen. P. Valéry zufolge sei der Roman die Bibel der Generation von 1884 gewesen, S. 65). (Vgl. auch Valéry in einem Brief des Jahres 1889: »Huysmans est celui d'aujourd'hui dont mon âme s'accomode le mieux. J'en suis toujours à relire *A rebours;* c'est ma bible et mon livre de chevet.« P. Valéry, *Lettres à quelques-uns*. Paris 1952, S. 11), F. Livi, *J. K. Huysmans*, a.a.O., S. 33 (*A rebours* als Kristallisation der verschiedenen

ment mit den normativen Grenzen reiner Subjektivität setzt einen Erosionsschub des bis dahin beherrschenden identitätsverbürgenden Weltbildes der republikanischen Tradition voraus. Jedenfalls wird dieser Zusammenhang durch die prononcierte Opposition von Phantasietätigkeit und Erfahrung alltäglicher Wirklichkeit in *A rebours* nahegelegt. Die subjektive Entsprechung dieses gesellschaftlichen Sachverhalts wäre auf der Produzentenseite der *Verlust sozialer Identifikationsmöglichkeiten* überhaupt[62]. Eben darauf deutet aber hin, daß der Protagonist von *A rebours* sich nicht nur von den *générations nouvelles,* sondern auch vom Adel bzw. von dessen Lebensform als anachronistischer abgrenzt[63]. Die Auflösung des Zusammenhangs zwischen gesellschaftlicher und Erfahrung von Subjektivität, ein relativ konstantes Element der ästhetizistischen Variante, wäre also auf einen konkreten historischen Auslöser beziehbar: die Krise der politischen Öffentlichkeit in der ersten Hälfte der 80er Jahre in Frankreich als Krise der republikanischen Tradition[64]. Hier wird auch der Zusammenhang kontingenter historischer Rahmenbedingungen mit Konstanten der Variante Ästhetizismus faßbar. Wenn es solche Konstanten gibt und wenn überdies diese unter wechselnden konkreten historischen Konstellationen aktualisiert werden, dann muß die-

Tendenzen der antinaturalistischen Reaktion), R. Hess, *Huysmans. A rebours,* in: K. Heitmann (Hrsg.), *Der französische Roman,* a.a.O., S. 36.

62 Daß dies kein singulärer Vorgang ist, erweist eine hervorragende Untersuchung zu Baudelaire und der Situation der Schriftsteller um 1848: H. Stenzel, *Der historische Ort Baudelaires – Untersuchungen zur Entwicklung der französischen Literatur um die Mitte des 19. Jahrhunderts.* Diss. Freiburg 1978.

63 Über die Beziehungen des Esseintes zu einer Adelsfamilie heißt es: »Par curiosité, par désoeuvrement, par politesse, des Esseintes fréquenta cette famille et il subit, [. . .], d'écrasantes soirées où des parentes, antiques comme le monde, s'entretenaient de quartiers de noblesse, de lunes héraldiques, de cérémoniaux surannés [. . .] là, les descendants des anciens preux, les dernières branches des races féodales, apparurent à des Esseintes sous les traits de vieillards catarrheux et maniaques, rabâchant d'insipides discours, de centenaires phrases« (*A rebours,* S. 31).

64 Man könnte einwenden, hier werde aus der nationalen Sozialgeschichte Frankreichs erklärt, was ein europäisches Phänomen sei: Ästhetizismus und Dekadenz, ebenso die Krise des Naturalismus. Vgl. für Deutschland die Beiträge von L. Paul und O. Frels in diesem Bande. – Der Einwand würde allerdings auf einem Mißverständnis des hier entwickelten Erklärungsrahmens beruhen. Dieser verknüpft nationale Sozialgeschichte und ein soziologisches Konzept mit hohem Allgemeingehalt. Mit anderen Worten: Bezogen auf spezifische Ausprägungen der Krise des Naturalismus in anderen Ländern wäre zu überprüfen, ob das Konzept der Erosion normativer Orientierungen verwendbar ist.

ser Zusammenhang mit Hilfe von Wenn-Dann-Aussagen formulierbar sein. Kann man also sagen: Immer wenn normative Orientierungen im politisch-öffentlichen Raum ihre identitätsorientierende Funktion verlieren, kommt es zur Disjunktion von politisch-gesellschaftlicher und Erfahrung von Subjektivität, die ein, wenn auch allein nicht zureichendes, Kriterium für Ästhetizismus ist?

Der letzte Abschnitt der Untersuchung geht der Frage nach der Komplementarität der beiden konträren Programmatiken nach. Die Fragestellung soll mit der Feststellung eingeleitet werden, daß im Rahmen der Zolaschen Ästhetik das Problem der Differenzierung von Kunst und Wissenschaft nicht befriedigend gelöst und auch nicht zureichend lösbar ist. Darin kann man die Aporie der Ästhetik Zolas sehen. Zunächst: Was bedeutet sie im Rahmen des hier entwickelten Ansatzes? Man wird davon ausgehen müssen, daß die Ausdifferenzierung der Institutionen, die Herausbildung autonomer Funktionen als ein Aspekt des umfassenden Vorgangs der Rationalisierung anzusehen ist (so die Entflechtung Religion/Wissenschaft, Kunst/Religion, politisches/ökonomisches System[65]). Die Ästhetik Zolas bezeichnet innerhalb des hier entwickelten gesellschaftlichen Strukturwandels den historischen Augenblick, da die Entwicklung reversibel zu werden scheint. Das heißt: Rationalisierung tritt in den Rahmen der Institution Literatur ein. Das Problem dieses Eintritts der Rationalisierung in den Rahmen der Institution Literatur/Kunst ist aber folgendes: Rationalisierung der ästhetischen Praxis nach dem Modell der wissenschaftlichen kollidiert mit deren subjektbezogener Funktion als »identitätsverbürgendes Weltbild«[66]. Eben diese Funktion kann Wissenschaft, für die die Ausgrenzung der subjektiven Dimension konstitutiv ist, nicht erfüllen.

Wenn diese Annahmen zutreffend sind, läßt sich die Komplementarität von Naturalismus und Ästhetizismus, wie hier am Beispiel Huysmans' und Zolas untersucht, folgendermaßen bestimmen: Das ästhetizistische Programm Huysmans' ist in we-

65 Vgl. J. Habermas, *Legitimationsprobleme im Spätkapitalismus* (ed. suhrkamp, 623). Frankfurt/M. 1973, S. 133.

66 J. Habermas, *Legitimationsprobleme im Spätkapitalismus*, a.a.O., S. 162 ff. Ders., *Können komplexe Gesellschaften eine vernünftige Identität ausbilden*, in: ders., *Zur Rekonstruktion des historischen Materialismus* (suhrkamp taschenbuch wissenschaft, 154). Frankfurt/M. 1976, S. 92-126.

sentlichen Momenten (Phantasieprinzip, Negation von Alltäglichkeit, Experiment mit Grenzzuständen der Subjektivität, formalistisches Innovationsprinzip) auf diese Aporie der Ästhetik Zolas bezogen. Damit tritt eine Hierarchie der Determinanten und Systembeziehungen zwischen sozioökonomischem und kulturellem System ins Blickfeld. Ein im sozioökonomischen System erzeugter Problemstand wird im Rahmen der Institution Literatur entsprechend dessen systemeigenen Lösungsmöglichkeiten bearbeitet. Diese systemspezifischen Möglichkeiten sind wesentlich an den relativ stabilen Varianten von Ästhetizismus und Engagement festgemacht. Also kompensiert der Huysmanssche Ästhetizismus die Auszehrung des Subjektbezugs in Zolas »szientistischem« Programm. So gesehen sind die Konstituenten des ästhetizistischen Programms Korrekturen der Folgeprobleme von Rationalisierung.

Man wird also zusammenfassen können: Eine relativ stabile Variante der Institution Literatur in der bürgerlichen Gesellschaft wird unter konkreten sozialgeschichtlichen Rahmenbedingungen ausgelöst bzw. aktualisiert. Diese zeichnet sich möglicherweise, wie in weiteren Untersuchungen zu verifizieren sein wird, relativ konstant, aber unter wechselnden historischen Kurzzeitbedingungen, durch den Verlust von Identifikationsmöglichkeiten bestimmter (im einzelnen zu untersuchender) sozialer Gruppen und/oder bestimmter Gruppen von Künstlern aus. Dabei scheinen Erosionsschübe bis dahin identitätsorientierender Normen eine wichtige Rolle zu spielen. Die ästhetizistische Rückwendung auf Subjektivität in solchen Krisensituationen scheint insbesondere die Form der Bearbeitung von solchen Tendenzen der inneren Natur anzunehmen, die sich einer zweckrationalen Umformung im Sinne des industriell-bürgerlichen Realitätsprinzips bzw. der jeweils gesellschaftlich auferlegten normativen Disziplinierungsmechanismen widersetzen[67]. Eine Bedingung für diese Rückwendung scheint die Abkehr subjektiver Energien vom normativen Gehalt der jeweiligen politischen Öffentlichkeit zu sein. Mit anderen Worten: Die in der politischen Öffentlichkeit verhandel-

67 Dazu: M. Weber, *Die protestantische Ethik I. Eine Aufsatzsammlung* (Siebenstern-Taschenbuch, 53/54). ³Hamburg 1973, S. Freud, *Das Unbehagen in der Kultur*, in: ders., *Abriß der Psychoanalyse. Das Unbehagen in der Kultur* (Fischer-Taschenbuch, 6043), S. 63-129, H. Marcuse, *Triebstruktur und Gesellschaft. Ein philosophischer Beitrag zu Sigmund Freud*. Frankfurt/M. 1970.

ten Probleme können ihr Motivationsgewicht und damit ihren subjektiven Sinnbezug, ohne den normatives Handeln unmöglich ist, verlieren (die Verallgemeinerbarkeit dieser auf den Huysmansschen Ästhetizismus zutreffenden Feststellungen wäre zu überprüfen).

Am Ende dieser Untersuchung kann der Zusammenhang zwischen Progressismus auf der Ebene der Kunstmittel (Kritik der mimetischen Tradition) und Traditionalismus hinsichtlich des Standpunkts der Gesellschaftskritik folgendermaßen resümiert werden: Der ästhetische Progressismus ist eine Bedingung der Möglichkeit des Experimentierens mit den Grenzen der Subjektivität bzw. dessen, was der normative Horizont einer Epoche als »abnorm« ausschließt[68]. Was den ästhetizistischen Traditionalismus Huysmans' angeht, so ist zu betonen, daß er sich mit Elementen des politischen Konservatismus berührt, aber mit diesem insgesamt nicht identisch ist. Der ästhetizistische Konservatismus Huysmans' setzt also ein Moment der Negation gegenüber der kollektiven Identität der in der politischen Öffentlichkeit agierenden konservativen Gruppen. Er ist damit ein Minoritätenphänomen. Sein Publikum sind minoritäre Gruppen von Schriftstellern, Künstlern und Kunstkennern. Eben letzteres gilt nicht für Zola. Seine Theorie und schriftstellerische Praxis sind weitgehend in den normativen Horizont des demokratisch orientierten Teils der *classes moyennes* im Frankreich der frühen Dritten Republik integriert[69].

68 Damit wäre eine zweite Erklärungsebene eingeführt. Die Kritik der mimetischen Tradition war zum Industrialisierungsprozeß bzw. seinen Auswirkungen auf die Struktur der Erfahrung in Bezug gesetzt worden (Konstitution einer sekundären Umwelt/Konstitution einer ästhetischen Sekundärwirklichkeit). Hier wird ein Bezug nicht zum ökonomisch-technischen Entwicklungsniveau, sondern zum normativen Horizont der Epoche hergestellt. Läßt sich der Zusammenhang der beiden Erklärungsebenen wenigstens andeuten? Wir vermuten und hoffen, in weiteren Untersuchungen zeigen zu können, daß ein Zusammenhang besteht zwischen bestimmten Veränderungen der Kunstmittel in der »Moderne« und einem auf Dauer gestellten Prozeß der Erosion normativer Geltungen. Letztere aber nimmt in Wandlungen des ökonomischen Systems ihren Ausgang (Beispiel Industrialisierung) und hat ihr Zentrum in den sozialen Basiskonflikten des 19. und 20. Jahrhunderts (Erosion des bürgerlichen Normenbestands).

69 Zu Huysmans: M. Issacharoff, *J. K. Huysmans devant la critique*, a.a.O., S. 16. Zu Zola: C. Becker, *L'audience de Zola. Quelques aperçus sur les lectures des couches populaires à la fin du XIXe siècle*, in: Les cahiers naturalistes, 47 (1974), S. 40-69, u. M. Rebérioux, *Zola et la critique littéraire française socialiste et anarchiste, 1894-1902*, in: Europe, 468-469 (avril-mai 1968), S. 7-16.

Onno Frels
Zum Verhältnis von Wirklichkeit und künstlerischer Form bei Arno Holz

1. Vorbemerkungen

»Kunst = Natur – x«[1]

Mit dieser eingängigen, in ihrer Simplizität frappierenden Formel hat Arno Holz das »Wesen« der Kunst zu bestimmen versucht und sie bis zu seinem Lebensende mit dem Anspruch auf Rationalität und Allgemeingültigkeit verteidigt[2]. Vehement und mit einem nicht geringen Maß an Überheblichkeit hat er jeden zeitgenössischen Kritiker abgewiesen, der es wagte, sein »Kunstgesetz« in Frage zu stellen.

Dem Versuch, die Holzsche Theorie aus heutiger Sicht zu interpretieren, kann es weder um ihre apologetische Rettung noch einzig um ihre Verwerfung gehen. Auch ist kein rein textimmanent verfahrender Nachvollzug der Entstehungsgeschichte des Kunstgesetzes und seiner »Bedeutung«, d. h. seiner Interpretation durch Holz, beabsichtigt. Eine solche Verfahrensweise käme notwendig zu Ergebnissen, die im theoretischen Horizont des Autors verbleiben. Die Möglichkeit zur Transzendierung des als Gegenstand vorliegenden Ansatzes wäre von vornherein abgeschnitten. Wenn z. B. S. Berthold in seiner Dissertation aus dem Jahre 1967 schreibt: »Holzens Theorie erstreckt sich auf alle Kunst aller Zeiten«[3], ohne auch nur den Versuch einer kritischen Kommentierung zu machen, so handelt es sich um eine bloße Paraphrase der Holzschen Selbstdeutung, der sich in der Tat ein derart weitreichender Anspruch entneh-

1 Arno Holz, *Die neue Wortkunst* (1925), Band 10 der Werkausgabe: Das Werk von Arno Holz. Erste Ausgabe mit Einführungen von Dr. Hans W. Fischer. 10 Bde., Berlin 1924/25 (im folgenden Text mit »W« abgekürzt), 80.

2 Noch am 27. 3. 1926 verteidigt Holz das 1891 formulierte »Kunstgesetz« energisch in einem Brief an Wolfgang Schumann (vgl. Arno Holz, *Briefe. Eine Auswahl*, hrsg. v. Anita Holz und Max Wagner, mit einer Einführung von Hans Heinrich Borcherdt. München 1948 (266 f.). Die Briefsammlung wird im folgenden Text mit der Abkürzung »B« zitiert.

3 Siegwart Berthold, *Der sogenannte »konsequente Naturalismus« von Arno Holz und Johannes Schlaf*. Phil. Diss. Bonn 1967, 44.

men läßt. Gegenüber einer »Deutung der Holzschen Theorie als Ausdruck seiner künstlerischen Persönlichkeit«[4] wird sich eine kritische Analyse die Erkenntnis Theodor W. Adornos von der Historizität ästhetischer Kategorien in Erinnerung rufen: »Geschichte ist der ästhetischen Theorie inhärent. Ihre Kategorien sind radikal geschichtlich«[5]. Erst der Versuch, über die nomologische Selbstdeutung Holzens hinauszugehen und seine Kunsttheorie zu historisieren, kann die Grundlage für eine (ideologie-)kritische Beurteilung ergeben, die das »Denken der Vergangenheit [...] am Maßstab des zu seiner Zeit historisch Möglichen«[6] bewertet.

Dieses Vorgehen impliziert sowohl die Erfassung des Wirklichkeitsbegriffs bei Arno Holz als auch generell des Erkenntnisverfahrens, welches seiner Kunsttheorie zugrunde liegt. Da letztere aus produktionsästhetischer Sicht formuliert wurde, läßt sich von hier aus ein erster Zugang zur literarischen Praxis des »konsequenten Naturalismus« gewinnen. Die Untersuchung wird jedoch nicht bei der Beschreibung rein struktureller Zusammenhänge zwischen Theorie und Praxis bei Arno Holz stehenbleiben dürfen. Während dieser die Frage der künstlerischen (literarischen) Form radikal von inhaltlicher Reflexion trennt, wird eine kritische Analyse der Einzelwerke die Form als Aussageträger reflektieren und sie auf die Wirkungsintention des Werks beziehen. Die Erörterung der Erzählung *Papa Hamlet* (1889) und des lyrischen Zyklus *Phantasus* (1898/99) erfolgt daher nicht unter dem Aspekt rein formaler Konsequenzen, die eine Anwendung des naturalistischen Kunstgesetzes auf die Produktion epischer bzw. lyrischer Texte nach sich zog. Vielmehr wird der rationale Erkenntnisanspruch, der für Holz mit der naturalistischen »Methode« (W, 271) gegeben war, an den Einzelwerken kritisch zu überprüfen sein. Dabei gilt es, die sich hinter der technizistischen Instrumentalisierung von Kunstmitteln verbergende Spezifik der Gehalte und deren Geschichtlichkeit zu entschlüsseln.

Wenn sich in Holz' literarischer Theorie und Praxis erhebliche

4 Ebd., 48.

5 Theodor W. Adorno, *Ästhetische Theorie*, hrsg. v. Gretel Adorno und Rolf Tiedemann (suhrkamp taschenbuch wissenschaft, 2). Frankfurt 1973, 532.

6 Peter Bürger, *Ideologiekritik und Literaturwissenschaft*, in: ders. (Hrsg.), *Vom Ästhetizismus zum Nouveau Roman. Versuche kritischer Literaturwissenschaft.* Frankfurt/M. 1975, 1-22, hier: 3.

Wandlungen vollziehen, die um 1900 in einen ästhetizistisch-solipsistischen Rückzug münden, so ist dies keine Erscheinung, die mit dem Hinweis auf die »besondere« Entwicklung des Autors hinreichend erklärt wäre. Sein Werk repräsentiert vielmehr einen idealtypischen Strang eines generell sich durchsetzenden literarhistorischen Prozesses mit dem Zielpunkt Ästhetizismus. Von der Sozialkritik im *Buch der Zeit* (1885)[7] über das naturalistische Formexperiment (1888-1890), das sich inhaltlich von gesellschaftlich umgreifenden Bezügen löst, führt ein nahezu geradliniger Weg zum solipsistischen Impressionismus (um 1900), in dem soziale Gehalte durch die Dominanz ichbezogener Phantasieelemente fast völlig getilgt sind. Diese Veränderung, die gleichzeitig einen Wandel im Verhältnis zwischen einer gesellschaftlich institutionalisierten autonomen Kunstdoktrin und den Strukturen literarischer Einzelwerke anzeigt, bedarf genauerer Klärung. Sie soll im Zusammenhang mit einer gegenstandsspezifisch ausgerichteten Analyse der wesentlichen »epochalen Rahmenbedingungen von Literaturproduktion und -rezeption«[8] gesucht werden. Wenn dies vorwiegend unter dem Aspekt des *Phantasus*-Zyklus geschieht, so deshalb, weil dieser quasi den Fluchtpunkt der oben problematisierten literarischen Entwicklung Holz' bildet, von dem aus sich gleichzeitig neue Gesichtspunkte zur Erfassung und Beurteilung der voraufgegangenen Schaffensperioden ergeben.

2. Die Kunsttheorie von Arno Holz

2.1. Naturwissenschaftliches Denken und ästhetische Theorie

Die Hinwendung Arno Holz' zur Arbeit an einer streng nomologisch verstandenen Kunsttheorie muß m. E. vor allem unter folgenden Aspekten gesehen werden: Zum einen sieht Holz generell nach seiner Distanzierung von der Sozialdemokratie in den Naturwissenschaften ein Mittel, welches geeignet scheint, das nun auftretende weltanschauliche Vakuum zu füllen. Bereits

7 Das *Buch der Zeit* erschien 1885 mit der Angabe 1886 als Erscheinungsjahr (vgl. B, 290).

8 Peter Bürger, *Institution Kunst als literatursoziologische Kategorie*, in: Romanistische Zeitschrift für Literaturgeschichte, Heft 1 (1977), 51.

1885, im Erscheinungsjahr seines zumindest in Ansätzen ausgesprochen sozialkritischen *Buch der Zeit*[9], erteilt Holz der Sozialdemokratie eine klare Absage und läßt gleichzeitig seine Sympathien für einen naturwissenschaftlichen Monismus erkennen:

Zu einer positiven Weltanschauung habe ich es bisher noch nicht bringen können, doch bin ich fest davon überzeugt, daß uns mit der Zeit die Naturwissenschaften zu einer solchen verhelfen werden. Letztere halte ich überhaupt für die einzige »Wissenschaft«, die diesen Ehrennamen verdient (B, 67)[10].

Er folgt damit einem allgemein sich verstärkenden Trend zur Hereinnahme der Naturwissenschaften in den weltanschaulichen Bereich, einer ideologischen Entwicklung, die sich vor allem einer einschneidenden Veränderung in der Rolle des Bürgertums verdankt. Dieses wandte sich nach 1848 allmählich von einer emanzipatorisch-demokratischen Politik ab, gab der »im Sande der Berliner Althegelei verlaufenen klassischen deutschen Philosophie«[11] seine Absage und investierte seine Energien in zunehmendem Maße in die Intensivierung von Handel und Industrie. Für diesen Prozeß stellten die Ergebnisse naturwissenschaftlicher Forschung eine entscheidende Grundlage dar. Die beschleunigt vorangetriebene Industrialisierung hatte zur Folge, daß *allgemein* ein bestimmter Typus des Denkens zum dominierenden wurde, der eines technizistisch-naturwissenschaftlichen Denkens[12].

Von dieser neuen vom Bürgertum gesetzten sozialen Norm ist jedoch die Kunst bzw. Literatur weitgehend ausgenommen, die weiterhin als autonomer, von Arbeit und Politik abgehobener Bereich institutionalisiert bleibt. Wenn Arno Holz dennoch eine naturwissenschaftliche Legitimation der Kunst anstrebt, so ist dies m. E. als Versuch zu werten, sich aus einem Dilemma zu

9 Zur Fundierung des gesellschaftskritischen Impetus im *Buch der Zeit* vgl. Klaus R. Scherpe, *Der Fall Arno Holz. Zur sozialen und ideologischen Motivation der naturalistischen Literaturrevolution,* in: Gert Mattenklott und ders. (Hrsg.), *Positionen der literarischen Intelligenz zwischen bürgerlicher Reaktion und Imperialismus* (Literatur im historischen Prozeß 2). Kronberg/Ts. 1973, 121-178, hier: 131 ff. und Gerhard Schulz, *Arno Holz. Dilemma eines bürgerlichen Dichterlebens.* München 1974, 25 ff.

10 Brief an Oskar Jerschke vom Sommer 1885.

11 Friedrich Engels, *Alte Vorrede zum »Anti-Dühring« – Über die Dialektik,* in: Karl Marx / Friedrich Engels, *Historisch-kritische Gesamtausgabe.* Bandbezeichnung: *Anti-Dühring – Dialektik der Natur.* Glashütten/Taunus 1970, 459.

12 Vgl. K. R. Scherpe, *Der Fall Arno Holz,* 146.

befreien, in das er sich als kritischer Schriftsteller gestellt sieht. Einerseits ist er nicht gewillt – dies zeigt etwa das Beispiel der Erzählung *Papa Hamlet* –, seine Revolte gegen den literarischen Geschmack des Bürgertums aufzugeben, andererseits ist er auf eben dieses Bürgertum als Rezipienten seines Werks angewiesen. Will er, trotz dieses Dilemmas, das Bürgertum für sich gewinnen, so ist er gehalten, sich an der inzwischen vorherrschenden neuen Norm des naturwissenschaftlich-technizistischen Denkens rückzuversichern, d. h. Holz versucht das Bürgertum auf seine Werke aufmerksam zu machen, indem er sie theoretisch fundiert und sie als die dem »naturwissenschaftlichen Zeitalter« angemessenen ausweist[13].

2.2. Zur Herleitung und Interpretation des Holzschen Kunstgesetzes

Die Kunst hat die Tendenz, wieder die Natur zu sein. Sie wird sie nach Maßgabe ihrer jedweiligen Reproduktionsbedingungen und deren Handhabung (W, 83).

Dieses »Kunstgesetz« leitete Holz induktiv aus der Analyse einer primitiven Kinderzeichnung ab, einer »jener einfachen künstlerischen Tatsachen, deren Bedingungen ich kontrollieren kann« (W, 77). Urheber der Zeichnung ist ein kleiner Junge, der auf die Frage nach dem Darstellungsobjekt antwortet, es handle sich um einen »Suldaten« (vgl. W, 77). Die Tatsache, daß statt eines dem Erscheinungsbild der Wirklichkeit angenäherten Soldaten lediglich eine zunächst unidentifizierbare »Schmierage«

13 Den Erfolgszwang, dem Holz ausgesetzt war, dokumentiert z. B. der Brief an Max Trippenbach vom 26. 12. 1887, in dem Holz erklärt, er werde den begonnenen Roman *Goldene Zeiten* wegen der nach seiner Einschätzung geringen Aussichten auf breite Wirkung zunächst nicht vollenden, und dann fortfährt: »Das nächste Buch, das ich herausgebe, muß für meine Laufbahn entscheidend sein. Es muß weite Kreise ergreifen, einen Kampf für und wider entfesseln und mich endlich definitiv in den Sattel heben, oder aber meine Erbärmlichkeit ein für allemal in den Staub schleudern, in den sie gehört. Dieses Vegetieren ertrage ich nicht länger« (B, 79). Wie weitere Briefstellen belegen, hat sich Holz von der Herausgabe seiner theoretischen Schrift *(Die Kunst. Ihr Wesen und ihre Gesetze.)* eine starke Wirkung auf die literarische Öffentlichkeit versprochen. Er hoffte, auf diese Weise einen Ausweg aus seiner finanziellen Misere zu finden (vgl. den Brief an E. Richter vom 29. 10. 1890; B, 92). In einem Brief an R. Piper vom 22. 11. 1897 erklärt er, die *Kunst* nur deshalb verfaßt zu haben, um sich gegen die Konkurrenz Gerhart Hauptmanns durchzusetzen (vgl. B, 117).

(W, 80) herausgekommen ist, erklärt Holz mit den unzulänglichen »Reproduktionsbedingungen« (Schiefertafel, Steingriffel) und deren »Handhabung« durch die ungeübte Hand eines Anfängers. Da für Holz zwischen der Kinderzeichnung und großen Kunstwerken »kein Art-, sondern nur ein Gradunterschied« (W, 77) besteht, glaubt er dem Kunstgesetz sämtliche Kunsterzeugnisse subsumieren zu können. Um die Exaktheit und Wissenschaftlichkeit seines Verfahrens zu unterstreichen, faßt Holz das Ergebnis in die Form einer mathematischen Gleichung:

»Kunst = Natur – x« (W, 80),

wobei die Variable x die Reproduktionsbedingungen (die künstlerischen Mittel) und den Grad der Vollkommenheit ihrer Handhabung bezeichnet[14].

Aufgrund des Ausgangsbeispiels läßt sich der Begriff der »Natur« in seiner Bedeutung annäherungsweise als Erscheinungsbild der »äußeren«, vom künstlerischen Subjekt wahrnehmbaren materiellen Wirklichkeit bestimmen. Der Wirklichkeitsbegriff bei Holz ist zunächst positivistisch akzentuiert. »[...] mein Standpunkt, der nicht der ›idealistische‹ ist, verbietet es mir, von ihm aus ›Verdammungsurteile‹ zu fällen. Ich fälle überhaupt keine ›Verdammungsurteile‹; ich suche in erster Linie zu ›verstehn‹. Non ridere, non lugere, neque detestari, sed intellegere! Das ist meine Devise« (B, 83). So umschreibt Holz seine Haltung in einem Brief an Max Trippenbach vom 10. 2. 1889. Seiner Auffassung nach komme es darauf an, »die Tatsachen nicht zu verneinen, sondern sie zu bejahen, ihnen gegenüber nicht zu fühlen, sondern aus ihnen heraus zu denken« (B, 85).

Zwar gibt es einige Hinweise darauf, daß Holz bereits um 1890[15] zum Naturbegriff auch rein Subjektives, wie etwa die jeweiligen »Stimmungen« oder »Empfindungen« des Künstlers, gerechnet hat. Die Beispiele hierfür sind jedoch spärlich; sie beziehen sich außerdem entweder primär auf die Musik (vgl. W, 139) oder auf die Vorgeschichte des Kunstgesetzes (vgl. W, 23),

14 Die (absurde) Möglichkeit einer völligen Identität von Kunst und »Natur« wird von Holz vor allem mit dem Hinweis auf die grundsätzliche Unzulänglichkeit des Reproduktionsmaterials negiert (vgl. W, 130 f.).

15 Die Schrift *Die Kunst. Ihr Wesen und ihre Gesetze* wurde 1891/92 nacheinander in zwei Teilen veröffentlicht. Holz nahm die theoretische Arbeit jedoch bereits im Sommer 1888 im Zusammenhang mit den naturalistischen »Studien« auf (vgl. Helmut Scheuer, *Arno Holz im literarischen Leben des ausgehenden 19. Jahrhunderts (1883-1896). Eine biographische Studie.* München 1971, 114).

nicht auf seine Herleitung selbst und besitzen daher für die von Holz vorgenommene Funktionsbestimmung der Literatur keinen entscheidenden Aussagewert. Seine unter künstlerischem Aspekt formulierte Erkenntnisposition, das Ausgangsbeispiel bei der Herleitung des Kunstgesetzes sowie die Praxis des »konsequenten Naturalismus« lassen es als gerechtfertigt erscheinen, zunächst von einem mehr objektbezogenen Naturbegriff auszugehen. Der entscheidende Einschnitt ist um 1898/99 in Holzens Hinwendung zum Impressionismus zu sehen, der eine subjektivistische Akzentverlagerung im Begriff der »Natur« und damit der Wirklichkeit mit sich brachte[16].

2.3. *Historizität und ästhetische Implikationen des Kunstgesetzes*

Die bisherige Behandlung der theoretischen Schriften von Arno Holz in der Literaturwissenschaft ist weitgehend durch bloß nachvollziehende Beschreibung oder an der Autonomiedoktrin von Kunst/Literatur orientierte Polemik geprägt. K. R. Scherpe hat dagegen den weiterführenden Versuch einer ideologiekritischen Analyse unternommen[16a]. Zur Systematisierung der Kritik scheint mir darüber hinaus eine Klärung der Frage bedeutsam, inwiefern der von Holz immer wieder vorgetragene naturwissenschaftliche Anspruch selbst kritisch durchbrochen und seine theoretische Verfahrensweise in alternativen Begriffen erfaßt werden kann. – Holz war der festen Überzeugung, ein Gesetz hergeleitet zu haben, »das sich durch die Erfahrung kontrollieren läßt, wie das Fallgesetz oder die Tatsache, daß der Flüssigkeitsstand in kommunizierenden Röhren die gleiche Niveauhöhe hält« (W, 369). Der überzeitlichen Geltung, die dieses »Gesetz« beansprucht[17], ist jedoch die Historizität der Konvergenz von Kunst und »Natur« (= Wirklichkeit im o. a. Sinn) in der bürgerlichen Gesellschaft entgegenzuhalten; d. h. das 1891 formulierte Gesetz

16 Holz' Bemerkung im Vorwort zur Gesamtausgabe von 1925 (Bd. 10), er spreche von »Wirklichkeit unter natürlich selbstverständlichem Einbegriff auch aller unserer Innenvorgänge« (W, II), bezeichnet folglich keine Position, die er in dieser Eindeutigkeit von Anfang an vertreten hätte. Sie ist vielmehr als das Ergebnis seiner Gesamtentwicklung zu sehen.

16a Vgl. Scherpe, *Der Fall Arno Holz,* 145 ff.

17 Noch 1925 gibt sich Holz überzeugt, daß das Ergebnis seiner theoretischen Arbeit »den nächsten Jahrtausenden standhalten« (W, I) werde.

hat einen ganz bestimmten Entwicklungsstrang der Kunst zur Voraussetzung und ist durch diesen bedingt. Etwas vereinfacht könnte man diesen Strang als Entwicklung zum Realismus beschreiben und ihn über die Aufklärung, den Sturm und Drang, die dem »reinen« Idealismus widerstreitenden Elemente innerhalb der Klassik (vgl. Goethes *Einfache Nachahmung der Natur, Manier, Stil* sowie Schillers Versuch einer Verknüpfung des Sentimentalischen mit dem Naiven, des Idealismus mit dem Realismus), das Junge Deutschland, den bürgerlichen Realismus und den frühen Naturalismus rekonstruieren[18]. Bezeichnenderweise verstanden sich die Naturalisten in der Regel selbst als »Realisten«, was bereits in den Titeln verschiedener Veröffentlichungen zum Ausdruck kommt[19].

Daß auch dem »Kunstgesetz« ein realistischer Kunstbegriff zugrunde liegt, wird beispielsweise deutlich, wenn Holz in seinem Vorwort zu *Papa Hamlet* die Begriffe »Realismus« und »Naturwollen« parallelisiert und sie dem »Idealismus« gegenüberstellt[20]. Mit seiner Theorie bringt Holz, der vor allem im französischen naturalistischen Roman das bis dahin fortgeschrittenste literarische Genre sieht (vgl. W, 589), die Entwicklung zum Realismus in zugespitzter Form auf den Begriff und geht damit gleichzeitig über sie hinaus[21].

Ausgangspunkt der Überlegungen von Arno Holz ist das organische, Wirklichkeit widerspiegelnde Kunstwerk. Daß dieser Kunstwerkbegriff historisch determiniert ist, läßt sich an den

18 Mit dieser Rekonstruktion ist allerdings keine bruchlose, kontinuierliche Entwicklung gemeint, deren »notwendiges« Produkt naturalistische Theorie und Praxis wären. Die Naturalisten selbst z. B. verstanden sich vor allem als Erben des Sturm und Drang und des Jungen Deutschland, während ihre Beziehung zum deutschen bürgerlichen Realismus wesentlich problematischer war. Zu den Vorläufern und Vorbildern des deutschen Naturalismus vgl. insbes. Günther Mahal, *Naturalismus* (UTB, 363). München 1975, 81-91, Roy C. Cowen, *Der Naturalismus. Kommentar zu einer Epoche.* München 1973, 32-68 und Ursula Münchow, *Deutscher Naturalismus.* Berlin 1968, 7-14.

19 Vgl. z. B. die bei Mahal, *Naturalismus,* S. 86, genannten Titel. Nach Mahal sollte der Gruppenname »Naturalisten« »erst im nachhinein zum Sammelbegriff werden: dieser Terminus war zunächst eine von den Gegnern gebrauchte Bezeichnung, welche Distanz und Verurteilung einer Literatur des locus terribilis ausdrückte« (ebd., 82 f.).

20 Vgl. A. Holz / J. Schlaf, *Papa Hamlet. Ein Tod.* Mit einem Nachwort von Fritz Martini (Reclam 8853/54). Stuttgart 1972, 6.

21 Nämlich durch die tendenzielle Elimination von Sinnstiftung (vgl. weiter unten).

Avantgardebewegungen zu Beginn des 20. Jahrhunderts verdeutlichen; der russische Futurist Arvatov wendet sich z. B. ausdrücklich gegen den Primat der Abbildlichkeit in der Kunst und fordert ihre produktive Integration in die (sozialistische) Lebenspraxis[22]. Festzuhalten aber bleibt, daß Holzens Theorie einem historischen Entwicklungsstrang der Kunst (Literatur) wenigstens tendenziell angemessen ist und auf einer bestimmten Erfahrung in bezug auf Kunstgegenstände beruht. Angemessenheit der Begriffe an die Sache und Bezug zur vorwissenschaftlichen Erfahrungswelt aber sind zwei wichtige Kriterien, die der Hermeneutik eignen[23]. Das Verfahren von Arno Holz wäre also, entgegen seinem Selbstverständnis, eher als *hermeneutisches* denn als nomologisches zu charakterisieren. Es zielt auf eine »allgemeine Interpretation«[24]. Diesen Begriff verwendet J. Habermas, »um den eigentümlichen Status solcher Strukturmodelle zu bezeichnen, die Allgemeinheit beanspruchen, ohne doch nomologischen Charakter zu haben.«[25] Das vorgeblich streng nomologische Verfahren dient Holz objektiv weniger als Erkenntnisprinzip, sondern vielmehr als Legitimationsstrategie. Ein auf dem Wege vorwissenschaftlicher Erfahrung gewonnenes Ergebnis soll *nachträglich* auf zeitgemäße Weise wissenschaftlich abgesichert und entsprechend auf Begriffe gebracht werden. Auf diesen Sachverhalt deutet u. a. eine Bemerkung hin, die Holz über seine Beschäftigung mit »Mill, Comte, Spencer und [den] modernen Naturwissenschaftler[n]« fallen läßt: »Ich *suchte* eigentlich gar nicht mehr. Ich hatte schon längst *gefunden*« (W, 62). Die induktive Ableitung des Kunstgesetzes stellt daher nicht das eigentliche Erkenntnisverfahren dar; sie ist eine nachträgliche Erläuterung von bereits Erkanntem. – Die These, daß Holzens Verfahren hermeneutischer Art sei, wird zusätzlich gestützt durch das eindeutig praktische, allerdings weitgehend auf das eigene künstlerische Tun beschränkte Erkenntnisinteresse, welches seiner Beschäftigung mit kunsttheoretischen Fragen zugrun-

22 Vgl. Boris Arvatov, *Kunst und Produktion*, hrsg. v. Hans Günther und Karla Hielscher. München 1972, passim, insbes. 29 ff.

23 Vgl. Peter Bürger, *Formalismus – nomologische Wissenschaft oder hermeneutische Theorie?* In: Wolfgang Haubrichs (Hrsg.), *Erzählforschung. Theorien, Modelle und Methoden der Narrativik*. Göttingen 1976, 29-42, hier: 33.

24 Jürgen Habermas, *Erkenntnis und Interesse* (suhrkamp taschenbuch wissenschaft, 1). Frankfurt 1975, 309.

25 Bürger, *Formalismus*, 39.

de liegt. »Ich entsann mich noch zur rechten Zeit«, schreibt Holz, »daß ich die Theorie ja nicht der Theorie wegen getrieben hatte, gegen Entree und zum allgemeinen Besten, sondern still in meinem eigenen Kämmerlein für mich selbst und nur, um der verflixten Praxis besser beizukommen« (W, 104 f.).

Das Sinnverstehen als die zentrale hermeneutische Kategorie scheint auf die Theorie von Holz nur bedingt anwendbar. Da dieser nicht in erster Linie eine rezeptions-, sondern eine produktionsästhetische Sichtweise einnimmt, verwende ich im folgenden den Begriff »Sinnstiftung«. Diese nun versucht Holz aus seiner Kunsttheorie weitgehend zu eliminieren[26], was auch für seine künstlerische Praxis entscheidende Folgen haben wird. Johannes Schlaf faßt die damaligen Auffassungen seines Freundes so zusammen:

> Holz war damals dahin gekommen, dem Zolaschen Satze *Un chef d'oeuvre est un coin de la nature vu à travers un tempérament* den anderen gegenüberzustellen: Ein Kunstwerk ist ein Stück Leben, angesehen nicht durch das Temperament des Künstlers, sondern aller der Personen, die er geben will[27].

Die starke Relativierung des Zolaschen »tempérament« steht in deutlicher Korrelation zu einer zunehmend stärker hervortretenden Gewichtung rein formaler Probleme. Das Kunstmittel tritt in den Vordergrund des Interesses. »[...] von diesem Gesetz [dem

26 Der Frage nach den übergreifenden Bedingungsfaktoren für diesen Vorgang kann hier nicht mit der notwendigen Ausführlichkeit nachgegangen werden. Mir scheint jedoch ein Zusammenhang mit der seit dem Ende des 19. Jahrhunderts in der bürgerlichen Gesellschaft immer stärker spürbaren Zersetzung sinnstiftender Bezugssysteme überhaupt nahezuliegen. Habermas beschreibt diesen Prozeß als Erosion des institutionellen Rahmens, in dem eine intersubjektive, an sprachlich artikuliertem Sinn gebundene Verständigung über praktische Fragen (gesellschaftliche Normen, »Sinn« von Handlungen etc.) stattfindet, zugunsten einer an zweckrationalen Bezugssystemen orientierten technischen Verwaltung, die zunehmend mehr Lebensbereiche erfaßt (vgl. Jürgen Habermas, *Technik und Wissenschaft als ›Ideologie‹* (ed. suhrkamp 287. 4. Aufl., Frankfurt/M. 1970, 79 ff.). Vor diesem Hintergrund ließe sich der »nomologische« Theorieansatz Holz' als frühes Beispiel dafür anführen, wie »die verdinglichten Modelle der Wissenschaften [...] in die soziokulturelle Lebenswelt ein[wandern] und [...] über das Selbstverständnis objektive Gewalt« gewinnen (ebd., 91). Dem Problem, wie die auf Langzeitprozesse abgestellten Überlegungen von Habermas und kurzfristige sozialgeschichtliche Veränderungen zusammengesehen und für die literaturwissenschaftliche Analyse fruchtbar gemacht werden können, geht Hans Sanders am Beispiel des französischen Naturalismus und Ästhetizismus nach (vgl. seinen Beitrag in diesem Heft).

27 Zit. in W, 336.

Kunstgesetz, O. F.] aus hatte mir dann festgestanden: die Entwicklung der Kunst ist die Entwicklung ihrer Mittel«[28]! schreibt Holz. Seine Konsequenz aus dieser Erkenntnis lautet: »Man revolutioniert eine Kunst also nur, indem man ihre Mittel revolutioniert« (W, 490). Auch in der 1899 erfolgten neuen Fassung des Kunstgesetzes kommt die Gewichtung des formalen Moments sinnfällig zum Ausdruck:

> Die Kunst hat die Tendenz, die Natur zu sein; sie wird sie nach Maßgabe ihrer *Mittel und deren Handhabung* (W, 186 f., Herv. v. Verf.).

Indem Holz die »Entwicklungsgeschichte der Kunst« auf die »Entwicklungsgeschichte ihrer Technik« (W, 530) reduziert und seine Aufmerksamkeit ausschließlich auf formale Fragen richtet, entledigt er sich der Notwendigkeit sozialgeschichtlicher Deutung bzw. inhaltlicher Reflexion. Zwar beobachtet er,

> daß die Kunst als ein jedesmaliger Teilzustand des jedesmaligen Gesamtzustandes der Gesellschaft zu diesem in einem Abhängigkeitsverhältnis steht, daß sie sich ändert, wenn dieser sich ändert, und daß das große Gesetz der Entwicklung, dem alles untertan ist, auch von ihr nicht verletzt wird (W, 69).

Dieses Theorem steht jedoch isoliert neben seinen Überlegungen zur literarischen Technik und ist derart allgemein und deterministisch, daß aus ihm die subjektive Dimension künstlerischer Tätigkeit völlig herausfällt. – Hebt sich Holzens Theorie einerseits wohltuend gegen die zeitgenössischen reaktionären Versuche (der Heimatkunstbewegung und verwandter Richtungen) ab, Wissenschaft und Kunst in diametrale Opposition zueinander zu setzen und künstlerisches Wirken mit irrationalen Floskeln zu begründen[29], so kommt es andererseits durch die Elimination von

28 Arno Holz, *Johannes Schlaf. Ein nothgedrungenes Kapitel.* 2. Aufl., Dresden 1909 (1. Aufl. 1902), 45. – Holz formuliert hier bereits aus produktionsästhetischer Sicht ein Prinzip, welches wenig später Grundlage der formalistischen Literaturtheorie wird. Auch bei den Formalisten konzentriert sich das Interesse auf die Verwendung der Kunstmittel. Ein von Roman Jakobson formulierter programmatischer Satz dieser Schule lautet: »Wenn die Literaturgeschichte Wert darauf legt, eine Wissenschaft zu werden, so muß sie das Kunstmittel als ihr einziges Anliegen erkennen« (zit. b. Bürger, *Formalismus,* 30). Der Begriff des Kunstmittels wird von den Formalisten allerdings systematischer und auf einer breiteren Grundlage entwickelt, als es Holz zum damaligen Zeitpunkt möglich war, da ihnen die Erfahrung der Avantgardebewegungen zugrunde lag (vgl. ebd., 37).

29 Vgl. hierzu Karlheinz Rossbacher, *Heimatkunstbewegung und Heimatroman. Zu einer Literatursoziologie der Jahrhundertwende* (Literaturwissenschaft – Gesell-

Sinnstiftung zu einem bemerkenswerten Abbau der noch im *Buch der Zeit* (1885) durchscheinenden sozialkritischen Intentionen, an deren Stelle nunmehr das Bemühen um eine bloß formale »Revolutionierung« der Literatur tritt. Auf der Ebene der Theoriebildung sind fortschrittliche gesellschaftsbezogene Ziele kaum noch erkennbar. Sie werden – gemäß der Überzeugung, »daß der Naturalismus eine Methode ist, eine *Darstellungsart* und nicht etwa ›Stoffwahl‹« (W, 271) – verdrängt durch eine ganz auf die Verwendung von Kunstmitteln gerichtete Betrachtungsweise, der in ihrer totalen Abstinenz vom früheren sozialen Engagement bereits ein ästhetizistisches Moment innewohnt.

3. Der »konsequente« Naturalismus

3.1. Primat der Form und impressionistisches Verfahren

Das Ziel des gemeinsam mit Johannes Schlaf unternommenen naturalistischen Experiments, die literarische Gestaltung »direkt nach der Natur« (W, 222) vorzunehmen und zu einer möglichst lückenlosen und intensiven Wiedergabe von Realität zu gelangen, ist für Holz ein rein formales Problem. Hinter der Frage der Sprachbehandlung[30] tritt die Reflexion auf die Inhalte völlig zurück, ja sie wird zur Bedeutungslosigkeit degradiert. »Der ›Inhalt‹«, erinnert sich Holz, »an dem ich diese neue Form damals aufwies, war mir vollkommen gleichgültig. Ob mir diesen Schlaf brachte, oder ein anderer, hätte absolut nichts zur Sache getan. Wesentlich war nur, daß er mir *überhaupt* gebracht wurde« (W, 343)! »Jedes fait divers, [. . .] selbst der ledernste Polizeibericht« habe ihm »von Wert werden« können (W, 344).

Da Holz die »Gesetzmäßigkeit alles [!] Geschehens« (W, 63) als Axiom gilt, verzichtet er auf eine kritische Erfassung des Gegenstandsbereichs und beschränkt sich darauf, ihn als sinnlich regi-

schaftswissenschaft. Materialien und Untersuchungen zur Literatursoziologie, Bd. 13). Stuttgart 1975, 34 ff.

30 Vgl. z. B. Arno Holz, *Nothgedrungenes Kapitel*, 45, wo Holz rückblickend die mit dem konsequenten Naturalismus gesetzten Anforderungen so formuliert: »Du mußt also deiner Literatur das Wortblut erneuern, wenn du sie selbst erneuern willst.«

strierbare, in sich notwendige Abfolge von *Eindrücken* bzw. *Empfindungen* aufzunehmen. »Wir hatten uns hingesetzt«, berichtet Holz über die Kooperation mit J. Schlaf, »jede Überlieferung von uns abgetan und unsere Sinne nur noch auf das konzentriert, was wir als Wirklichkeit empfanden« (W, 252). – Wirklichkeitserkenntnis wird damit auf die Stufe der reinen Perzeption reduziert. Als Ergebnis begegnen z. T. ausgesprochen impressionistische Stimmungswerte, wie sie z. B. K. R. Scherpe für die *Papa-Hamlet*-Studie belegt hat[31].

Das von Holz und Schlaf geübte Verfahren erinnert an gewisse Prinzipien des Empiriokritizismus, der die Wirklichkeit lediglich als Komplexe subjektiver Sinnesdaten bzw. subjektiver Empfindungen begreift und damit in die Nähe eines erkenntnistheoretischen Solipsismus rückt[32]. Holzens Weg auf literarischem Gebiet führt mit einiger entwicklungslogischer Konsequenz in eine ähnliche Richtung. Die Reduktion der Kunst auf die Wiedergabe subjektiv beliebiger »Vorstellungsbilder« bzw. auf die »Selbstdarstellung« des Künstlers in der *Revolution der Lyrik*[33] ist der folgerichtige Gipfelpunkt eines Erkenntnis- und Gestaltungsverfahrens, das in den Prosastudien bereits keimhaft angelegt ist. Als wesentlicher Unterschied muß jedoch festgehalten werden, daß die »Empfindungen« später in den Prosa-Gedichten des *Phantasus*-Zyklus zum Haupt*gegenstand* einer solipsistisch auf das künstlerische Subjekt bezogenen Gestaltung aufsteigen, während sie bei der Verfassung der naturalistischen Studien lediglich eine *Mittlerrolle* zwischen der Realität und dem künstlerischen Subjekt einnehmen.

Als notwendiges, wenn auch nicht direkt intendiertes Produkt des impressionistischen (konsequent-naturalistischen) Gestaltungsverfahrens kann eine Tendenz zur Aufhebung der organischen Form ausgemacht werden. Wenn es in einer zeitgenössischen Kritik zu *Papa Hamlet* heißt, das »Seziermesser«, mit dem der Verfasser arbeite, sei

> kein Instrument, welches bloßlegt, erklärt, verdeutlicht, wie es der Realismus zu tun pflegt, sondern es schabt nur allerhand Fleischfetzen und

31 Vgl. Scherpe, *Der Fall Arno Holz*, 166.

32 Vgl. Manfred Diersch, *Empiriokritizismus und Impressionismus. Über Beziehungen zwischen Philosophie, Ästhetik und Literatur um 1900 in Wien.* Berlin 1973, 24 ff.

33 Vgl. Kap. 4.1. *Der solipsistische Rückzug.*

Knöchelchen auf einen Haufen zusammen, aus denen der arme Leser dann die Glieder heraussuchen mag[34],

so zeugt dies von der damaligen Schwierigkeit im Umgang mit literarischen Werken, die der traditionellen Vorstellung einer organischen, vom Verfasser kunstvoll gefügten Einheit nicht mehr entsprechen. In der Erzählung verweisen manche Teile nicht auf ein dem Werk immanentes Sinnganzes, sondern dienen lediglich als Demonstrationsobjekt für eine literarische Technik, die einen Vorgang breit, wirklichkeitsgetreu und detailliert, »Sekunde für Sekunde« jegliche Veränderung registrierend, wiederzugeben trachtet[35]. Dieser *Sekundenstil*[36] wird zu einem zentralen formalen Moment des konsequenten Naturalismus[37]. Er ist Ausdruck einer geradezu zwanghaften Rückbindung des Dichters an die vermeintlich »naturgesetzlich« ablaufenden Vorgänge der Wirklichkeit.

3.2. Entmächtigung des Subjekts – Übermacht der Dinge

Die Intention, die überwältigende Fülle des Faktischen, d. h. der subjektiven Impressionen, im Kunstwerk möglichst unmittelbar und vollständig zur Geltung kommen zu lassen, erfordert literarische Techniken, die das Unbeteiligtsein des Erzählers, sein Verschwinden hinter dem Dargestellten suggerieren. In der impressionistischen, auf Sinnsetzung durch einen auktorialen Erzähler weitgehend verzichtenden Gestaltungsweise[38] kann m. E. ein Bei-

34 Zit. b. Holz/Schlaf, *Papa Hamlet* (Vorwort), 11.

35 In *Papa Hamlet* läßt sich die Tendenz ausmachen, daß einzelne Szenen zu relativ autonomen Gebilden werden, die lediglich vor der Forderung, innerhalb eines raumzeitlichen Abschnitts alle Elemente der Wirklichkeit aufzunehmen, ihre Notwendigkeit besitzen, sich aber vom Werkganzen als übergreifender Sinnstruktur emanzipieren. Vgl. z. B. die 1. Szene des 7. Kapitels (Holz/Schlaf, *Papa Hamlet*, 53 ff.), in deren Zentrum eine Abfolge psychischer und physiologischer Reaktionen der Schauspielergattin Amalie sowie relativ »bedeutungslose« Ereignisse und Beobachtungen ihrer engeren Umwelt stehen, die aber dennoch bis ins Detail fixiert werden.

36 Dieser Begriff wurde zuerst geprägt von A. v. Hanstein (*Das jüngste Deutschland. Zwei Jahrzehnte miterlebter Literaturgeschichte.* Leipzig 1900, 157).

37 Zum Ursprung des Begriffs »konsequenter Naturalismus« vgl. Dieter Schickling, *Interpretationen und Studien zur Entwicklung und geistesgeschichtlichen Stellung des Werkes von Arno Holz.* Diss. Tübingen 1965, 66.

38 Diese ist bereits in *Papa Hamlet* angelegt, wird aber formal erst in einer weiteren Studie, der *Papiernen Passion,* bis zur letzten Konsequenz getrieben, so daß

spiel für das von Adorno allgemein für die Moderne behauptete Zurücktreten subjektiver Imagination gesehen werden. Diese Entwicklung wird von Adorno geschichtsphilosophisch als Reaktion auf die Entmächtigung des bürgerlichen Individuums erklärt: »Das Subjekt hat die Entmächtigung, die ihm durch die von ihm entbundene Technologie widerfuhr, ins Bewußtsein aufgenommen, zum Programm erhoben [...]«[39]. Die produktionsästhetische Seite des Phänomens hat ihre Entsprechung auf der gehaltlichen Ebene naturalistischer Einzelwerke in einem willenlosen, marionettenhaften Agieren der Gestalten vor dem Hintergrund ihres Milieus. Diese erscheinen weniger als Subjekte von Handlungen, denen Entscheidungsmöglichkeiten gegeben wären, sondern fungieren häufig bloß, wie beispielsweise in *Papa Hamlet*, als passive Indikatoren ihrer Umwelt[40].

Der Brüchigkeit und Determiniertheit der Subjektseite gegenüber steht eine geradezu mystisch hypertrophierte Welt der Objekte. D. Schickling hat in einer Untersuchung zeigen können, daß der zur authentischen Wiedergabe der Wirklichkeit bemühte Sekundenstil als Resultat paradoxerweise eine Verfremdung der erfaßten Gegenstände und damit eine beklemmende Prädominanz des Dinglichen präsentiert. »Die Dinge werden gerade durch die peinlich genaue Schilderung fremd und rücken in eine Ferne, in der sie zu unheimlichen Chiffren einer gespenstischen Wirklichkeit werden«[41]. Vielfach wachsen sich in *Papa Hamlet* relativ bedeutungslose Interieurs der Dachkammer, als Schatten auf die Wand oder die Decke projiziert, zu übermächtigen, den Menschen bedrohlich gegenüberstehenden Gebilden aus. So erlangt die Kaffeekanne eine Größe, die »bis über die Decke« (56)[42] reicht. Der Schatten Amalies bewegt sich »über ihr, groß an der Decke« (55). Im Falle Thienwiebels (ein arbeitsloser Schauspieler, der als Hauptfigur im Mittelpunkt der Studie steht) scheinen die

in ihr »von einem immanenten, kommentierenden oder wertenden Erzähler [...] nicht mehr die geringste Spur zu entdecken« ist (Berthold, *Der sogenannte »konsequente Naturalismus«*, 73). Die dialogischen Partien als sinnfällig registrierbare und protokollfähige Äußerungen dominieren hier derart, daß die Gattungsgrenzen zum Drama hin offen werden, dem sich Holz und Schlaf dann auch folgerichtig zuwenden (vgl. ebd., 74).

39 Adorno, *Ästhetische Theorie*, 43.

40 Vgl. Scherpe, *Der Fall Arno Holz*, 167.

41 Schickling, *Interpretationen*, 84.

42 Die Seitenangaben in Klammern beziehen sich auf Holz/Schlaf, *Papa Hamlet*.

Schattenbildungen manchmal ein von ihrem Träger losgelöstes Eigenleben zu führen[43].

Disharmonie und Distanz prägen auch die zwischenmenschlichen Beziehungen und erfahren ihre Kennzeichnung bis in sprachliche Details hinein. Beispielsweise erscheinen nicht selten Vorgänge, die per se notwendig an Personen als Handlungsträger gebunden sind, in entindividualisierter, verdinglichter Formulierung (Herv. v. Verf.):

> Sie atmete auf. *Es hatte laut gelacht.* Jetzt: eine barsche Stimme, [. . .] (55).
>
> Er hatte sich unter den Tisch gebückt. Vom Bett her *hatte es* eben laut *zu husten angefangen.*
>
> »Ach, du mein lieber Gott! . . . Ach Gott! Ach Gott! Die arme Frau« (57)!
>
> Seine Fäuste waren geballt. *Unter den Kissen hervor hatte es deutlich geschluchzt* (58) [Amalie ist hier Handlungsträger, O. F.].
>
> Der kleine Fortinbras röchelte, *nebenan hatte es wieder zu schnarchen angefangen* (59).
>
> *Aus den Lappen her wühlte es,* der ganze Korb war in ein Knacken geraten (61) [Handlungsträger ist Fortinbras, der Sohn des Schauspielers Thienwiebel, O. F.].

Die unpersönliche Verwendung von normalerweise persönlich gebrauchten Verben (statt: »*Sie* hatte eben im Bett laut zu husten angefangen« – Handlungsträger ist in diesem Fall Amalie – heißt es z. B. »Vom Bett her hatte *es* eben laut zu husten angefangen.«) dient hier nicht allein dazu, um ein reaktives, dem Willen des Trägers weithin entzogenes Geschehen anzuzeigen. Sie dokumentiert vielmehr darüber hinaus die entfremdeten, verdinglichten Beziehungen der Personen zu ihrer Umwelt. Die erzählenden Passagen werden sozusagen durch das Bewußtsein der jeweils im Mittelpunkt stehenden Personen gefiltert.

Im ersten Textbeispiel sind Amalie Ursache und Träger des von draußen hereinschallenden Gelächters unbekannt. Sie nimmt es lediglich als spannungslösenden Reiz auf. Die übrigen Beispiele zentrieren sich im wesentlichen um die Person Niels Thienwiebels. Dieser interpretiert das Husten und Schluchzen seiner Frau (vgl. das zweite und dritte Beispiel), das unruhige Gebaren seines Sohnes im Bett (fünftes Beispiel) und das Schnarchen von nebenan (viertes Beispiel) kurzschlüssig als »böswillige« Zeichen

43 Vgl. Schickling, *Interpretationen*, 82 f.

einer als feindlich erlebten Umwelt (der Ausruf Thienwiebels im zweiten Beispiel ist ironischer Art!). Nachdem ihm bereits die Wohnung gekündigt wurde, droht ihm zu guter Letzt auch noch die Nachtruhe genommen zu werden: »Nicht mal die Nacht mehr hat man Ruhe! Nicht mal die Nacht mehr!!«[61] Thienwiebels Gereiztheit geht, bedingt durch die entnervenden Umweltgeräusche, in unkontrollierte Aggressivität über, die in dem brutalen Mord an Fortinbras ihren Höhepunkt erreicht.

Tage später findet man Niels Thienwiebel tot auf. Er ist im Zustand der Volltrunkenheit auf der Straße erfroren. Der Tod hat, diese Schlußfolgerung drängt sich dem Leser zunächst auf, einem von vornherein zum Scheitern verurteilten Leben in der Boheme, einer vom bürgerlichen Wert- und Normensystem zumindest äußerlich abweichenden Sphäre, ein Ende gemacht.

3.3. Gesellschaftskritik oder Versöhnung? »Papa Hamlet« als Allegorie des Zerfalls

Das naturalistische Experiment Arno Holz' war vor allem auf eine formale Erneuerung der Literatur gerichtet, hinter der, dem Selbstverständnis nach, inhaltliche Fragen in den Hintergrund traten. Dennoch scheinen sich Bestandteile vom Protestcharakter, der dem Naturalismus ursprünglich eignete, in die Einzelwerke des »konsequenten« Naturalismus hinübergerettet zu haben. Holz und Schlaf brachten, an frühnaturalistisches Material anknüpfend, Stoffe ein, die in den Augen bürgerlicher Literaturkritiker per se als unpoetisch galten[44]. Zweifellos liegt auch im Bohemien-Sujet des *Papa Hamlet* ein Moment des Protests beschlossen. Denn einmal steht das Sujet als solches quer zu den herrschenden Literaturkonventionen, zum anderen erlaubt es, zumindest ansatzweise, eine kritische Haltung bestimmten Zeiterscheinungen gegenüber zum Ausdruck zu bringen. Nicht zu Unrecht ist in den zahlreichen von Thienwiebel vorgebrachten

44 Vgl. die von Holz und Schlaf zitierten Rezensionen des *Papa Hamlet* (Holz/Schlaf, *Papa Hamlet*, 9-14), z. B.: »Man ist verletzt durch die scheußlichen Bilder, die der Verfasser vor unsere Phantasie gebracht hat. Er behandelt die denkbar widerwärtigsten Themata mit Vorliebe.« (11) »Was man vor hundert Jahren an Empfindsamkeit gesündigt hat, das wird hier zehnfach durch Brutalität wettgemacht, uns wird auch nicht das Äußerste von Schmutz erspart.« (11) »[...] Im übrigen hat der Verfasser nur für den Schmutz einen klaren Blick« (10).

Hamlet-Zitationen[45], die durch ihren Kontrast erhabenen Scheins die elende Situation des Protagonisten unterstreichen, eine, wenn auch indirekte Kritik am autonomen Status einer mit der Wirklichkeit versöhnenden Kunst und Literatur gesehen worden[46]. Darüber hinaus deutet jedoch das Ausgeliefertsein des Niels Thienwiebel, sein Dahinvegetieren in der engen Dachkammer und seine Arbeitslosigkeit, die ihn gleichzeitig zur Wirkungslosigkeit verdammt, auch auf eine dem Werk immanente generelle Interpretation der Lage der bürgerlichen Intelligenz, insbesondere des Künstlertums, das sich seit 1848 einer wachsenden gesellschaftlichen Isolierung ausgesetzt sieht (vgl. Kap. 4.2.).

Deutlich überlagert werden die vorhandenen kritischen Momente jedoch durch einen die gesamte Studie durchziehenden Defaitismus der Handlungsführung. Die Unabwendbarkeit und Schicksalhaftigkeit des Geschehens wird zusätzlich dadurch unterstrichen, daß der Erzähler ihm gegenüber eine sichtlich resignative Haltung einnimmt. An manchen Stellen nämlich wird die Erzählerdistanz aufgegeben und von ironischer bis sarkastischer Kommentierung durchbrochen, die jedoch weniger überlegenen Humor als vielmehr völlige Hilflosigkeit ausweist. Als Beispiel sei die häufige Verwendung des Wortes »natürlich« genannt, welches einen quasi naturgesetzlichen Ablauf von Handlungen oder Vorgängen anzeigt und ihn zugleich ironisch kommentiert (Herv. v. Verf.):

> Ihre [Amalies, O. F.] dünnen, lehmfarbenen Haare waren noch nicht gemacht, ihre Nachtjacke schien heute noch schmutziger als sonst und stand vorn *natürlich* wieder offen; [. . .] (21)
>
> Empört hatte sich jetzt der große Thienwiebel wieder in die Höhe gerückt. Die beiden roten Troddeln hinten an seinem Schlafrock zuzubinden, hatte er *natürlich* wieder vergessen (40).

Der Defaitismus der Erzählerhaltung gipfelt in einem zynischen Nachruf (63), in dem am Ende einige über die ganze Studie hin leitmotivisch verwendete Redeweisen bzw. Gedanken der Hauptpersonen, nämlich Thienwiebels »Das Leben ist brutal, Amalie!« und Amalies »Aber – es war ja alles egal! So oder so!«

45 Vgl. Holz/Schlaf, *Papa Hamlet*, 20, 21, 28, 32.

46 Vgl. Fritz Martini, *Arno Holz. »Papa Hamlet«*, in: ders., *Das Wagnis der Sprache. Interpretationen deutscher Prosa von Nietzsche bis Benn.* 4. Aufl., Stuttgart 1961, 99-132, hier: 106.

(als erlebte Rede wiedergegeben) perspektivlos und ohne wertende Kontrapunktierung nebeneinandergestellt werden und damit zum Fazit der Erzählung überhaupt aufsteigen. Daß die pessimistische Beurteilung sich nicht nur auf einen spezifischen Wirklichkeitsausschnitt, sondern auf die Welt im allgemeinen bezieht, wird durch einen ausnahmsweise expliziten Erzählerkommentar deutlich, der kurz vor der Schlußkatastrophe einsetzt. »Der große Thienwiebel hatte nicht so ganz unrecht: Die ganze Wirtschaft bei ihm zu Hause war der Spiegel und die abgekürzte Chronik des Zeitalters« (53). Die Misere der Dachkammerexistenz Thienwiebels wird so – vermittels einer mechanisch einmontierten Formel, die auf die Wiederherstellung der »Totalität der Weltsicht« abzielt, »deren Verlust der Preis für die Realisierung des ›wissenschaftlichen‹ Verfahrens war«[47], zur Allegorie[48] für gesellschaftliche Verfallsprozesse überhaupt, denen gegenüber jeglicher Widerstand, jegliche Aktivität zum Aufbau neuer Ordnungen als nutzlos erscheinen.

Walter Benjamin hat den fragmentarischen Charakter der Allegorie hervorgehoben. »Das Bild im Feld der allegorischen Intuition ist Bruchstück, Rune. [. . .] Der falsche Schein der Totalität geht aus.«[49] Die allegorisierende Darstellungsweise in der Studie *Papa Hamlet* besteht in der fragmentarischen Ausgrenzung eines vom gesellschaftlichen Umfeld streng abgeschlossenen Wirklichkeitsausschnitts; diesem kommt »an Bedeutung [. . .] das zu, was der Allegoriker [hier: A. Holz, O. F.] ihm verleiht«[50]: der »Spiegel und die abgekürzte Chronik« eines ganzen Zeitalters zu sein. Die Funktion der Allegorie bei Holz erinnert an die barocke allegorische »Exposition der Geschichte als Leidensgeschichte der Welt«, einer Welt, die »bedeutend [. . .] nur in den Stationen ihres Verfalls«[51] ist. Dennoch ist die Funktion der Allegorie im Barock von derjenigen im Naturalismus zu unterscheiden. Der

47 Scherpe, *Der Fall Arno Holz*, 173.

48 Den Begriff der Allegorie verwende ich hier im Benjaminschen Sinne (vgl. Walter Benjamin, *Ursprung des deutschen Trauerspiels*, hrsg. v. Rolf Tiedemann. Frankfurt 1963, 174 ff.). Zur Brauchbarkeit des von Benjamin an der Literatur des Barock entwickelten Allegoriebegriffs für die Erfassung nichtorganischer Kunstwerke vgl. Peter Bürger, *Theorie der Avantgarde* (ed. suhrkamp, 727). Frankfurt/M. 1974, 92 ff.

49 Benjamin, *Ursprung*, 195.

50 Ebd., 205.

51 Ebd., 183.

»barocken Abwertung der Welt zugunsten des Jenseits«[52] steht in *Papa Hamlet* eine ausschließliche Gewichtung der tatsächlichen Welt gegenüber. Diese Zuwendung zur Wirklichkeit ist jedoch, wie gezeigt werden konnte, durchaus nicht euphorischer Art, sondern durch eine fatalistische und pessimistische Grundhaltung gekennzeichnet. Der von Holz theoretisch formulierte Verzicht auf Sinnstiftung wird damit in seiner literarischen Praxis eindeutig zurückgenommen. Diese sperrt sich zwar gegen die herrschende Auffassung, nach der die Kunst als Gegenbild, als schöner Schein der Wirklichkeit gegenübergestellt wird. Dafür versöhnt sie jedoch auf eine andere Weise mit dem realen Leben, denn »der Leser [. . .] bleibt aufgefordert, die ›negativen Idyllen‹, die sich ihm als exakte und lückenlose ›Forschungsresultate‹ präsentieren, als unvermeidliche, menschliche Wahrheit zu akzeptieren.«[53]

Der formalistisch-naturwissenschaftliche Impetus führt dazu, die Schilderung an die je augenblicklichen Ereignisse innerhalb eines partikularen Wirklichkeitsfeldes, eines unentrinnbaren Milieus zu fixieren, dessen »Gesetze« von Holz unvermittelt als diejenigen einer in ihren Strukturen nicht mehr erfaßten gesellschaftlichen Totalität interpretiert werden. Das an sich nonkonformistische Hauptthema der Erzählung *Papa Hamlet* wird so um seine potentiell kritische bzw. aufklärerische Funktion gebracht und auf eine affirmative Wirkung hin organisiert.

4. Naturalismus und Krise der Identität: der »Phantasus«-Zyklus

4.1. Der solipsistische Rückzug

Im Verlaufe der neunziger Jahre erfährt Holzens Naturalismus-Auffassung eine deutliche Akzentverlagerung. Der Definition »Wortlyrik ist sprachliche Wiedergabe von Empfindungen« (W, 605) entsprechend erhalten die Objekte der Außenwelt im *Phantasus*-Zyklus (1898/99) einen neuen Stellenwert. Nicht mehr um eine literarische Abbildung der Dinge selbst geht es Holz, son-

52 Bürger, *Theorie der Avantgarde*, 97.
53 Scherpe, *Der Fall Arno Holz*, 176.

dern um ihre flüchtige Wahrnehmung als Reize zur Wiedergabe individueller Stimmungen. Es ist interessant zu sehen, wie Holz sein »Kunstgesetz« vor dem Hintergrund der beabsichtigten Erneuerung der Lyrik interpretiert. Hatte er zunächst unter »Natur« vornehmlich die den Künstler umgebende Wirklichkeit und ihre (nomologisch ausgelegten) Bewegungsgesetze verstanden, so werden die Akzente nunmehr anders gesetzt. In einem Nachtrag zur *Revolution der Lyrik* (1899) antwortet Holz auf den Vorwurf des Literaturhistorikers Artur Möller-Bruck, in seiner Formulierung des Kunstgesetzes die schöpferische Individualität des Künstlers übergangen zu haben: »Als ob schon je ein Mensch irgendein Ding selbst reproduziert hätte und nicht bloß immer sein betreffendes *Vorstellungsbild*« (W, 198 f., Herv. v. Verf.)! Dieses Vorstellungsbild sei mit seinem Naturbegriff identisch (vgl. W, 198). Die ursprüngliche positivistische Funktionalisierung der Kunst als Reproduktionsmedium materieller Wirklichkeit wird hiermit aufgegeben und durch eine Bestimmung ersetzt, die gegenüber der früheren Auffassung durch einen hohen Grad an Beliebigkeit gekennzeichnet ist. Bevorzugtes Darstellungsobjekt werden rein subjektive, akzidentelle Bewußtseinsinhalte und Gefühlsregungen. Entsprechend deutet Holz das Kunstgesetz in einem extrem relativistischen Sinne um, wodurch praktisch jede Natur- und damit Kunstauffassung als legitim anerkannt wird:

> [...] es gibt für uns Menschen keine *Kunst* an sich, wie es für uns Menschen keine *Natur* an sich gibt. Es existieren genau so viele *Kunst*auffassungen, als entsprechende *Natur*auffassungen existieren. Zwei sich völlig deckende sind unmöglich (W, 187).

In der Schrift *Idee und Gestaltung des Phantasus* äußert Holz die »Überzeugung, daß alle Wortkunst im letzten Grunde Selbstdarstellung ist« (W, 649), und bringt damit seinen solipsistischen Rückzug überdeutlich auf den Begriff. Die Formulierung »alle [!] Wortkunst« zeigt, daß dieser Rückzug keineswegs auf die Lyrik beschränkt bleibt, sondern als *gattungsübergreifender* zu verstehen ist. Den »Vorzug der lyrischen Form« sah Holz im wesentlichen darin, daß sie die »reinste«, direkteste Form der »Selbstdarstellung« sei (vgl. W, 649).

Gegen eine dem Anspruch nach engagierte, in gesellschaftliche Prozesse eingreifende Literatur hatte sich Holz schon in seiner *Revolution der Lyrik* ausgesprochen. So bemängelte er beispielsweise am skandinavischen naturalistischen Theater dessen »abstrakt ethische« Tendenz und folgerte: »Nicht vor's Parkett gehören Ibsen und seine Leute, sondern auf die Kanzel« (W, 589). In der Abkehr von politisch-sozialen Themen zugunsten einer stärkeren Betonung der Ich-Bezogenheit steht Arno Holz im literarischen Leben der neunziger Jahre nicht allein. Bereits 1891 hatte der Schriftsteller und Literaturkritiker Hermann Bahr die entscheidende Wende konstatiert:

> Das immer nur: *états de choses,* die ewigen Sachenstände, hat man satt, und gründlich; nach *états d'âme,* nach Seelenständen, wird wieder verlangt[54].

Das ganz individuelle Erleben und Seelenleben rückt in den Mittelpunkt des literarischen (gestalterischen) Interesses. Bahrs Empfehlung an die jungen Dichterkollegen lautet:

> So offenbare dann ein jeder, was in seiner Seele geschieht, verkünde die Welt, welche er erlebt hat, beichte sich aus redlich erforschtem Gewissen. Wenn einer wirklich herzigen Engelchen begegnet, mit hellgrünen Tupfen an den rosigen Schwingen, der erzähle getrost sein niedliches Abenteuer[55].

Arno Holz kommt diesen Vorstellungen recht nahe: als »Autobiographie einer Seele« (W, 653) hat er einmal die Grundstruktur seines *Phantasus* bezeichnet. Die Polarität des im Kunstgesetz enthaltenen Naturbegriffs ist damit klar abgesteckt, wobei im Sinne Bahrs die »Seelenstände« das eindeutige Übergewicht zuungunsten der »Sachenstände« gewinnen. Zwar intendiert Holz mit dem *Phantasus*-Projekt die Gestaltung eines »*Welt*bildes« (W, 650); diese Horizonterweiterung ins Allgemeine, Welthafte geschieht jedoch nur scheinbar; sie wird durch die Beschränkung auf die dem Darstellenden jeweils »eigene« Welt wieder zurückgenommen:

> Ich gestalte und forme die »Welt«, sagte ich mir, wenn es mir gelingt, den Abglanz zu spiegeln, den sie mir in die »Seele« geworfen! Und je reicher, je mannigfaltiger, je vielfarbiger ich das tue, um so treuer, um so tiefer, um so machtvoller wird mein Werk (W, 651)!

Den ersten Versuch, diesen Prinzipien gemäß ein »Weltbild« zu

54 Hermann Bahr, *Die Überwindung des Naturalismus* (1891), in: ders., *Zur Überwindung des Naturalismus. Theoretische Schriften 1887-1904.* Ausgewählt, eingeleitet und erläutert von Gotthart Wunberg. Stuttgart, Berlin, Köln, Mainz 1968, 33-102, hier: 55.

55 Ebd., 44.

erstellen, hat Holz mit dem *Phantasus*-Zyklus von 1898/99 unternommen. Er ist durch drei hervorstechende Merkmale charakterisierbar: eine sich in verschiedenen Formen manifestierende Antithetik von Traum und Wirklichkeit[56], eine eskapistische Naturauffassung[57] und das insbesondere im zweiten Teil (1899) zu zentraler Bedeutung aufsteigende Motiv der Verwandlung, d. h. der Fähigkeit, sich in andere Wesenheiten hineinzuversetzen. Letzteres scheint mir einer näheren Betrachtung wert, da es am auffälligsten jene subjektivistische Haltung repräsentiert, die sich den Dingen qua »Seele« kritiklos anverwandelt, eine Position, die, wie gezeigt werden konnte, erkenntnistheoretisch schon im »konsequenten« Naturalismus tendenziell angelegt ist.

Die Verwandlungsmotive im zweiten Teil des Zyklus sind Bestandteil einer Szenerie, die sich immer stärker von der Gegenwart entfernt, zunehmend größere Räume und Zeitabstände umfaßt und sich gar bis in kosmische Regionen verlagert. So entsteht ein »von mythischen Bildern und Gestalten durchzogene[s] Reich

56 Die Antithetik von Wirklichkeit und Traum (bzw. poetischer Phantasie) liegt auch bereits einem kurzen »Phantasus«-Zyklus im *Buch der Zeit* zugrunde (vgl. Arno Holz, *Buch der Zeit. Lieder eines Modernen.* 2. verm. Aufl., Berlin 1892, 479-510). Während hier jedoch noch Themen wie das Proletarierelend und die Misere der Dichterexistenz mit dem Pathos sozialer Anklage verarbeitet werden, fehlen diese im *Phantasus* von 1898/99 ganz. Die soziale Thematik ist einem solipsistischen Impressionismus gewichen.

57 Einem Eskapismus, in dem die Natur das bevorzugte Asyl darstellt, begegnet man im *Phantasus* wiederholt. »Mein Leben ist nur eine Sehnsucht, ein Jagen nach dem Glück, ein Hinauswollen aus der kleinen Welt, in die Natur. Eine Rückkehr zu dem Vogel, der vor dem Fenster singt« (W, 566). So lautet Holz' eigenes Bekenntnis, dem er auch lyrisch Ausdruck verlieh: »Vor meinem Fenster/ singt ein Vogel./ Still hör ich zu; mein Herz vergeht./ Er singt,/ was ich als Kind besaß/ und dann – vergessen« (Arno Holz, *Phantasus.* Faksimiledruck der Erstfassung, hrsg. v. Gerhard Schulz. Stuttgart 1968 [Reclam 8549/50], 16. Die folgenden Seitenzahlen in Klammern beziehen sich auf diese Ausgabe). Das Sehnsuchts- bzw. Wehmutsmotiv der in ländlich-kleinstädtischer Idylle verbrachten Kindheit bzw. Jugendzeit, die als Gegenwelt zur entfremdeten Gegenwart präsentiert wird, macht ein wichtiges Moment des *Phantasus*-Zyklus aus (vgl. 16, 17, 21, 38, 39, 75). Dort, wo eine Verknüpfung mit Erinnerungen an frühere Zeiten nicht stattfindet, erscheint die Natur als freie, von Zivilisationserscheinungen unberührte Enklave, welche Gefühle höchsten Glücks und äußerster Seligkeit hervorzurufen vermag (vgl. z. B. 14, 19, 20, 78). Sporadisch werden die Naturszenen ins Paradiesische erhoben (91, 99) oder ins Phantastisch-Exotische transzendiert (74, 31). Die in diesen Motiven enthaltene Symbolik des Rückzugs aus jeder gesellschaftlichen Bindung unterstreicht nochmals die Distanzierung zur abgelehnten, einer harmonischen Entfaltung des Individuums entgegenstehenden Realität.

einer großen Natur, eines Vergangenheit, Gegenwart und Zukunft umgreifenden Ganzen, dessen Demiurg die Phantasie des Dichters ist und mit dem er sich zugleich als Proteus-Phantasus identifiziert«[58]. Der Bereich der Verwandlungsobjekte erstreckt sich vom einfachen Anorganischen bis zum hochorganisierten Organischen; das Kosmische wird mit Biologisch-Entwicklungsgeschichtlichem verknüpft und zugleich durch die ausschließliche Ich-Bezogenheit ins Seelische erweitert. Die Reihe der Metamorphosen beginnt »sieben Billionen Jahre vor meiner Geburt« (59) und findet ihr vorläufiges Ende in der Reise eines äonalen Wesens zu »neuen Welten«, die sich hinter »vergletscherten Ursonnen« und »Wüsten aus Nacht und Nichts« (108) eröffnen. In buntem Wechsel verwandelt sich Phantasus in Erde (98), in einen See (96 f.), in Flut und Finsternis (65); er nimmt die Gestalt einer Schwertlilie an (59), schlüpft in die Rolle eines Bauern (93) und will außerdem in früheren Zeiten einmal »so in Hinterindien rum« (60) gelebt haben. – Verschiedentlich bilden die Metamorphosen den Ausgangspunkt für Omnipotenzphantasien. Der Dichter sieht sich als Kämpfer (67), Drachentöter (62), als Befreier der »schönste[n] Frau« (68 f.), rückt in die Nähe einer Gesellschaft von Göttern auf dem Olymp (64) und erhebt sich schließlich selbst zum gottähnlichen Schöpfer, der »Myriaden Sterne« in »entseelte Himmel« (63) speit.

Für die Wahl des Verwandlungsmotivs können außer literarhistorischen Einflüssen[59] solche aus dem Bereich der Naturwissenschaft und der Erkenntnistheorie angenommen werden. G. Schulz z. B. verweist auf Zusammenhänge der Phantasus-Struktur mit dem bioenergetischen Grundgesetz Ernst Haeckels und der von diesem vertretenen monistischen Weltanschauung[60]. Außer durch den Monismus Haeckelscher Prägung scheint Holz durch erkenntnistheoretische Überlegungen zur Verwendung des Verwandlungsmotivs angeregt worden zu sein, worauf vor allem Übereinstimmungen mit dem Empiriokritizismus hindeuten.

58 Schulz, *Arno Holz. Dilemma eines bürgerlichen Dichterlebens,* 88.

59 Die Entstehung des Verwandlungsmotivs dürfte, soweit es an die Phantasus-Gestalt geknüpft ist, auf Ovids *Metamorphosen* zurückgehen (vgl. G. Schulz, *Nachwort* zu A. Holz, *Phantasus,* 129). Hinsichtlich des *Phantasus*-Zyklus von Arno Holz wird zu zeigen sein, welche Funktion es in einer gänzlich veränderten gesellschaftlichen Situation einnimmt.

60 Vgl. Schulz, *Arno Holz. Dilemma eines bürgerlichen Dichterlebens,* 178.

Ähnlich wie bei Holz in einem Reflexionsgedicht[61], so fällt auch in der Theorie *Machs*, der »Philosophie des Impressionismus«, wie Hermann Bahr sie einmal nannte[62], der »Gegensatz zwischen Ich und Welt, Empfindung oder Erscheinung und Ding [. . .] weg«[63]. Nach M. Diersch, der vor allem das Verhältnis des Wiener Kreises um Hofmannsthal, Schnitzler u. a. zum Empiriokritizismus untersucht, wurde Mach, »der über ein Jahrzehnt lang ›verkannt‹ blieb, [. . .] zum ›Philosophen der Zeit‹, als seine Anschauungen die Lebenserfahrungen von Menschen repräsentierten, denen das Leben sinnentleert und das Ich ›unrettbar‹ geworden waren«[64]. Auf eine ähnliche Identitätskrise verweist das Verwandlungsmotiv, das nicht nur für den *Phantasus*-Zyklus, sondern für die Literatur der Jahrhundertwende überhaupt von zentraler Bedeutung ist[65]. Die Manier des sich in heterogenste Objekte auflösenden Ich kann als Steigerungsform einer bloß passiven, impressionistischen Hingabe an die Welt der Dinge verstanden werden. Ihre Grundlage ist in einer realen Ohnmacht des Subjekts gegenüber der Objektwelt zu suchen, einem Sachverhalt also, der bereits im »konsequenten« Naturalismus begegnet. Nicht zufällig steht der »Andrang einer unverstandenen, ›verdinglichten‹ Welt, mit der das schöpferische Ich nicht mehr fertigwerden, die es eben nur noch registrieren kann«[66], im Zentrum einer der Passagen aus der späten *Phantasus*-Fassung[67]. Für Holz wird die Vorherrschaft der Dinge über das Individuum zu einem unbewältigten ästhetischen, da theoretisch nicht durchschauten Problem.

Es mag in diesem Zusammenhang naheliegen, das Verwandlungsmotiv als unbewußte Reaktion auf den von Marx dargeleg-

61 Im *Phantasus* hebt Holz den Unterschied zwischen dem »Ich« und der Welt der »Dinge« ausdrücklich auf: »Horche nicht hinter die Dinge. Zergrüble dich nicht. Suche nicht nach dir selbst. / Du bist nicht! / Du bist der blaue, verschwebende Rauch, der sich aus deiner Cigarre ringelt, / der Tropfen, der eben aufs Fensterblech fiel, / das leise, knisternde Lied, das durch die Stille deine Lampe singt« (71).

62 Hermann Bahr, *Dialog vom Tragischen*. Berlin 1904, 113. Zit. nach Diersch, *Empiriokritizismus*, 7.

63 Ernst Mach, *Die Analyse der Empfindungen und das Verhältnis des Physischen zum Psychischen*. 7. Aufl., Jena 1918 (1. Aufl.: 1886), 11 (im Original gesperrt).

64 Diersch, *Empiriokritizismus*, 71.

65 Vgl. z. B. Elisabeth Klein, *Jugendstil in deutscher Lyrik*. Phil. Diss. Köln 1957, 18 ff.

66 Schulz, *Arno Holz. Dilemma eines bürgerlichen Dichterlebens*, 234.

67 Vgl. ebd., 233 f.

ten Prozeß der Entfremdung zu deuten[68]. So könnte man sagen: In einer Gesellschaft, in der Arbeitsteilung herrscht, in der tendenziell alles zur Ware wird und die »Sachenwelt« über die »Menschenwelt« dominiert[69], einer Gesellschaft schließlich, deren ökonomische Gesetze dem einzelnen als undurchschaubar, unbeeinflußbar, unpersönlich und gegenständlich erscheinen, ist es den Individuen nur möglich, Identität im Bereich des Ästhetischen und damit lediglich dem Schein nach auszubilden. Die Verwandlung ließe sich unter diesem Aspekt als Motiv interpretieren, das allegorisch die Aufhebung von Entfremdung und die Herstellung authentischer Beziehungen zwischen Subjekt und Objekt und zwischen den Subjekten selbst postuliert, bzw. als widersprüchlicher Versuch, die Dinge und Wesenheiten auf individualistischem Wege wieder mit jenem Ichanteil zu belehnen, der in ihnen unter den gesellschaftlich-ökonomischen Bedingungen des entfalteten Kapitalismus nicht mehr erkannt werden kann. Ein solches Theorem, das die Korrosion der Identität als Folge von Entfremdung faßt, mag als ein möglicher genereller Erklärungsansatz gelten. Dennoch ist es für das hier in Frage stehende Problem zu global, da es nicht erlaubt, *epochenspezifische* Momente zu benennen, aufgrund derer sich der latent vorhandene Mangel an Identität zur ausgesprochenen »Krise des Ich« auswächst. Eine kritische Analyse, wie sie im folgenden versucht werden soll, wird daher die spezifischen historisch-soziologischen Bedingungen der Identitätskrise reflektieren müssen und letztere für bestimmte Gruppen (d. h. in diesem Fall: für Literaturproduzenten und -rezipienten) gesondert auszuweisen haben.

4.2. Zur Identitätskrise des bürgerlichen Schriftstellers um die Jahrhundertwende

Die »Krise des Ich« ist vermutlich um die Jahrhundertwende vor allem eine Grunderfahrung des bürgerlichen Intellektuellen, besonders aber des bürgerlichen Schriftstellers. Sie ist nicht nur an den Werkgehalten zu identifizieren, sondern wird bei vielen

68 Zum Entfremdungsbegriff bei Marx vgl. Joachim Israel, *Der Begriff Entfremdung. Makrosoziologische Untersuchung von Marx bis zur Gegenwart.* Reinbek bei Hamburg 1972, 45 ff.

69 Vgl. ebd., 62.

Dichtern als konkrete, erlebnismäßig registrierte Erfahrung faßbar. H. W. Rosenhaupt gibt z. B. ein Erlebnis Rilkes wieder, »wie er im Garten von Duino, an einen Baum gelehnt, das Gefühl seiner Individualität verlor, wie ihm war, als sei er ›auf die andere Seite der Natur geraten‹«[70]. Ein ähnliches Erlebnis wird von Christian Morgenstern berichtet:

> Er war doppelt geworden und in der wunderlichen Verfassung, sich, sozusagen, groß oder klein schreiben zu können. Er konnte in einem Kaffeehause sitzen und fühlen: So von seinem Marmortischchen aus, seine Tasse vor sich, zu betrachten, die da kommen und gehen, sich setzen und sich unterhalten ... und dann und wann der Vorstellung sich hinzugeben: Das bist Du![71]

Die Identitätskrise zeigt sich als verstärkte Beschäftigung mit der eigenen Individualität überhaupt, als solipsistischer Rückzug, wie er mit Bezug auf Arno Holz bereits erörtert wurde. Erklärt man diesen Rückzug bzw. das gesellschaftliche Degagement der deutschen Intellektuellen nach 1890 einzig als Reaktion auf den Übergang der deutschen Politik zu imperialistischen Zielen, wie es in einigen literaturwissenschaftlichen Abhandlungen geschieht[72], so wird leicht übersehen, daß die Politikfeindlichkeit der deutschen bürgerlichen Intelligenz ihre tieferen (d. h. zugleich: ihre historisch früheren) Wurzeln hat, die bis in das 18. Jahrhundert hinabreichen[73] und durch die Entwicklung der kapitalistischen Gesellschaft nach 1848 entscheidende neue Nahrung erhielten. Die bürgerlichen Intellektuellen sehen sich nunmehr nicht nur in einer Frontstellung gegen die nach wie vor politisch den Ton angebende Restklasse der Junker, sondern werden zugleich zunehmend von ihrer eigenen Herkunftsklasse ideell und funktionell getrennt und so in eine marginale Stellung gedrängt.

70 Hans Wilhelm Rosenhaupt, *Der deutsche Dichter um die Jahrhundertwende und seine Abgelöstheit von der Gesellschaft.* Bern/Leipzig 1939, 58.

71 Vgl. ebd., 59.

72 Vgl. z. B. Schickling, *Interpretationen*, 98 und Richard Hamann / Jost Hermand, *Impressionismus* (Epochen deutscher Kultur von 1870 bis zur Gegenwart, Bd. 3). München 1972, 14 ff.

73 Zum problematischen Verhältnis von literarischer Intelligenz und Gesellschaft und Politik im 18. Jahrhundert vgl. u. a. Hans J. Haferkorn, *Zur Entstehung der bürgerlich-literarischen Intelligenz und des Schriftstellers in Deutschland zwischen 1750 und 1800*, in: Bernd Lutz (Hrsg.), *Deutsches Bürgertum und literarische Intelligenz 1750-1800* (Literaturwissenschaft und Sozialwissenschaften 3). Stuttgart 1974, 113-275, hier insbes. 230 ff.

Für den dem mittleren bzw. dem Kleinbürgertum entstammenden Schriftsteller-Spezialisten[74] eröffnen sich die Perspektive sozialer Sicherheit und die Möglichkeit, in gesellschaftliche Prozesse qua Literatur wirksam eingreifen zu können, theoretisch nur, indem er sich, u. a. mit der Aussicht auf materielle Gratifikation, einer der ökonomisch real oder potentiell starken Klassen ideologisch anschließt: dem Adel, der Bourgeoisie oder dem Proletariat. Die erste Möglichkeit scheidet praktisch von vornherein aus. Zwar verfügt der Feudaladel im wilhelminischen Deutschland noch über entscheidende politische Machtpositionen, das Mäzenat jedoch gehört als Institution weitgehend der Vergangenheit an. Die wenigen Chancen, Restbestände dieser historisch überlebten Einrichtung zu nutzen, dürften aufgrund der politischen Gegnerschaft bürgerlicher Intellektueller gegen den Adel in der Regel nicht wahrgenommen worden sein. Als beispielsweise Oskar Jerschke 1883 seinem Freund Arno Holz den Vorschlag macht, den Herzog Georg II. von Sachsen-Meiningen, den »Theater-Herzog« (B, 289), durch Widmung des gemeinschaftlichen Gedichtbandes *Deutsche Weisen* zu gewinnen, lehnt dieser ab:

[...] selbst wenn es uns gelänge, den »Meininger« zu ködern, so würde ich für meine Person Zeit meines Lebens es mir nicht verzeihen können, die Worte in den Wind geschlagen zu haben: »Ich bin ein freier Mann und singe mich nicht in eines Fürsten Gunst!« – – Nimm's mir nicht übel, liebster Oskar, aber ich bin eben ein unverbesserlicher Demokrat und gebe jenem Dichter recht, der da begeistert singt: »Böt' mir der Kaiser seine lichte Krone, ich gäb' sie nicht für meine Dichterfreiheit hin« (B, 50)![75]

Das demokratische Pathos, das aus diesen Worten spricht, findet jedoch keinen Widerhall bei jener Klasse mehr, die in ihrer Aufstiegsphase noch energisch für individuelle Freiheitsrechte und demokratische Forderungen eingetreten war, dem Bürgertum. Dieses gibt seine liberalen und humanistischen Traditionen zunehmend preis, assoziiert sich mit der Feudalklasse und »ver-

74 Die meisten Naturalisten stammten wie Arno Holz aus mittelständisch-kleinbürgerlichen Verhältnissen. Vgl. Mahal, *Naturalismus,* 29, Scheuer, *Arno Holz im literarischen Leben des ausgehenden 19. Jahrhunderts,* 15 f. und 235 und Herbert Scherer, *Bürgerlich-oppositionelle Literaten und sozialdemokratische Arbeiterbewegung nach 1890. Die »Friedrichshagener« und ihr Einfluß auf die sozialdemokratische Kulturpolitik.* Stuttgart 1974, 19.

75 Brief vom 22. 4. 1883 an Oskar Jerschke.

liert [. . .] das Interesse an Literatur als im emanzipatorischen Sinne gesellschaftsbildender Kraft«[76]. Viele bürgerliche Schriftsteller gehen daher zur Bourgeoisie entschieden auf Distanz[77]. Die von den herrschenden Klassen massiv unterdrückte Arbeiterbewegung wird nunmehr vorübergehend als die wahre Verfechterin bürgerlich-liberaler Freiheits- und Gleichheitsideen angesehen[78], ein Grund unter anderen, weshalb die Arbeiterschaft in der frühnaturalistischen Bewegung als alternative Zielgruppe erscheint.

Die anfänglich pathetischen Bekenntnisse zum Sozialismus werden jedoch in der Regel alsbald widerrufen. Für den von H. Scherer beschriebenen »Friedrichshagener« Schriftsteller-Typus[79], dem auch Arno Holz zuzurechnen ist[80], währt die Sympathie für die Sozialdemokratie nur

so lange, wie diese (unter dem Sozialistengesetz) verfolgt ist. Zum einen ist zu dieser Zeit die Unterstützung der Sozialdemokratie in allgemeinerem Sinne ein kämpferischer Schritt gegen die politische Entrechtung und gegen die Einschränkung der bürgerlichen Freiheiten und kann somit auch von einem in seinem innersten Wesen nur bürgerlich-oppositionellen Standpunkt aus vorgenommen werden, zum anderen hat die Sozialdemokratie unter dem Sozialistengesetz wegen ihrer Illegalität keine festen organisatorischen Strukturen. Man kann also die Partei unterstützen, ohne ihrer Disziplin unterworfen zu sein. Parteinahme und Individualismus widersprechen sich in dieser Phase nicht sichtbar[81].

Das Verhältnis bzw. die Konflikte zwischen Naturalisten und Sozialdemokratie können hier nicht im einzelnen nachgezeichnet werden[82]. Festzuhalten aber bleibt, daß die Sozialdemokratie für die Naturalisten die in sie gesetzten Hoffnungen, als Hilfsmittel

76 Axel Hauff u. a., *Aufriß eines literaturwissenschaftlichen Grundkurses: Zur Genese apologetischer und reaktionärer Literaturströmungen in Deutschland um 1900*, in: Mattenklott/Scherpe, *Positionen der literarischen Intelligenz*, 210-305, hier: 245.

77 Zur Distanzierung der Schriftsteller vom Bürgertum um die Jahrhundertwende vgl. Rosenhaupt, *Der deutsche Dichter um die Jahrhundertwende*, 11 f.

78 Vgl. Scherer, *Bürgerlich-oppositionelle Literaten*, 20.

79 Vgl. ebd., 19 ff.

80 Vgl. die von Scherer (ebd., 19 f.) angegebenen Merkmale, die weitgehend auch auf Holz zutreffen.

81 Ebd., 51.

82 Zu diesem Problemkreis vgl. den Beitrag von Dietger Pforte, *Die deutsche Sozialdemokratie und die Naturalisten*, in: Helmut Scheuer (Hrsg.), *Naturalismus, Bürgerliche Dichtung und soziales Engagement*. Stuttgart 1974, 175-205.

gelungener Identitätsbildung zu dienen, nicht erfüllen konnte. Dem stand nicht nur eine die literarische Praxis der Naturalisten überwiegend ablehnende Haltung der SPD entgegen, sondern auch das gesteigerte Individualitätsbewußtsein der bürgerlichen Literaten, in dem die Arbeiterklasse als Trägerin der sozialistischen Bewegung weithin als nivellierende »Masse« oder gar – wie bei Arno Holz – als »Mob«[83] erschien.

Der durch die Isolation von allen gesellschaftlich relevanten Kräften bedingten realen Ohnmacht hält ein Großteil der literarischen Intelligenz eine idealisierende Hypertrophie des Künstlers entgegen. Otto J. Bierbaum z. B. schreibt:

> Ihr alle seid die Knechtung, die Sozialdemokraten nicht minder als Pfaffen, Junker und Kapitalisten. Frei einzig ist der *moderne Künstler*, mit seinem neuen Ideal des ›stärksten Mannes, der allein steht‹.
>
> Wer Augen hat, zu sehen, der sieht, wie dieses Ideal Gestalt gewinnt in dem siegreichen Vorwärts des Individualismus. Wirklich: Das ist der neue Idealismus, daß mitten in dem Herdenzuge unserer abplattungswütigen Epoche Einzelmenschen sich aufrecken wenigstens als selbstherrliche Künstlernaturen[84].

Die Verklärung des Künstlers zum »stärksten Mann, der allein steht« oder, wie Arno Holz ihn unter Bezugnahme auf seine (späte) *Phantasus*-Konzeption nennt, zum »gesteigertste[n] Menschheitstyp« (W, 653), kann als Versuch angesehen werden, den Status realer Machtlosigkeit und die damit verbundene Identitätskrise zu überspielen. Da dieser Übersteigerung jedoch jede tragende Grundlage fehlt und da keine gesellschaftlichen Perspektiven mehr entwickelt werden können, bleibt für viele nur noch die Flucht in ein imaginäres Reich des Traums, der großen Natur und der kosmischen All-Einheit, in dem ein von allen Zwängen freies Ausleben, ein Anverwandeln an alles, was ästhetischen Reiz verspricht, statthaben kann.

Exkurs: Identitätskrise, Erfahrungsschwund und Gestaltung von Totalität. Das Beispiel »Phantasus«

Als konstitutiv für den »konsequenten« Naturalismus erweist sich das Moment der Isolierung. Holz gestaltet ein Stück Wirk-

83 Vgl. das Gedicht »Ein für alle Mal!« in Holz, *Buch der Zeit*, 474.

84 Otto J. Bierbaum, *Zum Kapitel »Die Sozialdemokratie und die Moderne«*, in: Die Gesellschaft, Bd. 7, 2 (1891), 1246-1248, hier: 1248. Zit. nach Hauff u. a., *Aufriß*, 255 f.

lichkeit, indem er es aus den wesentlichen, gesellschaftlich umgreifenden Bezügen ausgrenzt und das so gewonnene, sinnlich unmittelbar kontrollierbare Realitätsfragment mit peniblem Verismus wiederzugeben trachtet. Einen gewissen Grad von Problembewußtsein bezüglich der Gestaltung von Totalität erreicht Holz in jener Schaffensperiode, in der er die engen Grenzen rigider stofflicher Selbstbeschränkung zu sprengen versucht und mit dem *Phantasus*-Zyklus die Gestaltung eines »Weltbildes« intendiert. Zu diesem Punkt äußert sich Holz folgendermaßen:

> Ein »Weltbild« heute noch in den Rahmen irgend einer »Fabel« oder »Handlung« spannen zu wollen, hätte mir kindlichstes Vermessen geschienen! Was zu einem Weltbilde heute »gehört«, ist in seinen einzelnen Bestandteilen zu weit auseinanderliegend, in seinen Elementen zu buntwimmelnd kaleidoskopisch, als daß auch die komplizierteste, raffinierteste »Legende« imstande wäre, für einen solchen »Inhalt« den dazu nötigen Untergrund zu schaffen (W, 651)!

Da die Welt sich dem Dichter als Konglomerat unübersehbarer Einzeltatsachen darstellt, erscheint die Aufgabe traditionell grundlegender literarischer Elemente, wie Fabel oder Handlung, nur konsequent. Die Aporie eines sich nomologisch-positivistisch legitimierenden Naturalismus gewinnt auf der Stufe einer *subjektiv angestrebten* Totalität deutliche Umrisse: Je größer der zu gestaltende Wirklichkeitsausschnitt ist, um so mehr verliert das literarische Produkt an innerem Zusammenhalt, an Konsistenz. Dem auf die »buntwimmelnd kaleidoskopische« Oberfläche fixierten Blick entgleiten die tieferliegenden Zusammenhänge. Die Isolierung des Literaten von gesellschaftlichen Bindungen, d. h. in erster Linie von den die sozialen und ökonomischen Prozesse vorantreibenden (oder hemmenden) gesellschaftlichen Klassen, kann dabei als ein wesentliches Moment gesehen werden, welches zu Identitätskrisen führt und damit zum Verlust eines Standpunktes, von dem aus sich die Gesellschaft als Totalität noch erfassen ließe.

Das Ergebnis ist im Falle des *Phantasus* ein wahlloses Aufgehen in verschiedenen Existenzformen und die heterogene Fügung bzw. Reihung von Einzelimpressionen, die nur dadurch einen, allerdings sehr lockeren, Zusammenhang ergeben, daß sie stets auf die jeweilige Situation des Dichters bezogen werden. Die vielfachen Metamorphosen, räumlichen und zeitlichen Sprünge im *Phantasus,* schließlich die emphatisch vorgenommene Erweiterung zum »Riesen-Phantasus-Nonplusultra-Poem«[85] lassen sich als Versuch interpretieren, einen real erlittenen Erfahrungsschwund (in bezug auf eine kohärente Totalität)[86] durch Akkumulation partikularer Realität wieder wettzumachen[87]. Inhaltlich geht dieser Versuch jedoch ins Leere; er endet in den späteren Fassungen[88] in einem ästhetizistischen Spiel mit der Sprache, das sich selbst genügt[89].

4.3. Funktion und potentielle Adressaten des »Phantasus«

In einem Brief[90] betont Holz die überwiegend persönliche Funktion seines Kunstwerks: »Mir wird er [i. e. *Phantasus*, O. F.] mein ›Leid‹ vertrieben haben, und mehr – kann man beim besten Willen nicht verlangen« (B, 247). Hinsichtlich der Rezeption des *Phantasus* scheint Holz perspektivisch allgemein von Vorstellungen wie seelischer Regeneration bzw. Kompensation für in der Realität erlittene Versagungen ausgegangen zu sein. In einem Schreiben an Richard Schaukal vom 8. 4. 1917 zitiert er beispielhaft die Aufnahme seines Zyklus durch Georg Stolzenberg. Dieser hatte ihm geschrieben:

> Seelisch gesunde ich am »Phantasus«. Wie gerne lese ich die alten, wohlvertrauten Nummern (Sie kennen meine Befähigung) »zum ersten Mal«. Oder ich erquicke mich, so recht von Herzen, an den erst jetzt bis in's Letzte gelungenen, von denen eine immer wunderbarer blüht als die andere (B, 237).

Die Rezeptions- und Wirkungsgeschichte des *Phantasus* kann im Rahmen dieses Beitrags nicht nachgezeichnet werden. Dennoch sei der Versuch unternommen, den Kreis der möglichen zeitgenössischen Adressaten annähernd zu bestimmen.

85 Arno Holz, *Werke*, hrsg. v. W. Emrich und Anita Holz, 7 Bde., Neuwied 1961-64, Bd. 1, 454. Zit. nach Schulz, *Arno Holz. Dilemma eines bürgerlichen Dichterlebens*, 177.

86 Zum Problem des Erfahrungsschwunds vgl. Peter Bürger, *Der französische Surrealismus. Studien zum Problem der avantgardistischen Literatur*. Frankfurt/M. 1971, 193 ff.

87 Unter »partikularer Realität« sollen hier auch die Phantasieelemente und diejenigen des Traums im *Phantasus* verstanden werden.

88 Zu den späteren Fassungen des *Phantasus* vgl. Schulz, *Arno Holz. Dilemma eines bürgerlichen Dichterlebens*, 177 ff.

89 Vgl. ebd., 209 f. und 225 ff.

90 Brief an Oskar Jerschke v. 6. 8. 1919.

Proletarische Leserschichten dürften unter diesem Aspekt kaum eine Rolle spielen. Das in der Frühphase des Naturalismus vorhandene Interesse an der Welt der Arbeiter ist erloschen und einem Solipsismus gewichen, der soziale Spannungen und Konflikte aus seinem Gesichtskreis verbannt[91]. Außerdem hat der ästhetische Genuß des Zyklus in wesentlichen Partien eine literarische wie allgemeine Vorbildung zur Voraussetzung, die den Angehörigen der Arbeiterklasse in der Regel nicht zugänglich war. Eine diffizile Rezeption war von Holz – vor allem für die späteren, erweiterten Fassungen – bewußt eingeplant: »Freilich: seine [des *Phantasus,* O. F.] Beherrschung durch den Reproduzenten verlangt eine sich so steigernde Konzentration, daß ich sehr wohl weiß: sie kann erst das Resultat einer sehr langen Selbsterziehung sein« (B, 265).

Mit dem »geistig Kompliziertestete(n) des geistig Kompliziertesten« (B, 265)[92], das Holz in der für seine Person typischen Selbstüberschätzung mit dem *Phantasus*-Projekt zu realisieren glaubte, dürfte er vor allem versucht haben, den esoterischen Literaturinteressen eines Teils des Bildungsbürgertums Rechnung zu tragen[93]. Nach Hamann/Hermand standen Kunst und Kultur um die Jahrhundertwende »weitgehend im Zeichen jener bürgerlichen Schichten, die sich seit der Reichsgründung von 1871 in einer gewissen Opposition gegen oben und unten befanden«[94] und sich mit einem Kult der Innerlichkeit und des Ästhetizismus über ihre politische Machtlosigkeit hinwegtrösteten, um jedoch später offen auf chauvinistische bzw. imperialistische Positionen überzugehen. Die Frontstellung richtete sich sowohl gegen die »eigentumsfeindliche« Arbeiterklasse als auch gegen das große Kapital, das in einem von zyklischen Krisen begleiteten Konzentrationsprozeß bereits eine Großzahl kleiner kapitalistischer so-

91 Die Tendenz zur Aussparung sozialer Themen und politischer Ereignisse hat sich in den späteren Fassungen des *Phantasus* in nahezu grotesker Weise fortgesetzt. So fand z. B. »selbst das Massaker des Weltkriegs [...] keinen Eingang in die hermetische Welt seiner [Holzens, O. F.] *Phantasus*-Existenz« (Schulz, *Nachwort* zu Arno Holz, *Phantasus*, 150).

92 Brief an W. Schumann v. 27. 3. 1926.

93 Vgl. hierzu auch Scheuer, *Arno Holz im literarischen Leben des ausgehenden 19. Jahrhunderts*, 241.

94 Richard Hamann / Jost Hermand, *Stilkunst um 1900* (Epochen deutscher Kultur von 1870 bis zur Gegenwart, Bd. 4). 2. Aufl., München 1975, 7.

wie einfacher Warenproduzenten ruiniert hatte[95] und so eine ständige existentielle Bedrohung für das mittlere Bürgertum darstellte. Für die formal selbständig gebliebenen kleineren Unternehmen wurden die Möglichkeiten, auf den Wirtschaftsablauf gestaltend Einfluß zu nehmen, ständig geringer[96]. Der ökonomische Konzentrationsprozeß bedeutet für das kleine und mittlere Bürgertum eine ständig fortschreitende Deklassierung und Entmächtigung. Die sozialpsychologischen Folgen dieses Vorgangs erfaßt A. Leppert-Fögen mit der Kategorie der »kollektiven Ich-Schwäche«[97], die das Pendant zu der bereits beschriebenen Identitätskrise des dem Kleinbürgertum entstammenden Schriftstellers bildet.

Insofern die den Konzentrationsprozeß vorantreibende Schicht des Großbürgertums durch die Übernahme adliger Lebensformen zunehmend »feudalisiert« wird[98] und sich so dem übrigen Bürgertum als Klasse entfremdet, kann man davon sprechen, daß in der nachliberalistischen Phase der kapitalistischen Gesellschaft »die Ohnmacht des Einzelnen gegenüber dem Ganzen nicht nur die Erfahrung des bürgerlichen Intellektuellen, sondern tendenziell die der Angehörigen des Bürgertums überhaupt«[99] ist. In diesem Rahmen erfüllt ein literarisches Produkt wie der *Phantasus*-Zyklus seine Funktion. Mit seiner reichen Palette von Naturschwärmereien, seiner Exotik, den phantastischen Traumreisen, Verwandlungsmotiven und den Allmachtphantasien repräsentiert er eine Ersatzwelt, die für die in der Realität erlittenen Versagun-

95 Vgl. Hans Mottek u. a., *Wirtschaftsgeschichte Deutschlands. Ein Grundriß*, Bd. 3: *Von der Zeit der Bismarckschen Reichsgründung 1871 bis zur Niederlage des faschistischen deutschen Imperialismus 1945*. 2. Aufl., Berlin 1975, 179. – Nach Annette Leppert-Fögen (*Die deklassierte Klasse. Studien zur Geschichte und Ideologie des Kleinbürgertums*. Frankfurt/M. 1974) ist der Anteil der Selbständigen an der erwerbstätigen Bevölkerung zwischen 1895 und 1907 von 23,3% auf 18,8% gefallen (vgl. ebd., 18).

96 Zu Tendenzen der ökonomischen Konzentration und Monopolisierung um 1900 vgl. auch Reinhard Kühnl, *Formen bürgerlicher Herrschaft. Liberalismus – Faschismus*. Reinbek b. Hamburg 1971, 51 f.

97 Vgl. Leppert-Fögen, *Die deklassierte Klasse*, 240 ff.

98 Vgl. Karl Erich Born, *Der soziale und wirtschaftliche Strukturwandel Deutschlands am Ende des 19. Jahrhunderts*, in: H.-U. Wehler (Hrsg.), *Moderne deutsche Sozialgeschichte*, 2. Aufl., Köln-Berlin 1968, 271-285, hier: 282/83.

99 Peter Bürger, *Zur ästhetisierenden Wirklichkeitsdarstellung bei Proust, Valéry und Sartre*, in: ders. (Hrsg.), *Vom Ästhetizismus zum Nouveau Roman*, 23-48, hier: 37.

gen und Ohnmachtsgefühle entschädigt und die reale Unfähigkeit zu selbstbestimmtem Handeln vorübergehend zu kaschieren vermag.

Als »Autobiographie einer Seele« (W, 653), wie Holz den *Phantasus* verstand, kann man den Zyklus vorläufig dem von Herbert Marcuse geprägten Begriff der »affirmativen Kultur« subsumieren, die zugleich eine »Kultur der Seele« ist. In diese sind »– in falscher Form – diejenigen Kräfte und Bedürfnisse eingegangen, welche im alltäglichen Dasein keine Stätte finden konnten«[100]. Dadurch, daß sie die Realität vom Anspruch auf reale Befriedigung dieser Bedürfnisse entlastet, wirkt sie affirmativ. Gleichzeitig nimmt die Idee der Seelenfreiheit jedoch »jene höhere Wahrheit vorweg, daß im Diesseits eine Gestalt des gesellschaftlichen Daseins möglich ist, in welcher nicht schon die Ökonomie über das ganze Leben der Individuen entscheidet«[101].

Da Marcuse die Dialektik bürgerlicher Kunst und Kultur vorwiegend anhand klassischer Beispiele der Literatur und Philosophie entfaltet, sind der Anwendung seines Theorems auf den Gegenstand *Phantasus* jedoch Grenzen gesetzt. Ein im klassischen Sinne verstehbares »Bild einer besseren Ordnung«[102], von Marcuse als progressives Moment gewertet, sucht man hier vergebens. Der allgemeinmenschliche Anspruch, mit dem noch das frühbürgerliche Humanitätsideal aufgetreten war, wird nicht mehr erhoben. Während z. B. Schiller die Aufgabe der Poesie darin gesehen hatte, »der Menschheit ihren möglichst vollständigen Ausdruck zu geben«[103], reduziert Holz die Funktion der Dichtung auf »Selbstdarstellung«. In dieser dominiert gleichwohl, wie das Beispiel des *Phantasus*-Zyklus zeigt, ein von unmittelbarer Daseinsbewältigung freies Verhältnis zu den Objekten. Der Welt des Traums und der monistischen Anverwandlung an Erscheinungen der Natur wohnt das Moment eines – wie auch immer individualistisch verzerrten – tendenziell freien, spielerischen Umgangs mit den Dingen inne, der den für die bürger-

100 Herbert Marcuse, *Über den affirmativen Charakter der Kultur,* in: ders., *Kultur und Gesellschaft I* (ed. suhrkamp, 101). 7. Aufl., Frankfurt 1968, 56-101, hier: 82.

101 Ebd., 77.

102 Ebd., 88.

103 *Schillers Werke,* Nationalausgabe, hrsg. v. Benno von Wiese. Weimar 1962, Bd. 20: Philosophische Schriften, Erster Teil, 437 (im Original gesperrt).

liche Gesellschaft typischen Formen zweckrationaler Aneignung von Wirklichkeit entgegensteht[104].

Von diesem Aspekt aus eröffnet sich gleichzeitig eine Möglichkeit kritisch-produktiver, Probleme der Gegenwart mitdenkender Rezeption naturalistischer bzw. impressionistischer Werke. Die von den Naturalisten bereits thematisierte, zunächst allerdings – vgl. u. a. *Papa Hamlet* – affirmativ gewendete Frage nach der Determination menschlichen Verhaltens stellt sich im Spätkapitalismus auf einer universelleren, milieuübergreifenden Ebene erneut. Eine auf sämtliche gesellschaftliche Bereiche sich erstrekkende, partikularen Interessen dienende technologische Rationalität droht die Entscheidungs- und Verhaltensspielräume der Individuen immer mehr zusammenzuschnüren[105]. In diesem Zusammenhang behalten historische autonome Kunstwerke ihre besondere Bedeutung: Sie gemahnen an die noch ausstehende Humanisierung des Daseins. Dies dürfte selbst für solche Werke gelten, die, wie z. B. der *Phantasus*-Zyklus, keinen allgemeinmenschlichen Anspruch mehr enthalten und denen utopische Gehalte nur noch ansatzweise und in einer solipsistisch verzerrten Form zu entwinden sind. Noch von ihnen gehen Impulse aus, die das Bestehende transzendieren. Ihr Aufforderungscharakter kann dahingehend interpretiert werden, die herrschenden gesellschaftlichen Normen einem entschiedenen Diskurs zu unterziehen und die realen Bedingungen eines weniger entfremdeten Daseins freizulegen.

104 Die Antinomie zwischen einem der Zweckrationalität (dem »Tagsgeschäft«) verpflichteten Leben und der Welt des Traums ist übrigens direkt Gegenstand eines Gedichts des Romantikers Ludwig Tieck (*Die Phantasie*, in: Ludwig Tieck, *Werke in einem Band*, hrsg. v. Peter Plett. Hamburg 1967, 17 ff.), in dessen Mittelpunkt ebenfalls die »Phantasus«-Gestalt steht. Auf dieses Material könnte Holz zurückgegriffen haben, ebenso auf das Einleitungsgedicht zur *Phantasus*-Märchensammlung von Tieck (vgl. *Ludwig Tiecks Schriften*, Berlin 1966, Bd. 4, 130 ff.).

105 Vgl. Herbert Marcuse, *Der eindimensionale Mensch. Studien zur Ideologie der fortgeschrittenen Industriegesellschaft*. Neuwied und Berlin 1967, passim.

Lothar Paul

Subjektivität. Geschichtliche Logik in lyrischer Gestalt

Hugo von Hofmannsthal: »Manche freilich . . .«

Manche freilich müssen drunten sterben,
Wo die schweren Ruder der Schiffe streifen,
Andre wohnen bei dem Steuer droben,
Kennen Vogelflug und die Länder der Sterne.

Manche liegen immer mit schweren Gliedern
Bei den Wurzeln des verworrenen Lebens,
Andern sind die Stühle gerichtet
Bei den Sibyllen, den Königinnen,
Und da sitzen sie wie zu Hause,
Leichten Hauptes und leichter Hände.

Doch ein Schatten fällt von jenen Leben
In die anderen Leben hinüber,
Und die leichten sind an die schweren
Wie an Luft und Erde gebunden:

Ganz vergessener Völker Müdigkeiten
Kann ich nicht abtun von meinen Lidern,
Noch weghalten von der erschrockenen Seele
Stummes Niederfallen ferner Sterne.

Viele Geschicke weben neben dem meinen,
Durcheinander spielt sie alle das Dasein,
Und mein Teil ist mehr als dieses Lebens
Schlanke Flamme oder schmale Leier.

Nach der Interpretation des Gedichtes *Manche freilich* . . . durch F. N. Mennemeier gilt als gewiß – was auch »immer Hofmannsthal mit den ›leichten‹ und ›schweren‹ Leben derer, die ›drunten sterben‹ müssen, gemeint« haben mag –, »daß für den Leser des Gedichts der Klassengegensatz als geschichtlich objektiver Gegenstandsbereich zumindest die Folie abgibt, vor der das Gedicht beurteilt sein will.« Folgerichtig erweise sich die lyrische Suggestivität der Bilder » als eher ohnmächtige Verkleidung des ›Themas‹«[1], der Klassenkampf werde im Verhältnis ›Manche/Andre‹ zu gesellschaftsenthobener Schöngeistigkeit verfälscht, der altertümliche Kontext von ›Vogelflug‹ und ›Sibyllen‹ gewinne das Odium einer historischen Ausrede, handfeste Herrschaftsverhältnisse seien zu Schatten umgedeutet, ›an Luft und Erde gebunden‹ spiele »auf die entscheidende Struktur der bürgerlichen Gesellschaft an«[2] usw. W. Mauser wirft dieser Interpretation Vulgärmarxismus vor und daß sie »jede Erklärung des Vermittlungsvorganges schuldig«[3] bleibe; er möchte von der Konfliktsituation des Autors ausgehen, um »der Werkinterpretation eine psychosoziologische Perspektive zugrunde zu legen, die die gesamte Breite von in der Zeit Erfahrbarem und für das Werk Verwertbarem zu berücksichtigen vermag«[4]. Neben die soziologische Deutung des Textes als Abbild tritt das psychoanalytische Konfliktbewältigungsmodell[5]; ferner sei an die werkimmanente Stilbestimmung von W. Kayser erinnert, die »Rhythmus, Lautung, Wortgruppen, Wortstellung und Satzbau sowie den Aufbau nacheinander«[6] befragt, und auch strukturell-formalistische Textexplikationen des Gedichtes liegen auf der Hand.

Der interpretatorische Methodenpluralismus entsteht durch die einseitig-abstrakte Akzentuierung eines bislang angeblich vernachlässigten Momentes, die sich als sachgerechter Ausgleich gegenüber vorgängiger Parteilichkeit versteht, aber mit Sicherheit eine wiederum polare Sehweise provozieren wird; der Literaturgeschichte setzt sich das autonome Kunstwerk, diesem die gesellschaftliche Relevanz, dieser das Bewußtsein des Autors, diesem die Rezeption entgegen, und so schwankt die Deutung von

1 Franz Norbert Mennemeier, *Gesellschaftliches beim jungen Hofmannsthal*, in: Joachim Bark (Hrsg.), *Literatursoziologie II: Beiträge zur Praxis*. Stuttgart 1974, S. 187.

2 Ebd., S. 188.

3 Wolfram Mauser, *Hugo von Hofmannsthal. Konfliktbewältigung und Werkstruktur. Eine psychosoziologische Interpretation*. München 1977, S. 23.

4 Ebd., S. 24.

5 S. 9.

6 Wolfgang Kayser, *Das sprachliche Kunstwerk*. 12. Auflage, Berlin 1967, S. 311; auch die Kritik an der Interpretation Kaysers durch Rolf Tarot, *Hugo von Hofmannsthal. Daseinsformen und dichterische Struktur*. Tübingen 1970, S. 218-221, verbleibt auf stilanalytischer Ebene.

Literatur zwischen äußeren und inneren, inhaltlichen und formalen Bedingungen wie alle Geisteswissenschaften[7]. Aus laizistischer Distanz erscheinen die Früchte der einander befehdenden Schulen zwar jeweils besser oder schlechter, nach Zeitgeist und persönlichem Geschmack auch mehr oder weniger angemessen, aber eine gute Interpretation gleich welcher Lehre belehrt noch stets, und ihr Absolutheitsanspruch ist nur das legitimatorische Vehikel der transportierten Aussagen.

Als Außenstehender habe ich wenig Anlaß, mich in den endlosen Progreß dialektischer Selbsterzeugung von polarisierten Standpunkten einzureihen; statt der Frage, welche Partei sich zu Recht als das Ganze setzt, drängt sich vielmehr die Vermutung auf, daß den unerschöpflichen Diäresen ein Gemeinsames, eine Synthesis zugrunde liegt, in der die Abstrakta konkretisieren. Diese Wendung des Problems überschreitet den fachdisziplinären Horizont und präsentiert sich als wissenschafts- und erkenntnis-, letztlich als gesellschaftstheoretische Fragestellung, deren Lösung schwierig und nicht mit wenigen Worten anzugeben ist; ich verweise auf meine umfangreichen und einschlägigen Untersuchungen[8]. Unter Voraussetzung der von mir vorgelegten Ergebnisse demonstrieren die kontroversen Methoden, soweit sie wissenschaftlich sorgfältig gehandhabt werden, tieferliegende Übereinstimmungen, über die sie sich allerdings kaum Rechenschaft abzulegen pflegen. Am Beispiel des Gedichtes *Manche freilich . . .* soll diese Behauptung erläutert werden; wegen gebotener Kürze muß ich von einer ganzen Reihe apodiktischer Behauptungen ausgehen, für deren argumentative Genese auf meine angemerkten Arbeiten verwiesen sei.

Der historische Prozeß menschlicher Vergesellschaftung wird

7 Ausführlicher über diese wissenschaftshistorische Prozeßform Lothar Paul, *Geschichte der Grammatik im Grundriß. Sprachdidaktik als angewandte Erkenntnistheorie und Wissenschaftskritik.* Weinheim 1978, S. 311-321 et passim.

8 Meine triologisch konzipierte *Geschichte der Grammatik im Grundriß [. . .]* befaßt sich vornehmlich in ihrem ersten Teil *Vom Ursprung der Logik in gesellschaftlicher Praxis* (a.a.O., S. 11-148) mit dieser Fragestellung; der zweite Teil belegt den Zusammenhang von Wissenschafts- und Gesellschaftsgeschichte am Beispiel der Linguistik, und das letzte Drittel *Grundlegung der Sprachdidaktik* (a.a.O., S. 473-581) beschreibt exemplarisch, aber mit übergreifendem Geltungsanspruch das Verhältnis von Theorie und Praxis (im folgenden zitiert als GGG). Ergänzt und fundiert wird die *Geschichte der Grammatik im Grundriß [. . .]* durch Lothar Paul, *Gesetze der Geschichte. Geschichtslogische Rekonstruktionen zur Ortsbestimmung der Gegenwart.* Weinheim 1978 (im folgenden zitiert als GDG).

von umfassenden (exakt: transzendentalen) Gesetzen gesteuert, die einander im Laufe der Geschichte ablösen und sich hinter dem Rücken der Subjekte[9] durchsetzen; sie bestimmen nicht nur die Ökonomie und den Produktionsbereich, sondern alle Sektoren des sozialen Lebens wie Moralvorstellungen und Künste, Familienverbände und Herrschaftsformen, Bewußtsein und Rollenverteilung[10]. Ob eine Interpretation nun Werk oder Autor, Form oder Inhalt, Gesellschafts- oder Psychoanalyse favorisiert: die abstrakten Resultate jeder rationalen Untersuchung müssen einander ergänzen, weil sich in allen Aspekten dieselbe Vergesellschaftungsweise zum Ausdruck bringt. Am Beispiel des Gedichtes will ich die Manifestationen der geltenden Vergesellschaftungsweise hervorheben; dieses Unterfangen soll die Voraussetzungen für je einseitige Spezialstudien klären, deren Vollständigkeit hier nicht zu erstreben ist.

Die bürgerliche Gesellschaft, begründet und bestimmt durch die allgemeine Äquivalentform des Geldes[11], hatte gegenüber der ihr vorangehenden feudalarchaischen Vergesellschaftungsweise des ganzen Hauses (Oikos)[12] am Ende des 18. Jahrhunderts einen Entwicklungsstand erreicht, der die Verwirklichung der revolutionär neuen Lebensweise auch im politischen Bereich, über Stadt- und Kleinstaaten hinaus, stürmisch forderte. Den Revolutionen folgte, wie oft in der Geschichte, die Reaktion; Teile des Ancien régime und des Bürgertums schlossen sozusagen einen historischen Kompromiß, verschmolzen zu Geldadel und Bourgeoisie und restaurierten einen sozialen Zwitter voll ruinöser Widersprüche[13]. Abgelebte und moderne Formen verfilzten mit-

9 Karl Marx, *Das Kapital. Zur Kritik der politischen Ökonomie*, in: K. Marx, F. Engels, *Werke*, hrsg. vom Institut für Marxismus-Leninismus beim ZK der SED. Bd. 23, Berlin 1972, S. 59, 179.

10 Geltungsart und -bereich gesellschaftsgeschichtlicher Gesetze werden erläutert in GGG, S. 28 ff., 141-145 et passim, sowie in GDG, S. 21-23, 30 ff., 95-102 et passim.

11 Neben meinen genannten Schriften (GGG, GDG) vgl. Alfred Sohn-Rethel, *Warenform und Denkform. Aufsätze*. Frankfurt/M. 1971; ders., *Geistige und körperliche Arbeit. Zur Theorie der gesellschaftlichen Synthesis.* Revidierte Ausgabe, Frankfurt/M. 1972. Vgl. ferner Rudolf Wolfgang Müller, *Geld und Geist. Zur Entstehungsgeschichte von Identitätsbewußtsein und Rationalität seit der Antike.* Frankfurt/M.-New York 1977.

12 GDG, S. 71-92, 135-159. Zur Kritik von R. W. Müller, *Geld und Geist*, a.a.O., s. GDG, S. 160 ff.

13 GGG, S. 384 ff.; vgl. vor allem GDG, S. 135 ff.

einander; so symbiotisierte technische Rationalität mit knechtischer Arbeitsorganisation. Auch die Wissenschaften spalteten sich auf; während die Naturwissenschaften, nach ihrem dubiosen Intermezzo etwa bei Goethe oder Schelling, zu einem wenn auch verkürzten Begriff bürgerlicher Rationalität zurückkehrten, entledigte sich der größte Teil der Gesellschafts- und Geschichtswissenschaften seiner durch Antike und Rationalismus gelegten Fundamente und schuf sich mit Romantik und Nationalismus, Imperialismus und Rasse jeweils Basen, in denen die Bewußtseinsformen archaischer Herrschaft dominieren und die Mythen der Vergangenheit anachronistische Urständ feiern[14]. Der Euphemismus ›Geistes*wissenschaften*‹ beschönigt bis heute, daß in diesen Ideologien nur logische Fragmente geduldet werden und der Weisheit von Priestern und Sibyllen dienen[15].

Vereinzelung als Charakteristikum bürgerlicher Gesellschaft, die eine ausgeprägte Individualität erzeugt, wird durch die allgemeine Äquivalentform, also ihrer transzendentalen Möglichkeit nach, in der Ganzheit von Demokratie und Mitbestimmung, Menschen- und Bürgerrechten, Gemeinsinn und öffentlichem Wohl aufgehoben, deren Verwirklichung im Bereich der Nationalstaaten aber an Reaktion und Restauration gescheitert ist[16]; somit ermangelt jeder Einzelne eines sinnbestimmenden Orientierungsrahmens, wie ihn etwa der attische Bürger als Polis erfahren hatte. Die spezifische Haltlosigkeit des Subjektes seit dem Ende des 18. Jahrhunderts und seit der Romantik ist das Schicksal jedes Einzelnen im bürgerlichen Alltag, der sich in Mythen wie heroische Individualität, Heimatliebe, Volksgemeinschaft, überhaupt in vielfältige Ersatzhandlungen des Konsums und des Rausches rettet, weil ihm sein Recht auf Allgemeinheit

14 Neben den Hinweisen in der voraufgehenden Anmerkung ist an die Grundthese von Georg Lukács, *Die Zerstörung der Vernunft*. Neuauflage, Darmstadt-Neuwied 1974, zu erinnern.

15 Zur Herkunft der droben thronenden Sibyllen und Königinnen vgl. u. a. *Das Gilgamesch-Epos,* neu übers. etc. von Albert Schott, durchgesehen etc. von Wolfram von Soden. Stuttgart 1958, über den Priesterkönig (S. 19)

> Der alles gesehen im Bereiche des Landes,
> Der die Meere kannte, Jegliches wußte [...]

und über die Götter (S. 35)

> Ewig thronen mit Schamasch [dem Sonnengott, L. P.] nur die Götter [...]

sowie die Deutung in GDG, S. 265 ff., 268-281.

16 GGG, S. 384 ff.; GDG, S. 135 ff. et passim.

verweigert wird[17]. Die aus ihrer Verankerung gerissene Subjektivität ist seit fast zweihundert Jahren ein soziales Generalthema, das durch den partiellen Sieg der Restauration, vor allem im Bereich des Staates und der Bildung, erzeugt worden ist und seither nicht nur merkwürdige, sondern auch entsetzliche Folgen gezeitigt hat. Der staatlich verordnete Sinn des Lebens, sei es in Form von Feiertagen, Schauveranstaltungen oder schulischen Lernzielen, erscheint hohl und vermag nicht einmal Schüler zu überzeugen; andrerseits gibt es in der Moderne für die Res publica keinen Ersatz, so daß die einzelnen Menschen ihre Haltlosigkeit bei politischer Abstinenz nicht auf eine andere, moderner Vergesellschaftung angemessene Weise bewältigen können. In Hofmannsthals Dichtung haben Schwanken und Suchen der um Selbstvergewisserung ringenden Subjektivität einen zentralen Stellenwert; sie gestaltet ein Problem, das viele umtreibt, und darin liegen ihre Wirkung und ihre Aktualität[18].

Im Gedicht *Manche freilich . . .*, dessen Entstehung um 1895/96 angesetzt wird, hat Hofmannsthal wie in anderen seiner Frühwerke sehr verschiedene Einflüsse verarbeitet. Am Anfang nimmt er zwei Zeilen aus Aischylos' *Agamemnon* auf:

> Du drohest dies, du, der der Ruder unterstes
> führst, da das Schiff regieren, die am Steuer sind?

Im Sommer 1895 erwarb er eine Michelangelobiographie, deren Reproduktionen vom Jüngsten Gericht in der Sistina ihn sehr beschäftigt haben; hier finden sich die da drunten, verworren und mit schweren Gliedern, auf dem Grunde liegend und vom Fährmann angetrieben, während die anderen droben bei den Sibyllen und Königinnen sitzen. In seinem gleichzeitig entstandenen Auf-

17 Die notwendige Differenzierung dieser These sowohl zur geschichtlichen Entwicklung seit dem 19. Jahrhundert wie für die konkurrierenden Gesellschaftsformen mit tw. subtilen Verschränkungen findet sich in GGG, S. 384 ff. und GDG, S. 135-159.

18 Die deutsche Literatur der letzten zweihundert Jahre zieht bis heute ihre geradezu ahistorische Popularität aus den Problemen der gescheiterten, unter kratisches Kuratel gestellten und korrumpierten Aufklärung der bürgerlichen Revolutionen. Die historischen Verlagerungen dieser Problematik und ihre regionalen Besonderungen sind ein wichtiges, aber nicht mein Thema; H. v. Hofmannsthal im Wien des Fin de siècle mit Ästhetizismus und Psychoanalyse etc. repräsentiert eine spezifische Ausprägung der generellen Problemlage – doch darüber wurde schon viel gesagt. Mir geht es um normative Grundformen, die zumeist nicht ihrer Bedeutung entsprechend gewürdigt werden.

satz *Gedichte von Stefan George* sieht Hofmannsthal die glücklichen Bewohner der oberen Sphären »leichten Hauptes und leichter Hände« teilhaftig; Bezüge zu Goethes *Parzenlied*

Auf Klippen und Wolken
Sind Stühle bereitet
[...]
Aus Schlünden der Tiefe
Dampft ihnen der Atem
Erstickter Titanen,

vielleicht auch zu Hölderlins *An die Parzen*

Die Seele, der im Leben ihr göttlich Recht
Nicht ward, sie ruht auch drunten im Orkus nicht;
Doch ist mir einst das Heil'ge, das am
Herzen mir liegt, das Gedicht, gelungen,
Willkommen dann, o Stille der Schattenwelt!
Zufrieden bin ich, wenn auch mein Saitenspiel [...]

oder zu *Hyperions Schicksalslied*

Ihr wandelt droben im Licht
[...]
Doch uns ist gegeben
Auf keiner Stätte zu ruhn,
Es schwinden, es fallen
die leidenden Menschen [...]

bieten sich an. Die vierte Strophe von *Manche freilich* ... erinnert an Verse von Paul Bourget, mit denen Hofmannsthal vertraut war:

[...]
Car nous portons en nous tous les siècles passés.
Tous les rêves anciens qu'ont caressés les hommes,
Tous les pleurs amassés depuis quatre mille ans
[...],

und in den beiden Schlußstrophen zeigen sich, wie schon in *Tor und Tod*, Anklänge an die Schilderung der Mona Lisa von Walter Pater[19].

Die Lektüre Schopenhauers zur gleichen Zeit legt als Deutungsvariante nahe, daß der empirische Wille des Einzelnen drunten in Verworrenheit und Blindheit strebt, während sein schick-

19 Alle Hinweise sind entnommen aus Manfred Hoppe, *Literatentum. Magie und Mystik im Frühwerk Hugo von Hofmannsthals.* Berlin 1968, S. 35-38, 120 f.

salhafter Wille, »der außerhalb uns wohnt und seinen Stuhl in die obern Sterne setzt«, ihn unerbittlich und ungewußt leitet und zwingt[20]. Schopenhauer hat diesen Doppelwillen nicht als Entzweiung, sondern als spannungslose Verschmelzung konzipiert:

Daß das Schicksal des Menschen im Tiefsten mit seinem eigenen Willen identisch sei und dieser Wille wiederum ›das Phänomen der Welt darstellt und erhält‹, mußte Hofmannsthal weitab von Schopenhauers eigener Philosophie als die gedankliche Fassung und Bestätigung seiner Vorstellung von der Ungeschiedenheit von Innen und Außen anmuten[21].

Eine geschichtslogische Analyse epochalspezifischer Axiome in Hofmannsthals Gedicht könnte jeder dieser Spuren mit Gewinn nachgehen; die Anregungen durch Werke der Klassik und der Renaissance enthalten aufschlußreiche Hinweise. Der Klassenkampf in Österreich ließe sich ebenso erfolgreich bemühen wie die schizoide Weltsicht des Autors. Vom Sprachwissenschaftler mag auch eine linguistische, zumindest formale Untersuchung erwartet werden, in der sich Hofmannsthals Haltungs- und Denkfiguration als Ausdruck seiner Zeit klar zeigen läßt; in allen methodischen Ansätzen aber wird nach der geordneten Aufzählung von Traditionen, Daten, Motiven und Formen ein Schwellenwert, eine Grenze erreicht: »Es scheint nötig, noch über sie hinauszudringen«, damit »auch die Gestalt des Gedichtes, das heißt die Ganzheit des lyrischen Vorganges zugänglich wird und der Sinn dieser Ganzheit«[22]. Diese Deutungsproblematik nun möchte ich nicht über eine der genannten Methoden angehen, da sie äquivalentförmig präfiguriert sind[23], zumeist durch Anleihen bei Nachbarwissenschaften, so daß der Gegenstand schon im Ansatz enthistorisiert ist – der kapitale Mangel objektiver Wissenschaft überhaupt[24]. Ich werde mich vielmehr auf Hofmannsthals Korrespondenz beziehen, die Erhellendes zur biographischen Genese des Gedichts *Manche freilich* . . . beisteuert.

Das Gedicht wird sich zunächst als ein Reflex der Biographie geben, die es anscheinend ausleuchtet und verdeutlicht; doch Gefühle und Gedanken des Dichters, seiner privaten Korrespondenz entnommen, haben keinen Erklärungswert für seine Verse.

20 Ebd., S. 104.
21 S. 105.
22 W. Kayser, a.a.O., S. 318.
23 S. a. o. Anm. 4, 5.
24 Vgl. GDG, S. 47-69.

Weder ist das Leben des Künstlers kausal mit seiner Kunst verknüpft noch diese ein Dokument für jenes; Leben und Kunst sind durchaus verschiedene Erscheinungen, allerdings desselben Grundes, den sie zur Wirklichkeit bringen, so daß ihre Ähnlichkeit den Fehlschluß unvermittelter Abhängigkeit nahelegt. Die gesellschaftliche Synthesis liegt dem Privatleben und der Institution Kunst zugrunde wie dem Klassenkampf oder dem Unbewußten, die je für sich nichts Absolutes, sondern nur Momente des substantialen Vergesellschaftungsprozesses sind. Im Rahmen dieser allgemeinen Modalität reduzieren sich die einander fortzeugenden Kontroversen auf Facetten des äquivalentförmigen Geldkristalls; die Gegenüberstellung von Gedicht und Briefen zeigt in der Übereinstimmung keine Abhängigkeit voneinander, sondern das tiefere Problem der modernen Zeit.

Am 24. April 1896 schickte Hugo von Hofmannsthal dem Schiffsleutnant Edgar Karg von Bebenburg (1872-1905) ein Heft *Blätter für die Kunst* (3. Folge, 2. Bd. März 1896), in dem er neben anderen sein Gedicht *Manche freilich* . . . erstmals veröffentlichte. Karg, damals im k. u. k. Kriegshafen Pola an der Adria stationiert, war seit vier Jahren eng mit dem jungen Dichter befreundet, und ihr umfänglicher Briefwechsel kreiste stets um die Gestaltung einer innerlich und äußerlich geordneten Lebensweise, wie nämlich das eigene Geschick gegenüber dem verworrenen Dasein zum Ideal des Gentleman emporzubilden sei.

Am Ende des 19. Jahrhunderts galt ›Gentleman‹ noch als Standesbezeichnung (analog zu frz. ›gentilhomme‹, ›galant-homme‹; ital. ›gentiluomo‹) und meinte einen gemäß den Gesetzen der Ehre lebenden Mann von Lebensart, gutem Ton und anständiger Gesinnung.

> Früher bezeichnete man mit G. den wappenberechtigten Mann von Geburt [. . .] im Gegensatz [. . .] zu der großen nicht gesellschaftsfähigen Masse [. . .] Später dehnte man den Begriff aus auf alle Personen, welche kein Gewerbe treiben, literarische Bildung genossen haben, auf Beamte, Offiziere, Geistliche, Rentiers, Großkaufleute etc., also auf Personen, welche vermöge ihrer Stellung und Bildung oder ihres Reichtums berechtigt sind, in der guten Gesellschaft zu verkehren[25].

Die innere Bildung ihrer eigenen, noch unfertigen Persönlichkeit war das gemeinsame Streben der beiden Freunde; »ein mög-

25 *Meyers Konversations-Lexikon.* 4. Auflage, Bd. 7, Leipzig 1887, S. 114 f.

lichst ritterlicher Mensch«[26] zu sein, »ein gentleman oder ein Künstler oder wie wir unser Ziel nennen wollen« (Briefwechsel, 94)[27]. Beide waren bemüht, sich über die Niedrigkeiten des Lebens zu erheben, so »daß man besser und vornehmer ist, als das Leben. Das Leben ist für uns alle unsagbar schwer, tückisch und grenzenlos übelwollend: im Ertragen liegt alles Schöne und Wertvolle« (52).

Der Gentleman ist ein aristokratisch-bürgerlicher Mischtypus, und als politisches Bildungsideal enthält er überwiegend feudale Relikte[28]. Das Gedicht ist in diesem Sinne haltungsprägend, denn es gibt auch eine Antwort auf die Lebensfragen des Freundes, der während des Jahres 1895 in eine tiefe Krise geraten war (96) und bekannte: »auf Deine wohltuenden Worte antworte ich jetzt immer mit so urwaldartig verwirrtem Zeug«. Sollte er aber einst die klaren Höhen des Guten erreichen, hätten sich die Mühen gelohnt, »und Du hast mitgeholfen dabei« (98).

Die Ordnung, an der Hofmannsthal arbeitete und die im Gedicht als Unterscheidung von höherem und niederem Stand gestaltet wird, entspricht der gottgewollten Wert- und Gesellschaftsordnung des Mittelalters, dem Ordo; es ist überzeugend darauf hingewiesen worden, daß seine schöpferische Tätigkeit sich grundlegend an »Ordo-Vision« und »Ordo-Erlebnis«[29] orientierte.

Das Gedicht ist vielfach mit den ersten Jahren dieser Freundschaft verflochten, wie die Untersuchung ihrer Briefe zeigen wird. Die Korrespondenz erweist sich wegen ihrer vorbehaltlosen Aufrichtigkeit als aufschlußreich (17, 96, 111); noch fast zwanzig Jahre nach dem frühen Tod des Freundes erinnerte sich Hofmannsthal an ihr tiefes Einverständnis: »wir sind wieder wie Kinder, und wie ein Geisterhauch fährt die Ahnung des Höheren, das im menschlichen Geschick sich offenbaren will, durch uns

26 Hugo von Hofmannsthal / Edgar Karg von Bebenburg. *Briefwechsel,* hrsg. von Mary E. Gilbert. Frankfurt/M. 1966, S. 128. Die eingeklammerten Ziffern im folgenden Text beziehen sich auf die Seitenzahlen dieses Bandes.

27 Zu Gentlemanideal vgl. a. ebd., S. 10, 22, 95, 98, 108 et passim.

28 Vgl. GGG, S. 384 ff.; GDG, S. 135 ff. et passim. Mit Begriffen wie aristokratisch, archaisch, feudal, altertümlich, mittelalterlich etc. bezeichne ich die arbeitsteilige Synthesis des Oikos (GDG, S. 71-91), verwende sie im weitesten Sinne, vom einzelwissenschaftlichen Standpunkt aus also als Pars pro toto.

29 Martin Stern, *Hofmannsthals Wirklichkeit,* in: *Hofmannsthal-Forschungen 2.* Freiburg 1974, S. 12.

hin« (7). Die Ahnung eines höheren Gesetzes ist der Schimmer jener Modalität unseres Lebens, der wir unwissentlich und wie von selbst gehorchen.

Der junge Karg war ständig bemüht, »Ordnung in das Chaos zu bringen, das sich immer colossaler in ihm anhäuft« (21), und er beklagte den extremen Wechsel zwischen dem Niederen und dem Schönen, der seinem »ganzen Sein einen etwas schwankenden Zug« (43, vgl. a. 58) gebe. Hofmannsthal, der mit dem gleichen Problem kämpfte (vgl. a. 44, 45, 46), unterstützte ihn gegen das Durcheinander von großen und kleinen Gedanken und kleidete die erstrebte Ordnung in den Gegensatz: »alles das, was in einem zieht und bandelt, wenn man nicht das schöne, leere, reinliche emailblaue Meer vor sich hat« (22, vgl. a. 29).

Karg empfand physischen Ekel vor seiner Schiffsunterkunft, drunten zusammengepfercht mit 23 anderen »sehr verschiedener Nation, noch viel verschiedener an Ansichten u. Meinungen, die meisten ohne besonders ausgeprägten Sinn für Ordnung«. Er blieb um Ordnung und Sauberkeit bemüht, stellte aber resigniert fest: »Manche lassen's sein« (27). Der Dienst ließ ihn nicht »zum ruhigen Denken kommen [...] u. immer dazwischen das grausliche, leere Getratsch und Gerede meiner Kameraden« (38); verzweifelt notierte er: »Etwas verdrehteres, unordentlicheres [...] als eine Cadettenmesse gibt's überhaupt nicht« (27).
Der junge Seeoffizier lebte sozusagen

Bei den Wurzeln des verworrenen Lebens,

und erlebte täglich, was Hofmannsthal in die Verse faßte:

Viele Geschicke weben neben dem meinen,
Durcheinander spielt sie alle das Dasein [...]

Schon das Bild der ersten Verse erinnert an die großen Ruderkriegsschiffe vor allem des Mittelmeeres, die aus der Antike z. B. als Triremen, seit dem Mittelalter als Galeeren bekannt sind: auf Deck

Wo die schweren Ruder der Schiffe streifen

saßen in kompliziert-verschachtelter Anordnung die Ruderer, meist Sträflinge und Kriegsgefangene, Vagabunden und Sklaven, angeschmiedet und fast immer unbekleidet; wer die äußerst anstrengende Arbeit, die größte Genauigkeit erforderte, nicht leistete, wurde geschlagen und bei völliger Erschöpfung über Bord geworfen. Über dem Hinterschiff erhob sich die tonnenförmig gewölbte Kapitänskajüte auf einer erhöhten Galerie,

Andre wohnen bei dem Steuer droben,
Kennen Vogelflug und die Länder der Sterne

von wo aus ein Gang für Offiziere und Büttel zwischen den Ruderbänken hindurchführte. Zumindest bis in die Mitte des 18. Jahrhunderts wurden Galeerensklaven im Mittelmeer auf Ruderschiffen verwendet; die Galeerenstrafanstalten oder Bagnos, in denen schwerste Hafen- und Arsenalarbeiten zu leisten waren, wurden in Frankreich erst durch ein Dekret vom 27. 3. 1852 aufgehoben.

Zweifelsohne hat E. Karg um diese Tradition der christlichen Seefahrt im einzelnen gewußt; er berichtete auch angewidert über die erbitternde Ungerechtigkeit des Lebens und »das Knüttelhauen« (85) auf der österreichischen Korvette SMS Friedrich.

Hugo von Hofmannsthal hat die Leiden des jungen Schiffsoffiziers, »dieses Gefühl der Unausgefülltheit, der Sinnlosigkeit des Daseins« (31), wie ein Freund nachzuempfinden gesucht und die Ursache in der Isolation des Schiffslebens gesehen[30]; an Land hingegen habe er durch gute Bücher und Gespräche die Möglichkeit, sich selbst, sein eigenes Ich bis zur Selbstvergessenheit auszulöschen. Auch in ihrem Verhältnis spiegelt sich der Gegensatz; während der Dichter sich über die da drunten erheben konnte, hinderte den Freund der Seedienst, das Droben zu erreichen. Die Hilfe, die Hofmannsthal dem Freund anzubieten hatte, führte allerdings weit weg von der begrifflichen Klarheit, die jener suchte:

man ist wie ein Gespenst bei hellem Tage, fremde Gedanken denken in einem, alte, tote, künstliche Stimmungen leben in einem, man sieht die Dinge wie durch einen Schleier, wie fremd und ausgeschlossen geht man im Leben herum, nichts packt, nichts erfüllt einen ganz: endlich bricht doch etwas Menschliches, etwas Ursprüngliches durch (32).

Kargs Streben nach rationaler Bewältigung, d. h. nach begrifflicher Klarheit anstelle des feudalarchaischen Bewußtseins, das der Freund ihm nahelegte, ist unverkennbar, und er bedauerte seine unzureichende Schulbildung; wenn »ich würde logischer denken können, ich wär weniger confus« (26). Er erinnerte den jüngeren

30 »Der junge Hofmannsthal hat immer wieder das Bild vom vorbeifahrenden Schiff verwendet. [. . .] es bedeutet Separation. Dem Vorbeifahrenden ist es nicht möglich, an dem ihm vertrauten Ufer auszusteigen.« (Gotthart Wunberg, *Der frühe Hofmannsthal. Schizophrenie als dichterische Struktur*. Stuttgart etc. 1965, S. 50).

Dichter, daß dieser gegen das viele Lernen sei und von einem ungesunden Verlangen nach Wissen in unserer Kultur geschrieben habe, und er wendet ein:

> Das verstehe ich nicht. Ich beneide die Menschen, die in Ruhe viel arbeiten können. Und sag mir, woher hast Du Deine fertige Meinung über Menschen u. Welt? Man kommt doch nicht vom Anschauen allein zu einem Urteil. Sag mir noch eins. Was nennst du das Leben begreifen (56)?

»Mein lieber Edgar, Du fragst ein paar recht schwere Sachen«, antwortete Hofmannsthal und mühte sich um eine Klärung seiner Position, der er den »gebildeten Fachmenschen« gegenüberstellte. Wenn wir seine Invektiven über bornierte Vielwisserei als oberflächliche Voreingenommenheit beiseite lassen, schälen sich zwei verschiedene Denkformen aus dem Brief des erst zwanzigjährigen Dichters heraus; er verwirft Objektbindung als Sinngebung für »einen Menschenberuf« (57) und propagiert statt dessen jede einzelne Seele als direkten Ausdruck, als Resonanzboden für »ein außer Dir seiendes Wesen, ein Phänomen des Daseins, dessen Sein Dich beeinflußt, für Dich bedeutet« (58).

Die »Erkenntnis der Tatsachen und ihrer Gesetze« wie »das Aufhäufen von bloßem wissenschaftlichen Material« (57) seien seelenlos und ohne absoluten, bestenfalls von gleichnishaft moralischem Wert[31]; sie erzeugten vielmehr, und das nun folgende Zitat ist besonders aufschlußreich,

> die Auffassung von der Unzulänglichkeit des einzelnen Lebens im Verhältnis zu der ungeheuren Masse des notwendig zu Wissenden, und damit eine große Mutlosigkeit und ein Verzichten des Einzelnen, je für sich selber zu einem Ende zu kommen, mit dem Leben fertig zu werden, für sich etwas Ganzes vorstellen zu wollen (57 f.).

Der Einzelne müßte sich als gesondertes Teil begreifen, sowohl als wissenschaftlicher Spezialist wie in methodischer Distanz zum Gegenstand; er könnte nie »für sich etwas ganzes vorstellen«, sondern nur in »einem ganzen großen System von wissenschaftlich analysierten Erscheinungen« (58). Hofmannsthal sträubte sich entschieden gegen eine begriffliche Fassung der Lebensprobleme, denn die »meisten Menschen leben nicht im Leben, son-

31 Indem Hofmannsthal »das schauernde Begreifen der Existenz fesselnder [. . .] als das Sichabfinden mit Hilfe toter nichts mehr sagender Formeln« empfand, war er »von einer dilettantenhaften Beschäftigung mit Kunst zu einer gründlichen Zurechtsetzung mit dem Leben gekommen« (S. 54).

dern in einem Schein, in einer Art von Algebra, wo nichts *ist* und alles nur *bedeutet.*« Er aber möchte »in der Mitte auf dem lebendigen Wasser« schwimmen und »das Sein aller Dinge stark spüren und in das Sein getaucht, das tiefe wirkliche Bedeuten« (81).

Für Hofmannsthal ist das Leben begriffen, wenn in ihm nicht nur wahr, schön und gut verschmelzen, sondern das Einzelne für sich und ohne Distanz mit allen anderen Einzelnen, wenn »alle, alle Dinge im Dasein (die Menschen mitgerechnet) aufeinander zu beziehen, ja wesensgleich sind, jeder Einwirkung aufeinander fähig, und in einem gewissen, geheimnisvollen moralischen Zusammenhang stehen«. Dazu zählen auch das Meer und die Vöglein im Walde, »denn das allein Wissenswerte, der Sinn des Daseins, ist aus jeder einzelnen tiefsinnig erfaßten Erscheinung des Lebens [...] in einer blitzartigen Offenbarung für den Moment zu erhaschen und mit den eigenen tiefen Ahnungen und dumpfen Vermutungen der Seele in Beziehung zu setzen« (58)[32]. Der Einzelne lebt sich als Ganzes aus, er hängt direkt von seinen erotischen Beziehungen zu Dingen, Elementen und Menschen ab, und wenn er einmal alles untereinander und zu sich in Beziehung gesetzt hat, ist jener Augenblick da, der das Leben lebenswert macht und in dem »man die Größe und unsägliche Erhabenheit des Mensch-seins dunkel ahnend spürt« (59).

Der Gegensatz unvereinbarer Bewußtseinsfigurationen hat sich deutlich aufzeigen lassen[33]. Die bipolare Synthesis von Subjekt und Objekt, bei Hofmannsthal abgelehnt, ist eine fundamental andere Denkform als die mythisch verschränkte ›Synthesis‹ des Drunten und Droben, die er propagiert; er hat selbst beide miteinander unverträglichen Gestalten in seltener Klarheit herausgearbeitet.

Obwohl Edgar Karg die aristokratisch-leidende Herablassung Hofmannsthals teilte – oder übernommen hatte[34], denn »*nicht*

32 Auch bei einem französischen Vertreter des Ästhetizismus, bei Marcel Proust, zeigt sich diese »Empfänglichkeit für das Einmalige einer Erfahrung« (Peter Bürger, *Aktualität und Geschichtlichkeit. Studien zum gesellschaftlichen Funktionswandel der Literatur.* Frankfurt/M. 1977, S. 169).

33 Im einzelnen s. GDG, S. 30 ff./83 ff.; ferner GGG, S. 121 ff., 169 ff., 245 ff., 265 ff., 384 ff., 491 f. et passim.

34 »Die kleinen Menschen um mich herum reden mit unglaublicher Leichtigkeit

gemein sein, ist etwas sehr großes« (68) –, störte ihn die implizierte Isolation gegenüber dem allgemeinen Interesse. »Ich schreibe Dir eigentlich«, notierte Karg in seinem Brief vom 12. 6. 1895 aus Kiel, »weil ich gestern wieder einmal zum Bewußtsein gekommen bin, daß ich von Dingen, die viele Menschen sehr interessieren u. die zu wissen sehr gut für mich wäre, viel zu wenig verstehe; ich meine das Gären im Volk u. die ganze Bewegung zur Freiheit hin« (77). In der ihn auszeichnenden, direkt-schlichten Denkweise suchte der junge Seeoffizier sein Einzelschicksal im Allgemeinen zu begreifen. Um die Gegenwart politisch zu verstehen, fragte er den Freund, »aus welchem Buch ich erfahren kann, wie wir regiert werden u. wie die Verfassung zu ihrer jetzigen Gestalt gekommen ist« (79). Er interessierte sich für die Ursachen der Arbeiterbewegung und bekannte sein brennendes Verlangen, »näheres darüber zu wissen [. . .] Das Volk zu verstehen u. ihm raten zu können halt ich für etwas Gescheites und Gutes.« Und er erinnerte sich, daß Hofmannsthal Genaueres wissen müßte, hatte dieser sich doch mehrfach in ein Wiener Kaffeehaus begeben, »um einen jungen Menschen, der Socialdemokrat ist, auszufragen« (78).

Offenbar war der grübelnde Karg (95) selbst auf solche Gedanken verfallen, denn er schrieb ausdrücklich, daß er weder in Kiel noch in Pola einen Sozialdemokraten kenne, noch daß er im Offizierskorps oder auf der Akademie über derartige Fragen gesprochen habe. Mag sein, daß seine Kenntnis der Europäisierung des Erdballs ihn bewahrt hat, sich in die kauzigen Besonderheiten des selbstbezogenen Wiener Lebens zu flüchten: »Bombay, eine große, schöne, halb europäische Stadt mit griechischem Himmel und französischen und englischen Hotels.« Auch die Eigentümlichkeiten ferner Länder hatte er bemerkt, »jedoch das Geheimnisvolle, Erschütternde Indien, Benares, Agra, Delhi ff. blieb mir verschlossen« (38). Den Offizierstyp der Donaumonarchie sah er kritisch: »Engländer z. B. sind doch in allen Schichten der Bevölkerung u. Gesellschaft viel mehr au fait mit den Sachen,

schrecklich banales oft widerliches Zeug [. . .] aber anfangen kann man gar nichts damit als es in gewissen ungleichgiltigeren Momenten grauslich und grauslich dumm zu finden« (Hugo von Hofmannsthal / Edgar Karg, a.a.O., S. 65, vgl. a. 77). Noch schärfer heißt es später: ich »bin gar nicht unter Menschen, dafür viel mit einem braunen Hund beisammen und geb mir Mühe den armen Wilden aus Istrien eine Ahnung von der Waffe beizubringen« (S. 114).

die im Abgeordnetenhaus vorgehen u.s.f.« (78). Sein besonderes Interesse an der Arbeiterbewegung artikulierte sich in klaren Fragen an den Freund: »Kannst Du mir in ein paar Sätzen eine Disposition machen über diese Bewegung. – Wo sie ihren Ursprung hat, warum sie entstehen mußte, was für ein Interesse manche Menschen haben, sie zu fördern u. andre sie zu unterdrücken« (79).

Der postwendende Antwortbrief des jungen Dichters geriet zu diesen Fragen »nur sehr schlecht und spärlich«, aber aufschlußreich. »Über diese Dinge, was man so gewöhnlich die sociale Frage nennt, hört man recht viel reden«, aber was sie »›wirklich‹ ist, weiß wohl auch niemand, weder die drin stecken, noch gar die ›oberen‹ Schichten«. Und dann zieht er einen ungeheuerlichen Vergleich, der repräsentativ für große Teile der Bourgeoisie sein dürfte; die Probleme der Arbeiterschaft erscheinen ihm »so entfernt und unlebendig, wie wenn man durch ein Fernrohr von ganz weit einer Gamsherde grasen zusieht; es kommt einem gar nicht wie wirklich vor« (80)[35].

Hofmannsthals Erlebnisfähigkeit war vergangenheitsorientiert; »mir fehlt die Unmittelbarkeit des Erlebens [...] und was ich erlebe ist mir wie aus einem Buch gelesen«, schrieb er im Herbst 1892; »erst die Vergangenheit verklärt mir die Dinge und gibt ihnen Farbe und Duft« (19). Auch in seinen Briefen glaubte er das Wesentliche nicht fassen zu können, bestenfalls subjektive Stimmung und Empfindung, und er bemerkte den Unterschied zum 18. Jahrhundert, als »die Leute viel hübscher geschrieben haben, viel graciöser und viel vornehmer« (20). Am Ende des 19. Jahrhunderts seien nur noch die kleinen, um Kunst versammelten Gruppen von Menschen wie frische Quellen in einem ansonsten »sumpfigen faulen Teich [...] Denn das Wesen der Kunst ist doch immer Unmittelbarkeit, Wesentlichkeit, Anschauen des Daseins ohne Furcht, Trägheit und Lüge« (54). Kunst und Dichtung enthüllen nicht die Wahrheit des Sumpfes, sondern verklä-

35 Diese Briefstelle ist auch von Margret Bertzbach ausgewertet worden: »Daß so etwas wie die ›soziale Frage‹ bereits als Begriff auftaucht, verweist zugleich auf den Stand dessen, was zu denken durchaus nicht nur möglich, sondern üblich war« (in: *Untersuchungen zum Drama des Ästhetizismus am Beispiel von Hugo von Hofmannsthals Einakter, Das kleine Welttheater oder die Glücklichen.* Ms. 1977, S. 69). Vgl. ferner Hermann Rudolph, *Kulturkritik und konservative Revolution. Zum kulturell-politischen Denken Hofmannsthals und seinem problemgeschichtlichen Kontext.* Tübingen 1971, bes. S. 154-178.

ren die schale Realität »durch dieses Bedürfnis nach dem künstlichen Leben, nach Verzierung und poetischer Interpretation des gemeinen und farblosen« (19) zu einem höheren Leben.

Die Aktualität der politischen und sozialen Fragen hat Hofmannsthal historisch relativiert und ihre begrifflichen Fassungen als Fremdkörper für die Geschichte der Donaumonarchie abgewiesen, weil sie noch »weniger passen als anderswo, weil wir lauter fertige und von anderen Verhältnissen herübergenommene haben« (81). Er lehnte den proletarischen Klassenbegriff zumindest für den Vielvölkerstaat ab, weil dieser aus Individuen bestehe, und anerkannte nur vereinzelte Subjekte: »Mit einzelnen kann ich was anfangen, einzelnen vielleicht helfen, einzelne begreifen« (80 f.). Ein Allgemeines der Einzelnen sah er nicht – auch diese gesellschaftliche Erfahrung ist von dokumentarischem Wert: »Das ›Volk‹ kenne ich nicht. Es gibt, glaub ich, kein Volk, sondern [. . .] nur Leut«, relativierte aber sofort: »und zwar sehr verschiedene Leut, auch unter den armen sehr verschiedene, mit ganz verschiedenen inneren Welten« (80).

Wie Kargs Briefe zeigen, wurde er mit dem Problem seiner inneren Bildung und mit seinem Verhältnis zur Welt nicht fertig[36]; die sprachlichen Anklänge an *Manche freilich . . .*, im Briefwechsel der Freunde seit 1892 unüberhörbar, verdichten sich seit dem Sommer 1895. Im November 1895 hielt sich Edgar Karg für drei Tage, dann von Januar bis März 1896 in Wien auf; er war, »trotzdem er so gut ist doch sehr zu bemitleiden«. Hofmannsthal, der zur gleichen Zeit in Wien romanische Philologie studierte, bemerkte über ihn: »Dem guten Edgar in seiner Verworrenheit und dem Durcheinandergehen von innerem und äußerem Leben, Verträumen und übertriebenem Schwernehmen, ist sehr schwer auch nur ein bissel zu helfen.« Das Gedicht, das wenig später gedruckt erschienen ist und in dem das verworrene Leben und das Durcheinander der äußeren Geschicke, die Schwere und die Schatten gestaltet und insofern bewältigt werden, liest sich wie ein Versuch des Dichters, dem unter der Würdelosigkeit und der Ungerechtigkeit des Seedienstes leidenden Freund »zum Besitz seiner selbst zu verhelfen und wenigstens teilweise zu reinlichen

36 Am 19. 2. 1895 schrieb Hofmannsthal über ihn: »Nur hat er fast gar keine Freude an seinem Leben« (In: Hugo von Hofmannsthal / Leopold von Andrian. *Briefwechsel*, hrsg. von Walter H. Perl. Frankfurt/M. 1968, S. 39).

Begriffen« (59)[37]. Karg schrieb am 13. 4. 1896 aus Pola: »Du mußt mir doch bald die Gedichte schicken. Ich hab mich schon 2mal danach sehr gesehnt [...]« (115).

Die Synthesis des gesellschaftlichen Lebens ist nicht nur notwendige Wirklichkeit, sondern auch die Sehnsucht des Bewußtseins nach dem Sinn des Lebens, um der Vereinzelung zu entkommen; doch Hofmannsthals Vermittlung der je Einzelnen, ihre Erlösung aus der Subjektivität, «dem Genuß des eigenen Daseins« (92), stiftet keine Verbindung, sondern nur »wundervolle glühende Scheinerfahrungen« (94), die mit dem individuellen Erlebnis harmonieren »wie die Obertöne einer angeschlagenen Saite mit dem Hauptton« (93)[38]. Doch der Zusammenklang bleibt ohne Wirklichkeit, eine bloße Ahnung:

Und mein Teil ist mehr als dieses Lebens
schlanke Flamme oder schmale Leier.

»Ich kann mich ja nicht getrennt von allem Dasein fühlen«, suchte Hofmannsthal am 22. 8. 1895, »spür ich nicht hunderte von Männern und Frauen in mir leise leben? Liegen nicht viele Lebendige und Tote mit uns im Bett, trinken aus unserm Glas und bücken sich, wenn wir uns bücken« (93)?

Ganz vergessener Völker Müdigkeiten
Kann ich nicht abtun von meinen Lidern [...]

Um den Zerfall in Einzelnes aufzuhalten, rang Hofmannsthal um eine vermittelnde Ganzheit, die er auch als Medium bezeichnete, z. B. Lektüre, Kunst, Liebe, Freundschaft, Geschichte, Gebet. Sprache sei ein solches Medium »von der Seele des Erlebenden zum Ohr dessen, dem er's zuerst erzählt«, doch bedarf es auch nur »des einfachen Mediums Weltäther«, das Selbst ins All zu erweitern:

Noch weghalten von der erschrockenen Seele
Stummes Niederfallen ferner Sterne.

»Es gibt Sterne, zu denen in dieser jetzigen Stunde sich die

37 Schon Monate zuvor hatte er zur Gesamtproblematik geäußert: »darüber werden wir auch im December reden« (Hugo von Hofmannsthal / Edgar Karg, a.a.O., S. 94).

38 Nur vage ist das »wichtigste Gelenk des Systems« im Denken Hofmannsthals seit 1895 bestimmt, wenn lediglich formal und ungenau gesagt wird, daß »diese Verknüpfung immer eine gleichzeitige Durchdringung und Auflösung« sei (Hartmut Zelinsky, *Brahman und Basilisk. Hugo von Hofmannsthals poetisches System und sein lyrisches Drama ›Der Kaiser und die Hexe‹*. München 1974, S. 155, vgl. a. S. 157).

Schwingungen einfinden, die vom Speer ausgingen, mit dem ein römischer Soldat unsern Heiland in die Seiten gestoßen hat. Für diesen Stern ist jetzt einfach Gegenwart« (93). Auch die mediale Einheit derer, die drunten sterben müssen, mit dem höheren Streben der anderen, wird gesucht, bleibt aber wie ein Schatten unfaßlich.

Doch ein Schatten fällt von jenen Leben
In die andern Leben hinüber,

ist die Erinnerung einer geglaubten, aber nicht erfahrenen, einer ersehnten und verachteten Verkettung von Gliedern (94): »Aber ich glaube, daß da drunten, in dieser halb unbewußten, halb fieberhaften Zeit, [. . .] selbst in den Lügen, die Anfänge von allem gelegen sind« (98 f.).

Und die leichten sind an die schweren
Wie an Luft und Erde gebunden:

Was sich aus dem gemeinen Leben der Masse zur Lebensweise des Gentleman zu erheben trachtet, ist zugleich das Schicksal des Einzelnen, aus der eigenen Verworrenheit und Niedrigkeit, »diesem schamhaften schweigsamen Fühlen und schamlosen Denken« (98), aufzusteigen; doch aus dieser »Schwere des Lebens« stammt die Kraft, daß »wir damals gelernt haben zu fühlen«, um nun das Dasein im Gefühl zusammenzuschließen, unser Fühlen auf das mitlebende Dasein zu beziehen« (99). Aber statt Synthese fallen die Sphären auseinander: »Jetzt leben wir so verträumt aneinander vorüber und was wir gutes oder schlimmes zufügen, ist noch kaum zuzurechnen, so wenig ahnen wir, worauf es ankommt« (99 f).

Manche liegen immer mit schweren Gliedern
bei den Wurzeln des verworrenen Lebens,
Andern sind die Stühle gerichtet
Bei den Sibyllen, den Königinnen,
Und da sitzen sie wie zu Hause [. . .]

Hofmannsthal muß einräumen: »den Zusammenhang hab ich nicht finden können«, weder mit dem niederen Leben noch mit den »Spuren häßlicher ja unbegreiflicher Gemeinheit«; der Dichter ist dem Zusammenhang entkommen wie durch »das Hinaufklettern an einer steilen Mauer [. . .] So denk ich nicht viel an das, was drunten war« (98, vgl. a. 104).

Manche freilich müssen drunten sterben,
[. . .]

Andre wohnen bei dem Steuer droben [. . .]

Die Diskrepanz bleibt. »Wie ein Stein liegt das Leben auf uns und wir winden uns; doch sind es wieder wir, wollend wie träumende Götter, die das Leben tragen«. Auch die Hoffnung besteht. »Erst später, viel später [. . .] werden wir langsam lernen, den Menschen zu begegnen« (99, vgl. a. 104). Vorab allerdings gilt noch das Ziel »des schönen Lebens« (119),

Leichten Hauptes und leichter Hände.

Dann steht man, »wie der Mensch vor dem Meer, alles feste hinter uns, nur da, um verlassen zu werden, und vor den Augen nichts als die Unendlichkeit des Daseins, der nicht beizukommen ist.« Die göttergleich schwebende Existenz scheint nahe; »man ist unheimlich leicht und leer« (105).

Hofmannsthal war es nicht gelungen, »in allen den unzähligen Dingen des Lebens« die verbindende Allgemeinheit, das umfassende Ganze zu bestimmen; deshalb »ist die ganze Welt ein Reden des Unbegreiflichen zu unserer Seele [i. e. als Totalität nicht erkennbar, L. P.] oder ein Reden unserer Seele mit sich selbst [der Mangel an Totalität wirft das Subjekt auf sich zurück, erzeugt Subjektivität, L. P.].« Die menschheitsgeschichtlich uralte Selbstverständlichkeit des sprachlichen Meinens, »freilich ein Kinderglaube [. . .], daß wenn uns nur immer die richtigen Worte einfielen, wir das Leben so wiedererzählen können« (82), wird durch rationalen Wortgebrauch zersetzt; »aber aufs Vereinigen kommt's an«. Weil eine begrifflich faßbare Synthesis nicht zu haben ist, gibt es keine Ganzheitlichkeit des Wirklichen, sondern nur je gesonderte Traumwelten wie Dichtung und Musik, Malerei und Artistik, Architektur und Religion, »mit der wirklichen Welt und auch untereinander nur gleichnishaft verwandt, und niemals wie Schläuche aneinanderzuschrauben!« In diesen je abgesonderten Welten ist das Subjekt aber nicht aufgehoben, sondern in sich selbst verliebt, so daß es »über dem Anstarren des Spiegelbildes ins Wasser fällt und ertrinkt«. Die Gleichnishaftigkeit der Traumwelten reduziert sich auf das Nebeneinander von introvertierten Individuen mit der Sehnsucht nach dem ihnen gemeinsamen Lebenssinn, und sie fallen wie träumende Kinder »durch den Ärmel im Paletot ihres Vaters in das Märchenland hinein, zwischen gläsernem Berg und dem Froschkönig seinem Brunnen« (83) – in die Vergangenheit des Oikos[39].

39 Vgl. GDG, S. 71-92.

Edgar Karg hatte bei seinen Fragen gewußt, daß er es mit »einem sehr verworrenen Ding« zu tun hatte, und wollte sich »nicht confus machen« (78) lassen; Hofmannsthals mythisierende, Rationalität zerstörende Antwort befriedigte ihn nicht, denn »um sich aufs Leben zu besinnen, darf man nicht immer am Herzen gezwickt werden« (84). Nicht nur die sehnsüchtige Gefühligkeit, die der Jüngere an die Stelle des Begriffes setzte, lehnte er ab, sondern auch dessen Passivität: »Aber in mir regt sichs endlich auch [...] u. ich spür, daß ich Besseres verdien u. ich nichts davon habe vom Zuschaun wies andern besser geht« (85). Wie es scheint, ist die Diskussion zumindest brieflich zwischen den Freunden nicht weitergeführt worden; ihr Verhältnis gestaltete sich distanzierter als zuvor. Karg resümierte die Erfahrungen seines Wiener Urlaubs, indem er sie mit Gesprächspartnern in Pola verglich, die »auch recht gut objective Standpunkte einnehmen und noch dazu solche, die ich leichter begreife, als wie manchmal Deinen u. den von den andern Buben, obwohl ich allerdings immer, bei Dir wenigstens, das Gefühl gehabt habe – aber eben nur das Gefühl – daß Du sehr etwas Richtiges siehst u. daher sagst, wie von sehr hoch oben mit guten Augen« (115). Die Freundschaft blieb bestehen, aber seit 1896 werden die Briefe seltener und unregelmäßiger, kreisen mehr um Fakten und praktische Fragen und sparen intime Erlebnisanalysen aus (11).

Das Gedicht *Manche freilich* ... bezeugt die Entfremdung des Einzelnen vom allgemeinen Sinn seines gesellschaftlichen Daseins; es ist gültige Erfahrung der Individuen, z. B. des Edgar Karg. Die haltlose Subjektivität, freigesetzt vom revolutionären Prozeß moderner Vergesellschaftung, sucht verzweifelt nach ihrer komplementären Totalität, die in den Realitäten des politischen Lebens, insonderheit der Donaumonarchie, nicht oder nur bis zur Unkenntlichkeit verstümmelt erscheinen kann. Die notwendige Entzweiung des bürgerlichen Lebens – z. B. von privater und öffentlicher Sphäre, von Freiheit und Verantwortung, von Selbstbestimmung und Toleranz, von Subjektivität und Gleichheit –, die Individualität und Gemeinwesen in ein dialektisches Verhältnis setzt, ist zur entfremdeten Isolation vereinzelter Subjekte heruntergekommen, deren Sehnsucht nach Sinn ins Irrationale abgedrängt und mit Ideologien nur scheinbar befriedigt wird.

Hofmannsthals Rückgriff auf den Mythos der Kunst ist ein seit langem und von vielen Menschen gewählter Fluchtweg aus unerträglichen Situationen; er nutzte dazu die wohlfeile Musikalität der Sprache[40] ebenso wie den priesterlichen Gestus, den schon der platonische Sokrates verspottet hatte. Solche Weise monologisieren, »ohne danach zu fragen, ob wir ihnen folgen in ihren Reden oder zurückbleiben, [...] jeder das Seinige zu Ende«[41]. Die höheren Weihen der Kunst als Ausweg führen nicht in die Zukunft, sondern in die Vergangenheit, doch man wird den Dichter nicht entgelten lassen dürfen, was er an gesellschaftlichen Zwängen aufzuarbeiten suchte und was von den eigentlich der Rationalität verpflichteten Literaturprofessoren bis heute an Ideologemen aus seinen Werken exegesiert worden ist. Der restaurationsverliebte Ästhet, einerseits Opfer und Symptom sozialgeschichtlicher Regression, andrerseits Katalysator des gesellschaftspolitischen Rückschritts, bleibt eine notwendige Erscheinung von Defiziten, deren Diagnose er erleichtert, ja z. T. erst ermöglicht; das Lamento sollte nicht dem Autor, sondern den Verhältnissen gelten, die ihn gezeugt haben.

Ein zwielichtiger Vergesellschaftungsprozeß bietet dem Schriftsteller auch andere Wege an. Zur Illustration einer Hofmannsthal entgegenzusetzenden Haltung künstlerischer Tätigkeit einige zeitgenössische Verse von Arno Holz aus dem Gedicht *Meine Nachbarschaft;* dem Titel entspricht das soziale Engagement:

> Die Armuth bettelt um ein Stückchen Brot,
> Doch herzlos läßt der Reichtum sie verhungern;
> [...]

auch die Umwertung der Kunst wird begriffen und gestaltet:

> O Gott, warum dies alles, o warum?
> Wie Centnerlast drückt mich die Frage nieder!
> In meinen Reimen geht sie heimlich um
> Und ächzt und stöhnt durch meine armen Lieder.
> Was bleibt mir noch auf diesem Erdenball?
> Denn auch die Kunst, längst stieg sie vom Kothurne!
> Einst schlug mein Herz wie eine Nachtigall,
> Doch ach, nun gleicht es einer Thränenurne[42]!

40 GDG, S. 219, 222, 224, 241, 250 f.

41 Platon, *Der Sophist,* übersetzt von Friedrich Schleiermacher, in: Platon, *Sämtliche Werke.* Bd. 2, Berlin o. J., S. 702; vgl. dazu GGG, S. 184, ferner 165, 171 et passim.

42 *Buch der Zeit.* 2. Auflage, Berlin 1892, S. 99.

Die Perspektive dieses Gedichtes ist von *Manche freilich* ... so verschieden wie die allgemeine Äquivalentform vom archaischen Oikos; als Ausdruck ihrer Zeit belegen beide Gedichte die aus ihrer gesellschaftlichen Fassung gebrochene Subjektivität, die erblindet an endlosen Mauern nach einem Ausgang tappt.

Arno Holz, der eine Zeitlang im Berliner Arbeiterviertel Wedding wohnte[43], in der illegalen sozialdemokratischen Presse publizierte[44] und dessen Gedichte Detlev von Liliencron zu der Äußerung veranlaßten: »Arno Holz ist ja wüster, rothester Socialdemokrat«[45], versuchte wie fast alle Naturalisten vergeblich, im Sozialismus der Arbeiterbewegung die eigene Individualität zur gesellschaftlichen Synthese zu konkretisieren. Mit den gleichen Argumenten, die das wilhelminische Bürgertum der modernen Kunst vorwarf, hielten sich die Parteifunktionäre den Naturalismus wegen seiner häßlichen Geschmacklosigkeiten und stinkenden Schweinereien vom Leibe, dienten der Arbeiterschaft das tradierte bürgerliche Kulturgut kritiklos an und unterdrückten mit doktrinären Mitteln, schließlich durch Parteiausschluß die Opposition der jungen Literaten[46]. Der gesellschaftliche Mechanismus individueller Isolation bestimmte das Sozialengagement von Holz und den Feudalästhetizismus von Hofmannsthal[47]; in beiden bezeugt sich die gleiche Haltlosigkeit einer um ihre allgemeine Wahrheit betrogenen Subjektivität, die als ungelöste Problematik nicht nur Dichter, sondern alle Menschen wie Edgar Karg umtreibt.

43 Helmut Scheuer, *Arno Holz im literarischen Leben des ausgehenden 19. Jahrhunderts (1883-1896). Eine biographische Studie.* München 1971, S. 55, 192.

44 Ebd., S. 63.

45 S. 62.

46 S. 191-197. Vgl. dazu auch den Beitrag von Andreas Huyssen in diesem Heft.

47 Vgl. den Beitrag von Onno Frels in diesem Heft.

Wilfried Grauert

Traditionsbruch und Abgrenzung vom Massenpublikum bei den Brüdern Goncourt. Zur Préface von Germinie Lacerteux

Rahmen und Ziel meiner Skizze zur *Préface* von *Germinie Lacerteux* bestehen darin, die programmatische Weiterentwicklung des erreichten Materialstandes[1] des realistischen Romans durch die Brüder Goncourt im Zusammenhang mit der Institutionalisierung[2] des literarischen Naturalismus im Frankreich des Zweiten Kaiserreiches zu untersuchen. Dabei gehe ich so vor, daß ich zum einen den Text der *Préface* analysiere und zum anderen den literarhistorischen Kontext skizziere, und zwar sowohl in bezug auf programmatische Aussagen zur Romantheorie (Stendhal, Balzac) als auch unter Berücksichtigung der positivistischen Ästhetik (Comte).

Daß das Erscheinen von *Germinie Lacerteux* (1865) eine Etappe in der Entwicklung des französischen Romans des 19. Jahrhunderts markiert, darüber besteht im allgemeinen Konsens. Die prominente Position des Werkes – es handelt sich um die Geschichte der sozialen und psychischen Misere eines Dienstmädchens – hat zwei Ursachen. Einerseits ergibt sie sich aus den innovativen Momenten des Sozialromans: auf Grund der Erweiterung des Spektrums gesellschaftlicher Wirklichkeit um das nicht aus der Perspektive der Herrschaft problematisierte proletarische Milieu[3] sowie des mit wissenschaftlichem Anspruch prakti-

1 Zum Begriff des Materials vgl. Ch. Bürger, *Der Ursprung der bürgerlichen Institution Kunst im höfischen Weimar. Literatursoziologische Studien zum klassischen Goethe.* Frankfurt/M. 1977, bes. S. 14-19; P, Bürger, *Institution Kunst als literatursoziologische Kategorie. Skizze einer Theorie des historischen Wandels der gesellschaftlichen Funktion der Literatur,* in: Romanistische Zeitschrift für Literaturgeschichte/Cahiers d'Histoire des Littératures Romanes, Nr. 1 (1977), S. 50-76, bes. S. 67-71.

2 Zur Konzeption der Institution Kunst/Literatur vgl. P. Bürger, a.a.O.; ders., *Theorie der Avantgarde* (edition suhrkamp, 727). Frankfurt/M. 1974; Ch. Bürger, a.a.O., bes. S. 7-14.

3 Zur Handlungskonstruktion von *Germinie Lacerteux* vgl. H.-J. Neuschäfer, *Populärromane im 19. Jahrhundert* (UTB, 524). München 1976, S. 182 f.

zierten Kunstmittels der dokumentarischen Darstellung sozialer Realität gilt *Germinie Lacerteux* als erster naturalistischer Roman[4]; andererseits beruht sie auf den programmatischen Aussagen der *Préface,* die wichtige Fragen der naturalistischen Ästhetik thematisiert und deswegen als erstes Manifest des entstehenden Naturalismus betrachtet wird[5].

Insofern die inhaltlichen und formalen Neuerungen ihres Romans den geltenden Regeln des literarischen Geschmacks widersprechen, sehen sich die Goncourt veranlaßt, ihm ein Vorwort voranzustellen, um sich beim Publikum zu entschuldigen bzw. es vor ihrem Werk zu warnen. Freilich gerät ihnen diese Rechtfertigung zu einem Angriff auf die ästhetischen Normen des Publikums, besonders auf die herrschende Rezeptionshaltung, und so wird die *Préface* zu einer offensiven und propagandistischen Darlegung des Selbstverständnisses von Schriftstellern, die sich bewußt sind, einen neuen Roman zu schaffen und zu begründen[6]. Die Goncourt entwickeln ihre Romankonzeption in Abgrenzung gegenüber der Auffassung vom Roman, die beim zeitgenössischen Publikum dominiert. Zu diesem Zweck entwerfen sie in idealtypischer Konstruktion zwei gegensätzliche Romantypen,

4 Vgl. Flauberts Brief vom 16. 1. 1865 an die Brüder Goncourt unmittelbar nach der Lektüre von *Germinie Lacerteux:* »Champfleury [neben Duranty wichtigster Vertreter der realistischen Schule] est dépassé, je crois. [...] La grande question du réalisme n'a jamais été si carrément posée«, *Oeuvres complètes de Gustave Flaubert,* hrsg. v. Société des études littéraires françaises, Bd. 14: *Correspondance 1859-1871.* Paris 1975, S. 224; vgl. Zolas Urteil: »*Germinie Lacerteux,* dans notre littérature contemporaine, est une date. Le livre fait entrer le peuple dans le roman«, E. Zola, *Edmond et Jules de Goncourt,* in: ders., *Les romanciers naturalistes* [1881]. Paris 1898, S. 244 sowie Zolas Rezension von *Germinie Lacerteux,* in: ders., *Mes haines* [1866]. Paris 1907, S. 67-85, bes. S. 81 f.; vgl. auch die Ausführungen von P. Sabatier über den Einfluß der Goncourt im allgemeinen bzw. von *Germinie Lacerteux* im besonderen auf Zolas Romanproduktion: P. Sabatier, *L'esthétique des Goncourt* [1920]. Genf 1970, S. 552-564, bes. S. 552 f. und S. 559 sowie die hier mitgeteilten Einschätzungen von E. Houssaye (S. 553), R. de Gourmont (ebd.) und F. Brunetière (S. 554).

5 Vgl. H.-J. Neuschäfer, *Der Naturalismus in der Romania,* in: *Neues Handbuch der Literaturwissenschaft,* hrsg. v. K. v. See, Bd. 18: *Jahrhundertende – Jahrhundertwende* (1. Teil), hrsg. v. H. Kreuzer. Wiesbaden 1976, S. 33.

6 Zur Interpretation der *Préface* vgl. v. a. E. Auerbach, *Mimesis. Dargestellte Wirklichkeit in der abendländischen Literatur* [1946] (Sammlung Dalp, 90). [5]Bern 1971, Kap. 19: *Germinie Lacerteux,* bes. S. 460-472.

Den Text der *Préface* zitiere ich nach folgender Ausgabe: *Anthologie des préfaces de roman français,* hrsg. v. H. S. Gershman / K. B. Whitworth. Paris 1964, S. 222-224; die Zahlen bei den zitierten Textstellen geben die Zeilen an.

den »verlogenen Roman« (roman faux, 3) und den »wahren Roman« (roman vrai, 4), denen sie auf den Ebenen Milieu/gesellschaftliche Wirklichkeit, Sujet, Darstellung(sweise) und Wirkung konträre Merkmale zuweisen; mit diesen Typen beziehen sie sich auf den Unterhaltungsroman des Feuilletons (verlogener Roman) bzw. den naturalistischen Roman (wahrer Roman).

Stellen die verlogenen Romane das aristokratische und großbürgerliche Milieu (le monde, 5 f.) dar, so repräsentiert der wahre Roman die kleinbürgerlich-proletarische Welt (la rue, 6)[7]. Diese inhaltliche Unterscheidung gesellschaftlicher Realität wird mit einer Wertung verbunden, die den Wahrheitsgehalt der Darstellung betrifft. Wenn nämlich über die verlogenen Romane gesagt wird, daß sie den Leser »*scheinbar* in die große Welt führen« (les livres qui *font semblant* d'aller dans le monde, 5 f.)[8], und über den wahren Roman, daß er »von der Straße [komme]« (6), so wird deutlich, daß der dokumentarische Wert der in den verlogenen Romanen dargestellten Wirklichkeit wegen der illusionistischen Komponente geringer eingeschätzt wird, als dies beim wahren Roman der Fall ist. Mit anderen Worten: Die Goncourt stellen den Wahrheitsgehalt des Unterhaltungsromans auf Grund des Momentes der Illusionsbildung in Frage und erheben für den naturalistischen Roman den Anspruch, daß die dargestellte Wirklichkeit authentisch ist. Das Adjektiv »vrai« signalisiert den zentralen Wert ihrer Ästhetik, die »vérité«[9].

Auf der Ebene des Sujets kontrastieren die Goncourt

7 Die Goncourt schränken den naturalistischen Roman nicht auf Werke ein, in denen das Dasein von Angehörigen der »basses classes« dargestellt und analysiert wird. Ihre gemeinsam verfaßten und zwischen 1860-1870 veröffentlichten Romane thematisieren drei Milieus: die Künstler, das Bürgertum und das Volk; vgl. folgende Notiz der Goncourt: »Nous essayons de faire l'histoire de la société de ce temps-ci par l'étude des classes de cette société. Son train. Grandes catégories: artistes, bourgeois, peuple«, zit. nach M. Raimond, *Le roman depuis la révolution*. [5]Paris 1976, S. 98; vgl. auch das Vorwort zu dem von Edmond de Goncourt nach dem Tode seines Bruders Jules allein verfaßten Roman *Les frères Zemganno* (1877), in dem der Autor, an junge Schriftsteller gerichtet, erklärt, daß der Erfolg des Realismus bzw. Naturalismus davon abhängen werde, ob es gelinge, die Welt der Aristokratie und der (Groß-)Bourgeoisie mit derselben Methode zu analysieren, wie es in *Germinie Lacerteux* und in Zolas *Assommoir* mit dem proletarischen Milieu geschieht.

8 Hervorhebung von mir. W. G.

9 Ich verzichte an dieser Stelle darauf, den Begriff der vérité (bzw. des vrai) und seine Bedeutung für die Romanästhetik der Goncourt darzulegen.

»Schlüpfriges« (»anstößige Machwerke«, »Erinnerungen junger Mädchen«, »Bettgeschichten«, »Obszönitäten«, »Skandalgeschichten«, 7-9) mit »Sauberem« (»sachlich und rein«, 10), die »photographie décolletée du plaisir« (11 f.) mit der »clinique de l'Amour« (12). Auch diese inhaltliche Differenzierung schließt eine Wertung auf der Ebene der Darstellung ein. Gilt für den *roman faux*, daß er eine oberflächliche Ablichtung adressatenbezogen perspektivierter Wirklichkeit liefert, so für den *roman vrai*, daß es ihm um eine analytische Darstellung nicht adressatenbezogen perspektivierter Wirklichkeit geht; denn das Wort »clinique« meint an dieser Stelle nicht etwa eine Art Krankenhaus, sondern eine Methode, mit der man durch direkte Beobachtung zu einer Diagnose kommt. Daraus resultiert, daß die Goncourt, um ihren Typus von Roman zu bezeichnen, hier den Begriff »Studie« (étude, 12) verwenden und damit auf die Affinität ihrer Darstellungsweise zu wissenschaftlichen Verfahren hinweisen. »Etude« darf folglich als Gegen- bzw. Kampfbegriff gegenüber dem Unterhaltungsroman verstanden werden. Anders gesagt: Die Goncourt unterstellen dem Unterhaltungsroman, daß dessen Wirklichkeitskonstruktion in Auswahl und Anordnung an Lesebedürfnissen des Publikums orientiert ist und deshalb einen Mangel an Wahrheit aufweist, und nehmen für sich in Anspruch, authentische Wirklichkeit darzustellen und zu analysieren.

Was die Wirkungsabsicht des Romans angeht, so stellen die Goncourt der Unterhaltungsfunktion der verlogenen Romane (»Das Publikum mag harmlose und tröstliche Lesestoffe, Abenteuer, die gut ausgehen, Gedanken, die weder seine Verdauung noch seine Heiterkeit stören«, 13-15) eine Art Schockfunktion des wahren Romans gegenüber (»dieses Buch [...] soll seine [sc. des Publikums] Gewohnheiten durcheinander bringen und seiner Verdauung schaden«, 16 f.). Diese Schockfunktion impliziert eine Distanzierung des Autors von den ästhetischen Normen bzw. von der herrschenden ästhetischen Doktrin. Anders formuliert: Die Goncourt koppeln die literarische Produktion von den ästhetischen Bedürfnissen des Massenpublikums ab und propagieren eine Autonomie des Schriftstellers hinsichtlich des literarischen Geschmacks[10].

10 Vgl. P. Bürgers Ausführungen über die Dichotomie von hoher und niederer Literatur in der Romanproduktion des 19. Jahrhunderts, in: ders., *Die Krise der Institution Literatur in Deutschland und Frankreich am Ende des 19. Jahrhunderts,*

Bevor ich die in der *Préface* auf die der Romantypologie folgende Begründung der Goncourt für den von ihnen propagierten *roman vrai* untersuche, möchte ich kurz die Position dieses Romantypus im Literaturprozeß bestimmen. Sowohl in bezug auf die Gegenstandsbestimmung wie im Hinblick auf die Darstellungsweise stehen die Goncourt in der Tradition des realistischen Romans, wie er von Stendhal und Balzac konzipiert worden ist. Allgemeines Thema dieses Romantyps ist die »ernsthafte Behandlung der alltäglichen Wirklichkeit« und die »Einbettung der beliebig alltäglichen Personen und Ereignisse in den Gesamtverlauf der zeitgenössischen Geschichte«[11]. Indem die Goncourt eine Erweiterung der gesellschaftlichen Wirklichkeit durch die Einbeziehung des proletarischen Milieus fordern, gehen sie über Stendhal und Balzac hinaus und führen deren Konzeption unter Berücksichtigung der Entwicklung der französischen Gesellschaft im 19. Jahrhundert konsequent weiter. Auch in der Darstellungsweise knüpfen die Goncourt an Stendhal und Balzac an. Während Stendhal seine Romanästhetik um die Spiegelmetapher arrangiert, formuliert Balzac dieses Konzept begrifflich und bindet die Darstellungsweise des Romans an die Methode der empirischen Naturwissenschaften an[12]. Damit weist er dem Roman die Funktion zu, den Gesamtzusammenhang der Gesellschaft zu erfassen, d. h. die Erkenntnis gesellschaftlicher Zusammenhänge zu vermitteln. Daß der Roman soziale Realität wissenschaftsorientiert thematisiert und problematisiert, gilt auch für die Goncourt.

Besteht unter dem Aspekt der Gegenstandsbestimmung und der Darstellungsweise eine Kontinuität zwischen Stendhal und Balzac einerseits und den Goncourt andererseits, so stellt das Verhältnis der Goncourt zum Publikum einen Bruch mit der skizzierten Tradition dar. Zum einen ist das Publikum weder für Stendhal noch für Balzac eine homogene Gruppe; beide differenzieren es nach sozialen bzw. sozioprofessionellen Kategorien.

unveröffentlichtes Manuskript; im folgenden wird dieses Manuskript, das einer im SS 1978 an der Universität Bremen durchgeführten Diskussionsvorlesung zugrunde lag und dem meine Skizze vielfältige Anregungen verdankt, nicht mehr angeführt.

11 E. Auerbach, a.a.O., S. 458.

12 Zu diesem Themenkomplex vgl. W. Engler, *Die Vorbereitung der französischen Realismusdiskussion im 19. Jahrhundert*, in: ders., *Der französische Roman im 19. Jahrhundert* (Wege der Forschung, 392). Darmstadt 1976, S. 231-248.

Darüber hinaus machen sie in den verschiedenen Publikumsgruppen unterschiedliche ästhetische Bedürfnisse aus[13]. Für die Goncourt dagegen ist das Publikum eine undifferenzierte Masse, deren literarischer Geschmack offensichtlich einheitlich ist. Zum anderen sehen Stendhal und Balzac die Notwendigkeit, auf die Bedürfnisse des Publikums einzugehen; beide bemühen sich, einen literarisch anspruchsvollen Roman zu schaffen, der den unterschiedlichen Publikumsgruppen gerecht wird[14]. Anders die Goncourt, sie haben nicht die Absicht, auf ästhetische Bedürfnisse des Publikums einzugehen; vielmehr geht es ihnen darum, sich von dem negativ beurteilten Geschmack des Massenpublikums abzugrenzen bzw. ihren Geschmack durchzusetzen.

Halten wir fest: Das Verhältnis der Goncourt zur programmatischen Tradition ist gebrochen: auf der referentiellen Ebene besteht Kontinuität, indem dem Roman die Funktion der Vermittlung von Erkenntnissen über die zeitgenössische gesellschaftliche Wirklichkeit in wissenschaftsorientierter Form zugewiesen wird; dagegen läßt sich auf der kommunikativen Ebene, indem der Roman nicht mehr auf Leserbedürfnisse bzw. ästhetische Normen des Publikums rückbezogen wird, ein Bruch feststellen. Dieses gebrochene Verhältnis zur Tradition soll im folgenden durch die Untersuchung der Begründung, die die Goncourt für den von ihnen propagierten Romantyp geben, präziser gefaßt werden.

Im Rahmen dieser Begründung, der die Verfasser die Beteuerung vorausschicken, daß die Motive für die Neuerungen des *roman vrai* nicht nur darin liegen, das Publikum zu schockieren und an dessen Geschmack Anstoß zu nehmen, argumentieren sie teils gattungssoziologisch, teils gattungsästhetisch. Die Einbeziehung des Vierten Standes in die vom Roman thematisierte und problematisierte gesellschaftliche Wirklichkeit rechtfertigen sie dadurch, daß sie einen Zusammenhang zwischen der Entwicklung des Romans und dem Wandel des politisch-sozialen Systems herstellen. Dabei weisen sie auf die Veränderungen hin, die die gesellschaftlichen und politischen Verhältnisse im Laufe des 19. Jahrhunderts in Frankreich erfahren haben (»in einer Zeit des

13 Vgl. P. Bürger, *Aktualität und Geschichtlichkeit Stendhals*, in: ders., *Aktualität und Geschichtlichkeit. Studien zum gesellschaftlichen Funktionswandel der Literatur* (edition suhrkamp, 879). Frankfurt/M. 1977, bes. S. 135-137.
14 Ebd.

allgemeinen Wahlrechts, der Demokratie, des Liberalismus«, 21 f.; »in diesen Jahren der Gleichheit«, 29 f.; »in einem Land ohne Kasten und ohne rechtmäßigen Adel«, 35 f.). Ausgehend vom Gleichheitsprinzip als der politischen Grundlage einer demokratischen Gesellschaftsordnung billigen sie dem Vierten Stand (»untere Klassen«, 23 f.; »diese Welt unter einer Welt, das Volk«, 24 f.), der bisher von ernster literarischer Darstellung ausgeschlossen war, ein Recht auf den Roman zu (»droit au Roman«, 26). Sowohl dem Schriftsteller wie auch dem Leser wird die Berechtigung abgesprochen, irgendeine soziale Gruppe, deren Lage und deren Probleme als Gegenstand literarischer Darstellung zu ignorieren. In dem Typ des Romans, in dem auch das Dasein der »basses classes« repräsentiert wird, sehen die Goncourt den Nachfolger der Tragödie (»diese herkömmliche Form einer vergessenen Literatur und einer untergegangenen Gesellschaft«, 33 f.), der dominierenden Gattung der vorbürgerlichen Ästhetik. Angesichts der Position, die die Tragödie in der ästhetischen Doktrin der Klassik einnimmt, bedeutet diese Aufwertung, ja Kanonisierung des Romans einen Bruch mit der klassischen Ästhetik[15]. Als Beispiele dieses neuen Romantypus nennen die Goncourt *Soeur Philomène* (1861) und *Germinie Lacerteux* (1865). Zusammengefaßt: Die Goncourt erklären die Erweiterung des Spektrums der im Roman repräsentierten gesellschaftlichen Wirklichkeit um den Vierten Stand funktional mit dem sozialen Wandel. Indem sie die Entwicklung des Materials bzw. die literarische Evolution im Zusammenhang mit Veränderungen der gesellschaftlichen Verhältnisse verknüpfen, folgen sie einer gattungssoziologischen Argumentation.

In der gattungsästhetischen Argumentation des Schlußabsatzes bestimmen die Goncourt zunächst den Gegenstand bzw. die Methode des Romans und danach dessen Wirkungsabsicht. Der Roman erscheint ihnen als die bedeutende literarische Form ihrer Epoche (»die große, gewichtige, leidenschaftliche und lebendige Form der literarischen Studie und gesellschaftlichen Untersuchung«, 47-49). Mit den Bezeichnungen »Studie« (étude, 48), »gesellschaftliche Untersuchung« (enquête sociale, 48 f.), »zeitgenössische Sittengeschichte« (histoire morale contemporaine«, 50),

15 Vgl. P. Bürgers Ausführungen zu Stendhals Einsichten in die Historizität der französischen Klassik, ebd., S. 116-125.

deren Instrumente die »analyse« und die »recherche psychologique« (49 f.) sind, knüpfen sie, indem sie den sozialwissenschaftlichen Charakter der Gattung betonen, an die von Balzac begründete Romankonzeption und an die damit verbundene Institutionalisierung der Literatur als Medium einer wissenschaftsorientierten bzw. -adäquaten Erkenntnisvermittlung an. Daß die Tätigkeit des Romanschriftstellers mit der eines Wissenschaftlers verglichen wird, erklärt die Reichweite der »Wissenschaftsbegeisterung in den ersten Jahrzehnten des Positivismus, in denen alle geistig Tätigen, sofern sie bewußt nach neuen und ihrer Zeit gemäßen Methoden und Inhalten suchen, sich die experimentellen Verfahrensarten anzueignen bemühten«[16].

Erst im letzten Satz der *Préface* unternehmen die Goncourt eine Bestimmung der Wirkung des Romans. Dieser soll dem aristokratischen und (groß-)bürgerlichen Publikum (»den Glücklichen von Paris«, 55; »den Angehörigen der großen Welt«, 56) die Notlage und das Leid der unteren Schichten zeigen und auf diese Weise Nächstenliebe wecken (»möge er [sc. der Roman] [. . .] das Leiden der Menschen zeigen [. . .], das die Nächstenliebe lehrt«, 55-60). Letztlich wird die Bestimmung des Romans darin gesehen, daß ihm ein bestimmter ideologischer Gehalt eignet, nämlich die »Religion der Humanität« (»möge der Roman jene Religion haben, die das vergangene Jahrhundert mit diesem gewaltigen und weiten Namen bezeichnete: *Humanität;* – ihm genügt dieses Bewußtsein: hier liegt seine Berechtigung«, 60-62)[17]. Diese Merkmalsbestimmung impliziert, daß der einschlägige ideologische Gehalt nicht nur als statisches Moment des Werkes aufzufassen ist, sondern gemäß der gesellschaftlichen Funktion der Literatur im Prozeß der normativen Reproduktion der Gesellschaft wirksam sein soll.

Auerbach wertet diese »Wendung zum Moralischen, Caritativen und Humanitären« als eine »weniger moderne Wendung«[18]. In diesem Zusammenhang weist er darauf hin, daß es in dem Schlußsatz »sehr eklektisch und etwas willkürlich« zugehe[19]. Er sieht dies darin begründet, daß ihrer Herkunft nach heterogene Motive arrangiert werden: Der Bezug auf die »Glücklichen von

16 E. Auerbach, a.a.O., S. 462.
17 Hervorhebung im Text.
18 E. Auerbach, a.a.O., S. 462.
19 Ebd.

Paris« sowie die »Angehörigen der großen Welt«, die sich des Elends und des Leidens ihrer Mitmenschen erinnern sollen, gehöre in den »Gefühlssozialismus aus der Mitte des Jahrhunderts«[20]; die Anspielung auf die Königinnen, die einst ihren Kindern in den Hospitälern das Leiden der Kranken zeigten, erinnere an das christliche Mittelalter; der Hinweis auf die Religion der Humanität verweise auf die Epoche der Aufklärung. Der pauschale Charakter von Auerbachs Urteil (»weniger moderne Wendung«) sowie der Umstand, daß seine Kritik sich lediglich auf die Heterogenität des Argumentes beschränkt, legen es nahe, die vorliegende Wirkungsbestimmung des Romans genauer zu untersuchen und dabei deren Position innerhalb der Argumentation der *Préface* zu berücksichtigen.

Während die ersten beiden Thesen der Begründung des neuen Romantypus, die Verknüpfung der Entwicklung des Romans mit Veränderungen der politisch-gesellschaftlichen Verhältnisse bzw. mit dem Fortschritt der wissenschaftlichen Methode, gemeinsam haben, daß sie den Roman auf die historisch-gesellschaftliche Situation beziehen, zum einen im sozialen, zum anderen im ideologischen Bereich, fehlt der These von der Wirkungsabsicht des Romans dieser explizite Bezug auf die Epoche. Indem christliche und aufklärerische Ideologeme zu einer moralischen bzw. moralisierenden Argumentation verbunden werden, wird offenbar, daß diese Bestimmung der Wirkung insofern anachronistisch ist, als sie die Wirkung nicht aus einer Analyse der gesellschaftlichen Verhältnisse ableitet, sondern aus einem humanitären Pathos fordert. Dieser Bruch in der Argumentation – hier Analyse, dort idealistischer bzw. voluntaristischer Appell – wird syntaktisch durch den Gebrauch des subjonctif faßbar, was auf die optative Bedeutungsstruktur der einschlägigen Sätze hinweist (53-61). Zusammengefaßt: Die Goncourt sind nicht in der Lage, einen stringenten Zusammenhang zwischen der Wirkungsabsicht des Romans und den gesellschaftlichen Verhältnissen ihrer Epoche zu konstruieren. Die Herstellung eines Bezugs zwischen dem Gehalt eines Romans, seinem Inhalt und seiner Form, und dem historisch-gesellschaftlichen Kontext gelingt ihnen zwar auf der referentiellen Ebene, auf der kommunikativen Ebene jedoch mißlingt dieses Unternehmen.

20 Ebd.

Es ist zu vermuten, daß dies mit der Formbestimmtheit der Autor-Publikum-Beziehung zusammenhängt; denn das Mißlingen einer historisch-gesellschaftlich kontextualisierten Wirkungsbestimmung korrespondiert mit der oben festgestellten Abkopplung der literarischen Produktion von den ästhetischen Bedürfnissen des Publikums seitens der Goncourt. Diese distanzierte Haltung gegenüber dem Publikum ist kennzeichnend für das Verhältnis, das sich nach dem Scheitern der Februarrevolution bzw. nach der Niederschlagung der Juniaufstände zwischen dem Publikum und der Mehrzahl der bedeutenden Schriftsteller, ja dem größten Teil der ästhetischen Intelligenz herausbildet[21]. Allerdings darf diese Einstellung nicht allein auf der politisch-ideologischen Ebene festgemacht werden. Von entscheidender Bedeutung gerade für die Schriftsteller sind – im Zusammenhang mit der Entfaltung des Pressewesens – die Entstehung des roman-feuilleton und sein Erfolg beim Massenpublikum. Dadurch sehen sich die Autoren genötigt, ihr Selbstverständnis und ihre ästhetische Konzeption zu überprüfen und den veränderten Bedingungen literarischer Produktion, sowohl bezüglich der materiellen Bedingungen wie hinsichtlich der ästhetischen Normen, anzupassen. Für die Goncourt ist festzuhalten, daß sie sich bewußt in die ästhetische Opposition begeben und sich damit von der entstehenden Massenliteratur und -kultur abheben[22].

21 Vgl. E. Auerbach, a.a.O., S. 464-467; A. Hauser, *Sozialgeschichte der Kunst und Literatur* [1963] (Beck'sche Sonderausgaben). München 1972, S. 813-815 sowie S. 824-827; G. Lukács, *Erzählen oder Beschreiben? Zur Diskussion über Naturalismus und Formalismus* [1936], in: R. Brinckmann (Hrsg.), *Begriffsbestimmung des literarischen Realismus* (Wege der Forschung, 212). Darmstadt 1969, bes. S. 42 f. und S. 70 f.

22 E. Auerbach sieht in der für die epochaltypische Autor-Publikum-Beziehung konstitutiven polemischen Haltung von Autoren gegenüber dem Massenpublikum insofern auch ein ökonomisches Interesse wirken, als die Schriftsteller, indem sie Aufsehen erregen, die Aufmerksamkeit der Leser auf ihre auf dem literarischen Markt angebotenen Produkte lenken und so zum Verkaufserfolg beitragen; E. Auerbach, a.a.O., S. 464 f. Für die Goncourt freilich dürfte dieses Moment kaum Gültigkeit haben; denn ihnen ist der materielle Erfolg beim Publikum eher gleichgültig, weil sie nicht auf den Verkauf ihrer Bücher angewiesen, d. h. ökonomisch unabhängig sind; vgl. folgende Tagebuchnotiz der Goncourt: »Le succès auprès des autres nous est parfaitement égal. Nous en sommes à ce moment de la vie littéraire, où le bruit ne flatte plus«, in: *Journal. Mémoires de la vie littéraire* [1872-1896], hrsg. v. R. Ricatte. Paris 1959, Bd. 2, S. 254 (30 mars 1866); vgl. auch folgenden Eintrag: »Notre trio mort [Flaubert und die Brüder Goncourt], je ne vois plus guère qu'un tout petit Magny [Restaurant, in dem sich die Goncourt mit befreundeten Schrift-

Die referierten Erklärungsansätze, die einmal auf die politisch-ideologische Ebene, zum anderen auf die Ebene der ökonomischen Vermittlung rekurrieren, greifen; beide implizieren freilich, daß das Verhältnis Autor-Publikum, d. h. die Bestimmung der Wirkung des Romans, den Faktor bildet, der den Bruch in der Argumentation der *Préface* hervorruft. Im folgenden soll ein Erklärungsansatz vorgestellt werden, der von der Gegenstands- bzw. Methodenbestimmung des Romans ausgeht. Ausgehend vom Moment der wissenschaftsorientierten Literaturproduktion und der daran ablesbaren Affinität zum Positivisimus, soll dessen wissenschaftstheoretische Programmatik skizziert werden[23]. Im *Cours de philosophie positive* (1830-42) tritt A. Comte dafür ein, daß auch die Beschäftigung mit dem Menschen und dessen Lebensumständen in einer wissenschaftlichen Disziplin institutionalisiert werden müsse, der »physique sociale«. Deren Aufgabe bestehe darin, »aus der empirischen Beobachtung des menschlichen Zusammenlebens rational überprüfbare Prognosen zu extrapolieren; diese Prognosen sollten es dann wieder ermöglichen, im sozialen Zusammenleben handelnd einzugreifen und notwendige Veränderungen vorzunehmen«[24]. »Dieses Programm einer künftigen Sozialwissenschaft« faßt Comte folgendermaßen zusammen: »›Science, d'où prévoyance; prévoyance, d'où action‹ (Aus der Wissenschaft die Voraussicht, aus der Voraussicht die Handlung)«[25]. Schon aus diesen knappen Angaben ist ersichtlich, daß im Rahmen von Comtes Positivismus ein theoretisches Programm vorliegt, in dem die Analyse zeitgenössischer gesellschaftlicher Verhältnisse stringent mit einschlägig eingreifendem Handeln verknüpft wird, also gerade das geleistet wird, was die Goncourt verfehlen. Wenn diese das erwähnte Modell positivistischer Wissenschaftsauffassung nicht für ihre Literaturproduktion übernehmen, so darf man daraus nicht etwa schließen, daß sie dem Positivismus und dessen ästhetischen Positionen insgesamt fernstehen. Daß die Goncourt gerade auf der moralischen Wir-

stellern zu Dîners trafen] en France, tirant ses livres au petit nombre de lecteurs délicats et vraiment lettrés qui resteront, à cinquante peut-être«, ebd., S. 453 (9 août 1868).

23 Im folgenden in Anlehnung an H.-J. Neuschäfer, *Der Naturalismus in der Romania* [. . .], S. 38 f.

24 H.-J. Neuschäfer, a.a.O., S. 39.

25 Ebd.

kung des Romans insistieren, kann nämlich dadurch erklärt werden, daß sie auf eine spätere Phase von Comtes positivistischer Wissenschaftstheorie rekurrieren, und zwar den Positivismus des *Système de politique positive* (1851-54). Ein wesentlicher Unterschied zwischen dem *Cours* und dem *Système* liegt darin, daß in dem späteren Werk die Position des Rationalen geschwächt und entsprechend die des Irrationalen gestärkt ist sowie u. a. die moralische Wirkung der Kunst betont wird: »Indem er die größte Befriedigung jedes einzelnen darin sieht, zum Glück anderer beizutragen, ruft der Positivismus die Kunst zu ihrer höchsten Bestimmung auf, der Pflege der wohlwollenden Gefühle [. . .]«[26]. Der Rückgriff auf das revidierte Modell positivistischer Wissenschaftsauffassung signalisiert das gebrochene Verhältnis der Goncourt zur Wirklichkeit: einerseits bemühen sie sich um deren analytische Erkenntnis, andererseits fehlt ihnen eine Perspektive für eingreifendes Handeln; anders gesagt: Der Modus der Aneignung der Wirklichkeit ist für die Goncourt das Verstehen, ein daraus abgeleitetes bewußtes Handeln im Hinblick auf eine Veränderung der gesellschaftlichen Verhältnisse wird verfehlt; an dessen Stelle tritt gleichsam als Anhängsel moralisches Pathos.

Fazit: Daß die *Préface* im Zusammenhang mit der Institutionalisierung des literarischen Naturalismus zu sehen ist, wird vor allem darin deutlich, daß die Goncourt den Roman als eine an der zeitgenössischen Wissenschaft orientierte Form der literarischen Aneignung zeitgenössischer gesellschaftlicher Wirklichkeit be-

26 A. Comte, *Système de politique positive ou traité de sociologie, instituant la religion de l'Humanité* [1851-54], réimpression de l'édition de 1851-81. Osnabrück 1967, Bd. 1, S. 300; vgl. auch Comtes negatives Urteil über die Rolle des analytischen bzw. räsonierenden Denkens in den Künsten: »Rien n'est plus contraire aux beaux-arts que les vues étroites, la marche trop analytique, et l'abus du raisonnement, propres à notre régime scientifique, d'ailleurs funeste au développement moral, première source de toute esthétique«, A. Comte, a.a.O., S. 275.

In diesem Zusammenhang ist interessant, daß die moralische bzw. moralisierende Funktion der Literatur bzw. Kunst insofern auf die Darstellungsweise Einfluß nimmt, als sie eine idealisierende Repräsentation der Wirklichkeit favorisiert: »Toute culture esthétique, même bornée à la pure imitation, peut donc devenir un pur exercice moral, quand elle stimule dignement nos sympathies et nos antipathies. Mais cette aptitude doit être beaucoup plus complète, si la représentation, au lieu d'une stricte fidélité, se trouve convenablement idéalisée. Alors l'art s'élève à sa mission caractéristique, la construction des types les mieux animés, dont la contemplation familière peut tant perfectionner nos sentiments et même nos pensées«, A. Comte, a.a.O., S. 284.

greifen; darin knüpfen sie an Balzacs Romankonzeption an und bereiten Zolas Ästhetik vor. Nicht mit der naturalistischen Ästhetik zu verbinden ist dagegen die Abkopplung der literarischen Produktion von den ästhetischen Bedürfnissen des Publikums; dieses Moment gehört zum Inventar des Ästhetizismus, dessen Autoren sich gemäß der bei ihnen vorherrschenden konservativ-elitären Ideologie bewußt vom Massenpublikum zurückziehen. Daraus folgt, daß in der Programmatik der *Préface* sowohl Elemente festgestellt werden können, die in den Kontext der naturalistischen Ästhetik gehören, als auch solche, die im Kontext des Ästhetizismus zu verorten sind. Die programmatische Inkohärenz der Goncourt beruht auf deren gebrochenem Verhältnis zur Wirklichkeit, das sich anläßlich der Analyse der unvermittelten Wirkungsbestimmung des Romans offenbart: Insofern ihr Modus der Aneignung der Wirklichkeit die Beobachtung, d. h. das (historische) Verstehen ist, verfehlen sie die Perspektive der Handlung, d. h. des aktiven Eingreifens in die zeitgenössische gesellschaftliche Wirklichkeit. Dieses Auseinanderfallen der Subjekt-Objekt-Beziehung signalisiert eine geschichtliche Erfahrung: »Die gesellschaftliche Realität wird erlebt als eine, die sich dem gestaltenden Eingriff des Subjekts entzieht«[27]. Der Verzicht auf bewußtes eingreifendes Handeln ist als »Ausdruck der Entfremdung« zu interpretieren, »die das Subjekt in dieser Phase der Entwicklung der bürgerlichen Gesellschaft erfährt«, die durch fortschreitende Arbeitsteilung (Erfahrungsschwund des Subjekts) und beschleunigte Differenzierung des gesellschaftlichen Funktionszusammenhangs (Unanschaulichkeit der Welt) im Rahmen des Prozesses rapider Kapitalisierung gekennzeichnet ist[28].

27 Hierzu und zur Auseinandersetzung zwischen dem Naturalismus und dem Ästhetizismus um die Institutionalisierung der Literatur gegen Ende des 19. Jahrhunderts im Zusammenhang mit dem Auseinanderfallen der Subjekt-Objekt-Beziehung bzw. der literarischen Problematisierung der Erfahrung der Entfremdung vgl. den Beitrag von Peter Bürger.

28 Um das in der Romanprogrammatik der *Préface* zu *Germinie Lacerteux* artikulierte Verhältnis zur Wirklichkeit bzw. ideologische Bewußtsein in seiner Genese, Struktur und Funktion präziser zu fassen, bietet sich ein doppelter Weg an: einmal die Analyse von *Germinie Lacerteux* als Medium der literarischen Aneignung der Wirklichkeit, zum anderen die Analyse des *Journal* der Goncourt als Medium der aus der Perspektive des Alltagsbewußtseins gestalteten Aneignung der Wirklichkeit. Damit ist zugleich das Arbeitsprogramm des Verfassers umrissen.

Gerhard Goebel
Mode und »Neue Kunst«. Zum Beispiel Poiret

In der Literatur zum *Art Nouveau,* für das sich in Deutschland die etwas provinziell verengende Bezeichnung »Jugendstil« (nach einer Münchner Zeitschrift der Jahrhundertwende) eingebürgert hat, wird man den Namen Paul Poiret vergeblich suchen.

Wer war Paul Poiret? Im *Grand Larousse encyclopédique* liest man:

> Poiret (Paul), französischer Modeschöpfer und Dekorateur (Paris 1879 – ebd. 1944). Erneuerte um 1908 die Mode, indem er die Frauenkleidung vom Korsett, von den mannigfachen Besätzen, Spitzen, Staffagen und Garnierungen befreite, die Körperform hervorhob und den Stoffen wieder kräftige Farben gab. Dabei stand ihm ein ganzer Stab von Malern und Dekorateuren (Vlaminck, Iribe, Naudin, Boussingault, Fauconnet, R. Dufy etc.) zur Seite. Erst in der rue Pasquier, dann im Faubourg Saint-Honoré installiert, gab er in seinem prunkvollen, mit einem zauberhaften Garten ausgestatteten Palais orientalische Feste, so die »Tausend und zweite Nacht«, in der er das alte Persien heraufbeschwor, machte die Tänzerin Isadora Duncan bekannt, gründete Dekorations- und Parfümeriehäuser, führte Komödien auf, bereiste die europäischen Hauptstädte. Der Erste Weltkrieg, finanzielles Mißgeschick und schwere Krankheit setzten dieser gloriosen Zeit ein Ende. Er versuchte, seine Zelebrität zurückzuerobern, indem er das Vergnügungslokal »Oasis« gründete und ein Mode- und Parfümerie-Haus am Rond-point des Champs-Elysées eröffnete, schließlich indem er für die »Exposition des Arts décoratifs« von 1925 die drei Barken *Amours, Délices* und *Orgues* ausstattete. Danach zog er sich in die Provence zurück, schrieb 1931 seine Memoiren *(En habillant l'époque)* und widmete sich der Malerei[1].

Dies ist nichts anderes als eine Zusammenfassung der wichtigsten Fakten aus Poirets eigenem, 1930 (nicht 1931) veröffentlichtem Lebensbericht[2]. Letzterem ist wenig weitere Literatur hinzuzufügen: Anny Latour, *Magier de Mode* (1956) mit einem recht geistvollen, freilich feuilletonistischen Kapitel über Poiret[3]; Palmer White, *Poiret* (1973)[4]; ein illustrierter und kommentierter

1 *Grand Larousse encyclopédique* 8 (1963), 600 a.
2 *En habillant l'époque.* Paris, Grasset, 1930.
3 Stuttgart 1956, 152-163.
4 London, Studio Vista, 1973.

Ausstellungskatalog des Musée Jacquemart-André, *Poiret le magnifique* (1974)[5]; schließlich drei Poiret gewidmete Folgen einer *Stern*-Serie *Die Mode-Macher* von Hans Nogly (1975)[6]. Unter diesen Darstellungen ist – sieht man ab von dem Katalog *Poiret le magnifique* – am ehesten auf die von Palmer White Verlaß. Hans Nogly bereichert den anekdotischen Gehalt von Poirets Lebensbeichte um einige Histörchen und weicht in einigen Punkten von Poirets Darstellung ab, ohne dem Leser Klarheit über seine Quellen zu verschaffen.

In der Literatur zum *Art Nouveau* kommt, wie gesagt, Poiret nicht vor. Das ist verständlich insofern, als dieser Allround-Künstler (er malte und dekorierte nicht nur, sondern schauspielerte und dichtete auch[7]) seinen Ruhm dem flüchtigen, frivolen Zauberreich der Mode verdankt. Dieses liegt zwar gar nicht so sehr der Kunst, wohl aber herkömmlicherweise der kunstwissenschaftlichen Betrachtung fern.

Nicht einmal der Reformkleid-Bewegung wird in der Literatur zum *Art Nouveau* Beachtung zuteil. Dabei war an der Reformkleid-Bewegung (aber das erfährt man aus der Modegeschichte Max v. Boehns[8]) kein anderer als Henry Van de Velde, gemäß seinem für das *Art Nouveau* typischen Programm einer umfassenden, Kunst und Gebrauchswertproduktion verbindenden Neugestaltung aller Bereiche des täglichen Lebens, maßgeblich beteiligt.

Nun ist die Reformkleid-Bewegung eine Anti-Mode-Bewegung, gerichtet gegen die den weiblichen Körper behindernden, beengenden und deformierenden Moden des späten 19. Jahrhunderts. Aber aus der Anti-Mode von heute wird die Mode von morgen, und nichts anderes geschah in der Mode-Revolution Paul Poirets. Mit der Abschaffung des Korsetts, und das heißt dessen Ersetzung durch Büstenhalter und Hüftgürtel[9], verwirklicht Poiret eine Idee Van de Veldes: die Last der Röcke von

5 Institut de France, Musée Jacquemart-André, préf. de Julien Cain, Paris 1974.

6 In: Stern 14. 8. 75, 48 ff.; 21. 8. 75, 56 ff.; 28. 8. 75, 44 ff.

7 Vgl. P. Poiret, *En habillant l'époque*, Kap. »Gastronomie«. Poiret war auch passionierter Kochkünstler, und es geschieht nicht ohne demonstrative Absicht, wenn er seine Vorstellungen von Kunst und seine vielseitige künstlerische Tätigkeit unter diesem Titel resümiert.

8 Max v. Boehn, *Bekleidungskunst und Mode*. München, Delphin, 1918, 106 f.

9 Vgl. P. Poiret, a.a.O., 63.

einem Hüftgürtel tragen zu lassen und so das Korsett überflüssig zu machen[10]. Und mit der Kleiderreform wird auch etwas von deren Antrieb, der Frauenbewegung, von der Mode vereinnahmt. Mit einem Poiret-Wort, das in den Memoiren des Modeschöpfers nicht verbürgt, aber wenn nicht echt, so doch gut erfunden ist: »Die Frauenbewegung kämpft für die Freiheit. Ich schenke der Frau Bewegungsfreiheit«[11]. Tatsächlich geht es bei den Reformkleidversuchen, an die Poiret anknüpft, um »Bewegungsfreiheit« als Bedingung für die Teilnahme der Frau am Berufsleben (wohlgemerkt: der *bürgerlichen* Frau, da das Problem sich für die Proletarierin aus begreiflichen Gründen nicht stellt). »Im Frauenkleid liegt ein gut Stück Frauenfrage«, sagte Robert Stern; und Max v. Boehn kommentiert: »Solange die Art und Weise ihrer Kleidung die Frau zwingt, sich beständig mit derselben zu beschäftigen, immerfort an sich herumzubasteln und herumzuzupfen, ist sie von vornherein schon verhindert, einen Beruf auszuüben, geschweige denn, denselben auszufüllen wie ein Mann, der, einmal angezogen, mit seiner Toilette fertig ist.« Und v. Boehn zitiert Mrs. King, die 1882 schrieb: »Für mich gibt es keinen stärkeren Beweis von der augenblicklichen Inferiorität der Frau als die Art und Weise, in welcher sie sich anzieht«[12].

Die Beziehung Poirets zum Art Nouveau über die Kleiderreform ist nur mittelbar, insofern als die Kleiderreform ein Moment der umfassenden kulturrevolutionären Bewegung war, als die man das Art Nouveau verstehen muß. Es gibt aber direktere: so die Zusammenarbeit mit Künstlern wie Paul Iribe und Raoul Dufy. Paul Iribe stellte in seinem Auftrag 1908 eine Gravürensammlung nach Modellen Poirets her, mit denen der Modeschöp-

10 Zu Van de Veldes Vorschlag vgl. Max v. Boehn, a.a.O., 106 f.

11 Nach H. Nogly, a.a.O., 28. 8. 75, 56. Nogly scheint hier aus Feststellungen von Poirets Biographen P. White ein Bonmot Poirets destilliert zu haben. P. White schreibt: »Just before World War I he anticipated the greater freedom women would demand and enjoy in working and social life, and contributed to their emancipation by freeing their bodies« (a.a.O. 11) und: »[...] at a time when the Feminist Movement was initiating the struggle [...], Poiret emancipated the female body and gave it freedom of movement« (29). Poiret selbst spielt den Befreiungscharakter seiner Moderevolution eher sarkastisch herunter, und die Frauenbewegung erwähnt er in dem Zusammenhang nicht: »C'est [...] au nom de la Liberté que je préconisai la chute du corset et l'adoption du soutien-gorge [...]. Oui, je libérais le buste, mais j'entravais les jambes.«

12 M. v. Boehn, a.a.O., 97 f.

Abbildung 1. »Persien«, 1911. Abendmantel, bedruckt mit einem Muster von Dufy. (Palmer White, S. 62)

fer und der Graphiker sich dem internationalen Publikum bekannt machten; und ein ähnliches Album wurde drei Jahre später von Georges Lepape gestaltet[13]. Der Stil dieser Gravüren ist eindeutig dem Art Nouveau zuzuordnen. Dasselbe gilt für die Muster, die Dufy für Poiret entwarf. Als Beispiel betrachte man das Muster des bei Palmer White abgebildeten Modells »Persien« von 1911: auf einem Abendmantel verzahnen sich fugenlos Blätter und Blüten, zugleich geometrisch vereinfacht und schwellend konturiert, in einem schwer erkennbaren, asymmetrisch wirkenden Rapport.

13 P. Iribe, *Les Robes de Paul Poiret.* Paris 1908; G. Lepape, *Les Choses de Paul Poiret.* Paris 1911. Abbildungen aus beiden Alben (farbig) bei P. White, a.a.O., 26-46.

Mit dem Art Nouveau im kunstgeschichtlich anerkannten Sinne, das freilich selbst eben die Trennung zwischen Kunst und Fertigung von Gebrauchsgegenständen nicht anerkannte, verband den Modeschöpfer und Dekorateur Poiret auch das eigene Programm:

Je rêvais de créer en France un mouvement d'idées, capable de propager une mode nouvelle dans la décoration et l'ameublement[14].

Poiret »träumte« dies unter dem Eindruck der Begegnung mit den Exponenten des deutschen und österreichischen »Jugendstils«, insbesondere mit den »Wiener Werkstätten«. Der Eindruck war gespalten zwischen Anerkennung und kritischer Distanz. Was Poiret am deutschen und österreichischen »Jugendstil« kritisiert, sind gewisse neuromantische Züge und vor allem eine Tendenz zum Akademismus. Unter dem kritisch verarbeiteten Eindruck des »Jugendstils« der »Professoren« entwickelt er die Konzeption einer nicht professoralen, ja nicht professionellen neuen dekorativen Kunst: In der »Maison Martine«, so genannt nach seiner zweiten Tochter, läßt er 11- bis 13jährige Mädchen aus dem vorstädtischen Proletariermilieu gegen Entgelt, ohne jede Gängelung durch Unterricht oder Direktiven, Muster entwerfen[15]. Man mag diese Idee wegen der ihr zugrunde liegenden Vorstellung von einer (bei Kindern aus dem »Volke« anzutreffenden) unverbildet natürlichen Kreativität als ideologische Selbsttäuschung kritisieren oder, in Anbetracht des von Poiret erzielten Erfolges, als Spekulation eines cleveren Verkäufers von Novitäten, ja als Ausbeutung von Kinderarbeit denunzieren. Feststeht, daß Poirets Konzeption als Offenbarung wirkte und dies, trotz ihrer vielleicht illusorischen und spekulatorischen Motive, wohl auch *war:* Offenbarung einer radikal *neuen* Kunst, die nicht nur die arbeitsteilige und hierarchische Scheidung zwischen Kunstproduktion und Gebrauchswertproduktion aufhebt, sondern auch die zwischen dem Kunstproduzenten und der »Masse«; also eines Art Nouveau, das nicht nur »Art social« als Kunst *für* das Volk, sondern auch als Kunst *vom* Volke wäre. Poiret ist mit der Idee der Maison Martine als Initiator einer Revolution innerhalb der Revolution des Art Nouveau anzusehen; und wohl zu Recht

14 P. Poiret, a.a.O., 145.
15 Vgl. ebd., 146 ff. und P. White, a.a.O., 117 ff. (mit sehr schönen Abbildungen)

Abbildung 2. Martine-Tapete um 1912. (Palmer White, S. 120/121)

sahen die Organisatoren der »Art Déco« von 1925 in ihm einen Pionier der modernen »dekorativen Kunst«[16].

Ob Poiret als Modeschöpfer und Dekorateur dem Art Nouveau zuzuordnen ist, hängt davon ab, wie man das Art Nouveau definiert. Wenn Aragon den Stil Poirets und des Graphikers Lepape dem Art Nouveau als »un tout autre style« entgegensetzt[17] und Guerrand implizit dasselbe tut, indem er die ab 1905 aufkommende Tendenz zur Vereinfachung und Linearität in der Dekorativen Kunst als Ende des Art Nouveau ansieht[18], so deshalb, weil beide das Art Nouveau mit seiner üppig ornamentalen Phase identifizieren. Damit begibt sich aber zumindest Guerrand in Widerspruch zu sich selbst, da er doch in seinen Analysen zeigt, daß das Art Nouveau sich wesentlich als antihistoristische und gebrauchswertorientierte Kunst definiert. In diesem weiteren Sinne gehört Poirets Schaffen unbedingt in den Bereich des Art Nouveau.

Auch dem Symbolismus, der als literarischer Wegbereiter, ja, als die literarische Seite des »Art Nouveau« angesehen werden darf (Van de Velde in seinen ästhetischen Manifesten, Gallé in seinen Inschriften drückten sich in der Sprache des Symbolismus aus[19], und Zeitschriften wie *Pan* und die *Revue Blanche* waren Organe zugleich des Symbolismus und des Art Nouveau), scheint Poiret nahegestanden zu haben. Dies ist weniger eine Sache nachweisbarer literarischer Filiation, als der Verbundenheit durch eine gemeinsame Sensibilität, die freilich immer auch durch Lektüren vermittelt ist. Poiret war literarisch interessiert, schon als Lycéen[20]. Über die Richtung dieses Interesses geben die literarischen Referenzen, die in seinen Memoiren begegnen, nur geringen Aufschluß, und unter ihnen ist kein direkt dem Symbolismus verbundener Name außer dem Maeterlincks: Gautier, Hugo[21], Zola[22], Maeterlinck[23], Max Jacob[24]. Bezeichnend ist immerhin,

16 Vgl. P. Poiret, a.a.O., 154.

17 Aragon, *Le »Modern Style« d'oú je suis.* Vorwort zu: Roger-H. Guerrand, *L'Art Nouveau en Europe*. Paris, Plon, xiii.

18 R.-H. Guerrand, ebd.

19 Vgl. ebd.

20 P. Poiret, a.a.O., 16.

21 Ebd., 96.

22 Ebd., 231 f.

23 Ebd., 191.

24 Ebd., 191 ff.

von welchem Roman Zolas Poiret sich für ein Kostümfest in der »Oasis« inspirieren läßt: von »Le Ventre de Paris«[25], dem am stärksten lyrisch und symbolistisch gefärbten Roman des Rougon-Macquart-Zyklus; und bezeichnend ist auch, daß die übrigen Referenzen sämtlich in die Richtung von Lyrik und poetischer Prosa weisen (Gautier und Hugo werden nicht als Romanautoren in Betracht gezogen).

Für einen starken Einfluß des Symbolismus, und zugleich des frühen Art Nouveau, auf Poiret spricht im übrigen die von Palmer White verbürgte Tatsache, daß Poiret als Lycéen begierig die *Revue Blanche* gelesen hat[26]. Die *Revue Blanche* – eine Avantgarde-Zeitschrift nicht nur in literarischer und künstlerischer, sondern auch in politischer Hinsicht, mit einem deutlichen *penchant* zum Anarchismus – war in den Jahren, die für den Lesehunger des Gymnasiasten Poiret in Frage kommen, also etwa zwischen 1895 und 1897, an der Spitze der postnaturalistischen und postimpressionistischen Bewegung in Kunst und Literatur. Das *Art Nouveau* innerhalb und außerhalb Frankreichs, einschließlich seiner englischen Vorkämpfer (Ruskin, Morris) und fernöstlicher Vorbilder (Hok'sai), wird hier nicht nur in Aufsätzen und Besprechungen (u. a. von Thadée Natanson und Henry Van de Velde) vorgestellt[27], sondern auch in Graphiken von Toulouse-Lautrec, Edvard Munch, Félix Vallotton, Vuillard und anderen dokumentiert[28]. Die *Revue Blanche* bringt in jenen Jahren Texte u. a. von Jules Laforgue (aus dem Nachlaß), Mallarmé, Henry de Régnier, Verlaine. Unter den literarästhetischen Beiträgen ragen besonders diejenigen Gustave Kahns und Mallarmés hervor. In zwei Artikeln setzt sich Gustave Kahn, der den von ihm recht eigentlich lancierten Symbolismus selber als ein *art*

25 Ebd., 231 f.

26 P. White, a.a.O., 15.

27 Paul Adam über Gallé und Tiffany, in: Rev. Bl. 8 (1895), 463 ff.; H. Van de Velde über den Brüsseler »Salon de la Libre Esthétique«, in: 10 (1896), 284 ff.; Th. Natanson, *»Art Nouveau«*, ebd., 115 ff.; Albert Métin, *De John Ruskin à William Morris*, ebd., 22 ff.; Salomon Bing über Hok'sai und die japanische Kunst, ebd. 97 ff., 162 ff., 310 ff.; Alfred Douglas, *William Morris*, in: 11 (1896), 378 ff.; Edmond Cousturier, *Exposition internationale du livre moderne á l'art nouveau*, ebd., 42 ff.

28 Toulouse-Lautrec in: Rev. Bl. 8 (1895); Munch in: 9 (1895); Vallotton in: 8 und 9 (1895); Vaillard in: 9 (1895). Vgl. im übrigen Hans Platte über die Zeichner der *Rev. Bl.*, in: Helmut Seling (Hrsg.), *Jugendstil. Der Weg ins 20. Jahrhundert.* Heidelberg/München, Keyser, 1959, 229 ff.

social intendiert[29], mit dem »predigenden« und »soziologischen« *art social* kritisch auseinander[30]. Mallarmé veröffentlichte in den Jahrgängen 1895/1896 in mehreren Folgen seine *Variations sur un sujet*[31], eine Apologie der »reinen Literatur«, in der jedoch zugleich die Utopie einer nicht mehr literarischen, vom Leben der Massen isolierten, vielmehr kultisch und festlich sie verbindenden und mit ihnen verbundenen, also sozialen Kunst erträumt wird[32].

Was immer Poiret an symbolistischer Literatur, über die *Revue Blanche* oder anderwärts, aufgenommen hat, gewisse Affinitäten zum Symbolismus (im weiten, auch die sogenannten »Vorläufer« und die Décadents einschließenden Sinne) sind unverkennbar, und man wird diese Gemeinsamkeiten sich besser als mit vagen, nichts greifenden Begriffen wie Zeitgeist und Fin-de-siècle-Klima mit Lektürespuren erklären. Da ist einmal eine gewisse, für den Symbolismus charakteristische Preziosität in der Nomenklatur von Poirets Kreationen, so etwa in der Benennung der drei Barken für die »Art Déco« von 1925: *Amours, Délices, Orgues.* Dies ist (mit dem Verhauchen der Allegorie im Plural und dem synästhetischen Appell von *Orgues*) symbolistisch gefiltertes, wenn man will: verlainisches Rokoko. Und da ist die prononcierte, synästhetisch ausgerichtete Sensibilität für Düfte und Gerüche, die Poiret in seinen Kindheitserinnerungen in den Vordergrund stellt[33]. Wohlgemerkt: nicht daß diese Sensibilität in der Kindheit vorhanden war, ist charakteristisch, sondern daß sie in der Erinnerung festgehalten und verbalisiert wird. Poiret, der erste Modeschöpfer, der ein Parfüm kreierte[34], ist durch diese Art Sensibilität dem Dichter der *Correspondances* wie auch Huys-

29 Vgl. G. Kahn, *Les Origines du symbolisme 1879-1888,* in: Rev. Bl. 26 (1901), darin besonders 332 und 347.

30 *L'Art social et l'Art pour l'Art,* in: Rev. Bl. 11 (1896), 416 ff.; *Encore l'art social,* in: 12 (1897), 35 f.

31 In: 8 (1895), 9 (1895), 11 (1896). Die Reihenfolge der einzelnen Stücke ist eine andere als in den *Œuvres complètes,* hrsg. von H. Mondor und G. Jean-Aubry. Paris 1945 (Bibl. de la Pléiade, 65), 355 ff., die der 1897 publizierten Essai-Sammlung *Divagations* folgen.

32 Von »reiner Literatur« spricht Mallarmé dem Sinne nach, nicht wörtlich, außer beiläufig an einer Stelle: »Le Poète, ou littérateur pur [. . .]« (*Confrontation,* in: *Œuvres complètes,* a.a.O., 411). Zu Mallarmés Kunstutopie siehe die *Catholicisme* und *De même* betitelten Stücke (in: *Œuvres complètes,* 390 ff.).

33 P. Poiret, a.a.O., 8, 13.

34 Vgl. *Grand Larousse encyclopédique* 7 (1963), Art. *Mode,* ENCYCL. 415 a.

Abbildung 3. Martine-Fächer mit Blumenmuster. Rückseite des Fächers mit Namen von Rosine-Parfums. (Palmer White, S. 116)

mans' Des Esseintes verwandt – dessen Idee eines »Duftklaviers« er in der Barke *Amours* von 1925 verwirklicht hat[35].

Zieht bei Poiret der Symbolismus, mit der üblichen, die Rezeption von Avantgarden im kulturindustriellen Bereich kennzeichnenden Verspätung, in die Mode ein?

35 Vgl. P. White, a.a.O., 166 ff.

Abbildung 4. Aus Paul Iribes Album *Les robes de Paul Poiret*, 1908. (Palmer White, S. 45)

Zwischen dem Werk Mallarmés, der, ohne sich je als Schulenhaupt zu verstehen, als Leitfigur des Symbolismus wirkte, dem Art Nouveau und dem Schaffen Poirets lassen sich Verbindungslinien ziehen, die vielleicht nicht nur gedachte sind. Die vereinfachende und entlastende Anpassung des Kleides an den Körper in Poirets Kreationen wiederholt, in einer anderen Formensprache, die Mode-Revolution des Direktoriums, mit der recht eigentlich die postrevolutionäre bürgerliche Mode begann. Poirets Modestil von 1908 gibt sich, wie der des Direktoriums und des Empire, als »hellenischer Stil«[36]. Nun hatte eine ähnliche Entwicklung, mit deutlichen Reminiszenzen ans Direktorium, schon einmal sich abgezeichnet, mitten in der Periode des Cul de Paris, der für

36 Vgl. P. White, a.a.O., 31.

kurze Zeit verschwand, und kein anderer als Mallarmé hatte sich in der von ihm herausgegebenen (und allein verfaßten) Zeitschrift *La Dernière Mode* (1874) zum Propheten dieser Mode gemacht[37]. Dem Autor von *La Dernière Mode*, der einige Jahre zuvor versucht hatte, eine Zeitschrift *L'Art décoratif* ins Leben zu rufen, und der seit Anfang der 60er Jahre mit Henry Cazalis, dem bedeutenden theoretischen Wegbereiter eines als »Art social« verstandenen Art Nouveau[38], in freundschaftlichem Gedankenaustausch stand, schwebte offensichtlich, ähnlich wie William Morris und Cazalis, eine Reintegration von Kunst, Artisanat und Industrie unter der Kategorie des »Dekorativen« vor; dieser Kategorie, und damit zugleich der Mode, unterstellte er sogar (nicht ohne zweideutige Ironie) die Dichtung[39].

Wenn Poiret die Modeschöpfung zur Kunst erklärt[40] und sie mit anderen Künsten und Industrien zur sich fortwährend erneuernden festlichen Inszenierung von einer Art Gesamtkunstwerk assoziiert[41], so könnte er sich auf Mallarmé berufen, der in *La Dernière Mode*, besonders im programmatischen 1. Heft, sehr ähnliche Ideen im Ton einer leicht ironischen Plauderei verkündet[42].

Gewiß: Poiret zitiert Mallarmés Modezeitschrift nicht, und es gibt keinen Hinweis dafür, daß er sie kannte. Die Ideen, die Poiret verwirklichte, mögen »in der Luft gelegen« haben. Doch Ideen sind keine Pollen; sie werden über Publikationsmedien in Umlauf gesetzt. Zwischen der Kunst- und Modekonzeption, die Mallarmé 1874 artikulierte, und derjenigen Poirets sind durchaus publizistische Zwischenglieder denkbar, die wir nur nicht kennen.

Für eine kultur- und ideologiegeschichtliche Betrachtungsweise, die an so etwas wie einer Archäologie der Moderne interessiert ist, wäre es zweifellos ein Gewinn, könnte man der Filiation vom

37 Siehe insbes. Heft 8; vgl. G. Goebel, *Mode und Moderne. Der Modejournalist Mallarmé*, in: GRM 28 (1978), insbes. 41 ff.

38 Zu H. Cazalis vgl. R.-H. Guerrand, a.a.O., 179 ff.

39 Siehe Heft 1 von *La Dernière Mode;* vgl. G. Goebel, a.a.O., 36 ff.

40 P. Poiret, a.a.O., 279.

41 Zu dieser Tendenz von Poirets Kunst- und Mode-Konzeption, die besonders aus den Schlußkapiteln seiner Memoiren deutlich hervorgeht, vgl. *Grand Larousse encyclopédique* 7 (1963), Art. *Mode*, ENCYCL. 415 a/b.

42 Insbes. in der »Chronique de Paris« des 1. Heftes, in: Mallarmé, *Œuvres complètes*, a.a.O., 716 ff. Vgl. G. Goebel, a.a.O., 44 ff.

Symbolismus und vom Art Nouveau zu Poirets Moderevolution und deren Verbreitung anhand vergleichender Analysen einiger Zeitschriften nachgehen: auf der einen Seite der von Poiret nachweislich gelesenen *Revue Blanche*, auf der anderen Seite einer von Poiret inspirierten Modezeitschrift wie der *Gazette du Bon Ton*[43] oder des *Journal des Dames et des Modes*[44]. Leider träfe ein solcher Vergleich ins Leere: nicht nur weil einerseits in der *Revue Blanche* die für Poirets Moderevolution belangvollen Fragen kaum angesprochen werden (Frauenbewegung wenig, Kleiderreform und Mode so gut wie gar nicht[45]), sondern auch, weil

43 Die Gründung der *Gazette du Bon Ton,* 1912, war indirekt von Poiret angeregt; vgl. P. White, a.a.O., 47: »The success of the Iribe and Lepape albums suggested to Lucien Vogel the idea for a monthly fashion magazine, *La Gazette du Bon Ton.*« Die *Gazette* stellte, außer Poirets Kreationen, Modelle aus folgenden Häusern vor: Cheruit, Doeuillet, Doucet, Paquin, Redfern, Worth (vgl. Innenseite des Umschlags der ersten Hefte). Unter den Zeichnern, deren Mitarbeit sich die *Gazette* laut *Préface* des ersten Heftes gesichert hat, sind Bakst, Georges Barbier, Paul Iribe, Georges Lepape, Charles Martin (S. 4). François Boucher meint, die *Gazette* sei »imprégnée de l'esprit et du style de Poiret, dans les dessins de Georges Barbier et de Martin« (*Histoire du costume en Occident de l'antiquité à nos jours.* Paris, Flammarion, 1965, 392). Poirets Modelle wurden allerdings in den ersten Heften durchweg von G. Lepape vorgestellt. (Deutscher Standort der *Gazette:* Lipperheidsche Kostümbibliothek, Jebenstraße 2, Berlin.)

44 Das *Journal des Dames et des Modes,* durch Titel und Aufmachung als Reprise der gleichnamigen, im Direktorium und im Empire tonangebenden Zeitschrift La Mésangères erkennbar, wurde 1912-1914 von Jacques de Nouvion herausgegeben und im ersten Heft von Anatole France präsentiert. (Zu La Mésangères *Journal [. . .]* [1797-1837] vgl. die bei Erich Schmidt, Berlin, im Druck befindliche Untersuchung meiner Berliner Mitarbeiterin Annemarie Kleinert, *Die frühen Modejournale in Frankreich. Studien zur Literatur der Mode,* Kap. II C 1 und 2.) Den »Geist und Stil Poirets«, den Fr. Boucher (a.a.O., siehe oben Anm. 43) in den Illustrationen der *Gazette* fand, kann man auch in denen des *Journal des Dames et des Modes* finden, in dem neben Barbier und Ch. Martin auch Iribe regelmäßig mitarbeitete. Poiret ist überdies der einzige Modeschöpfer, den das offenbar mehr für Kenner und Bibliophile denn für das übliche Modepublikum bestimmte *Journal* (es nennt keine Bezugsquellen) gelegentlich in einer Bildunterschrift zitiert: »Petite robe du jardin par Poiret [. . .]« (1/8/1913, Tafel 99). Poiret wird außerdem einmal – ohne Namensnennung – in der Klatschspalte *Paris* erwähnt (10/1/1913, 177). (Deutscher Standort des *Journal:* wie *Gazette,* siehe oben Anm. 43.)

45 Zur Frauenbewegung nur die Art. von Paul Adam, *Des mères futures* aus Anlaß des 4. internationalen Frauenkongresses von 1896 (*Rev. Bl.* 10 [1896], 390 ff.); Jeanne Chauvin, *Féminisme et antiféminisme,* über Stuart Mill und Proudhon (14 [1897], 321 ff.); J. Joseph-Renaud, *Le Cinquième Congrès féministe international* (23 [1900], 224 ff.). Ebd. wird en passant ein Vortrag von Miss Harlor »sur l'esthétique du costume féminin« erwähnt und auf »l'excellent opuscule de Mme Pischof sur cette question« hingewiesen (226).

andererseits Poirets Moderevolution für die erst 1912 gegründeten Zeitschriften *Gazette du Bon Ton* und *Journal des Dames et des Modes* bereits zu einer selbstverständlichen, nicht weiter besprochenen und ausgedeuteten Voraussetzung geworden ist. Das eigentliche Medium der Verbreitung von Poirets Moderevolution scheint das (im wesentlichen) sprachlose der prächtigen Alben von Iribe (1908) und Lepape (1911) gewesen zu sein.

Eine vergleichende Analyse, die die Filiation vom Symbolismus und vom Art Nouveau zu Poirets Konzeption von Kunst und Mode freilegen wollte, müßte auf einer viel breiteren Basis operieren. Sie müßte im Prinzip alle theoretisch oder programmatisch bedeutsamen Publikationen aus dem Bereich des Symbolismus und des Art Nouveau bis 1908, ferner alle französischen Modezeitschriften der Jahrhundertwende einbeziehen. Nur dann könnte konkret und exakt rekonstruiert werden, was hier nur abstrakt als wahrscheinliches Ereignis umrissen werden kann: wie eine Kunstrevolution mit unverkennbarem kulturrevolutionärem Anspruch – dies gilt für das Art Nouveau en bloc, für den Symbolismus zumindest teilweise – von der Mode, also von der Kulturindustrie, aufgegriffen und verwertet, damit zwangsläufig auch entschärft wurde.

Was den kulturrevolutionären Anspruch des Symbolismus betrifft: Der Symbolismus war sowenig wie das Art Nouveau ein reiner Ästhetizismus, ein *art pour l'art.* Er tendierte bei seinen bedeutendsten Exponenten – ob offen und optimistisch wie bei Gustave Kahn[46], ob in scheu und skeptisch verhaltener, verklausulierter Form wie bei Mallarmé[47] – nicht nur zur politischen

46 »Une autre idée s'était enracinée en moi: c'est que l'art devait être social. J'entendais par là qu'il devait, autant que faire se pouvait, négliger les habitudes et la prétention de la bourgeoisie, s'adresser en attendant que le peuple s'y intéressât, aux prolétaires intellectuels et à ceux de demain, pas à ceux d'hier; je ne pensai pas un instant qu'on dût faire banal pour être sûrement compris« (*Les Origines du Symbolisme 1879-1888,* in: Rev. Bl., 26 [1901], 332). Und: »Il y a un Quatrième Etat qui saura écouter et comprendre« (ebd., 374).

47 Zu Mallarmés *Variations sur un sujet* siehe weiter oben. Diese beginnen übrigens in der endgültigen Anordnung mit dem Text *Conflit,* in dem Mallarmé in Gestalt einer Parabel sein Leiden an der Kommunikationslosigkeit zwischen Poesie und Proletariat festhält. Mallarmés Sehnsucht nach einer Aufhebung von Kunst und Politik in einem »culte populaire«, einer neuen Religion, die da wäre »l'amplification à mille joies de l'instinct de ciel en chacun«, daneben auch seine kritische Sympathie für die anarchistischen Attentäter, wird deutlich am Ende seines Oxforder und Cambridger Vortrags *La Musique et les Lettres,* zuerst erschienen in der *Revue*

Linken, sondern auch zum *art social* im Sinne einer Aufhebung der Kluft zwischen Kunst und (gesamt-)gesellschaftlichem Leben. Art Nouveau und Symbolismus erfüllen insofern durchaus schon die Bürgersche Bestimmung einer »Avantgarde«[48]. Die objektive Ironie liegt darin, daß Art Nouveau und Symbolismus sich als »soziale Kunst« nur verwirklichen konnten, indem sie, über die Mode, vermarktet wurden. Poiret, der sich selbst den »Kleidermacher der Epoche« nannte[49], war dies nicht nur insofern, als seine Moderevolution den Kleidungsstil des 20. Jahrhunderts, über die Belle Epoque hinaus, nachhaltig geprägt hat[50]. Er war es auch dadurch, daß er es als Universalkünstler und Unternehmer vermochte, den Stoff einer Kulturrevolution – sei es in der Kunst, sei es in der Frauenbewegung – marktgerecht zu verarbeiten, zu einer Form, die sich der bürgerlichen Gesellschaft seiner Zeit auf den Leib schneidern ließ. So ergäbe sich unter den Auspizien Poirets ein Präzedenzfall jenes Prozesses, der sich an der Wende von den 60er zu den 70er Jahren abspielte und den der Mode-Experte Bruno Du Roselle mit freundlichem Zynismus beschreibt: Auch die kulturrevolutionäre Bewegung der 60er Jahre, die nebst anderen Institutionen der bürgerlichen Gesellschaft auch die Mode in Frage stellte, hat letzten Endes die Mode beliefert[51]. Es ist auf ominöse Weise bezeichnend, daß die neue Kulturrevolution den Stil der alten, den »Jugendstil«, wiederentdeckte und, in nostalgischem Zitat oder abgewandelt zum »Pop«, – in Mode brachte.

Blanche, April 1894 (in den Œuvres complètes, a.a.O., 652 ff.). Schon der frühe Mallarmé stellt die institutionell von lebendiger Kommunikation abgeschnittene Kunst in dem Sonett vom eingefrorenen Schwan (»Le vierge, le vivace et le bel aujourd'hui«) in Frage; vgl. G. Goebel, *Le Signe du Cygne. Zur negativen Poetik Mallarmés,* in: lendemains 6 (1977), 111 ff.

48 Vgl. Peter Bürger, *Theorie der Avantgarde* (edition suhrkamp 727). Frankfurt a. M. 1974, 28 f. und 66 ff.

49 Vgl. den Titel seiner Memoiren: *En habillant l'époque.*

50 Vgl. P. White, a.a.O., 11: »So total and universal was the metamorphosis that to this day all women have been dressed by him all their lives, whether or not they realize it and no matter where they have bought their clothes.«

51 Bruno du Roselle, *La Crise de la Mode.* Paris, Fayard, 1972, insbes. 89 ff. (»Influence de la crise sur la création«).

Inge Degenhardt

Ein Leben ohne Grinsezug?

*Zum Verhältnis von sozialer Wirklichkeitsperspektive und ästhetischem Postulat in Fontanes »Stechlin«**

> Es ist Unsinn, uns einreden zu wollen, die Welt sei so schofel und erbärmlich, wie unsere Komödien- und Romanschreiber sie darstellen. Ich kenn Gott sei Dank bloß leidlich anständige Menschen.
>
> *(Th. Fontane)*

1. Zur Problemstellung

In Fontanes Briefwechsel, der die präzisesten Kommentare über seine literarischen Pläne und künstlerischen Absichten enthält, findet sich 1895 die Mitteilung:

> Ich will einen neuen Roman schreiben [...], einen ganz famosen Roman, der überhaupt von allem abweicht, was ich bisher geschrieben habe, und der überhaupt von allem Dagewesenen abweicht. Er heißt ›Die Likedeeler‹ [...][1]. Ein Jahr später heißt es: Im Winter habe ich einen politischen Roman geschrieben (Gegenüberstellung von Adel, wie er bei uns sein sollte, und wie er ist). Dieser Roman heißt: ›Der Stechlin‹[2].

Trotz aller Faszination von der Geschichte der Vitalienbrüder, in den Augen Fontanes mittelalterliche Kommunisten von »sozialdemokratischer Modernität«[3], wird der historische Störtebe-

* Grundsätzlich wird (soweit nicht anders vermerkt) nach der im Hanser Verlag von Walter Keitel und Helmuth Nürnberger besorgten Ausgabe der Werke Fontanes (München 1962 ff.) zitiert = abgekürzt FH. Die römische Ziffer bezieht sich dabei jeweils auf die Abteilung, die arabische Ziffer verweist auf den Band dieser Ausgabe, z. B. FH III 2 = Fontane, Ausgabe Hanser, III. Abt., 2. Band.

Zitate aus Fontanes *Stechlin* wurden der Einfachheit halber gleich im Darstellungsteil in runden Klammern vermerkt, d. h. zugrunde liegt stets der 5. Band der I. Abt. der Ausgabe des Verlages Hanser. – Klammer hinter dem Titel verweist auf Anmerkung mit erster bibliographischer Nennung.

1 An Hans Hertz 16. März 1895, in: Th. Fontane, *Briefe an Wilhelm und Hans Hertz 1859-1898*, hrsg. v. K. Schreinert. Stuttgart 1972, S. 357 f.

2 An Carl Robert Lessing, der Herausgeber von *Vossischen Zeitung* am 8. Juni 1896, in: *Briefe an die Freunde*, letzte Auslese, hrsg. v. F. Fontane und H. Fricke. Berlin 1943, Bd. 2, S. 388.

3 In einem Brief an Friedrich Holtze vom 16. März 1895 heißt es: »Der Stoff in

ker-Stoff gegen einen zeitgenössischen ausgetauscht, den der Autor wie folgt charakterisiert:

Der Stoff, soweit von einem solchen die Rede sein kann – denn es ist eigentlich bloß eine Idee, die sich einkleidet – dieser Stoff wird sehr wahrscheinlich [. . .] Ihre Zustimmung erfahren. Aber die Geschichte, das was erzählt wird. Die Mache! Zum Schluß stirbt ein Alter und zwei Junge heiraten sich; – das ist so ziemlich alles, was auf 500 Seiten geschieht. Von Verwicklungen und Lösungen, von Herzenskonflikten oder Konflikten überhaupt, von Spannungen und Überraschungen findet sich nichts. – Einerseits auf einem altmodischen märkischen Gut, andererseits in einem neumodischen gräflichen Hause (Berlin) treffen sich verschiedene Personen und sprechen da Gott und die Welt durch. Alles Plauderei, Dialog, in dem sich die Charaktere geben, und mit und in ihnen die Geschichte. Natürlich halte ich dies nicht nur für die richtige, sondern sogar für die gebotene Art einen Zeitroman zu schreiben, bin mir aber gleichzeitig zu sehr bewußt, daß das große Publikum sehr anders darüber denkt und die Redaktionen (durch das Publikum gezwungen) auch[4].

Eine sicherlich nicht sehr werbewirksame Selbstanzeige, aber sie spiegelt die künstlerischen Absichten eines Autors wider, dem Thomas Mann als einzigem deutschen Erzähler des 19. Jahrhunderts welthistorische Geltung und literarische Ebenbürtigkeit mit den großen Vertretern der europäischen Erzähltradition zubilligte. Fontanes Wandel in Stofforientierung und Formentscheidung kennzeichnet die entschiedene Hinwendung zur politischen Problematik in der Form des Zeitromans. Indem er den historischen Stoff mit dem aktuellen vertauscht, bekennt er sich zu einer Form von Literatur als Medium politischer Auseinandersetzung, die es nicht mehr nötig hat, politische Aussagen in historische Ferne zu projizieren. In seinem letzten Roman, der präzise sechs Monate preußischer Zeitgeschichte herausgreift[5], vollendet sich die Entwicklung eines Konzepts, das sich in den vorangegangenen Werken schon angedeutet hatte und das er unter Verzicht auf Publikumserfolg und Massenwirksamkeit als

seiner mittelalterlichen Seeromantik und seiner sozialdemokratischen Modernität – ›alles schon dagewesen‹ – reizt mich ganz ungeheuer«, zitiert nach FH I 5, S. 1088 – Vgl. dazu auch H. Fricke, *Die Likedeeler. Fontanes letzter Romanentwurf.* Rathenow 1938.

4 Briefentwurf an A. Hoffmann Mai/Juni 1897, in: *Briefe an die Freunde.* 1943, Bd. 2, S. 604 f.

5 Die »Handlung« des *Stechlin* beginnt am 3. Oktober 1895 und endet im Frühjahr 1896.

»die richtige Art«, einen Zeitroman zu schreiben, verteidigt. Es heißt: Preisgabe des Stofflichen, Auflösung der Handlung im Gespräch bzw. Verschiebung des Schwergewichts vom Inhalt auf die Darstellung.

Geht man davon aus, daß politische Intention und strukturelle Entwicklung in einem reziproken Verhältnis stehen, so ist ihre Bedeutung zu untersuchen im Zusammenhang der sozialgeschichtlichen Problematik des 19. Jahrhunderts, der zeitbedingten Diskussion um die Möglichkeiten literarischer Wiedergabe von Realität und ihrer spezifischen Ausprägung in Fontanes ästhetischem Konzept. Zwangsläufig stellt sich dabei auch die Frage, ob Fontane trotz akademischer Ummauerung von Interpretation und Apologie, trotz bildungsbürgerlicher Reproduktion auf Leinwand und Bildschirm (Fontane gehört zu den meistverfilmten Autoren des 19. Jahrhunderts) für uns heute noch mehr ist als ein klassischer Gipskopf in der Vitrine bürgerlicher Literaturgeschichte[6].

2. »Das alte Stein- und Moosdach schützt nicht mehr« – Perspektiven des politischen Romans und Fragen der Zeit

Die sozialgeschichtlichen Erfahrungen in der zweiten Hälfte des 19. Jahrhunderts, die Fontanes Roman bedingen und die bekanntlich durch Begriffe wie Arbeiterbewegung, Massendemokratie, Industrialisierung, Nationalismus und Imperialismus gekennzeichnet sind, die zeitgenössischen Probleme, die in den Schlagworten vom »Willen zur Macht« und vom »Kampf ums Dasein« kulminieren, lassen sich in zwei Fragen zusammenfassen:

1. Ausgelöst durch den staatlichen Verdichtungsvorgang und die preußisch-nationalstaatliche Reform des Reichs stellt sich auch nach der Reichsgründung noch die *Frage nach der Regelung des Zusammenlebens der Menschen im Staat.*

2. Die Vielfalt sozialpolitischer Probleme und gesellschaftlicher Spannungen, die sich vor allem durch das sprunghafte Anwachsen des Proletariats und die rasche Industrialisierung potenzieren, verdichten sich zu einer immer mehr bedrängenden *sozialen*

6 Vgl. dazu P. Demetz, in: *Die Zeit* vom 22. 10. 1976.

Frage und einem Streit um ihre Beantwortung. Dem klassenkämpferischen Lösungsvorschlag der sozialen Revolution stehen als Alternativen divergierende reformerische Ansätze gegenüber. Während der Staat in obrigkeitlicher Machtvollkommenheit das Problem durch sozialpolitische Maßnahmen paralysieren will, konstituieren sich politische Parteien und Interessenverbände, um ihr Mitspracherecht anzumelden bzw. mit Hilfe einer Volksvertretung durchzusetzen.

Wie verhält sich nun Fontanes Roman zu diesen allgemein-gesellschaftlichen Erfahrungen? Zur Beantwortung dieser Frage sollen zwei Aspekte herausgegriffen werden:

1. Das Geschehen wird aus der Perspektive des *Adels* entwikkelt, der in verschiedenen Schattierungen dargestellt wird, aber in seinen positiven Erscheinungsformen dominiert, vor allem im alten Dubslav von Stechlin ›mit dem Bismarckkopf und Bebel im Leib‹ und seinem Sohn Woldemar mit den (demokratischen) ›Gefühls- und Gesinnungsluxussen‹.

2. Im Mittelpunkt des handlungsarmen Romans steht eine *Wahl* zum Reichstag im preußischen Wahlkreis Rheinsberg-Wutz. Da es darum geht, einen Nachfolger für den verstorbenen adeligen Kandidaten der Konservativen Partei zu wählen, wird das Ereignis aus dem politischen und gesellschaftlichen Alltag aus der Perspektive einer bestimmten Partei entfaltet.

Beide Aspekte erscheinen von entscheidender Bedeutung für die Untersuchung von Fontanes Verhältnis zu Staat und Gesellschaft. Zunächst, was bedeutet eine derartige Profilierung des Adels, eine Gesellschaftsdarstellung aus der Perspektive der am meisten gefährdeten Klasse, deren Führungsanspruch von anderen gesellschaftlichen Kräften beansprucht, deren Privilegien im Schwinden und deren ökonomische Basis erschüttert ist? Der Vorwurf, beim alten Fontane finde eine Verengung der politischen Perspektive statt, sticht ebensowenig wie die Behauptung, der Roman verschiebe den Akzent vom Politischen ins Moralische (Adel, wie er sein sollte). Fontane hat zwar aus seiner Vorliebe für den Adel und aristokratische Lebensformen keinen Hehl gemacht, doch durch seinen vielzitierten Briefwechsel mit Friedlaender scheint er über jeden Verdacht erhaben, er verstehe sich als Anwalt überholter Gesellschaftsformen oder propagiere antiindustrielle feudale Ideologien. Fontane selbst hat mit Nachdruck auf seine Unterscheidung zwischen menschlichen Sympathien und politischen Anschauungen hingewiesen. Mit scharfen Worten kritisert er einen Adel[7], der nicht mehr in die moderne Welt passe. Aber er weiß auch: »wenn morgen die Bülows und Arnims von der Bildfläche verschwunden sind, ist es nicht bloß für die Welt, sondern auch für Preußen und die preußische Armee ganz gleichgültig, denn die Müllers und Schulzes rücken an die leer gewordenen Stellen«[8], d. h. eine Bourgeoisie, die von der Nachahmung des preußischen Junkertums lebt. Wenn im Roman also die Perspektive des Adels beibehalten wird, dann dokumentiert dies zunächst Fontanes politische Überzeugung, daß mit der Beseitigung dieser konkreten Klasse die generellen Probleme der modernen Gesellschaft nicht gelöst sind. Der Einsicht in die notwendige Veränderung der politischen Führungsschicht Deutschlands korrespondiert ein tiefer Zweifel in die politischen Fähigkeiten der neuen Kräfte, wie des unter Einfluß des ökonomischen Prinzips stehenden Bürgertums und der heterogenen sozialistischen Bewegungen, die Fontane nur in ihren konservativen und christlichen Varianten zwischen Bebel und Stöcker wahrnahm. Das Bürgertum hatte zwar im Zusammenhang mit der nationalgeschichtlichen Entwicklung Preußens einen raschen Aufstieg erlebt, war aber nicht in der Lage, eigene Herrschaftsansprüche durchzusetzen. In gleicher Weise mißtraut

7 Die schärfsten Adelskritiken Fontanes finden sich in der Friedlaender-Korrespondenz. Am 2. 9. 1890 heißt es: »Der eigentliche Adel [...] ist der Landadel und so sehr ich gerade diesen liebe [...], so ist mir doch immer mehr und mehr klar geworden, daß diese Form in die moderne Welt nicht mehr paßt, daß sie verschwinden muß und jedenfalls daß man mit ihr nicht mehr leben kann.« (Theodor Fontane, *Briefe an Georg Friedlaender,* hrsg. u. erläutert v. K. Schreinert, Heidelberg 1954, S. 133). – Am 1. 2. 1894 schreibt Fontane: »Die Welt hat vom alten Adel gar nichts, es giebt Weniges, was so aussterbereif wäre wie die Geburtsaristokratie; *wirkliche* Kräfte sind zum Herrschen berufen, Charakter, Wissen, Besitz – Geburtsüberlegenheit ist eine Fiktion.« (ebd., S. 250). – Auf der gleichen Linie liegt die bekannte Adelskritik Lorenzens im *Stechlin:* »Unsere alten Familien kranken durchgängig an der Vorstellung, daß es ohne sie nicht gehe, was aber weit gefehlt ist, denn es geht sicher auch ohne sie; sie sind nicht mehr die Säule, die das Ganze trägt, sie sind das alte Stein- und Moosdach, das wohl noch lastet und drückt, aber gegen Unwetter nicht mehr schützen kann. Wohl möglich, daß aristokratische Tage mal wiederkehren, vorläufig, wohin wir sehen, stehen wir im Zeichen einer demokratischen Weltanschauung. Eine neue Zeit bricht an. Ich glaube, eine bessere und eine glücklichere. Aber wenn auch nicht eine glücklichere, so doch mindestens eine Zeit mit mehr Sauerstoff in der Luft, eine Zeit, in der wir besser atmen können.« (FH I 5, S. 273 f.).

8 Fontane am 12. April 1894 an Friedlaender, in: *Friedlaender-Briefe* (7) S. 254.

Fontane auch dem Proletariat, trotz der anderslautenden Beurteilungen des 4. Standes, bei dem die Menschheit, das neue, bessere Leben erst anfange, und der Arbeiterschaft, deren Denken, Sprechen, Schreiben das der altregierenden Welt längst überholt habe[9]. Seine Kritik am Adel hat nichts gemein mit der der Sozialrevolutionäre, die zum Klassenkampf aufrufen. Fontane akzeptiert den gesellschaftlichen Wandel, aber er ist nicht sein Apologet. Nirgends hat er dies später wieder so offen ausgesprochen wie 1871 in einer Theaterkritik:

Die Welt liegt in Wehen; wer will sagen, was geboren wird! Der Sturz des Alten bereitet sich vor. Gut, die Dinge gehen ihren ewigen Gang; tut eure Maulwurfsarbeit, ihr die ihr *unten* seid. Millionen leben, die an dem Fortbestand dessen, was da ist, kein besonderes Interesse haben *können*, die ein Recht haben, wie an der Glücksbude, die Chancen eines Wechsels der Dinge zu befragen. Mögen sie tun, was sie nicht lassen können, und mag es über uns hereinbrechen früher oder später. Aber Wahnsinn ist es und Verbrechen, wenn die ›begünstigte Minorität‹ [...] wenn die, die *nur* verlieren und *nie* gewinnen können, [...] sich selber das Brett unter den Füßen fortziehen[10].

Fontanes psychologische Identifikation mit seiner Klasse überwiegt, wenn er hier trotz aller Bejahung des Wandels und trotz des sympathisierenden Kokettierens mit den neuen gesellschaftlichen Potenzen die bürgerlichen Intellektuellen verurteilt, die der unausweichlichen Entwicklung auch noch literarisch Vorschub leisten.

Die Überzeugung von der politischen Zukunftslosigkeit des Adels und die Skepsis gegenüber den Fähigkeiten der neuen politischen Kräfte werden konkretisiert in dem zentralen Ereignis einer Wahl (wobei jedoch das politische Motiv sogleich spielerisch moduliert wird durch ein privates: Zur Wahl eines Reichstagsabgeordneten läuft parallel die Wahl einer Braut). Der Gesellschaftsdarstellung aus der Perspektive einer bestimmten Klasse

9 Brief an James Morris vom 22. Feb. 1896, in: *Fontanes Briefe* in zwei Bänden, ausgew. u. erläutert v. G. Erler. 1968, Bd. 2, S. 372. K. Attwood nennt das Verhältnis zwischen Fontane und dem 4. Stand »respektvolle Sympathie«, er weist zu Recht darauf hin, daß jedoch alle Äußerungen Fontanes den Standpunkt des Bürgerlichen erkennen lassen: »Bei allen Vorbehalten gegenüber Erscheinungen des Zweiten Reiches, geht er nie so weit, die bürgerliche Gesellschaftsordnung per se in Frage zu stellen, und schon gar nicht im Sinne einer kommunistisch-marxistischen Revolution.« (*Fontane und das Preußentum.* Berlin 1952, S. 237).

10 Besprechung von Scribes *Feenhände* vom 31. 10. 1871, in: FH III 2, S. 54 f.

entspricht die Darstellung des Staates aus der Perspektive einer bestimmten Partei. Aus der Sicht der »Staatserhaltenden« bedeuten Wahlen nicht aktive Auseinandersetzung mit gegnerischen Konzeptionen, sondern ein Ereignis zwischen Ulk und Feierlichkeit, eine »Komödie«, die man mit durchmachen muß (I 5, S. 185). Lediglich die bürgerlich verheiratete Prinzessin, deren preußisches Pflichtgefühl sich in Gebärfreudigkeit äußert, treibt ihren Mann vom Wochenbette weg wie in eine Schlacht, weil »im modernen Staate Wählen so gut wie Kämpfen sei« (I 5, S. 184). Die Intentionalität politischen Handelns, hier Ausrichtung auf die Reichstagskandidatur, bleibt eine formale, da über die Zielgerichtetheit des Handelns kein Konsens besteht. Der voraussagbaren Niederlage der Konservativen steht zwar ein Sieg der Sozialdemokraten gegenüber, er wird aber im Roman nicht hinreichend motiviert, sondern eher als Ergebnis demagogischer Prozesse dargestellt (ursprünglich plante Fontane den Sieg der liberalen Fortschrittspartei). Die kleinen Leute folgen dem »Wanderapostel aus Berlin« und seinen Versprechungen von Achtstundentag, Lohnerhöhung und Sonntagsausflug. Im Gegensatz dazu bleiben die privaten Wunschträume des patriarchalischen Gutsherrn für ›seine‹ Globsower Glasbläser öffentlich unausgesprochen:

[...] Ich wollte, jeder kriegte lieber einen halben Morgen Land von Staats wegen und kaufte sich zu Ostern ein Ferkelchen, und zu Martini schlachteten sie ein Schwein und hätten den Winter über zwei Speckseiten, jeden Sonntag eine ordentliche Scheibe und alltags Kartoffeln und Grieben (I 5, S. 69).

Das soziale Unbehagen des konservativen Kandidaten äußert sich weder in einem parteipolitischen Programm noch in öffentlicher Aktivität, sondern nur in mit philanthropischem Pathos vorgetragenen Sozialutopien von einer agrargesellschaftlich genormten Idylle. Bezeichnenderweise endet das Wahlkapitel mit einer Begegnung zwischen adeligem Verlierer und kleinbürgerlichem Sieger. Auf der Heimfahrt liest Dubslav einen besoffenen Landarbeiter auf der Straße auf und entlockt ihm das Geständnis, für die Sozialdemokraten gestimmt zu haben:

Dubslav lachte. »Für Torgelow, den euch die Berliner hergeschickt haben. Hat er denn schon was für euch getan?«
»Nei, noch nich.«
»Na, warum denn?«

»Joa, se seggen ja, he *will* wat för uns duhn un is so sihr för de armen Lüd. Un denn kriegen wi joa'n Stück Tüffelland. Uns e seggen ook, he is klöger, as de annern sinn.«

»Wird wohl. Aber is doch noch lange nich so klug, wie ihr dumm seid. Habt ihr denn schon gehungert?«

»Nei, dat grad nich.«

»Na, das kann auch noch kommen.«

»Ach, gnäd'ger Herr, dat wihrd joa woll nich.«

»Na, wer weiß, Tuxen. [. . .] Und hier habt Ihr was. Aber nicht mehr für heut. Für heut habt Ihr genug. Un nu macht, daß Ihr zu Bett kommt, und träumt von ›Tüffelland‹« (I 5, S. 202).

Die Wahl ist entschieden, aber weiterhin unentschieden bleibt die Situation des kleinen Mannes zwischen aristokratischem Almosen und sozialdemokratischem »Traum vom Tüffelland«. Die als Farce dargestellte Wahl zeigt nicht nur das politische Disengagement einer Klasse, sondern die Skepsis des Autors gegenüber einer vom konstitutionellen Liberalismus und der SPD getragenen Wahlrechtsbewegung und gegenüber den Hoffnungen, mit Hilfe des Parlamentarismus die bestehenden Machtverhältnisse ändern zu können. Zwar ist inzwischen auch im preußischen Obrigkeitsstaat allgemeine politische Betätigung erlaubt, doch die Spannungen zwischen monarchischer Regierungsgewalt und einem immer wieder von Auflösung bedrohten Parlament bestehen weiter. In einem Staat, dessen Oberhaupt es gleichgültig ist, ob »in dem parlamentarischen Volkstheater« rote, gelbe oder braune Affen herumspringen, und der in Parlamentariern nur Schweine sieht, denen man in den Arsch treten müsse[11], bleibt Fontane mißtrauisch gegenüber Möglichkeiten demokratischer Willensentscheidung. Das äußert sich in Gleichgültigkeit gegenüber dem Instrument der Wahl. Ähnlich wie die Konservativen im *Stechlin* zählt er den »Wahl- und Schlachttag« zu den »gleichgültigsten und langweiligsten Tagen der Weltgeschichte«. Er schreibt an seinen Sohn:

Dieser ganze Wahlkrempel kann unmöglich der Weisheit letzter Schluß sein. In England oder Amerika vielleicht oder auch gewiß – aber bei uns, wo hinter jedem Wähler erst ein Schutzmann, dann ein Bataillon und dann eine Batterie stehen, wirkt alles auf mich wie Zeitvergeudung.

11 Vgl. *Reden des Kaisers,* hrsg. v. E. Johann (dtv-dokumente 354). München 1966 – *Das Wilhelminische Deutschland. Stimmen der Zeitgenossen,* hrsg. u. kommentiert v. G. Kotowski, W. Pöls, G. Ritter (FiTb 611). Frankfurt 1965.

Hinter einer Volkswahl muß eine Volksmacht stehen; fehlt die, so ist alles Wurscht[12].

Adelsthematik und Motiv der Wahl sind jedoch nicht nur Vehikel für konkrete politische Stellungnahmen zur zeithistorischen Situation, sondern spiegeln darüber hinaus gesamtgesellschaftliche Wertentscheidungen des bürgerlichen Individuums mit den Mitteln der Kunst.

In einer über die konkrete gesellschaftliche Zuständlichkeit hinausweisenden Rolle wird der Adel gleichsam enthistorisiert und zu einer literarischen Kunstfigur[13] stilisiert, die es ermöglicht, gesellschaftliche Wertorientierungen mitteilbar zu machen. Sieht man den Adel in seiner (durchaus austauschbaren) Funktion als Spitze einer hierarchisch gegliederten Gesellschaft, dann wird verständlich, warum im *Stechlin* alle anderen gesellschaftlichen Gruppen nur aus der Perspektive des Adels dargestellt bzw. in ihrer Funktion auf den Adel ausgerichtet sind. Unter diesem Aspekt erscheint auch begreiflich, warum in Fontanes Romanen trotz ihrer selbst von Fachhistorikern immer wieder bewundernd anerkannten quellenhistorischen Bedeutung und Sensibilität für zeitgenössische Fragestellungen niemals Proletarier und ihre spezifische Problematik dargestellt werden. Auch die im *Stechlin* vorkommenden Angehörigen des 4. Standes erscheinen nur als Menschen, deren Bedeutung vorrangig aus ihrer Beziehung zur gesellschaftlichen Oberklasse entfaltet wird: im Dienst der Herrschaft ergraute und ihr treu ergebene Dienstboten, Landbewohner und Kommunalbeamte. Auch die namenlose Masse der Globsower Glasbläser existiert nur in der Optik des patriarchalischen Gutsherren, der sich durch eine vor ihm stehende Bocksbeutelflasche zu einem Trinkspruch auf sie veranlaßt fühlt:

Und dann auf das Wohl meiner Globsower [. . .]. Ich ärgere mich nur immer, wenn ich diese riesigen Ballons da zwischen meinen Globsowern sehe. Und hinter dem ersten Fabrikhof [. . .], da ist noch ein zweiter, der sieht noch schlimmer aus. Da stehen nämlich wahre Glasungeheuer, auch Ballons, aber mit langem Hals dran, und die heißen dann Retorten (I 5, S. 68).

12 An Sohn Friedrich am 16. Juni 1898, in: *Theodor Fontane. Von dreißig bis achtzig. Sein Leben in Briefen*, hrsg. v. H. H. Reuter. München o. J., S. 419.

13 Fontane selbst schreibt über den »ungenießbar« gewordenen Junker an Friedlaender: »Als Kunstfigur bleibt er interessant« (Friedlaender-Briefe [7] S. 255).

Es gelingt auch Sohn Woldemar nicht, durch Hinweis auf die friedlichen lokalen Verhältnisse den Vater von seinen revolutionären Ängsten abzubringen.

Über hundert Jahre besteht nun schon diese Glashütte. Und wenn ich nun so das jedesmalige Jahresprodukt mit hundert multipliziere, so rechne ich mir alles in allem wenigstens eine Million heraus. Die schicken sie zunächst in andre Fabriken, und da destillieren sie flott drauflos, und zwar allerhand schreckliches Zeug in diese grünen Ballons hinein: Salzsäure, Schwefelsäure, rauchende Salpetersäure. Das ist die schlimmste, die hat immer einen rotgelben Rauch, der einem gleich die Lunge anfrißt. Aber wenn einen der Rauch auch zufrieden läßt, jeder Tropfen brennt ein Loch, in Leinwand oder in Tuch, oder in Leder, überhaupt in alles; alles wird angebrannt und angeäzt. Das ist das Zeichen unsrer Zeit jetzt, ›angebrannt und angeäzt‹. Und wenn ich dann bedenke, daß meine Globsower da mittun und ganz gemütlich die Werkzeuge liefern für die große Generalweltanbrennung, [...] das gibt mir einen Stich (I 5, S. 69).

Der Wandel als Prozeß gesellschaftlicher Verschiebung wird akzeptiert, wenn gesellschaftliche Mobilität im Rahmen vorkapitalistischer Ordnungsvorstellungen gedacht werden kann. In dieser Auffassung von Gesellschaft als einem hierarchisch gegliederten Organismus, dessen Funktionszusammenhang auf freiwilliger Pflichterfüllung in Anerkennung von Über- und Unterordnung beruht, sind sogar Zwang und Gewalt zur Verhinderung von Störungen erlaubt. Lehrer Krippenstapels Dreiklassenstaat der Bienen (»Bienen sollen sich ja aufs Staatliche so gut verstehen, beinahe vorbildlich« I 5, S. 59) bleibt im Gleichgewicht, weil nicht nur die Königin stirbt, sondern auch die bevorzugte Drohne ermordet wird, und in Pastor Lorenzens Greely-Episode[14], einer Parabel für die verantwortungsbewußte Staatsgemeinschaft, ist der Erfolg der Nordpolfahrer letztlich nur möglich um den Preis der Tötung des egoistischen vierten Expeditionsmitgliedes. Den Vorstellungen der Gesellschaft als einem hierarchisch gestuften Sein entspricht damit eine Vorstellung vom Staat als

14 Norbert Schöll (*Vom Bürger zum Untertan. Zum Gesellschaftsbild im bürgerlichen Roman.* Düsseldorf 1973) verweist darauf, daß Fontane hier ein Fehler unterlaufen sei, die sechs Begleiter des Polarforschers werden bei Fontane zu vieren. Da sich jedoch die parabelhafte Erzählung auf das Verhältnis der Stände im Staat und auf die Aufgabe des Kaisers gegenüber dem Adel beziehe (als dem Proviant veruntreuenden vierten Expeditionsmitglied), werde deutlich, »auf welche Weise Realitätsfakten der literarischen Strategie und dem ›Autorbewußtsein‹ unbewußt untergeordnet« werden (ebd., S. 12 ff.).

einer übergreifenden Ordnungsmacht, die die Gesellschaft unfehlbar zum Guten lenkt und nach vernünftigen Ordnungskategorien und aufgrund legitimer Machtbefugnisse verläßlich organisiert. Diese Vorstellungen geraten jedoch mit den Erfahrungen des Maschinenzeitalters und den damit verbundenen grundlegenden gesellschaftlichen und staatlichen Entwicklungsprozessen in einen entscheidenden Widerspruch. Im Roman wird dieser Widerspruch gestaltet durch die Gegenüberstellung von Krippenstapels naturwüchsigem Bienenstaat und dem künstlichen Organismus der Globsower Retortenfabrik, für die bezeichnenderweise das Wort vom »Industriestaat« fällt. Daß es nicht mehr gelingt, gesellschaftlichen Wandel mit den neuen industriewirtschaftlichen Prozessen in Einklang zu bringen, gesteht Dubslav offen ein: »Und in dies Bild richtiger Gliederung, oder meinetwegen richtiger Unterordnung [. . .] paßt mir diese Globsower Retortenbläserei nicht hinein« (I 5, S. 68). Am Ende steht die düstere Vision von einer aus dem gesellschaftlichen Gleichgewicht geratenen Welt, deren chaotisches Ende in einer revolutionären »Generalweltanbrennung« droht.

Die industriegesellschaftliche Entwicklung bedingt nicht zuletzt grundlegende staatliche Veränderungen, die sich mit den tradierten Ordnungsvorstellungen und Führungsansprüchen nicht mehr in Einklang bringen lassen. Gräfin Melusine formuliert den Zweifel an dem sich wandelnden Staatsgefüge im sog. revolutionären Diskurs des Romans, wenn sie fragt:

> Wer ist dies Regime? Mensch oder Ding? Ist es die von alter Zeit her übernommene Maschine, deren Räderwerk tot weiterklappert, oder ist es *der*, der an der Maschine steht? Oder endlich, ist es eine bestimmte abgegrenzte Vielheit, die die Hand des Mannes an der Maschine zu bestimmen, zu richten trachtet (I 5, S. 273)?

Das verunsicherte Verhältnis zwischen Individuum und Staat kommt im *Stechlin* vor allem in der Darstellung der Wahl zum Ausdruck. Dubslavs halbherzige Kandidatur beweist, daß er zwar seine soziale Verpflichtung anerkennt, daß er aber nicht fähig ist, sich für dieses Mandat aktiv zu engagieren. Selbst die mit Gelassenheit ertragene Niederlage, zusammengefaßt im Bonmot der Wahlverlierer: »Siegen ist gut, aber Zu-Tische-Gehen ist noch besser« (I 5, S. 191), kennzeichnet das Schwanken zwischen staatsbürgerlicher Verpflichtung und politischer Indifferenz. Ein Infragestellen der Wahl als Instrument demokratischer Willensbildung bedeutet jedoch kein generelles Infragestellen des Parlamentarismus. Gundermanns konfuse Rede, die das allgemeine, gleiche Wahlrecht und damit zugleich den Reichstag in Frage stellt, wird von einem Adeligen des Rheinsberger-Kreises kommentiert:

> [. . .] dieser Gundermann ist und bleibt ein Esel. Was sollen wir mit solchen Leuten? Erst beschreibt er uns die Frau mit 'nem Kropf, und dann will er das große Haus abschaffen. Ungeheure Dämelei. Wenn wir das große Haus nicht mehr haben, haben wir gar nichts; das ist noch unsre Rettung und die beinah einzige Stelle, wo wir den Mund [. . .] einigermaßen auftun und was durchsetzen können (I 5, S. 195).

Die im *Stechlin* dargestellte Wahl ist letztlich nicht eine Entscheidung zwischen zwei parteipolitischen Interessenvertretungen, sondern eine Entscheidung zwischen zwei politischen Systemen, die beide nicht als akzeptabel erscheinen. Deshalb kann der Konflikt auch nicht durch konkretes Handeln ausgetragen werden, sondern vorerst nur als reflexives Tun im Bewußtsein des Individuums.

Zusammenfassend kann man sagen: Mit der Darstellung der Gesellschaft aus der Perspektive der konservativen Partei werden Modellsituationen geschaffen für die Gestaltung zeitbedingter gesellschaftlicher Erfahrungen im Medium der Kunst. Die Totalität der Gesellschaft ist für das bürgerliche Individuum nur darstellbar, wenn die Teile als gleichsam naturwüchsig auf ein hierarchisch gegliedertes Ganzes gedacht werden (Bienenstaat). Der scheinbare Widerspruch zwischen Fontanes realpolitischer Negation des Adels und seiner fiktiven Aufwertung scheint lösbar durch die Deutung des Adels als literarische Kunstfigur, die als pyramidale Spitze einer auf hierarchischer Gliederung beruhenden Gesellschaftsvorstellung zum auswechselbaren Funktionsträger wird. Fontane gesteht damit Mobilität zu, doch ohne die Perspektive einer Aufhebung der hierarchischen Gliederung des Klassenstaates. Die Aufhebung gesellschaftlicher Antagonismen bleibt reflektorisches Spiel. Wenn in der Barbyschen Kutscherwohnung die Äußerung fällt: »der Bourgeois tut nichts für die Menschheit. Und wer nichts für die Menschheit tut, der muß abgeschafft werden« (I 5, S. 148), oder wenn Graf Barby prophezeit, es laufe alles darauf hinaus, »ob sich der vierte Stand etabliert und stabiliert« (I 5, S. 142), so besteht Gefahr, daß sich die Bedeutung solcher elementaren Sätze im Romangeplauder wieder verflüchtigt. Zugleich aber wird sich das Individuum der radikalen Gefährdung seiner Autonomiebestrebungen durch die Entwicklung des technisch-industriellen Zeitalters bewußt, durch die auch seine tradierten gesellschaftlichen und staatlichen Ordnungsvorstellungen in Frage gestellt werden. Im Widerstreit zwischen Anerkennung sozialer Verpflichtung und Neigung zu staatlicher Verweigerung verliert es seine Fähigkeit zu handeln. Der ihm abverlangten Entscheidung zwischen den extremen Polaritäten von Obrigkeits- und Volksstaat ist es nicht gewachsen. Die klassische Unterscheidung von Gesellschaft als Raum der Freiheit und Staat als Raum der Macht erfährt hier ihre fragile Akzentuierung.

3. »Wer am meisten redt, ist der reinste Mensch« – Funktionen des ›handlungslosen‹ Gesprächsromans

Fontane ist davon überzeugt (und darin ist er sich mit den Naturalisten einig), daß sich die neuen gesellschaftlichen Erfahrungen nicht mehr in den überlieferten Formen gestalten lassen. Seine Auffassung von Form und Aufgabe des Zeitromans spiegelt sich vor allem in den späten Romanen, wenn er etwa von den *Poggenpuhls* sagt, daß das ›Was‹ für das ›Wie‹ eintreten müsse, oder wenn er den *Stechlin* nur die Einkleidung einer Idee nennt, indem nicht der Inhalt, sondern die »Mache« entscheidend sei. Fontanes Aussagen belegen, daß die Umkehrung der Zweck-Mittel-Relation, das Bagatellisieren der Vorgangs- und Handlungsentwicklung, die Reduzierung des Faktischen von vornherein als das Resultat seiner Suche nach spezifischen Gestaltungsmöglichkeiten angesehen werden muß und nicht etwa als eine poetische Fehlleistung. Die Verflüchtigung der Romanhandlung – die dünne Ereigniskette des Romans dient nur noch der Motivierung von Gesprächen – wurde vom zeitgenössischen Publikum und naturalistischen Literaten als Provokation empfunden. Fontane selbst war sich des formalen Gegensatzes zur sog. Erbauungsliteratur des Bürgertums durchaus bewußt. Während die zeitgenössischen Erfolgsromane von G. Freytag bis E. Marlitt[15] bürgerliche

15 Zum Vergleich zwischen Fontane und E. Marlitt vgl. J. Schulte-Sasse / R. Werner, *Einführung in die Literaturwissenschaft* (UTB 640). München 1977, S. 216 ff.

Tüchtigkeit mit vielschichtigen Handlungsmustern verherrlichten oder die Erwartungshaltung ihres Publikums durch spannungssteigernde Reize köderten, dokumentiert Fontane seinerseits den Zweifel an diesen bürgerlichen Tugenden und die Negation der Publizität. Tendenzen zur Auflösung der Handlung zeigen sich teilweise auch bei anderen Autoren des 19. Jahrhunderts – so schreibt auch Raabe über seine *Chronik der Sperlingsgasse:* »Ich schreibe keinen Roman. Der Inhalt hat nicht viel Zusammenhang. Ich male Bilder und bringe keine Handlung« – doch nirgends wird die Romanhandlung so konsequent in Frage gestellt wie in Fontanes späteren Romanen, die versuchen, die Handlung in Gespräche zu überführen. Reuter spricht von einer »an die Grenze des episch überhaupt Möglichen vorgetriebenen diskursiven Ausweitung der Romanform«[16].

Einer der frühesten Fontane-Interpreten, der Gundolf-Schüler Wandrey, kritisiert zunächst ein »Versagen der Gestaltungskraft«:

> [...] nun verblassen die Farben, verschwimmen die Konturen. Es will dem Dichter nicht mehr gelingen, das rechte treffende Wort zu finden, die Menschenwelt des ›Stechlin‹ bleibt nebulos. Fontanes Gesprächstechnik versagt, genauer, sie verselbständigt sich. Sie hatte bisher als bewährtestes Mittel seiner epischen Kunst im Dienste einer künstlerischen Idee gestanden, nun wird sie aus einem Mittel zum Selbstzweck.

Wandrey sieht in der Hypertrophie des Gesprächs eine Verselbständigung medialer Formen, durch die Subjektivität in Frage gestellt scheint:

> [...] Gespräche sind der eigentliche Inhalt des Werkes, die Menschen haben keinen Eigenwert mehr, sind nicht mehr die seelischen Kernpunkte, um die sich alle Rede schichtet, sondern äußere Halte, von denen die Konversation mehr oder weniger unabhängig bleibt [...].
>
> Nicht eines dieser sechsundvierzig Kapitel ist aufs eigentlich Epische, Dingliche, Anschauliche, Plastische gestellt, man wendet Seiten um Seiten, ohne etwas anderes als Rede und Gegenrede, Frage und Antwort zu vernehmen [...] nirgends mehr erstehen aus dem Gespräch leibhaftige Gestalten. [...] Fontane verzichtet oft ganz darauf, auch nur mit einem Wink anzumerken, *wer* eigentlich spricht. So nebensächlich sind die Menschen geworden[17].

16 H. H. Reuter, *Theodor Fontane.* München 1968, Bd. 2, S. 799.
17 C. Wandrey, *Theodor Fontane.* München 1919, S. 300 f.

Diese Kritik am Gesprächsroman als einer künstlerischen Normverletzung zeigt, daß seine Notwendigkeit nicht begriffen wird. Der Mensch ist nicht, wie Wandrey meint, nebensächlich geworden, wohl aber beschränkt sich das Subjekt nicht mehr auf seine individuellen Erfahrungen, sondern wird auf seine soziale Existenz verwiesen, indem es seine Abhängigkeit von überindividuellen, geschichtlichen und politischen Bezügen erfährt. Überspitzte Formulierungen Fontanes, wonach der Dichter eher der Gedanken als der Form entbehren könne[18], seine Reverenz vor der »Macht des Stils«, durch den »das, was gesagt wird, eigentlich gleichgültig ist, wenn es nur gut und klar gesagt wird«[19], können losgelöst vom poetischen Kontext dazu verführen, die Absichten des Autors in die Nähe eines ästhetizistischen l'art pour l'art zu rücken.

Die Deutung des Gesprächsromans ergibt sich jedoch aus Fontanes problematischer Wirklichkeitserfahrung, die auf die Frage hinausläuft, wie das Individuum bei Bejahung seiner sozialen Rolle, aber gleichzeitiger Ablehnung der Entwicklungstendenzen des modernen Staates seine Bereitschaft zu sozialem Engagement beweisen kann. Es zeigt sich dabei, daß der Mensch, der zu staats- und gesellschaftskonformem Tun nicht fähig ist, nur redend seine soziale Existenz offenbaren kann. Dubslav, der aus seiner provinziellen Abgeschiedenheit heraus für den Reichstag kandidieren soll, versteht sein ›Einüben für die Welt‹ zunächst im Gespräch. So erkundigt er sich über seine neuen Gäste: »Sind sie denn ausgiebig und plauderhaft? [. . .] ich bin sehr dafür; Schweigen kleid't nicht jeden. Und dann sollen wir uns ja auch durch die Sprache vom Tier unterscheiden.« Eine Sentenz, die sofort wieder durch augenzwinkernde Ironie relativiert wird: »Also, wer am meisten red't, ist der reinste Mensch« (I 5, S. 23).

Die Gespräche, die zwei Drittel des Romans ausfüllen, haben neben verschiedenen kompositorischen Aufgaben (Mittel zur Vorgangssteigerung, zur Charakterisierung der Figuren, zur Kontrastierung verschiedener sozialer Gruppen und Bildungsschichten etc.) vor allem zwei Funktionen: 1. Der Mensch, der zum gegenwärtigen Zeitpunkt nicht handelnd in die Geschichte eingreifen und die Probleme der Zeit aktiv meistern kann, will

18 FH III 1, S. 249.

19 An Friedlaender 5. Dez. 1884, in: *Friedlaender-Briefe* (7), S. 2.

sie zumindest beim Namen nennen und sich auf der reflektorischen Ebene mit ihnen auseinandersetzen. Mit großer Sensibilität für die Möglichkeiten der Sprache entwickelte Fontane artifizielle Verfahren, um seine Erfahrung von Wirklichkeit im personalen Medium des Gesprächs zu vermitteln. Die Darstellung von Welt im Gespräch ist eine jeweils ausschnitthafte. Sie ermöglicht es dem Autor, hinter die sprechenden Figuren und ihre perspektivisch geprägten Meinungen und subjektiven Erfahrungen zurückzutreten, aber auch am Zusammenhang von Wirklichkeit (trotz ihrer subjektgebundenen ausschnitthaften Darstellung) als einem herstellbaren festzuhalten. Die Aufhebung von Entfremdung und Partikularität ist zumindest denkbar. Bei näherem Zusehen erweisen sich die heiteren und zwanglosen Unterhaltungen als artistisch geformte und gedrechselte Romanpartien. Das Gespräch geht häufig von banalen Dingen aus, im Verlauf der Unterhaltung werden dann in scheinbar mühelosem Geplauder sprachspielerische Assoziationsketten gebildet, die sich immer mehr vom konkreten Alltag entfernen und auf den allgemeinen politisch-sozialen Hintergrund verweisen[20]. Das Konversationsspiel der Kunstdialoge ist somit der Versuch, die Einheit der auseinanderfallenden Welt wenigstens gesprächsweise herzustellen. Dieser sozial- und gesellschaftskritischen Funktion dienen auch noch die großen Gesprächseinheiten des Romans, deren dialogische Fiktion vom rhetorischen Kunstcharakter überwuchert wird (wie z. B. der sog. revolutionäre Diskurs[21] oder Dubslavs Trinkspruch auf die Globsower Arbeiter).

Geplaudert wird überall bei Fontane, wo Menschen zusammentreffen (vor allem auf Spaziergängen und bei Diners), doch es

20 Als während des Diners auf Schloß Stechlin ein Karpfen serviert wird, gibt er Anlaß zu mancherlei Anspielungen auf die Zeitsituation, auf Forschertrieb und Fortschrittsgläubigkeit (Fisch enthält Phosphor, Phosphor ist gesund und erinnert an Schweden und Zündhölzer), auf Revolution und Situation des Bürgertums (die Herkunft des Karpfens aus dem sagenumwobenen See und seine Gewohnheit, sich im Schlamm einzuwühlen, erinnert an Revolution und das feige Verhalten des Bourgeois während der politischen Auseinandersetzungen).

21 Reuter stellt in seinem allerdings kuriosen Vergleich das Pseudodialogische dieser Textstellen heraus: »Der Romandialog zwischen Großstadtgräfin und Landpfarrer wird zu einem Presseinterview mit einem demokratischen Politiker. Die Fragen sind nur noch ein journalistischer Vorwand, keine epische Provokation mehr. Der Reporter weiß die Antworten im vorhinein. Er identifiziert sich mit ihnen. Die poetische Integration ist aufgehoben. Die Grenze ist überschritten. Der Roman ist radikal politisiert« (*Theodor Fontane*. Bd. 2, S. 852).

wird so gut wie nie gestritten. Die aggressive Auseinandersetzung wird geradezu ängstlich vermieden. Kommunikative Beziehungen, die in hohem Grade störanfällig sind (wie mit Gundermann oder Adelheid), enden eher in der Verweigerung oder werden domestiziert im Ritual gesellschaftlicher Beziehung. Fontane kennt nur Spott für den typisch deutschen Radikalismus kritischer Auseinandersetzung, wenn er den Musikkritiker Wrschowitz, eine der komischen Figuren des Romans, sagen läßt: »Deutsche Kunst viel Krittikk. Krittikk ist wie große Revolution. Kopf ab aus Prinzip« (I 5, S. 132). Durch Witz und Humor werden die Gegensätze wenigstens gesprächsweise geglättet. »Es gibt keine unanfechtbaren Wahrheiten«, konzidiert der alte Stechlin. Und einem Gesprächspartner, der anderer Meinung ist, räumt er bereitwillig ein: »Wenn ich das Gegenteil gesagt hätte, wäre es ebenso richtig« (I 5, S. 27). Dies führt jedoch zur zweiten, wie wir glauben, wichtigeren Funktion des Gesprächs bei Fontane.

2. Die Causerie nur nach ihrem Inhalt beurteilen, der wichtige soziale Probleme geradezu beiläufig verplaudert, heißt ihre soziale Bedeutung verkennen[22]. Fontane benutzt vielmehr die im Gespräch angelegten Möglichkeiten, um den Gebrauch der Sprache als symbolische Handlung erkennbar zu machen. Die Erfahrung des desillusionierten Individuums, über die Sprache wenigstens mit anderen in Kontakt treten zu können, ist eine existentielle. »Sich abschließen, heißt sich einmauern, und sich einmauern ist Tod«, sagt Gräfin Melusine (I 5 S. 271). Der Unfähigkeit zum Handeln entspricht nicht ein Rückzug ins Persönlich-Private, nicht innere Abkapselung oder totale Vereinzelung des Individuums. So wie die Außenwelt noch diskussionswürdig und kommentarbedürftig erscheint, so ist das Subjekt noch fähig, mit anderen Subjekten in Kontakt zu treten und seine Existenz im Gespräch und, wo dies nicht möglich ist, im Brief[23] als eine

22 K. Wölfel (*Man ist nicht blos ein einzelner Mensch. Zum Figurenentwurf in Fontanes Gesellschaftsromanen*, in: ZfdPh 82, 1963) urteilt anders über die Causerie, wenn er schreibt: »Die Causerie fordert weder Sachgerechtigkeit, den Ernst der Selbstkundgabe und des Selbstbekenntnisses verbietet sie sogar, und besitzt einen unverkennbaren Hang zur Unverbindlichkeit. Der Causeur übernimmt dabei eine Rolle, setzt sich mit ihr in Szene, arrangiert sich gemäß gewisser Spielregeln gesellschaftlicher Observanz. Seine Worte haben sozusagen Konfektionscharakter, sie sind zurechtgeschneidert nach dem Schnittmuster der Gesellschaftsbildung und -sitte« (S. 339).

23 Vgl. zum Brief als einem dem Gespräch parallelen Erzählelement bei Fontane:

soziale zu erfahren.

In diesem Zusammenhang ist jedoch bezeichnend, daß sich Fontanes Romane, die sich vorwiegend aus den Bedingungen und Möglichkeiten der Sprache entfalten, von bestimmten Möglichkeiten des Sprechens scharf abgrenzen. Die Bereitschaft des Individuums, Probleme der Zeit zur Sprache zu bringen und über Formen sprachlichen Handelns seine soziale Absicht auszudrükken, bezieht sich ausschließlich auf ein Reden inter und nicht extra muros. Das ›freie Wort‹, das der alte Stechlin so liebt, und damit auch die Rede als Vehikel politischen Räsonnements ist beschränkt auf die Exklusivität intimer Zirkel, auf die Salons und Boudoirs oder allenfalls auf die Gesindestuben, d. h. auf die Runde der Gleichgesinnten, die einander in symmetrischer Sozialbeziehung gegenübertreten können. Mit politischen Gegnern und zwischen den sozialen Fronten kommt es zu keinem Dialog. Selbst todkrank verweigert der sonst so liberale Dubslav die Behandlung durch Doktor Moscheles, den Anhänger der Fortschrittspartei. Aus dieser Sicht wird auch die Ablehnung der Rede als formal organisierter und öffentlich arangierter verständlich. Die einzig größere Rede im *Stechlin* (sieht man von Lorenzens Grabrede ab) hält ausgerechnet der Bourgeois Gundermann, damit sich selbst und das Instrument öffentlicher Rhetorik der Lächerlichkeit preisgebend. Vor allem wird die Rede als Mittel kämpferischer Auseinandersetzung im Wahlkampf skeptisch beurteilt. Für die Konservativen ist es von vornherein beschlossene Sache, daß vom »Herumreisen und Redenhalten« Abstand genommen wird. Die Darstellung der öffentlichen Meinungsmacher der Gegner zeigt deutlich das Mißtrauen gegenüber den rhetorischen Appellen und persuasiven Formen politischer Agitation. Während die Gegner aber redend kämpfen und schließlich Leute wie der wortgewandte Drechslergeselle Söderkopp die Wahl entscheiden, sind die Konservativen weder fähig noch willens zum politischen Wettbewerb auf rhetorischer Ebene. Man verharrt in einer Art Anti-Wahlkampf, verläßt sich auf die ersessenen Privilegien oder auf die Legitimation durch Insignien patriotischer Gesinnung wie Düppelmedaille und Eisernes Kreuz. Noch nach der Wahlniederlage heißt es: »die ganze Geschichte mit dem ›Sprechenkönnen‹ sei ein moderner Unsinn. Die einfache

G. Honnefelder, *Die erzähltechnische Funktion der Wirklichkeit bei Theodor Fontane: Zur Funktion des Briefes im Roman,* in: ZfdPh 92, 1973, S. 1-36.

Tatsache, daß der Alte von Alten-Friesack dasäße, sei viel wichtiger als eine Rede« (I 5, S. 192). Aufschlußreiches Beispiel für die Ablehnung des großen öffentlichkeitsorientierten rhetorischen Sprachgestus institutioneller Sprachhandlungen ist die Wahlversammlung der Konservativen im Stechliner Dorfkrug. Ausgerechnet Katzler (»ein vorzüglicher Herr, aber auf dem Gebiete der Konversation von einer oft nur unzureichenden Orientierungsfähigkeit« I 5, S. 29), der entschiedene ›Nichtredner‹, der schon auf der Ebene der Salongespräche versagt, eröffnet die Wahlversammlung. Mit Hilfe eines unbeholfenen Konzepts versucht er sich in einer Art Anti-Rede, verwickelt sich in Zirkelschlüsse, versucht Gruppenloyalität, kollektive Zielkonformität und ideologische Interessenharmonie zu beschwören und ist nicht fähig, die intendierte Handlung zu Ende zu führen. Mit dem Hinweis darauf, daß ja keiner am Tische das Parlamentarische, d. h. die persuasiv-rhetorischen Strategien, voll beherrsche, wird schließlich Lehrer Krippenstapel beauftragt, das Manuskript vorzulesen.

Die Redseligkeit des Romans verstummt vor der Öffentlichkeit eines gesellschaftlich und politisch heterogenen Publikums. Damit wird deutlich, daß das liberale Modell, das mit dem Medium öffentlicher Diskussion und politischer Auseinandersetzung gegebene politische Herrschaft unterlaufen möchte bzw. ihre Rationalisierung anstrebt, von Fontane mit äußerster Skepsis beurteilt wird. Dem Zweifel an die politische Potenz des Volkes entspricht bei Fontane das Fehlen eines öffentlichen Raumes für politisches Räsonnement, durch das der Untertan aus seiner Passivität entlassen werden könnte. Die Verachtung der öffentlichen Rede und ihrer Wirkungsakzentuierung ist einerseits verursacht durch die oralen Kraftakte und zeitgenössischen hurrapatriotischen und demagogischen Pervertierungen von öffentlicher Rede, andererseits zeigen sich darin gesellschaftliche Implikationen, die in der politischen Position des deutschen Bürgertums im 19. Jahrhundert begründet sind. Noch Thomas Mann argwöhnt in den *Betrachtungen eines Unpolitischen* »den Pakt zwischen Wohlredendheit und Aufwieglertum«.

Zusammenfassend kann man sagen: Politisch-soziale Wirklichkeitsdeutung und formale Gestaltung stehen bei Fontane in einem konsequenten Verhältnis. Die Kultivierung des Gesprächs zum entscheidenden gestalterischen Mittel ist sowohl eine Möglichkeit, auf die soziale Herausforderung und den Realitätszwang zu reagieren, als auch ein Versuch, die Irritationen und Gefährdungen der Handlungswelt als auflösbar und widerruflich darzustellen. Die aus der Diagnose sozialpolitischer Realität entstandene Handlungsunfähigkeit führt zwar zur Auflösung der Handlung im Roman, aber nicht zur totalen Verweigerung oder inneren Isolation des Individuums, das sich dem großen Sprachgestus öffentlicher Rhetorik entzieht, aber nach Ausgleich über die kommunikativen Möglichkeiten des Gesprächs sucht. Die Ablösung der Handlung durch das Gespräch bekommt damit eine geradezu programmatische Bedeutung. Die Menschen, die in Fontanes Romanen zusammentreffen, um über »Gott und die Welt« (was genausogut heißen kann ›über alles mögliche‹ wie über die existentiellen Themen des Lebens) zu reden, sehen wenigstens in dieser Art symbolischer Transformation von Sozialbeziehung eine Chance, in der immer mehr verdinglichten und entpersönlichten Umwelt die Voraussetzungen einer humanen Existenz zu bewahren. Fast könnte man die These des jungen Lukács auf Fontane anwenden: das eigentlich Soziale dieses Gesprächsromans ist die Form.

Fontanes Romanbotschaft bedeutet darüber hinaus die Ausbildung neuer Erzählweisen zum Ausdruck eines Weltbildes. Die besondere Form des Gesprächsromans mit seiner Akzentverlagerung von der handelnden auf die sprechende Figur, die Verschiebung des kompositorischen Schwergewichts von der Aktion auf die Rede demonstriert die der Literatur impliziten Möglichkeiten, auf gegebene Wirklichkeit zu reagieren und die konkreten Phänomene raumzeitlicher Erfahrung modellhaft zu transzendieren. Er ist Beispiel für die Versuche des bürgerlichen Individuums zu formexperimenteller Bewältigung einer immer undurchdringlicher werdenden Realität, die im 20. Jahrhundert zunächst bei Proust und Thomas Mann, im weiteren Sinne dann bei Kafka und Döblin, bei Joyce und Dos Passos ihre Fortsetzungen finden.

Trotz aller Vorausdeutung auf Phänomene der Erzählkunst des 20. Jahrhunderts[24] unterscheidet sich Fontanes Gesprächsroman

24 Ingrid Mittenzwei (*Die Sprache als Thema. Untersuchungen zu Fontanes Gesellschaftsromanen*. Bad Homburg-Berlin-Zürich 1970) sieht in dem »Roman der Sprache« einen Vorläufer von Thomas Manns *Zauberberg*, »in den Bewegungen dieser geselligen Sprache kündigt sich an, was der moderne Roman als Bewußtseinsstrom des Inneren gestaltet« (S. 189).

grundlegend von ästhetizistischen Erfahrungen des Wirklichen, die mit einer noch radikaleren Auflösung der Handlung selbst solche sozialkommunikativen Möglichkeiten in Frage stellen (Proust) oder auf der Suche nach Bewältigung des Sozialen eine Sehnsucht nach Unmittelbarkeit entwickeln, die zum Widerstand gegen die Sprache, ja zur Sprachverzweiflung führt (Hofmannsthal) und deren letzte Konsequenz im Verstummen läge.

4. »Kunst ist Kunst« – Fontanes Anspruch auf ›echten‹ Realismus

Sinndeutende und wertreflektierende Auseinandersetzung mit Fontanes Zeitroman, jener Kunstform, die nach Meinung des Autors der gesellschaftlichen Problematik am angemessensten ist, muß sich nicht nur an den soziohistorischen Gegebenheiten, sondern auch an den ästhetischen Ansprüchen und kunsttheoretischen Positionen der Zeit orientieren. Zunächst hat es den Anschein, als gäbe es eine ganze Reihe Beziehungen zwischen dem alten Fontane und der neuen deutschen Literaturszene in der zweiten Hälfte des 19. Jahrhunderts. Fontane, der 1888 in einer Theaterkritik schreibt: »Das Gebäude der überkommenen Ästhetik kracht in allen Fugen«[25], scheint ebenso wie die Naturalisten den Willen zur Wirklichkeitserfassung in neuer Form zu haben. Diese feiern ihn dann auch als einen, der mit der Wendung vom historischen zum zeitgenössischen Roman einen Schritt ins Lager der Modernsten getan habe[26]. Daneben gibt es bei den Brüdern Hart Sätze, die von geradezu auffallender Synonymität mit Fontanes neuem Romankonzept sind: »Was der Dichter darstellt, ist ganz gleichgültig, es kommt alles darauf an, daß er es als Dichter darstellt [...] auf das Wie, nicht auf das Was kommt es an«[27]. Doch bei näherem Zusehen merkt man nur zu bald, daß es mit den Gemeinsamkeiten nicht weit her ist. Man muß dergleichen Sätze im Zusammenhang sehen mit der literarischen Kampfdiskussion um Stoff- oder Formorientierung der Literatur, die

25 Fontane anläßlich der Besprechung von Ibsens *Wildente* am 21. Okt. 1888, in: FH III 2, S. 776.

26 C. Alberti, *Theodor Fontane*. Festblatt zum 70. Geburtstag, in: Die Gesellschaft 1889, S. 1754.

27 H. u. J. Hart, *Für und gegen Zola*, in: Kritische Waffengänge 2, 1882, S. 47.

schließlich sogar die Anhänger des deutschen Naturalismus in die Gruppe der gemäßigten und der konsequenten spaltet. Das Schlagwort vom »Sozialen in der Literatur«[28] führte einerseits zu Überbetonung von inhaltlichen Problemstellungen, andererseits zu Frontstellungen gegen die Verabsolutierung des sozialen Engagements unter Vernachlässigung des Kunstcharakters. Beispiel für die Auseinandersetzungen sind die Sozialromane Max Kretzers[29], die den Kampf des Proletariats gestalten wollen, aber nicht über die formalen Fähigkeiten zur epischen Bewältigung dieses Themas verfügen. Während Bleibtreu Kretzer als den ›deutschen Zola‹ hochjubelt, qualifiziert ihn Fontane als ›talentierten Saupeter‹ ab. Eine zeitgenössische Kretzer-Rezension versucht die Gegensätze zusammenzufassen mit der Forderung:

Der soziale Roman hat die Aufgabe, uns das innere Gefüge und Getriebe der Gesellschaft zu enthüllen und damit die Gebilde, Erscheinungen und Gestalten, die sich auf der Oberfläche der Gesellschaft bewegen, zu erklären. Aber damit sind nicht wie Einige zu glauben pflegen, die künstlerischen Ansprüche an den sozialen Roman fortgefallen. Das ›Morgenthor des Schönen‹ ist dem sozialen Roman so wenig verschlossen, wie anderen Kunstwerken. Denn ein Kunstwerk soll er sein und nicht bloß ein nüchternes Porträt der Wirklichkeit[30].

28 Vgl. dazu W. Müller-Seidel, *Theodor Fontane. Soziale Romankunst in Deutschland.* Stuttgart 1975, bes. Kap. Soziale Romankunst, S. 10 ff.

29 Der Autodidakt Max Kretzer (1854-1941), der das Arbeitermilieu aus eigener Anschauung kannte, verwendet besonders in seinem Roman *Meister Timpe* Motive Zolas. Während Bleibtreu (*Revolution der Literatur.* Leipzig 1886, S. 37 f.) Kretzer als »den Bahnbrecher des Berliner Romans«, den »Schöpfer des deutschen Realismus« und »ebenbürtigen Jünger Zolas« feiert, meint Fontane (*Aufzeichnungen zur Literatur.* Ungedrucktes und Unbekanntes, hrsg. v. H. H. Reuter. Berlin-Weimar 1969, S. 111 f.): »Alles, was er schildert, kommt vor, [...] aber es kommt nicht *so* vor [...] Es ist alles *zerrbildlich*, und was wahr sein will, ist so unwahr wie nur möglich.« Über den Roman *Die drei Weiber* von Kretzer urteilt er: »Es ist ein Roman, der nicht die gemeine Gesellschafts-, sondern die gemeine Kretzer-Seele schildert«.

30 W. Blos, *Der soziale Roman. Eine kritische Plauderei*, in: Die neue Zeit 4, 1886, S. 429. – Mit dem Problem der thematischen Öffnung der Literatur zum Proletariat setzte sich 1855 bereits Gutzkow (*Unterhaltungen am häuslichen Herd*, in: Gutzkows Werke, 10. Teil, hrsg. v. E. Ruprecht und D. Bänsch. Stuttgart 1970, S. 92 ff.) auseinander: »Den Roman an die Welt der Arbeit verweisen heißt ihn in seiner ganzen Natur aufheben; denn es ist gerade das Wesen des Romans, die Wochentageexistenz des Menschen gleichsam beiseite liegen zu lassen und seinen Sonntag zu erörtern. Wir verstehen unter Sonntag die Offenbarung seiner poetischen Natur.« Und er wendet sich gegen Romane, die »Daguerreotypen einer alltäglichen Wirklichkeit sind«.

Im Gegensatz zu den theoretisierenden und literaturkämpferischen Jungen gibt es bei Fontane kaum komplexe Abhandlungen oder programmatische Entwürfe von ausgesprochen wissenschaftlich-theoretischem Anspruch. Er hat weder eine eigene Kunsttheorie noch eine systematische Romanpoetik verfaßt, dafür aber massenweise Buchrezensionen, Theaterkritiken und vor allem Briefe. So wird man auf der Suche nach Fontanes Kunstprinzipien vor allem in der Korrespondenz des »Briefschwärmers« immer wieder fündig, aber auch verwirrt, denn manches ist sicherlich adressatenbezogen zu verstehen. Fontanes literaturkritische Schriften zeigen, wie sich sein Literaturbegriff, der sowohl in der Auseinandersetzung mit den literarischen Produkten seiner Zeit deskriptiv gewonnen als auch im Kontext seiner eigenen Arbeiten deduziert ist, gleichsam als allmähliches Verfertigen der Gedanken beim Schreiben entwickelt hat. Dabei zählen Fontanes durchaus nicht immer homogene Aussagen über Kunst und Literatur, Roman und Realismus, obwohl zum Teil mehr Aperçu als Diskurs, zu den klassischen Definitionen des bürgerlichen Realismus.

1853 hatte Fontane sich in einem anonymen Essay *(Über unsere lyrische und epische Poesie seit 1848)*[31] mit seiner Definition von Realismus von einem vordergründigen Empirismus abgegrenzt. Das vielstrapazierte Postulat nach künstlerischer Wahrheit wird hier expliziert in der abstrakten Negation von Unwahrem, Übertriebenem, Unklarem und Veraltetem. Bis zu seinem Lebensende beschäftigt Fontane immer wieder die Frage nach der Bedeutung der Fiktion und nach dem Verhältnis von Kunst und Wirklichkeit. 1875 hatte es auf die Frage: *»Was soll ein Roman?«* geheißen:

Er soll uns unter Vermeidung alles Übertriebenen und Häßlichen, eine Geschichte erzählen, an die wir *glauben.* Er soll zu unserer Phantasie und unserem Herzen sprechen, Anregung geben, ohne aufzuregen; er soll uns eine Welt der Fiktion auf Augenblicke als eine Welt der Wirklichkeit erscheinen, soll uns weinen und lachen, hoffen und fürchten, am Schluß aber empfinden lassen, teils unter lieben und angenehmen, teils unter

31 FH III 1, S. 236-260. Fontane urteilt hier über den Realismus: »Er ist die Widerspiegelung alles wirklichen Lebens, aller wahren Kräfte und Interessen im Elemente der Kunst; er ist, wenn man uns diese scherzhafte Wendung verzeiht, eine ›Interessenvertretung‹ auf seine Art« (S. 242). Ähnlich meint Fontane hier auch: Realismus habe nichts mit Wiedergabe der Misere des Lebens zu tun und die Darstellung eines sterbenden Arbeiters, den seine hungernden Kinder umstehn, bedeute noch keine echte Kunst (ebd., S. 240).

charaktervollen und interessanten Menschen gelebt zu haben, deren Umgang uns schöne Stunden bereitete, uns förderte, klärte und belehrte[32]. 1886 heißt es auf die gleiche Frage: Das wird der beste Roman sein, dessen Gestalten sich in die Gestalten des wirklichen Lebens einreihen, so daß wir in Erinnerung an eine bestimmte Lebensepoche nicht mehr genau wissen, ob es gelebte oder gelesene Figuren waren, ähnlich wie manche Träume sich unserer mit gleicher Gewalt bemächtigen, wie die Wirklichkeit [. . .] darauf kommt es an, daß wir in den Stunden, die wir einem Buche widmen, das Gefühl haben, unser wirkliches Leben fortzusetzen, und daß zwischen dem erlebten und dem erdichteten Leben kein Unterschied ist, als der jener Intensität, Klarheit, Übersichtlichkeit und Abrundung [. . .], die die verklärende Aufgabe der Kunst ist[33].

Wir sehen, das Literaturverständnis Fontanes profiliert sich, sowohl was die vom Autor intendierten Leserollen als auch was das Verhältnis zwischen Literatur und Wirklichkeit angeht. Aus den Augenblicken identifizierenden Lesens wird das entschiedenere Verhältnis zwischen gesellschaftlicher und Textrealität, aus dem Verständnis von Literatur als Lustobjekt wird die stärkere Betonung des Erkenntnisgewinns.

Deutlicher noch als in diesen über dreißig Jahre auseinanderliegenden quasiprogrammatischen Aussagen (Realismus-Essay von 1853, *Ahnen*-Besprechung von 1875 und Lindau-Kritik von 1883) wird Fontanes Position dort, wo er sich, von den Naturalisten herausgefordert und irritiert, mit ihnen auseinandersetzt und vor allem von ihnen abgrenzt. 1881 schreibt er an seine Frau über den russischen Erzähler Turgenjew, eigentlich langweile er ihn, »weil er so grenzenlos prosaisch, so ganz unverklärt die Dinge« wiedergebe, er habe etwas von einem »photographischen Apparat in Aug und Seele«. Fontane urteilt deshalb:

[. . .] der Poet und Mensch in mir wendet sich mit Achselzucken davon ab. Es ist die Muse in Sack und Asche, Apollo mit Zahnweh. Das Leben hat einen Grinsezug. Er ist der richtige Schriftsteller des Pessimismus und man kann in diesem ausgezeichneten Talente wahrnehmen, welch häßli-

32 Besprechung von Gustav Freytags Roman *Die Ahnen*, in: FH III 1, S. 316.

33 Nachlaßfassung der Besprechung von P. Lindaus Roman *»Der Zug nach Westen«*, in: FH III 1, S. 568 f. – Mit Recht verweisen Schulte-Sasse/Werner (*Einführung in die Literaturwissenschaft*, S. 232) auf die Rezipientenorientierung dieser Textstelle, die deutlich mache, »daß es der Leser ist, der das fiktional Entworfene mit seinen Wirklichkeitsvorstellungen in Beziehung setzt« und »daß Erzähltexte geordnete Weltmodelle entwerfen, d. h. Sinnordnungen, Handlungs- und Objektzusammenhänge erstellen, die in ihren Relationen analog zu denen der Wirklichkeit zu denken sind, also diese nicht einfach abspiegeln«.

ches Ding diese pessimistische Weltanschauung ist. Er hat Esprit und Geist, aber durchaus keinen erquicklichen Humor [. . .][34].

Wer so veranlagt sei, solle lieber Essays statt Novellen schreiben[35].

Mit fast den gleichen Argumenten grenzt sich Fontane von *Zola* ab[36]. Zwar beklagt er immer wieder die Strapazen der Zola-Lektüre, setzt sich aber dessen ungeachtet über einen längeren Zeitraum kritisch mit ihr auseinander, so daß sich gerade in der Abgrenzung sein eigenes Kunst- und Wirklichkeitsverständnis profiliert. Fontane erkennt Zolas Bemühen um exakte Beschreibungsmethoden als »einen ungeheuren Literaturfortschritt« an, »der auf einen Schlag aus dem öden Geschwätz zurückliegender Jahrzehnte« befreit habe, aber es bleiben für ihn gleichsam unterernährte literarische Mittel: ein Zusammenstellen von Berichten, aus dem sich noch kein Kunstwerk ergibt. Der Grundwiderspruch wird deutlich, wenn er Zola vorwirft, er habe das Reportertum zum Literaturbeherrscher gemacht: »soll die Berichterstattung die Krönung des Gebäudes statt das Fundament sein [. . .], so hört alle Kunst auf, und der Polizeibericht wird der Weisheit letzter Schluß«[37].

Eine Wirklichkeitsdarstellung aus der Sicht des Reporters bzw. mit dem ›photographischen Apparat in Aug und Seele‹ steht in der Tat in krassem Gegensatz zu Fontanes plaudernder Stilform,

34 An Emilie Fontane, 9. Juli 1881, in: Theodor Fontane, *Briefe,* hrsg. v. K. Schreinert, Berlin. Bd. I, S. 164.

35 Ebd., S. 155.

36 Fontanes Urteil über Zola schwankt zwischen Anerkennung des ›kolossalen Talents‹ und Ablehnung des »Verkünders nackter Gesinnungsgemeinheit«. Hatte es noch 1880 in einem Brief an seine Frau geheißen: »Einzelnes ist geistvoll und zutreffend, alles ist gebildet, und im Ganzen ist es doch nicht einen Schuß Pulver werth« (Briefe I, vgl. Anm. 34, S. 129), heißt es drei Jahre später: »Das Talent ist kolossal, bis zuletzt. Er schmeißt die Figuren heraus, als ob er über Feld ginge und säte. Gewöhnliche Schriftsteller, und gerade die guten und besten, kommen einem arm daneben vor. Storm die reine Kirchenmaus.« (ebd., S. 211). Im 7. Kapitel des Literaturberichts von *Graf Petöfy* geht Fontane ebenfalls ausführlich auf Zola ein. Im Grunde aber schließt er sich dem Urteil des Literaturhistorikers Engel an, in dessen französischer Literaturgeschichte es 1882 über Zola hieß: »Er verschließt sein Auge gegen alles Gute und Schöne im Menschen; in seinen Gesichtswinkel fällt nur das Schlechte und oft genug das Ekelhafte«, FH III 1, S. 525. – Zur Bedeutung der Auseinandersetzung zwischen Fontane und dem Naturalismus vgl. v. a. I. Mittenzwei, *Theorie und Roman bei Theodor Fontane,* in: R. Grimm (Hrsg.), *Deutsche Romantheorien.* Frankfurt-Bonn 1968, S. 233-250.

37 Besprechung von Alexander Kiellands *Arbeiter,* in: FH III 1, S. 528.

der ›Erzählungsweise einer Kindermuhme‹ (auch im *Stechlin* faßt der todkranke Dubslav sein Sterben in das Bild vom Aussterben der alten Kindermuhme in ihm, vgl. I 5, S. 366). Die Kritik Fontanes scheint sich damit an der Frage nach der richtigen Gestaltung künstlerischer Ideen zu entzünden. Aber ihm geht es nicht nur um Methodenprobleme. In einer Besprechung von Spielhagens Roman *Die Sturmflut* grenzt er sich gleichfalls von einer Romanschreiberei ab, die nichts weiter sei als die Erzählungsweise einer Kindermuhme, in der es nur auf das Fabulieren ankomme. Der Roman sei »auch« eine Kunstform, in der es sich nicht bloß ums Erzählen handele, sondern in der im Gegenteil die Wahrheit erstes Gebot sei und in dem sich »das *Leben* in den Gestalten und den durch sie geschaffenen Situationen echt erschließen«[38] solle. Fontane besteht auf dem Kunstcharakter der Literatur. Es geht ihm nicht so sehr um das Prinzip künstlerischer Gestaltung, sondern um Aneignungsverfahren der Wirklichkeit mit Hilfe der Kunst. Er wendet sich nicht gegen die naturalistische Stilform, sondern vor allem gegen die Reduktion des Kunstwerks auf seinen direkten und unmittelbaren Wirklichkeitsbezug.

Daß es nicht nur um Negation bestimmter Darstellungsformen bzw. um die Abgrenzung narrativer und deskriptiver Verfahren der Textorganisation geht, zeigt sich auch in Fontanes Gegenüberstellung von *Kunst und Tendenz*. Nach der Lektüre von Zolas *La fortune des Rougon* schreibt er seiner Frau, das sei doch alles eine traurige Welt:

> Darauf leg ich indes kein großes Gewicht, das ist Anschauungs- und nicht Kunstsache. In Anschauungen bin ich sehr tolerant, aber Kunst ist Kunst. Da versteh ich keinen Spaß. Wer nicht selber Künstler ist, dreht natürlich den Spieß um und betont Anschauung, Gesinnung, Tendenz[39].

In diesem Sinne formuliert Fontane sein eigenes Kunstideal als das einer Tendenzlosigkeit, wenn er von sich behauptet, er habe nur ein Stück Leben gestalten wollen ohne Nebenabsicht und Tendenz[40]. Der Begriff ›Tendenz‹ hat in der literarischen Diskus-

38 Vgl. *Fontane, Unveröffentlichte Aufzeichnungen und Briefe,* hrsg. v. H. H. Reuter, in: Sinn und Form Jg. 13, 1961, H. 5/6, S. 713 f.

39 An Emilie Fontane, 14. Juni 1883, in: *Briefe,* hrsg. v. Schreinert Bd. 1, S. 198 (34).

40 Fontane an seine Tochter Martha am 5. Mai 1883. – Besonders lobend äußert sich Fontane auch in diesem Sinne über W. Scott: »Er kannte keine Tendenz [. . .] Er stand über den Dingen«, in: FH III 1, S. 459.

sion des 19. Jahrhunders einen pejorativen Klang, er wird vor allem als Reizvokabel für die Abgrenzung von reiner Kunst und Tendenzkunst gebraucht. Lukács verweist auf die ideologiebesetzte Übernahme des Begriffes aus der juristisch-polizeilichen Terminologie in die ästhetische Diskussion des oppositionellen Bürgertums[41]. »Die Menschen haben den Teufel zur Welt hinausgejagt, aber den Schwanz haben sie ihm ausgerissen, und der heißt Tendenz«, schreibt B. Auerbach[42] im Einklang mit der im bürgerlichen Realismus angestrebten Überparteilichkeit im Sinne einer Abgrenzung von politischer Radikalität, die nicht bedachte, daß das eigene tendenzlose Kunstideal das des liberalen Bürgertums war.

Was bedeutet nun aber die Kontrastierung von Tendenz/Gesinnung und Kunst bei Fontane? In dem oben zitierten Kontext erscheint Kunst als das Objektive, dem der Rigorismus des künstlerischen Individuums gilt, abgegrenzt vom Relativen, Unkünstlerischen, dem Toleranz angemessen ist. Mit dieser Gegenüberstellung von Tendenz und Idee bzw. von unkünstlerischer und künstlerischer Absicht wird der idealistische Grundzug der Fontaneschen Kunstauffassung offenbar. Fontane grenzt sich nicht nur von beschreibender Darstellung (Tendenz zu Reportertum), von der Benutzung krasser Mittel (Tendenz zu Einseitigkeit und Verzerrung), von der negativen Darstellung menschlicher Verhaltensweisen und sozialer Lebensbedingungen (Tendenz zu Häßlichkeit und Trostlosigkeit) ab, sondern vor allem von der unkünstlerischen *Beschränkung* auf diese Phänomene: »Die Kunst erheischt freilich noch ein weniges mehr, nicht Kopie, sondern Spiegelbild, nicht Abschreibung, sondern Vertiefung und Verschönung des Daseins«[43]. Damit wird die sozialästhetische Rechtfertigung der Kunst im Sinne Zolas verworfen. Literatur ist keinesfalls durch experimentelle Angleichungsverfahren zwischen Kunst und Wissenschaft (vgl. Zolas Theorie über den Experimentalroman) zu legitimieren. Kunst und Pragmatismus bleiben aufs entschiedenste getrennt.

Damit wird zugleich auch der Gegensatz Fontanes zu den jüngeren deutschen Naturalisten erkennbar. Ebensowenig wie

41 Vgl. G. Lukács, *Tendenz oder Parteilichkeit?* in: Schriften zur Literatursoziologie, hrsg. v. Ludz, S. 109-121.

42 B. Auerbach, Ges. Schriften 3. 1857, S. 146.

43 FH III 2, S. 98.

Literatur als Instrument zu einer positivistischen Wiedergabe von Realität oder zum Beweis für die Wirksamkeit von Naturgesetzen dienen darf, ist es zulässig, sie zum Kampfmittel in agitatorischer Absicht zu instrumentalisieren. Beides sind in Fontanes Augen pseudorealistische, kunstfremde (Neben-)Tendenzen. Trotz der eingangs zitierten Synonymität der Aussagen der Brüder Hart mit denen Fontanes bleibt ein wesentlicher Unterschied zwischen Fontanes ästhetischem Gestaltungsprinzip und dem von den Brüdern Hart als notwendige Stufe literarischer Entwicklung gefeierten Formalismus. Literatur als eine in den tagespolitischen Kampf eingreifende ist für Fontane ebensowenig akzeptabel wie die Hoffnungen auf die unmittelbar gesellschaftsverändernde Kraft einer ›literarischen Revolution‹. Das partiell anerkennende Verhältnis zwischen Fontane und den jungen Vertretern des deutschen Naturalismus kühlt darum auch rasch wieder ab. Die Jungen vermissen bei Fontane das Pathos, die aufklärerische Substanz und die revolutionäre Tendenz[44]. Fontane hält sich zwar zugute, daß er eine gewisse Sympathie für die Modernen bekundet habe, im übrigen aber mokiert er sich über die Hypertrophie des Kolossalen, wettert gegen die Rinnsteinperspektive[45] und den Häßlichkeitskult und fühlt sich den Naturalisten ästhetisch überlegen im Bewußtsein des ›richtigen‹ Kunstverständnisses.

Wenn Fontane die Autonomie der Kunst gegenüber wissenschaftlichen und politischen Verwendungsansprüchen verteidigt, könnte man seine Bemühungen um das Eigenrecht der Kunst durchaus mit Max Webers Bemühungen um das Eigenrecht der Wissenschaft[46] vergleichen. So wie sich die Wissenschaft nach Max Weber praktischer Werturteile zu enthalten hat, soll auch die

44 Vgl. M. C. Conrad, *Von E. Zola bis G. Hauptmann. Erinnerungen zur Geschichte der Moderne.* Leipzig 1902, S. 65. – Zum Verhältnis von Fontane und dem Naturalismus vgl. v. a. R. Bachmann, *Theodor Fontane und die deutschen Naturalisten. Vergleichende Studien zur Zeit- und Kunstkritik.* München 1968 (Phil.-Diss. masch.).

45 Fontane stimmt hierin mit der offiziellen Kunstpolitik des Zweiten Kaiserreichs überein. Auch Wilhelm II. forderte in einer Rede von der Kunst, daß sie erhebe, statt in den Rinnstein niederzusteigen, in: E. Johann (Hrsg.), *Reden des Kaisers,* S. 101 f. (11).

46 Vgl. Max Weber, *Der Sinn der Wertfreiheit der soziologischen und ökonomischen Wissenschaften.* [1917], in: ders., *Ges. Aufsätze zur Wissenschaftslehre.* Tübingen 1968, S. 489 ff.

Kunst bei Fontane auf unmittelbare Handlungsanweisung verzichten. Allerdings – und auch darin ähneln sich Fontane und Weber – glauben beide auf ihre Weise, dem Menschen zu dem Bewußtsein verhelfen zu können, das Voraussetzung für praktisches Handeln ist. Genausowenig wie man Max Weber ganz gerecht wird mit der Behauptung, er habe das erkennende Subjekt auf ein bloß wahrnehmendes reduziert, trifft Fontane der Vorwurf, er habe das erkennende Subjekt auf ein bloß ästhetisch genießendes beschränkt[47]. Ebensowenig wie es Max Weber gelungen ist, Wertung aus seiner wissenschaftlichen Arbeit herauszuhalten, ist es Fontane geglückt, die Tendenz in seinen Werken auszuschalten.

Wir haben am Beispiel des *Stechlins* gesehen, daß die Ablehnung von Tendenz als meinungsbildendes parteiliches Eingreifen in den politisch-sozialen Kampf bei Fontane nicht Verzicht auf Stellungnahme zu Gegenwartsproblemen heißen kann. Sein apodiktisches »Kunst ist Kunst« bedeutet nicht ästhetizistische Abgrenzung vom Politisch-Sozialen schlechthin und damit generelle Ablehnung einer dem außerkünstlerischen Bereich entnommenen Tendenz/Gesinnung. »Die Gesinnung entscheidet«, lautet einer der zentralen Sätze Pastor Lorenzens im *Stechlin,* d. h. nicht von Tendenz im Sinne eines ethischen Wollens und einer politischen Verantwortung grenzt sich Fontane ab, sondern von einer positivistischen Instrumentalisierung und einer agitatorischen Funktionalisierung der Kunst. Ihr setzt er seine ideale Tendenz entgegen, wenn er, wiederum in Ablehnung Zolas, an seine Frau schreibt:

> *So ist* das Leben nicht, und wenn es so wäre, so müßte der verklärende Schönheitsschleier dafür geschaffen werden. Aber dies ›erst schaffen‹ ist gar nicht nötig; die Schönheit ist *da,* man muß nur ein Auge dafür haben oder es wenigstens nicht absichtlich verschließen. Der *ächte* Realismus wird auch immer schönheitsvoll sein; denn das Schöne, Gott sei Dank, gehört dem Leben gerade so gut an wie das Häßliche[48].

Der zur Maxime drängende Ausdruck subjektiver künstlerischer Erfahrung beharrt auf der Hoffnung eines verwandelnden Einflusses der Literatur auf den Menschen. Die kategoriale Ver-

47 So Bachmann, *Theodor Fontane und die deutschen Naturalisten* (44), Fontane wolle zur Kontemplation führen, »zu einer vorwiegend ästhetisch genießenden Haltung« (S. 216).

48 An Emilie Fontane, am 14. Juni 1883, in: *Briefe I,* S. 200 (34).

allgemeinerung dieses Einflusses geschieht bei Fontane mit der metaphysischen Leitvokabel *Verklärung,* die zum Signum seiner Kunstauffassung und damit einer bestimmten Form von Realismus wird. Spezifisch für Fontane ist dabei ihre instrumentelle Verwirklichung durch das Mittel des Humors.

Der Realismus [. . .] wird erst ganz echt sein, wenn er sich [. . .] mit der Schönheit vermählt und das nebenherlaufende Häßliche, das nun mal zum Leben gehört, verklärt hat. Wie und wodurch? Das ist seine Sache zu finden. Der beste Weg ist der des *Humors*[49].

Eine durch Humor gefilterte Realität ermöglicht es dem Individuum, an der Schwelle zum 20. Jahrhundert trotz bitterer Erfahrung den Glauben an eine bessere Zukunft nicht zu verlieren.

Mit Hilfe des operationalen Elements der Verklärung zielt Fontane auf die Vereinigung von realistischer Weltauffassung und idealer Tendenz, auf eine Auflösung gesellschaftlicher Widersprüche und Entfremdungserfahrungen im Denkprozeß. Mit dem verklärend verwandelnden Tun gelingt ihm zugleich die Bewahrung der künstlerischen Subjektivität. Das Eingreifen des Dichters, das – wie er Spielhagen konziliant zugesteht – immer von Übel, aber letztlich gar nicht zu umgehen ist[50], wird zu einem in gewisser Hinsicht notwendigen Akt subjektiver Wirklichkeitsgestaltung, ausgerichtet an den absoluten Normen der Kunst und den objektiven Gegebenheiten der Realität: »Unsere Zustände sind ein historisch Gewordenes, die wir als solche zu respektieren haben. Man modle sie, wo sie der Modlung bedürfen, aber man stülpe sie nicht um«[51]. Nimmt man die semantische Füllung des Begriffs Verklärung nicht nur in der allgemeinen engen Bedeutung von Verherrlichen, was auf Kompensation schlechter Wirklichkeit hinausliefe, sondern in der besonders seit Luther in der protestantischen Tradition geläufigen weiten Bedeutung von Erfahrung (descriptio) und Erläuterung (interpretatio)[52], dann wird deutlich, warum realistische Weltauffassung und ihre verklärende, d. h. mit den Mitteln der Kunst verwandelte und gedeutete Darstellung bei Fontane einander nicht ausschließen.

49 An F. Stephany am 10. Okt. 1889, in: *Briefe Theodor Fontanes,* hrsg. v. O. Pniower u. P. Schlenthner. Berlin 1910, Bd. 2, S. 219.

50 Ebd. S. 373 f.

51 Besprechung von Ibsens *Gespenster* in: *Voss. Zeitung* Nr. 19 v. 13. 1. 1887, vgl. FH III 2, S. 714.

52 Vgl. Grimmsches Wörterbuch Bd. 12. Leipzig 1956, Sp. 252-253.

Versuchen wir noch einmal zusammenzufassen:

1. Fontane beharrt auf dem Eigenrecht der Kunst. Er betont sowohl das fundamentale Anderssein von Kunst und Wissenschaft als auch von Kunst und Politik.

2. Er postuliert damit jedoch keine ideale, vom Alltagsgeschehen völlig abgehobene Kunst. Mit seinen Zeitromanen will er durchaus Beiträge zu Erkenntnis und Kritik realer Lebensvorgänge und zeitbedingter politischer Prozesse leisten.

3. Durch die ästhetische Kategorie der Verklärung sucht er aus dem historischen Zirkel von Autonomie und Folgenlosigkeit der Literatur herauszukommen.

In Fontanes ästhetischem Postulat wird der Versuch gemacht, den Status von Kunst zu wahren, ohne das künstlerische Subjekt von der Verpflichtung zu gesellschaftskritischer Aussage freizusprechen. Er bemüht sich, seine ästhetischen Mittel dahingehend zu entwickeln, daß alternative Wertvorstellungen, die nicht konkretisiert werden können, zumindest insoweit denkbar bleiben, als das sozial Gegebene nicht zum absolut Vorgegebenen wird. Damit reagiert er auf die Erfahrungen der Zeit, die den Künstler provozieren, seine Position zu verteidigen bzw. neu zu begründen. Fontane entwickelt ein Konzept, das die Vermittlung zwischen abstrakter Zeitlosigkeit und konkreter Zeitbezogenheit erstrebt. Er versucht sich dabei genauso abzugrenzen von platter Empirie wie von scheinhafter Überparteilichkeit, von konsequenzloser Kunst wie von kunstloser Konsequenz, was zur Folge hatte, daß er unter das Verdikt eines Gestalters der Halbheit geriet. Sein Versuch, Literatur zu einem über die unmittelbaren sozialen Probleme hinausweisenden Medium zu machen, ihr aber dennoch entscheidende Bedeutung bei der Reflexion und Verarbeitung realpolitischer Erfahrungen zu sichern, macht deutlich, daß er gleichsam eine Zwischenstellung zwischen den alternativen literarischen Wertvorstellungen und scheinbar antithetischen Systemen von Naturalismus und Ästhetizismus einnimmt. Wie Peter Bürger nachgewiesen hat (vgl. den Beitrag in diesem Heft), liegen hier zwei entgegengesetzte Antworten auf das Problem der Rationalisierung aller Lebensbereiche vor, die zu unterschiedlichen Konsequenzen führen: Während der instrumentelle Literaturbegriff des französischen Naturalismus Literatur gesellschaftlichen Zwecken unterwerfe und Gefahr laufe, das Subjekt diesen Zwecken anzupassen, versuche der autonome Literaturbegriff des

Ästhetizismus mit seiner elitären Subjektauffassung menschliche Bedürfnisse nur ideell zu befriedigen. In Anlehnung an diese Ergebnisse kann man sagen, daß sich Fontane zwischen der ungelösten Gesellschaftsproblematik des Ästhetizismus und der ungelösten Subjektproblematik des Naturalismus bewegt, wenn er eine nur instrumentelle Literaturauffassung ablehnt, sich aber zugleich auch einer ästhetischen Radikalisierung des autonomen Literaturbegriffs zu entziehen sucht.

Am Beispiel des *Stechlins* haben wir zu konkretisieren versucht, wie Fontane sich bemüht, seine künstlerischen Mittel im Dienste dieses Selbstverständnisses zu objektivieren. Dies zeigt sich sowohl im Verzicht auf die Intentionalität einer konstruktiven und zielgerichteten Handlung als auch in der Entwicklung des Gesprächs zum historisch bedingten Ausdrucksmedium eines Individuums, das die Probleme der Zeit nicht handelnd bewältigen, sondern nur noch reflektierend benennen kann. Gesellschaft, die nur aus der Perspektive einer bestimmten Klasse, politisches Verhalten, das nur aus der Optik der Konservativen gestaltungswürdig ist, Erfahrungen, die nur noch im Sprechen zum Ausdruck kommen können, sind symbolische Tranformationen des spezifisch Fontaneschen Kunst- und Wirklichkeitsverständnisses, aber auch historisch-ideologischer Ausdruck allgemeiner Zeiterfahrung.

Fontanes Postulat vom ›echten Realismus‹ bzw. vom die Wirklichkeit verklärenden Schönheitsschleier klingt allerdings zunächst wie eine Fortsetzung klassisch-romantischer Traditionen und immanent-ästhetischer Fragestellungen. So hatte es schon in Hegels *Vorlesungen über die Ästhetik* geheißen[53], der Roman setze eine zur Prosa geordnete Wirklichkeit voraus, auf deren Boden Poesie erst dann ihr volles Recht erlange, wenn sie die prosaische Gestalt abstreife und dadurch eine der Schönheit und Kunst verwandte Wirklichkeit an die Stelle der vorgefundenen Prosa setze. Fontanes Kunstprinzipien, so viel epigonaler Ästhetizismus auch in ihnen stecken mag, reagieren aber auf ganz bestimmte zeitbedingte Wirklichkeitserfahrungen. Die Kategorie der Verklärung hat nicht nur ästhetische, sondern letztlich politische Funktion. Realismus, der nach Fontane nur echt ist, wenn er

53 G. W. F. Hegel, *Vorlesungen über die Ästhetik*, in: Hegel Werke, Bd. 15, Frankfurt 1970, S. 392 f.

schönheitsvoll ist, d. h. jener Typus literarischer Wirklichkeitsauffassung, den man mit Otto Ludwig gern als den poetischen apostrophiert, ist darum weniger als literarisches Epochenetikett denn als weltanschauliche Perspektive interessant. Nach der gescheiterten Revolution von 1848 sieht das Bürgertum einerseits seine unterdrückten Möglichkeiten in Kunst aufbewahrt, andererseits spürt es den Widerspruch zwischen Kunst und Gesellschaft. Am Beispiel des *Stechlins* wird deutlich, daß sich in den Werken des bürgerlichen Realismus durchaus Möglichkeiten herausbilden, um diesem Widerspruch bis zu einem gewissen Grade literarischen Ausdruck zu geben. Der bürgerliche Intellektuelle entwickelt im literarischen Text zwar Perspektiven, die eigene Existenz in ihren überindividuellen, gesellschaftlichen Bezügen zu erfassen, er vermag sich jedoch nicht auf die Bedingungen gesamtgesellschaftlicher Veränderungen einzulassen, d. h. er vermag nicht, den Widerspruch mit allen Konsequenzen auszudiskutieren, sondern wählt die Alternative der ästhetischen Verklärung bzw. Aufhebung des Widerspruchs im Bereich der Kunst. Er behält so die Möglichkeit, Gesellschaft und Staat der Gesinnung nach abzulehnen, ihre hierarchische Struktur aber nicht ernstlich in Frage zu stellen, was letztlich soviel heißt wie im Widerspruch verharren. Zwar strebt Fontane mit Hilfe der Kunst einen Werthumanismus an, dessen oberstes Ziel die Hoffnung auf eine menschlichere Zukunft ist, der ideologische Charakter seiner Auffassungen liegt aber vor allem darin, daß keine Konkretisierung der Aussagen möglich ist, inwiefern das Sosein der Gesellschaft, das mit den geschichtlichen Möglichkeiten nicht mehr übereinstimmt, als veränderbar gedacht werden kann. Die Umrisse des geschichtlich Erfüllbaren bleiben auch bei Fontane vage.

Helmut Kreuzer[54], der nach den Gründen fragt, die die deutschen poetischen Realisten im Gegensatz zu ihren europäischen Kollegen zur Verklärung verpflichten, hat daher mit Recht betont, daß die Theorie und Kritik des sog. poetischen Realismus nicht von politisch-ideologischen Motiven losgelöst werden dürfe, die in den geschichtlichen Bedingungen der Nachmärzepoche begründet seien. Das Postulat des Verklärungsrealismus wird

54 H. Kreuzer, *Zur Theorie des deutschen Realismus zwischen Märzrevolution und Naturalismus*, in: Grimm/Hermand (Hrsg.), *Realismustheorien in Literatur, Malerei, Musik und Politik*. Stuttgart 1975, S. 50.

damit zum nationaldidaktischen Programm, seine Abgrenzung von Wissenschaft und Reportage, ebenso wie die von Politik und Agitation ist keine ästhetische, sondern eine historisch-ideologische. In einer Zeit, in der die von Fichte und Humboldt begründete allgemeine Humanitätsidee Gefahr läuft, als Humanitätsduselei abqualifiziert zu werden, versuchen Autoren, deren sozialkritische Analyse zu keiner Handlungskonsequenz führt, wieder an den Ideen des bürgerlichen Liberalismus anzuknüpfen. Insofern sind Fontanes Romane keineswegs vom Standpunkt des neutralen Schriftstellers geschrieben, sondern aus der Perspektive des bürgerlichen Intellektuellen, der am Sosein der Gesellschaft leidet. Damit rücken der französische Experimentalroman und der deutsche Verklärungsroman trotz aller Gegensätze wieder zusammen: Beide suchen nach Bedingungen und Möglichkeiten von Kunst in einer kunstfremden Wirklichkeit, sie bemühen sich, wenn auch von je verschiedenen Standpunkten und mit je spezifischen Mitteln, um Überwindung der Entfremdung.

Gert Sautermeister

Zur Grundlegung des Ästhetizismus bei Nietzsche. Dialektik, Metaphysik und Politik in der »Geburt der Tragödie«

Nietzsches Begriffspaar apollinisch-dionysisch hat eine abenteuerliche Wirkungsgeschichte durchgemacht, in deren Verlauf die ursprüngliche Bedeutungsvielfalt der Begriffe verkürzt und verzerrt wurde[1]. Ich möchte zunächst diese Bedeutungsvielfalt durch den Rekurs auf Nietzsches Erstlingsschrift *Die Geburt der Tragödie aus dem Geiste der Musik* wiedergewinnen. Meine These ist, daß die ursprüngliche Komplexität des Apollinischen und Dionysischen an dialektische Denkansätze geknüpft ist, die allerdings von metaphysischen Spekulationen durchkreuzt und schließlich überwältigt werden. Wenn ich das widersprüchliche Ineinanderwirken der beiden Denkformen (der dialektischen und der metaphysischen) in einem ersten Schritt reinlich scheide, so geschieht das aus didaktischen Erwägungen; wenn ich es überhaupt darzustellen versuche, dann nicht nur aus einem *erkenntnistheoretischen* Interesse. Die Verdrängung der dialektischen Denkschritte durch metaphysische führt nämlich zu jener Verarmung der Begriffe des Apollinischen und Dionysischen, der Nietzsche seine Ästhetik abgewinnt – eine Ästhetik, die den Ästhetizismus der Jahrhundertwende antizipiert. Daß Nietzsche dabei das verdrängte dialektische Denken nicht aus der Welt schaffen kann, wird im Fortgang seiner Schrift immer deutlicher: die Dialektik tritt ihm nun als Antipode gegenüber in einer bürgerlich-aufklärerischen Kunstpraxis und in einer Wissenschaft, die Nietzsche in den Gestalten des Euripides und des Sokrates bekämpft. Diese *kunstphilosophische* Auseinandersetzung wird bei Nietzsche als eine zugleich *soziale* erkennbar: während er in aufklärerischer Kunst und Wissenschaft die Ansprüche der demokratischen und proletarischen Bewegungen seiner Zeit zu denunzieren sucht, nähert sich seine metaphysische

1 Vgl. dazu das lehrreiche Buch von Martin Vogel, *Apollinisch und Dionysisch. Geschichte eines genialen Irrtums.* Regensburg 1966.

Ästhetik einem kriegerischen Heroismus an, der bald darauf seinen zeitgemäßen Ausdruck im wilhelminischen Imperialismus findet. Die hier verfolgte, dreifache Fragestellung – eine erkenntnistheoretische, kunstphilosophische und historisch-gesellschaftliche – ist, soweit ich sehe, in dieser Verschränkung bisher noch nicht auf die *Geburt der Tragödie* bezogen worden[2]. Auf verwandte und differierende Thesen zu einzelnen Gesichtspunkten kann des beschränkten Raumes wegen nur gelegentlich eingegangen werden[3].

1. Dialektische Schrittfolgen

Kap. 1 geht von der These aus, »daß die Fortentwicklung der Kunst an die Duplizität des *Apollinischen* und des *Dionysischen* gebunden ist«. Den Begriff der Fortentwicklung faßt Nietzsche wie folgt: Apollo und Dionysus, These und Antithese, *wirken*

2 Den historisch-gesellschaftlichen Ort der Philosophie Nietzsches, unter Einschluß der *Geburt der Tragödie*, kennzeichnet wohl als erster der Franzose Ernest Seillière, *Apollo oder Dionysos? Kritische Studien über Friedrich Nietzsche.* (Deutsche Übersetzung) Berlin 1906. – Auf Seillières noch immer lesenswerte Studie, deren politische Implikate von der Nietzsche-Philologie kaum zur Kenntnis genommen wurden, sei ausdrücklich verwiesen. Daß Seillière freilich Nietzsches Ästhetik in der *Geburt der Tragödie* als »Denkmal unfruchtbaren Scharfsinns« (S. 29) abtut, darf ebensowenig übersehen werden wie sein Mangel an begrifflicher Charakterisierung der Argumentationsweise Nietzsches.

3 Daß Nietzsches »Tragödientheorie im ganz konkreten Sinne auch politische und Gesellschaftstheorie ist«, ist eine These Gert Mattenklotts im Anschluß an Lukács. (Gert Mattenklott, *Nietzsches ›Geburt der Tragödie‹ als Konzept einer bürgerlichen Kulturrevolution*, in: G. Mattenklott u. Klaus R. Scherpe (Hrsg.), *Positionen der literarischen Intelligenz zwischen bürgerlicher Reaktion und Imperialismus* (Literatur im historischen Prozeß 2). Kronberg/Ts. 1973. S. 106) Anders als Mattenklott, der von der gängigen Vereinfachung der Zentralbegriffe Nietzsches ausgeht (S. 107 f.), versuche ich die Tragödientheorie als prägnante Vorstufe einer modernen Kunsttheorie, des Ästhetizismus, zu erläutern und jene Bedeutungsverarmung des apollinisch-dionysischen Kategorienpaars herauszuschälen, die für dessen zeitpolitisch-sozialen Gehalt so charakteristisch wird. Bettina Rommels Aufsatz *Transformationen des Ästhetizismus* (in: F. A. Kittler u. H. Turk (Hrsg.), *Urszenen.* Frankfurt/M. 1977) bezieht sich auf das Gesamtwerk Nietzsches. Vereinzelt ergeben sich parallele Aspekte (vgl. etwa S. 343 ebd.). – Wenn B. Rommel (Anm. 18) einem Diktum von P. Pütz (*Nietzsche-Studien*, 1974) beipflichtet, wonach Nietzsches Verfahren nicht dialektisch sei, so beharre ich zunächst auf den dialektischen Ansätzen des jungen Nietzsche, um deren Verdrängung als charakteristisch für den Prozeß seines Philosophierens zu erweisen.

aufeinander ein und bringen schließlich in einer Art *Synthese* ein neues Produkt hervor: die attische Tragödie. In Nietzsches Worten geht dieser dialektische Prozeß so vonstatten:

beide so verschiedene Triebe gehen nebeneinander her, zumeist im offnen Zwiespalt miteinander und sich gegenseitig zu immer neuen kräftigeren Geburten reizend, um in ihnen den Kampf jenes Gegensatzes zu perpetuieren, den das gemeinsame Wort ›Kunst‹ nur scheinbar überbrückt; bis sie endlich, durch einen metaphysischen Wunderakt des hellenischen ›Willens‹, miteinander gepaart erscheinen und in dieser Paarung zuletzt das ebenso dionysische als apollinische Kunstwerk der attischen Tragödie erzeugen[4].

Nietzsche verankert sodann die beiden Kunstprinzipien anthropologisch: in der menschlichen Natur. Er präsentiert diese Natur in den Formen des lustvollen (apollinischen) Traums und des lustvollen (dionysischen) Rausches. Zur ersten Form: »unser innerstes Wesen, der gemeinsame Untergrund von uns allen«, erfährt »mit tiefer Lust und freudiger Notwendigkeit den Traum an sich«. Der Grieche hat diese Erfahrung in Apollo versinnbildlicht. Apollo – das ist der Gott, worin sich der Mensch als träumender Künstler spiegelt, der Gott, der den »schönen Schein der inneren Phantasie-Welt« verkörpert. Dieser Schein ist es, der dem leidenden Individuum »das Leben möglich und lebenswert« macht, ihm »weisheitsvolle Ruhe« mitten im qualvollen Dasein gewährt. Apollo – »das herrliche Götterbild des *principii individuationis*« – ist das erhabene Ideal individueller Lebensbewältigung, zur Anschauung gebracht durch lusterzeugende Phantasie. – Und Dionysus? Lust erzeugt auch er – aber durch die Negation Apollos im Rausch. Denn eine »wonnevolle Verzückung« steigt, mit Nietzsche zu reden, beim »Zerbrechen des principii individuationis aus dem innersten Grunde des Menschen, ja der Natur« empor, so daß »das Subjektive zu völliger Selbstvergessenheit hinschwindet«:

Jetzt ist der Sklave freier Mann, jetzt zerbrechen alle die starren, feindseligen Abgrenzungen, die Not, Willkür oder ›freche Mode‹ zwi-

4 Zitiert wird nach der Hanser-Ausgabe: Friedrich Nietzsche, *Werke in drei Bänden*, hrsg. v. Karl Schlechta. [6]München 1969, Bd. 1. Bereits das erste Zitat dürfte für die metaphysischen Spekulationen hellhörig machen, von denen die dialektischen Denkschritte im Verlauf der Schrift immer massiver behindert werden. Die aus These und Antithese sich bildende Synthese kommt nicht ohne das Hilfsmittel eines »metaphysischen Wunderaktes« aus.

schen den Menschen festgesetzt haben. Jetzt, bei dem Evangelium der Weltenharmonie, fühlt sich jeder mit seinem Nächsten nicht nur vereinigt, versöhnt, verschmolzen, sondern eins, als ob der Schleier der Maja zerrissen wäre und nur noch in Fetzen vor dem geheimnisvollen Ur-Einen herumflattere.

An dieser Stelle kann Nietzsche seinen dialektischen Gedankengang fortführen. Wenn hier nämlich die apollinische Lusterfahrung durch die dionysische abgelöst wird, ja wenn dionysisches Einswerden geradezu durch die Aufhebung der apollinischen Selbstbehauptung zustande kommt, so handelt es sich dabei nicht um einander ausschließende Alternativen: Nietzsche denkt Aufhebung vielmehr im Sinne von *Aufgehobensein*, von Untergang und Bewahrung zugleich. Der träumende apollinische Künstler hat sich in das erträumte dionysische Kunstwerk verwandelt:

als Gott fühlt er sich, er selbst wandelt jetzt so verzückt und erhoben, wie er die Götter im Traume wandeln sah. Der Mensch ist nicht mehr Künstler, er ist Kunstwerk geworden [...].

Nietzsche *vermittelt* die beiden Extreme miteinander: Das Dionysische ist die Verwirklichung des apollinisch schönen Scheins, die Verleiblichung des tröstlichen Traumbilds menschlicher Existenz.

Historisch-dynamisches Werden, Aufeinanderwirken polarer Kräftefelder, Aufhebung und Vermittlung der Extreme (Einheit und Kampf der Gegensätze) sind Elemente dialektischen Denkens, die Nietzsche, soviel ist deutlich geworden, zur Definition menschlicher Existenz heranzieht. Diese Elemente sind auch in den nachfolgenden Kapiteln auffindbar.

Kap. 2 setzt mit der paradoxen Formulierung ein, beim Apollinischen und Dionysischen handle es sich um »Kunstzustände der Natur« bzw. um »*Kunsttriebe der Natur*«: so, als äußerten sich hier zwei naturwüchsige Triebe immer schon als künstlerische. Dieser Schluß wird nahegelegt und fast im selben Atemzug korrigiert, zunächst mit besonderer Beziehung auf das Dionysische. Dieses sei in seiner primitiven Erscheinungsform (bei den »dionysischen Barbaren«) eine Entfesselung der »wildesten Bestien der Natur«, bei den Griechen dagegen artikuliere es sich als »künstlerischer Jubel« der Natur: »erst bei ihnen wird die Zerreißung des *principii individuationis* ein künstlerisches Phänomen«.

Die Natur, soweit sie im dionysischen Trieb hervortritt, wird demnach von Nietzsche nur als *gewordene*, geläuterte, sublimierte, kurz: als »künstlerische« respektiert. Das Mittel der ästhetischen Läuterung ist für ihn das Apollinische. Es ist diejenige Macht, die mit der dionysischen »eine zur rechten Zeit abgeschlossene Versöhnung« eingeht: »die Versöhnung zweier Gegner, mit scharfer Bestimmung ihrer von jetzt einzuhaltenden Grenzlinien«. Nietzsche registriert »unter dem Drucke jenes Friedensschlusses« geschichtliche Veränderungen der menschlichen Existenz: der eine Urtrieb enthüllt sich als *geprägt vermittels* des anderen.

Kap. 3 setzt dieses dialektische Argumentationsverfahren mit Beziehung auf das Apollinische fort. Die Erscheinungsform des »apollinischen Schönheitstriebes« wird aus dem geschichtlichen Prozeß erläutert.

Apollo steht exemplarisch für die olympischen Göttergestalten, die Nietzsche als Idealbilder griechischen Lebens auffaßt: als spiegelbildliche Gegenentwürfe der »Schrecken und Entsetzlichkeiten des Daseins«:

> Um leben zu können, mußten die Griechen diese Götter, aus tiefster Nötigung, schaffen: welchen Hergang wir uns wohl so vorzustellen haben, daß aus der ursprünglichen titanischen Götterordnung des Schreckens durch jenen apollinischen Schönheitstrieb in langsamen Übergängen die olympische Götterordnung der Freude entwickelt wurde: wie Rosen aus dornigem Gebüsch hervorbrechen. Wie anders hätte jenes so reizbar empfindende, so ungestüm begehrende, zum *Leiden* so einzig befähigte Volk das Dasein ertragen können, wenn ihm nicht dasselbe, von einer höheren Glorie umflossen, in seinen Göttern gezeigt worden wäre. Derselbe Trieb, der die Kunst ins Leben ruft, als die zum Weiterleben verführende Ergänzung und Vollendung des Daseins, ließ auch die olympische Welt entstehen, in der sich der hellenische ›Wille‹ einen verklärenden Spiegel vorhielt. [. . .] Wo uns das ›Naive‹ in der Kunst begegnet, haben wir die höchste Wirkung der apollinischen Kultur zu erkennen: welche immer erst ein Titanenreich zu stürzen und Ungetüme zu töten hat und durch kräftige Wahnvorspiegelungen und lustvolle Illusionen über eine schreckliche Tiefe der Weltbetrachtung und reizbarste Leidensfähigkeit Sieger geworden sein muß.

Das »Naive« der Kunst, Apollos eigentliche Domäne, wird nicht wie etwa in der Weimarer Klassik als ungeschichtliches oder vorgeschichtliches »Paradies der Menschheit« aufgefaßt. Es ist vielmehr eine Stufe innerhalb des Geschichtsprozesses. Nietzsches Gedankengang erinnert an die Feuerbachsche und Marxsche Religionskritik: Eine Idealwelt wird als das *verkehrte Spiegelbild* der Realwelt entziffert. Der Mensch entlastet sich von weltlichen Leiden und Entbehrungen, indem er überweltliche Sinnbilder des Glücks und der Erfüllung hervorbringt: die apollinische Götterordnung. Die Lebenshilfe, die sie für das Individuum darstellt, hat nicht den weltflüchtigen Glanz christlicher Jenseitsvorstellungen, sondern den einer weltzugewandten Illusion:

> So rechtfertigen die Götter das Menschenleben, indem sie es selbst leben – die allein genügende Theodicee! Das Dasein unter dem hellen Sonnenscheine solcher Götter wird als das an sich Erstrebenswerte empfunden [...].

Kap. 4 besteht zunächst einmal auf dieser Auffassung Apollos als eines dialektisch vermittelten Prinzips der Lebensbewältigung:

> er zeigt uns mit erhabenen Gebärden, wie die ganze Welt der Qual nötig ist, damit durch sie der einzelne zur Erzeugung der erlösenden Vision gedrängt werden, und dann, ins Anschauen derselben versunken, ruhig auf seinem schwankenden Kahne, inmitten des Meeres, sitze.

In einem zweiten Schritt wird – spiegelbildliche Umkehrung zu Kap. 2 – diese Erzeugung Apollos als Werk nicht nur der Realwelt, sondern des dionysischen Prinzips enthüllt. Denn die qualvolle Realwelt, auf die der apollinische Schönheitstrieb durch den Entwurf einer Gegenwelt antwortet, kennt der Grieche auch als dionysische Wirklichkeit: als das »vorapollinische« Titanenzeitalter bzw. die »außerapollinische« Barbarenwelt. Das Dionysische – im Kap. 1 als lustvolle Selbstentäußerung, im Kap. 2 als geschichtlich gewordener und apollinisch beeinflußter Kunsttrieb ausgelegt – erhält eine zusätzliche Dimension: es ist jetzt die vom Individuum heroisch bekämpfte und qualvoll erfahrene Wirklichkeit.

Kap. 9 spiegelt diese Wirklichkeit in den beiden Heroengestalten Ödipus und Prometheus. Beide sind sie Verkörperung des dionysisch Titanenhaften: wenn Ödipus mit individuellen Ansprüchen, vor allem auch Triebansprüchen, kulturelle Normen und Sittengesetze in Frage stellt, so emanzipiert sich Prometheus von überlieferten Bindungen, um sich die Natur zu unterwerfen und die Kulturentwicklung voranzutreiben. Die titanenhafte Existenzweise beider wird von Nietzsche als notwendiger Frevel charakterisiert, den die Frevelnden mit einem Übermaß an Leiden zu büßen haben. Nur Apollo, der Gott des Maßes, kann das »titanenhaft strebende Individuum« vor der Zerstörung retten (Kap. 9).

Vor diesem Hintergrund läßt sich die in Kap. 4 skizzierte Dialektik präziser fassen. Das Dionysische bildet die Substanz der Realwelt, an welcher der Grieche so sehr leidet, daß er, um sie ertragen und bejahen zu können, die apollinische »Schönheitsspiegelung« erzeugen mußte. Ihm dämmert die Einsicht:

> sein ganzes Dasein, mit aller Schönheit und Mäßigung, ruhte auf einem verhüllten Untergrunde des Leidens und der Erkenntnis, der ihm wieder durch jenes Dionysische aufgedeckt wurde. Und siehe! Apollo konnte nicht ohne Dionysus leben! Das ›Titanische‹ und das ›Barbarische‹ war zuletzt eine eben solche Notwendigkeit wie das Apollinische!

Wenn das Dionysische unter dem Einfluß des Apollinischen seine unverwechselbare Gestalt gewinnt, so umgekehrt das Apollinische unter dem Einfluß des Dionysischen: und zwar nicht nur als künstlerische Lebenshilfe, sondern auch als außerkünstlerisches Realitätsprinzip:

> Ich vermag nämlich den *dorischen* Staat und die dorische Kunst mir nur als ein fortgesetztes Kriegslager des Apollinischen zu erklären: nur in einem unausgesetzten Widerstreben gegen das titanisch-barbarische Wesen des Dionysischen konnte eine so trotzig-spröde, mit Bollwerken umschlossene Kunst, eine so kriegsgemäße und herbe Erziehung, ein so grausames und rücksichtsloses Staatswesen von längerer Dauer sein.

Nietzsches apollinisch-dionysische »Duplizität« bezieht sich auf die psychisch-individuelle und auf die gesellschaftliche Wirklichkeit. Bezeichnet das Apollinische sowohl die Selbstbehauptung des Individuums in der Realität mit Hilfe des idealisierenden, lustvollen Scheins der Kunst und der Phantasie als auch die normensetzende Formierung der Individuen zum gesellschaftlichen Zusammenleben, so bezeichnet das Dionysische sowohl den Kampf des sich überhebenden Ich mit der bestehenden Realität als auch die lustvolle Erlösung der Individuen von ihren Zwängen.

Es geht bei Nietzsche freilich nicht nur um die Erfassung einer historisch gewordenen Wirklichkeit – der Antike. Nietzsche wendet vielmehr ein modernes Realitätsverständnis auf das Griechentum an, genauer: er präfiguriert metaphorisch wissenschaftliche Realitätsmodelle, die nach der Jahrhundertwende formuliert werden. Dazu zählt die Psychoanalyse Freuds, deren Ähnlichkeit mit der Konstruktion Nietzsches hier nicht zum ersten Mal behauptet wird, freilich in anderer Weise als bisher üblich[5]. Auch kommen nicht pauschale Identifizierungen in Frage, sondern lediglich partielle Analogien[6]. Zum Doppelaspekt des Apollinischen: die Psychoanalyse definiert die Selbstbehauptung des Individuums in der Realität (mittels künstlerischer und anderer »apollinischer« Ersatzmittel) als die Leistung des »Ich« – und sie verankert überindividuell geltende Normen und Regeln des Zusammenlebens im »Über-Ich«. Zum Doppelaspekt des Dionysischen: In seiner »titanenhaften«, normensprengenden Gestalt (Prometheus und Ödipus) verweist es auf das mit der Realität aktiv konfrontierte Ich, das den Fortschritt der Kultur verbürgt, aber auch die bestehenden Normen bedroht; in seiner sublimiert »barbarischen« Gestalt als klassensprengende Selbstvergessenheit und mystische Einheitsempfindung verschränkt es die beiden Grundtriebe des »Es«: Eros und Todestrieb[7]. Das Individuum löst sich in »ozeanischer« Allverbundenheit auf.

Wenn Nietzsche die Prinzipien des Apollinischen und Dionysischen auf die unterschiedlichste Weise miteinander zu verknüpfen, wechselseitig zu begründen und aufeinander zu beziehen sucht, so eröffnet er sich die Chance einer dialektischen Realitätserfassung. Nicht nur existiert jedes der beiden Prinzipien in seiner besonderen Gestalt vermittels des anderen – beide konstituieren auch die »ältere hellenische Geschichte«, insofern sie, »in immer neuen aufeinanderfolgenden Geburten, und sich gegenseitig steigernd, das hellenische Wesen beherrscht haben« (Kap. 4).

5 Über summarisch-rigide Parallelisierungen unterrichtet Vogel, S. 20 ff. – Gegenüber Mattenklott (S. 107 f.) halte ich an Nietzsches Polyvalenzen fest.

6 Von Freud zu Nietzsche insgesamt zieht einige Parallelen J. H. W. Rosteutscher, *Die Wiederkunft des Dionysos. Der naturmystische Irrationalismus in Deutschland.* Bern 1947, S. 193-210.

7 Die hier entwickelte These kann überprüft werden anhand eines Essays, der als späte Zusammenfassung der Grundgedanken Freuds berühmt geworden ist: *Das Unbehagen in der Kultur* (1930).

2. Metaphysisches Denken. Kunstauffassung. Ästhetizismus

Die Chance einer dialektischen Realitätsauffassung verspielt Nietzsche. Was in seinem argumentativen Verfahren an die Dialektik gemahnt, ist von Anfang an bedroht durch die Inhalte der Argumentation. Die Denkform kommt durch ideologische Vorentscheidungen zu Fall.

Die Hauptrolle dabei spielt jener Aspekt des Dionysischen, der nicht die Realität und die Auseinandersetzung mit ihr bezeichnet, sondern die Absonderung von ihr im Rausch: die unio mystica. In ihr werden die ihrer selbst entfremdeten Menschen der Klassengesellschaft für das »Ur-Eine« empfänglich. Diese Kategorie meint ein Erstes und ein Letztes: unableitbarer Daseinsgrund. Das »Ur-Eine« symbolisiert die Sphäre, »die über alle Erscheinung und vor aller Erscheinung ist«. (Kap. 6) Unter Erscheinung versteht Nietzsche die empirisch-gesellschaftliche Realität. Sie gilt ihm gegenüber dem »Ur-Einen« als sekundär, abgeleitet, äußerlich. Gesellschaft dünkt ihm eine quantité négligeable angesichts des dionysischen Grundes. Er, nicht sie, ist der Sinn menschlichen Lebens: im Wechsel der Erscheinungen bleibt dieser Grund derselbe.

Das »Ur-Eine« entdeckt Nietzsche in der attischen Tragödie. Ihr Ursprung ist dionysisch, ihr Ziel auch (vgl. Kap. 7):

> und dies ist die nächste Wirkung der dionysischen Tragödie, daß der Staat und die Gesellschaft, überhaupt die Klüfte zwischen Mensch und Mensch einem übermächtigen Einheitsgefühle weichen, welches an das Herz der Natur zurückführt. Der metaphysische Trost – mit welchem, wie ich schon hier andeute, uns jede wahre Tragödie entläßt –, daß das Leben im Grunde der Dinge, trotz allem Wechsel der Erscheinungen unzerstörbar mächtig und lustvoll sei, dieser Trost erscheint in leibhafter Deutlichkeit als Satyrchor, als Chor von Naturwesen, die gleichsam hinter aller Zivilisation unvertilgbar leben und trotz allem Wechsel der Generationen und der Völkergeschichte ewig dieselben bleiben.

Wenn der tragische Chor, von Nietzsche auch als das »eigentliche Urdrama« bezeichnet, das dionysische Einheitsgefühl laut werden läßt, so agiert er jenseits der realen Entfremdung. Er schließt »überhaupt jegliche politisch-soziale Sphäre« aus, erklärt Nietzsche mit einem Seitenhieb auf jene, die im tragischen Chor eine »konstitutionelle Volksvertretung« erblicken. So stehn sich

Kunst und Gesellschaft in unvermittelter Antithetik gegenüber. Die Kunst führt nicht »in das furchtbare Vernichtungstreiben der sogenannten Weltgeschichte« hinein, sondern aus ihm heraus, was dem Zuschauer zum »metaphysischen Trost« und der Weltgeschichte zum ewigen Fluch gereicht. (Kap. 7)

Ein Denken, das die Phänomene einander so starr entgegensetzt, ist metaphysisch. In diese Metaphysik wird das Apollinische mit hineingerissen. Im Bann des dionysisch »Ur-Einen« entäußert es sich seines gesellschaftsbezogenen Aspekts. Es ist nurmehr das Traumbild für Dionysus, »Objektivation eines dionysischen Zustandes«, der zuerst im »dithyrambischen Chor« und dann im »tragischen Helden« Gestalt gewinnt (Kap. 8). Damit ist das Apollinische freilich nicht zum bloßen Kunstmittel entwertet, wie man zunächst annehmen könnte. Es ist vielmehr eine lebensnotwendige »Täuschung«, wie aus den Kapiteln 21-25 hervorgeht. Würde das »Ur-Eine«, dessen adäquate Ausdrucksform die Musik ist, direkt auf den Zuhörer wirken, so müßte er unter seiner Gewalt zugrunde gehen. Der vor den Augen des Publikums agierende und zu ihm sprechende tragische Held ist es, der das »Ur-Eine«individualisiert, seine Gewalt stellvertretend für den Zuschauer/Zuhörer an sich erleidet und diesen durch den eigenen Untergang vor der Selbstauflösung bewahrt. Der tragische Held – Sinnbild des »tragischen Mythus« – ermöglicht durch Sprache, Erscheinung, Handeln und Tod die »Wiederherstellung des fast zersprengten Individuums« – jenes kunstbegeisterten Individuums, das durch die Musik dem dionysischen »Widerklang zahlloser Lust- und Weherufe aus dem ›weiten Raum der Weltennacht‹« ausgesetzt ist und »seiner Urheimat unaufhaltsam zuzuflüchten« droht (Kap. 21). So bricht sich im apollinischen Medium des Helden die dionysische Gewalt des »Ur-Einen«. Nietzsche kennzeichnet das »Ur-Eine« stets auch durch den Doppelbegriff des »Urleidens« und der »Urlust« (vgl. Kap. 21 u. 24). Die leidvolle Urlust betätigt sich im »spielenden Aufbauen und Zertrümmern der Individualwelt« (Kap. 24): der tragische Held wird, wie Nietzsche schon in Kap. 16 formulierte, »zu unserer Lust verneint«, er bezeugt durch seinen Untergang »das ewige Leben des Willens«, der immer auch ein vernichtender Wille ist. So kann Nietzsche die »metaphysische Freude am Tragischen« als die »an der Vernichtung des Individuums« definieren (Kap. 16), kann er »das Leiden im Schicksale des Helden«

dem Zuschauer zur »höheren Lust« empfehlen und den kühnen Schluß ziehen, »daß selbst das Häßliche und Disharmonische ein künstlerisches Spiel ist, welches der Wille, in der ewigen Fülle seiner Lust, mit sich selbst spielt« (Kap. 24).

Dies ist der Scheitelpunkt der Kunstmetaphysik Nietzsches – der Ort ihres Umschlags in den Antihumanismus und die Barbarei. Der berühmte Satz, den Nietzsche an dieser Stelle formuliert – »daß nur als ein ästhetisches Phänomen das Dasein und die Welt gerechtfertigt erscheint« (Kap. 24) – will sagen, daß auch reales, alltägliches Leiden und wirkliche, leibhaftige Zerstörung als Willensäußerungen eines universalen Urwesens tiefste Lust bereiten dürfen. Die dionysische Tragödie als Ausdruck der »überschwänglichen Fruchtbarkeit des Weltwillens« übt in eine ästhetische Auffassung des Lebens ein, läßt den »Kampf«, die »Qual«, die »Vernichtung der Erscheinungen« zur schönen Notwendigkeit werden (Kap. 17). Die Verdrängung dialektischer Denkschritte durch das metaphysische »Ur-Eine« offenbart ihr ganzes Verhängnis. Hatte der gesellschaftsbezogene Aspekt des Dionysischen anfangs noch die Welt unter einem so realitätshaltigen Symbol wie dem prometheischen zu erfassen und seinen Widerstreit mit der bald sozialisierenden, bald individualisierenden Energie Apollos zu entdecken erlaubt, so läßt der Rekurs auf das ungeschichtliche Prinzip des »Ur-Einen«, des »Urwesens«, der »Urmutter«, des »ewigen Willens« den Realitätssinn verkümmern. Die Geschichte wird nur noch in ihren allgemeinsten und abstraktesten Erscheinungsformen – als Zeugung und Zerstörung von Leben – registriert. Diese Erscheinungsformen werden zu einem Kunstprinzip stilisiert, das sich zu einem Prinzip ästhetischer Erfahrung von Welt aufspreizt. Gemäß der ästhetisch-mystischen Identifikation mit dem Urwesen und seiner Zerstörungslust wird die Empirie erlebt und gedeutet. Kein Zufall ist, daß Nietzsche die bisher tiefste »dionysische Befähigung eines Volkes« (Kap. 24) bei den kriegführenden Griechen entwickelt findet, dem Volk der »tragischen Mysterien« (Kap. 21). Die »überschwängliche Fruchtbarkeit des Weltwillens«, die ihnen durch das apollinische Medium in der Tragödie erfahrbar wurde, setzte sich in eine »männliche Kampflust« um, die sie, zur Tragödie zurückkehrend, von Zeit zu Zeit erneuerten und ästhetisch reinigten (Kap. 21). Daß der »deutsche Geist« – »ohne das Gängelband einer romanischen Zivilisation« (Kap. 19) – das »tragische

Zeitalter« der Griechen wieder auferstehen lasse und mittels der dionysisch-apollinischen Tragödie den »heroischen Zug ins Ungeheure«, den »kühnen Schritt dieser Drachentöter« erlerne (Kap. 18): dieser Verschlingung von »Tragödie und Staat« (Kap. 23) gilt Nietzsches Interesse in den letzten Kapiteln. Es ist die Verschlingung von dionysisch-apollinischem Ästhetentum und kriegerischem Heroismus, von unio mystica in der Kunst und ultima ratio in der Politik: die Kunst, kriegerisch betrachtet, als Ausdruck des ewig zerstörenden Weltwillens; Krieg und Zerstörung, ästhetisch betrachtet, als Ausdruck deutsch-dionysischen Künstlertums.

3. Ästhetizismus contra Aufklärung

Nietzsches Einfluß auf das Kunstschaffen und das Geistesleben der Jahrhundertwende erfolgte in auffälliger Weise unter dem Zeichen des Dionysischen[8]. Angesichts der verharmlosenden Begriffe und Metaphern, in die eine gesellschaftsflüchtige Nietzsche-Rezeption gewisse Theoreme und Ideen des Philosophen kleidete, behält die holzschnittartige Annäherung Nietzsches an den Imperialismus, die Georg Lukács ein halbes Jahrhundert später betrieb, ihr relatives Recht[9]. Die Kategorien der dionysischen Einswerdung mit dem Weltgeheimnis und der ästhetischen Freude an dionysischer (apollinisch gebrochener) Vernichtung, zentral für Nietzsches tragisches Kunstverständnis, stellen in der Tat eine frühzeitige Antwort auf verhängnisvolle gesellschaftliche Tendenzen in der Wilhelminischen Epoche dar[10], und zwar eine durchaus repräsentative Antwort. Hofmannsthal, der im Zusammenhang mit Nietzsche selten genannt wird, beschwört in seinem berühmten Chandos-Brief (1901) eine unio mystica, die den

8 Vogel berichtet über die »ersten dionysischen Dichter« in den letzten Jahrzehnten des ausgehenden Jahrhunderts wie Conradi, Schlaf, Holz, Däubler (S. 254), über entsprechende Philosophen und Literaturwissenschaftler (vgl. S. 248 ff., S. 257) und vor allem über den dionysisch angehauchten Münchner Kosmiker-Kreis um George (S. 259 ff.).

9 Georg Lukács, *Die Zerstörung der Vernunft*. Bd. II. *Irrationalismus und Imperialismus* (Erschienen 1954). Darmstadt und Neuwied 1974. (Vgl. etwa S. 18).

10 Seillière (S. 44 ff.) weist auf Nietzsches kriegerisch-imperialistische Züge hin, indem er ein für die 2. Auflage der *Geburt der Tragödie* redigiertes Fragment heranzieht.

Rückzug aus einer unbegriffenen, in Zweckrationalität erstarrten Realität krönen soll. Der Umstand, daß diese unio mystica die Erfahrung des Leidens und der Zerstörung nicht nur mit einschließt, sondern zur Seligkeit erhebt, rückt Hofmannsthal in die Nähe des jungen Nietzsche. Was jener seligen Erfahrung droht, verrät Thomas Manns zu Beginn des Ersten Weltkriegs verfaßter Essay *Gedanken im Kriege:* Weltverbrüderung wird zur Volksverbrüderung, unio mystica zum heroisch-kriegerischen Rausch. Das vor der Realität in das Weltgeheimnis flüchtende Subjekt erlöst sich aus seiner Einsamkeit durch die Flucht in das namenlose Kollektiv. Daß Thomas Mann den Krieg ästhetisch auffaßt, ihn als Analogon zur Kunstpraxis definiert, ist nur die Konsequenz des bei Nietzsche angelegten Ästhetizismus: der künstlerischen Freude am Tragischen als Ausdruck des ständig gebärenden und ständig vernichtenden Weltwillens. Ihn als Verschleierung eines kriegerischen Eroberungswillens, also des Imperialismus, zu begreifen, muß dem Subjekt versagt bleiben, das die Realität einer Analyse nie unterzogen, sondern sie mythisiert und im Mythos sich narzißtisch bespiegelt hatte. Gerade Thomas Manns Essay macht deutlich, daß wesentliche Teile der bürgerlichen Intelligenz die Realität nur vage als zerrissene und gespaltene erfahren hatten: so konnte das diffuse Leiden an der Klassengesellschaft, welches vorläufig in subjektiver Selbst- und Weltversenkung überspielt worden war, endgültig in der Bezauberung durch eine kriegerische Schein-Solidarität vergessen werden.

Dem poetischen Subjekt, das in rauschhafter Allverbundenheit eine rationale Erfassung der Realität emphatisch abwehrt, hat Hofmannsthal in seinem Vortrag *Der Dichter und diese Zeit* (1907) ein Denkmal gesetzt. Er setzte damit Nietzsches Kampf gegen eine bürgerlich-aufklärerische Literaturpraxis fort[11]. In der »Geburt der Tragödie« leitet Nietzsche diesen Kampf damit ein, daß er Euripides zum Widersacher der dionysisch-apollinischen Tragödie erhebt. Dem Drama des Euripides wirft Nietzsche vor, daß es »kühle paradoxe Gedanken – an Stelle der apollinischen Anschauungen – und feurige Affekte – an Stelle der dionysischen Entzückungen« präsentiere (Kap. 12): es handle sich um einen »ästhetischen Sokratismus«, der die kritische Dialektik gegen den

11 Zur Definition dieser Kategorie vgl. u. a. Christa Bürger, *Der Ursprung der bürgerlichen Institution Kunst. Literatursoziologische Studien zum klassischen Goethe.* Frankfurt/M. 1977, S. 11.

Geist Apollos und Dionysus' zur Geltung bringe. Angesichts dieses in den Kapiteln 11-14 breit entfalteten Gedankens ist das zählebige Mißverständnis, welches die euripideisch-sokratische Methode einzig aus dem Geiste Apollos hervorgehen läßt oder gar damit identifiziert, eines der eklatantesten in der Geschichte der Nietzsche-Philologie[12]. Was Nietzsche als euripideische Kunstauffassung und ästhetischen Sokratismus brandmarkt, ist im Grunde die dialektische Realitätsaneignung, die in seinem eigenen apollinisch-dionysischen Weltentwurf keimhaft vorgebildet war: auf der einen Seite dionysisch-titanische Wirklichkeitserforschung, die allen Anschein nach in der Infragestellung sozialer Normen durch Ödipus und in der naturbeherrschenden, kulturbildenden Energie eines Prometheus enthalten ist; auf der anderen Seite Vergesellschaftungsimpulse, die durch die apollinische Normierung des sozialen Zusammenlebens gegeben sind, und jene individuelle Selbstbehauptung, zu welcher apollinische Selbsterkenntnis anleiten soll. Nietzsche, der diese Ansätze zu einer realitätsgerechten Dialektik aus seiner apollinisch-dionysischen Konzeption herausgebrochen hat, kann sie doch keineswegs in nichts auflösen: sie treten ihm in einer Kunst- und Lebenspraxis wieder entgegen, die als aufklärerische bzw. als sozialistische bezeichnet werden darf. Euripides wird auf eine Weise charakterisiert, die ihn als Herold bürgerlich-aufklärerischer Kunstabsichten erscheinen läßt[13]:

> Und so hebt der aristophanische Euripides zu seinem Preise hervor, wie er das allgemeine, allbekannte, alltägliche Leben und Treiben dargestellt habe, über das ein jeder zu urteilen befähigt sei. Wenn jetzt die ganze Masse philosophiere, mit unerhörter Klugheit Land und Gut verwalte und ihre Prozesse führe, so sei dies ein Verdienst und der Erfolg der von ihm dem Volke eingeimpften Weisheit (Kap. 11).

Parallel dazu verwendet Nietzsche in denunziatorischer Absicht Formulierungen wie »aufgeklärte Masse« (11. Kap.), »kritischer Prozeß«, »rationalistische Methode«, der Dichter als »der Widerhall seiner bewußten Erkenntnisse« (12. Kap.), um auf diese Weise die zentrale Kategorie des »dialektischen Helden« anzuschwärzen,

12 Aufschluß darüber erteilt ausgiebig Vogel (S. 195-209). Außerdem zitiert er entsprechende literaturwissenschaftliche Anwendungen (S. 210 ff.).

13 Vgl. mit dem folgenden Zitat die Bemerkungen Christa Bürgers über das von bürgerlich-aufklärerischer Literatur anvisierte »kritikfähige Publikum« (S. 23).

der durch Grund und Gegengrund seine Handlungen verteidigen muß und dadurch so oft in Gefahr gerät, unser tragisches Mitleiden einzubüßen: denn wer vermöchte das *optimistische* Element im Wesen der Dialektik zu verkennen, das in jedem Schlusse sein Jubelfest feiert und allein in kühler Helle und Bewußtheit atmen kann [...] (Kap. 14).

Nietzsches Kampf gegen Euripides ist der erbitterte Feldzug der autonomen Kunst in ihrer ästhetizistischen Variante gegen die operative, massenhafte Aufklärung beabsichtigende und Handlungsperspektiven eröffnende Kunst. Ihr gilt noch in den Schlußkapiteln Nietzsches ganzer Spott: sie treibe einen »Kultus der Tendenz« – der Tendenz »zur moralischen Volksbildung« und, gefährlicher noch, zur Widerspiegelung »der politischen und sozialen Gegenwart«; sie fördere den »historischen, auf strenge psychologische Kausalität gerichteten Sinn« und den »kritisch-historischen Geist unserer Bildung« schlechthin (Kap. 22 und 23).
Realismusnähe und Wissenschaftlichkeit bürgerlich-aufklärerischer Kunstpraxis verfolgt Nietzsche bis in einzelne Formprinzipien hinein. Zumal ihre »Charakterdarstellung« gilt ihm als verwerflich, da der Charakter »nicht mehr zum ewigen Typus« erweitert werde, sondern »durch feinste Bestimmtheit aller Linien individuell« wirke und als »mächtige Naturwahrheit« erscheine (17. Kap.). Daß Nietzsche bei dieser Gelegenheit eine Verfallstendenz des bürgerlichen Realismus – »imitatorisches Konterfei der Erscheinung«, »dürftiges Abbild der Erscheinung« zu werden (17. Kap.) – rechtens kritisiert, daß er seine bereits im 7. Kap. initiierte Attacke gegen ein plattes Widerspiegelungsverständnis der Kunst hier einsichtig erneuert und damit eine Gefahr des deutschen Naturalismus kritisch antizipiert, sei nicht verschwiegen. Dies darf jedoch nicht darüber hinwegtäuschen, daß Nietzsche mit diesem Ausfall den realismusnahen, wissenschaftlich gekräftigten Typus bürgerlich-aufklärerischer Kunstpraxis schlechthin zu treffen versucht, jene Kunstpraxis, »welcher die wissenschaftliche Erkenntnis höher gilt als die künstlerische Widerspiegelung einer Weltregel«, eines »Mythus«, eines »Weltwillens«, eines »metaphysischen Trosts«, kurz: eines dionysischen Urwesens (Kap. 17).
Nietzsches Antipathie gegen eine aufklärerische Kunst und eine dialektisch verfahrende Wissenschaft prägt noch den Stil seines Argumentierens. Unverkennbar die rhetorische Suggestivität, mit welcher er seine Gedanken vorträgt. Schon die Grundform der

»Geburt der Tragödie« ruht auf einer rhetorischen Figur, dem Chiasmus: ein erster Teil versteht sich als Huldigung an die apollinisch-dionysische Duplizität, gegen die ein zweiter Teil abwertend die euripideisch-aufklärerische Kunstpraxis setzt; ein dritter Teil parallelisiert diese Kunstpraxis mit dem universalen Prinzip des wissenschaftlichen Sokratismus, gegen den ein vierter Teil wiederum das dionysisch-apollinische Kategorienpaar zur Geltung bringt, diesmal in aktualisierender Manier. Der Anfang und noch mehr das Ende binden den Leser an die apollinisch-dionysische Idee, nachdem die sokratische Konträrperspektive ihm in der Mitte ausgeredet wurde. Ausgeredet – denn Nietzsche setzt den Leser nicht in freie Distanz zu seinen Gedanken, sondern kleidet diese in vielsagende Metaphern, verleiht ihnen dramatisch-lyrischen Klang, Atmosphäre. Logik und methodische Entfaltung der Argumentationsschritte werden zunehmend von freien Assoziationen und Impressionen, vom Spiel der Phantasie und dem Rekurs auf persönliche Erfahrung durchquert. Diese gleichsam ästhetische Darstellung des Denkens meldet den Anspruch des Subjekts auf Selbstdarstellung an. Nietzsches Klage über die moderne »abstrakte Erziehung, die abstrakte Sitte, das abstrakte Recht, den abstrakten Staat« (23. Kap.) hat eine psychologisch plausible Konsequenz: Subjektivität und Spontaneität sind die Fluchtpunkte des Individuums, das dem Abstraktum bürgerliche Gesellschaft sich unterworfen sieht. Im leidenschaftlichen Aufbegehren gegen die vermeintlichen Urheber der anonymen Totalität – gegen die wissenschaftliche Welterklärung und gegen die aufklärerische Kunst – sucht das Subjekt sich durch unmittelbare Selbstdarstellung zu behaupten. Davon zeugen Stil und Artikulationsform der Gedanken – sie erklären zum Teil die Faszination, die Nietzsche auf seine Leser ausübte, insbesonders auf die Literaten der Jahrhundertwende, die in Anlehnung an ihr philosophisch-schriftstellerisches Vorbild einem »neuen Subjektivismus« huldigten[14]. Nicht zufällig erläutert Nietzsche den Ursprung der Tragödie »aus dem Geiste der Musik«: es ist der begriffslose Geist schlechthin, der vom wissenschaftlich kontrollierenden Geist am weitesten entfernte. Aus der Musik schlägt dem Subjekt die Verlockung zum äußersten Für-sich-Sein und

14 Vgl. das entsprechende Kapitel bei Richard Hamann, Jost Hermand, *Impressionismus* (Epochen deutscher Kultur von 1870 bis zur Gegenwart. Bd. 3). ²München 1974, S. 31-70.

Außer-sich-Sein entgegen: sich bis zur Selbstauslöschung zu entgrenzen bzw. in blinder Kollektivität aufzugehen. Dieser – bei Nietzsche gerade noch apollinisch gebannten – Gefahr der unio mystica wird, wie angedeutet, der Ästhetizismus erliegen.

4. Realitätsverweise. Politische Ästhetik

Nietzsche entbindet in seinem Feldzug gegen wissenschaftliche Erkenntnis und eine ihr verpflichtete Kunst die ganze Kraft seiner Subjektivität auch deshalb, weil er den praktischen Anspruch des Gegners entdeckt hat: den nämlich, »daß das Denken, an dem Leitfaden der Kausalität, bis in die tiefsten Abgründe des Seins reiche, und daß das Denken das Sein nicht nur zu erkennen, sondern sogar zu *korrigieren* imstande sei« (15. Kap.). Ist das Sein veränderbar, so ist zugleich Nietzsches Konzeption des unveränderlich dionysischen Urwesens, des ewigen »innersten Kerns der Dinge« widerlegt (Kap. 16). Der Umstand, daß die »Dialektik des Wissens« »sich in Handlungen zu entladen sucht« (15. Kap.), macht Nietzsche zufolge aus der »optimistischen Wissenschaft, mit ihrem Ahnherrn Sokrates an der Spitze«, »die *erlauchteste Gegnerschaft* der tragischen Weltbetrachtung«, stürzt »unsere jetzige Welt« in den Kampf zwischen sokratisch-alexandrinischer und ästhetischer Realitätsaneignung, zwischen der »unersättlichen optimistischen Erkenntnis und der tragischen Kunstbedürftigkeit« (Kap. 16). Diese Diagnose gewinnt dort eine bemerkenswerte Schärfe, wo Nietzsche den wahren Träger der »Dialektik des Wissens« dingfest macht: das Proletariat als diejenige Klasse, die den aufgeklärten Humanismus des Bürgertums ernst zu nehmen und in die Praxis umzusetzen gedenkt. Der bürgerliche Humanismus, der wissenschaftliche Aufklärung und die Mündigkeit aller Menschen fördern will, richtet sich in letzter Konsequenz wider die Privilegien der bürgerlichen Klasse selber, wider ihre Vorrangstellung gegenüber der proletarischen. Die Klarheit, mit der Nietzsche diese Konsequenz vergegenwärtigt, begründet seine intellektuelle Überlegenheit über die »konzeptiven Ideologen« (Marx) des zeitgenössischen Bürgertums:

> Und nun soll man sich nicht verbergen, was im Schoße dieser sokratischen Kultur verborgen liegt! Der unumschränkt sich wähnende Optimismus! Nun soll man nicht erschrecken, wenn die Früchte dieses

Optimismus reifen, wenn die von einer derartigen Kultur bis in die niedrigsten Schichten hinein durchsäuerte Gesellschaft allmählich unter üppigen Wallungen und Begehrungen erzittert, wenn der Glaube an das Erdenglück aller, wenn der Glaube an die Möglichkeit einer solchen allgemeinen Wissenskultur allmählich in die drohende Forderung eines solchen alexandrinischen Erdenglückes, in die Beschwörung eines euripideischen *deus ex machina* umschlägt! Man soll es merken: die alexandrinische Kultur braucht einen Sklavenstand, um auf die Dauer existieren zu können: aber sie leugnet, in ihrer optimistischen Betrachtung des Daseins, die Notwendigkeit eines solchen Standes und geht deshalb, wenn der Effekt ihrer schönen Verführungs- und Beruhigungsworte von der ›Würde des Menschen‹ und der ›Würde der Arbeit‹ verbraucht ist, allmählich einer grauenvollen Vernichtung entgegen. Es gibt nichts Furchtbareres als einen barbarischen Sklavenstand, der seine Existenz als ein Unrecht zu betrachten gelernt hat und sich anschickt, nicht nur für sich, sondern für alle Generationen Rache zu nehmen (Kap. 18).

Nietzsches Vision eines »barbarischen Sklavenstands«, der das »Erdenglück« der Unterdrückten zum Ziele hat und sowohl die »Würde des Menschen« wie die »Würde der Arbeit« zu verwirklichen sich anschickt, löst endlich ein, was der Philosoph zu Anfang seiner Schrift als einen Bestandteil dionysischer Kultur, als das »Evangelium der Weltenharmonie« in Aussicht gestellt hatte: »Jetzt ist der Sklave freier Mann, jetzt zerbrechen alle die starren, feindseligen Abgrenzungen, die Not, Willkür oder ›freche Mode‹ zwischen den Menschen festgesetzt haben« (Kap. 1). Freilich erfolgt diese Einlösung in einer Weise, die Nietzsche im Verlauf seiner Schrift mehr und mehr verworfen hatte. War es zunächst noch ungewiß, ob die dionysische Aufhebung der Klassenunterschiede lediglich jenseits der Gesellschaft, in einer imaginierten Utopie, folglich nur scheinhaft, erfolgen sollte, war zunächst noch die Möglichkeit vorhanden, daß Nietzsche sie mit der Realität, die er unter wechselnden Blickrichtungen zu erfassen suchte, vermitteln könnte, so hatte er mit fortschreitender Abwertung und Ausblendung der Realität auch ihre Klassenkämpfe aus dem Blick verloren, sie zugunsten eines dionysisch-unveränderlichen Urseins verdrängen müssen. Gemäß seines Verzichts auf eine dialektische Realitätserfassung hatte Nietzsche sich auf eine metaphysische Statik des Seins fixiert. Jetzt, am Ende seiner Schrift, sieht er sich mit der geschichtlichen Möglichkeit konfrontiert, daß seine eigene Verdrängung gegen ihn Front macht, daß er von einer wahrhaft dialektischen Realitätsaneignung widerlegt wird: insofern nämlich das Proletariat die Erkenntnisse und Fortschritte, die im gesellschaftlich-historischen Prozeß erzeugt wurden, sich aneignet und für sich selber, zur Aufhebung der Klassenschranken, nutzbar machen will. Eine verdrängte Vision droht auf einem Wege wahr zu werden, den Nietzsche im Verlauf seines Philosophierens gerade zugeschüttet hatte: auf dem Wege einer wissenschaftlich gestützten, praktischen Veränderung des Seins, einer destruktiven Aufhebung der metaphysischen Wiederkehr des Ewig-Gleichen, des Urseins, kurz: des von Nietzsche selbst reduzierten Dionysus. Dieser wird unversehens durch sein älteres besseres Selbst, das Nietzsche dem Sokratismus einverleibte, bedroht. Jede proletarische Bewegung, vor allem auch die von Nietzsche real erfahrene, wird von ihm fortan als Bedrohung seines reduzierten Dionysus-Bildes begriffen. Daran ist gegen neuere Deutungen festzuhalten[15].

Die von Nietzsche real erfahrene proletarische Bewegung fiel in die Zeit, da er noch mit der Niederschrift seiner *Geburt der Tragödie* befaßt war – in die Zeit des deutsch-französischen Kriegs 1870/71. Anspielend auf die Pariser Commune, prägte Nietzsche in einem Brief den denkwürdigen Satz: »Über den Kampf der Nationen hinaus hat uns jener internationale Hydrakopf erschreckt, der plötzlich so furchtbar zum Vorschein kam, als Anzeiger ganz anderer Zukunftskämpfe«[16]. Wenn Nietzsche im Vorwort zu seiner Erstlingsschrift Ende des Jahres 1871 nicht nur von den (proletarischen) »Schrecken«, sondern auch von den »Erhabenheiten« des Krieges redet, so meint er mit letzteren die deutsche antiproletarische, »siegreiche Tapferkeit und blutige Gloriole« (Kap. 23), worin man seiner Ansicht nach auch die

15 Anhand des Begriffes »Chaos« vor allem, den Nietzsche zur Charakterisierung der Pariser Commune-Bewegung verwendet, will Mattenklott (S. 116 ff.) dartun, daß Nietzsche diese Bewegung als dionysische verstanden habe. Gerade das Gegenteil ist nach Nietzsches Reduktion seines Dionysus-Verständnisses der Fall: für ihn ist diese Bewegung eine Ausgeburt der sokratisch-alexandrinischen Kultur. Auf der anderen Seite hat die apollinische Konzeption, die Nietzsche im Verlauf seiner Schrift entwickelt, wenig mit einer »bürgerlichen Kulturrevolution« (Mattenklott, S. 118), gar mit einer relativ »progressiven« (S. 119), zu tun. Das Apollinische bleibt an das Dionysische gebunden, das, wie aus meinen Ausführungen hervorgeht, sich zwangsläufig zur Idee des kriegerischen Heroismus, der imperialistischen Zerstörungslust des »Weltwillens« verschärft. In diesem Zusammenhang den Begriff einer »humanen Kulturutopie« (Mattenklott, S. 120) auch nur assoziativ ins Spiel zu bringen, ist nicht länger ratsam.

16 Nietzsche, *Werke,* Bd. 3, S. 1042.

Vorboten eines im »deutschen Wesen« aufbrechenden dionysischen Geistes erkennen könnte. Diese Ansicht korrigiert Nietzsche jedoch später in seinem »Versuch einer Selbstkritik«[17] auf bezeichnende Weise. Indem er auf das lebensverneinende Moment in seiner Konzeption des Dionysischen hinweist, auf die Romantik der »metaphysischen Trösterei«, kehrt er verschärft die andere Seite der Konzeption hervor: »der gute strenge Wille des älteren Hellenen zum Pessimismus, zum tragischen Mythus, zum Bilde alles Furchtbaren, Bösen, Rätselhaften, Vernichtenden, Verhängnisvollen auf dem Grunde des Daseins« – er gilt Nietzsche als Beweis der »*Lust*«, der »Kraft«, der »überströmenden Gesundheit«, der »übergroßen Fülle«. Solch dionysische Lebensenergie läßt das Wilhelminische Reich vermissen, das nach »siegreicher Tapferkeit und blutiger Gloriole« unter Bismarcks Führung zaghafte Konzessionen an die Demokratie machte – »und das zu einer Zeit«, so Nietzsches Klage, »wo der deutsche Geist, der nicht vor langem noch den Willen zur Herrschaft über Europa, die Kraft zur Führung Europas gehabt hatte, eben letztwillig und endgültig *abdankte* und, unter dem pomphaften Vorwande einer Reichs-Begründung, seinen Übergang zur Vermittelmäßigung, zur Demokratie und den ›modernen Ideen‹ machte!« Soweit Nietzsche in seinem späteren Vorwort, dem »Versuch einer Selbstkritik«. Es ist in Wahrheit eine Selbstentlarvung, die ein seiner Ästhetik immanentes Verhängnis ans Licht zieht. Daß Nietzsches Idee des kriegerischen Heroismus logisch aus seiner Kunstmetaphysik hervorgeht, habe ich bereits dargelegt. Er zeigt nur demonstrativ ihre Aggressivität auf, wenn er jetzt, anstatt das eigene Selbst zu verneinen und in das rauschhafte Nichts zu stürzen, das Selbst der Gegner verneint und ins Nichts stürzt: auf diesem Weg kann sich die Zerstörungslust des »Weltwillens«, die Lust zur »Führung Europas«, kurz: der Imperialismus frei entfalten. In Nietzsches Ästhetizismus ist dieser Imperialismus in einem sehr viel präziseren Sinne vorgebildet, als bisher angenommen wurde. Die Affinität beider Komplexe, die gemeinhin verdeckt ist und nur über zahlreiche Vermittlungen hindurch sich aufdecken läßt, tritt in der Erstlingsschrift Nietzsches beispielhaft klar hervor.

17 Dieser »Versuch« ist in der Hanser-Ausgabe dem Vorwort von 1871 vorangestellt.

Andreas Huyssen

Nochmals zu Naturalismus-Debatte und Linksopposition*

Nach dem Erscheinen von drei umfangreichen Untersuchungen zur Naturalismus-Debatte der 1890er Jahre dürfte es schwierig sein, diesem Thema noch neue Aspekte abzugewinnen. Die Bücher von Georg Fülberth, Herbert Scherer und Manfred Brauneck[1] haben die Naturalismus-Debatte in ihren wesentlichen literarischen, kulturellen und politischen Aspekten so überzeugend und ausführlich dokumentiert und analysiert, daß alle Deutungen des Naturalismus als eines rein ästhetischen oder gar transhistorischen Phänomens von vornherein als obsolet gelten können. Die genannten Studien sowie die zahlreichen Veröffentlichungen Jost Hermands zu Gründerzeit, Naturalismus und Jahrhundertwende[2], die von Helmut Scheuer herausgegebene Essaysammlung[3] und der in der Scriptor-Reihe »Literatur im historischen Prozeß« erschienene Band *Positionen der literarischen Intelligenz zwischen bürgerlicher Reaktion und Imperialismus*[4] vermitteln insgesamt nicht nur ein neues, differenzierteres Bild von der Rolle des Naturalismus in der Entwicklung der deutschen Kultur, sondern verweisen uns auf zentrale Fragen sozialistischer Kulturpolitik und materialistischer Ästhetik, die zwischen 1891 und 1896, zwischen dem Erfurter und dem Gothaer Parteitag ihre erste bedeutsame Ausprägung erhielten. Ergänzt wird dieses Bild durch eine Reihe von Aufsätzen von Hans Manfred Bock, Artur Staffelberg, Günther Roth und Hans-Josef

* David Bathrick und Oskar Negt sei an dieser Stelle für Kritik und Anregungen gedankt.

1 Georg Fülberth, *Proletarische Partei und bürgerliche Literatur.* Neuwied und Berlin 1972; Herbert Scherer, *Bürgerlich-oppositionelle Literaten und sozialdemokratische Arbeiterbewegung nach 1890.* Stuttgart 1974; Manfred Brauneck, *Literatur und Öffentlichkeit im ausgehenden 19. Jahrhundert.* Stuttgart 1974.

2 Vor allem Richard Hamann / Jost Hermand, *Naturalismus.* Berlin 1959.

3 Helmut Scheuer (Hrsg.), *Naturalismus. Bürgerliche Dichtung und soziales Engagement.* Stuttgart 1974.

4 Gert Mattenklott / Klaus R. Scherpe (Hrsg.), *Positionen der literarischen Intelligenz zwischen bürgerlicher Reaktion und Imperialismus.* Kronberg/Ts. 1973.

Steinberg zur Sozialgeschichte und zur Geschichte der Arbeiterbewegung im ausgehenden 19. Jahrhundert[5].

Es handelt sich ja um mehr als um eine bloß »historische« Debatte, die man dank Fülberth, Scherer und Brauneck nun als erledigt abhaken könnte. Das jüngste Erkenntnisinteresse am Naturalismus in der Bundesrepublik wie in der DDR wurzelt vielmehr selbst in wissenschafts- und kulturpolitischen Auseinandersetzungen, die alles andere als akademisch sind. Während in der neueren DDR-Forschung[6] der Naturalismus – bei Berücksichtigung aller seiner Schwächen und Widersprüche – dennoch als Teil des ›aufgehobenen‹ bürgerlichen Erbes weitgehend positiv interpretiert wird, zeigt sich in den westdeutschen Publikationen eine grundlegende Skepsis gegenüber bürgerlich-oppositioneller Literatur, zu der der Naturalismus zweifellos zu rechnen ist. In der DDR wird das Loblied auf das bürgerliche Erbe vorrangig zur Legitimation von Herrschaft und zur Ausblendung von marxistischer Kritik am ›realen Sozialismus‹ eingesetzt. Allerdings lassen sich in den jüngsten Diskussionen in der DDR Tendenzen einer kritischeren Erbe-Rezeption ausmachen, vor allem in den Arbeiten Robert Weimanns und Manfred Naumanns. Ob sich daraus freilich eine Neueinschätzung des Verhältnisses von Naturalismus, Linksopposition und radikaler Kul-

5 Hans Manfred Bock, *Die ›Literaten- und Studentenrevolte‹ der Jungen in der SPD um 1890*, in: Das Argument 63 (1971), S. 22-41; Artur Staffelberg, *Revolutionäre und reformistische Politik in der Geschichte der deutschen Arbeiterbewegung*, in: *Schriften zu Revolution und Produktion 1.* Heidelberg/Frankfurt/Hannover/Berlin 1969, IX-LIX; Günther Roth, *Die kulturellen Bestrebungen der Sozialdemokratie im kaiserlichen Deutschland*, in: *Moderne deutsche Sozialgeschichte*, hrsg. von Hans-Ulrich Wehler. Köln 1976, S. 342-368; Hans-Josef Steinberg, *Die deutsche Sozialdemokratie nach dem Fall des Sozialistengesetzes. Ideologie und Taktik der sozialistischen Massenpartei im Wilhelminischen Reich*, in: *Sozialdemokratie zwischen Klassenbewegung und Volkspartei*, hrsg. von Hans Mommsen. Frankfurt am Main 1974, S. 52-61. Vgl. auch die Analyse der Linksopposition bei Dirk H. Muller, *Idealismus und Revolution: Zur Opposition der Jungen gegen den Sozialdemokratischen Parteivorstand 1890 bis 1894.* Berlin 1975, die mir erst nach Abschluß der vorliegenden Arbeit zugänglich war.

6 Ursula Münchow, *Deutscher Naturalismus.* Berlin 1968; *Naturalismus 1885-1899. Dramen, Lyrik, Prosa*, hrsg. und mit einem Nachwort von Ursula Münchow. 2 Bde., Berlin/Weimar 1970; Peter Wrucks Naturalismusbeiträge in *Geschichte der deutschen Literatur.* Bd. 8: 2, *Von 1830 bis zum Ausgang des 19. Jahrhunderts.* Berlin 1975, S. 1000-1017, 1063-1085, 1085-1102. Vgl. auch Peter Wrucks Besprechung von Ursula Münchows Arbeiten in: *Weimarer Beiträge*, Nr. 10 (1971), 183-187.

turkritik in den frühen 1890er Jahren entwickeln wird, bleibt abzuwarten. Die westdeutsche linke Literaturwissenschaft der 70er Jahre hingegen befindet sich in einem ernstzunehmenden Dilemma. Verflogen ist die im Rahmen der Studentenbewegung noch verständliche Euphorie, die sich vieler junger Germanisten bemächtigt hatte angesichts der ›Neuentdeckung‹ deutscher bürgerlich-demokratischer und sozialistischer Traditionen innerhalb und außerhalb des offiziellen Kanons (z. B. Jakobinerliteratur, Vormärz, Arbeiterliteratur, BPRS, etc.). Heute, in der zweiten bundesrepublikanischen Restaurationsepoche, tendiert die linke Germanistik eher dazu, entweder die ältere Kulturorthodoxie der DDR mit ihrem eingefrorenen Begriffsapparat (wissenschaftlicher Sozialismus, Abbildtheorie, Erbe, Parteilichkeit, Realismus und Volkstümlichkeit) zu übernehmen oder aber vor dem bürgerlichen Kulturbetrieb zu kapitulieren, gegenwärtige Verhältnisse unvermittelt in die Vergangenheit zu projizieren und – häufig unter Rückgriff auf den BPRS, auf Brecht und den späten Benjamin – bürgerlich-oppositionelle Literaturbewegungen als grundsätzlich unwirksam und unzulänglich abzuschreiben. In jeweils verschiedener Weise bewegen sich die drei erstgenannten Untersuchungen zur Naturalismus-Debatte auf einem schmalen Grat zwischen diesen beiden skizzierten Orthodoxien und erreichen so ihre hochgradige Stringenz.

Um überhaupt zu verstehen, wie es in der SPD zu einer über ein halbes Jahrzehnt währenden Debatte über den Naturalismus kommen konnte, muß man sich folgende Voraussetzungen klarmachen. In der Periode der zwölfjährigen Illegalität der Partei (1878-1890) setzten zahlreiche bürgerliche Intellektuelle, unter ihnen viele Naturalisten, eine Art messianische Hoffnung in das Proletariat und dessen Partei. Dieses eher aus emphatischer Solidarität als aus bewußter Reflexion der eigenen Klassenlage oder polit-ökonomischer Einsichten sich speisende Bekenntnis machte in den 90er Jahren zusehends einer großen Ernüchterung Platz und führte bei vielen nicht nur zu einer Distanzierung vom Sozialismus, sondern auch zu einer Abkehr vom Naturalismus. Nach der Aufhebung des Sozialistengesetzes im Jahre 1890 ging es ja nicht mehr einfach um Solidarität mit den Elenden und Unterdrückten, sondern um konkrete Mitarbeit in einer parlamentarisch operierenden Partei sowie um praktische Kulturarbeit in Parteipresse, Arbeiterbildungsvereinen und Volksbühnenbewegung, die ständig von Zensur und Gerichten bedroht waren. Die Furcht vor einer erneuten Illegalisierung – man denke an den *Weber*-Prozeß oder an die Umsturzvorlage von 1894 – trug zu dem übervorsichtigen Lavieren der Partei bei, die trotz ihres zumindest im grundsätzlichen ersten Teil explizit marxistischen Erfurter Programms schon in den frühen 90er Jahren eine reformistische Politik verfolgte. Reformistische Praxis und radikale Theorie waren vermittelt in der Überzeugung, daß die Logik der kapitalistischen Entwicklung quasi-automatisch und sozusagen naturgesetzlich zum Sozialismus führen werde. Und diese schöne Zukunftsaussicht wollte sich die Partei nicht durch die Naturalisten gefährden lassen, deren Sozialismus die konservativ-chauvinistische Presse lautstark als literarischen Internationalismus und künstlerischen Anarchismus brandmarkte, deren Fähigkeit zum Bündnis mit der Arbeiterklasse die Partei andererseits stark anzweifelte. Überhaupt verwandten die sogenannten Ordnungsparteien ja etliche Energie auf den Versuch, den Zusammenhang von Naturalismus, Sozialismus und Anarchismus nachzuweisen, da sie die Bedrohung der kulturellen Hegemonie des Bürgertums *auch* durch den Naturalismus oft besser spürten als manche Sozialdemokraten. Die politische Analyse der *Weber* durch den Berliner Polizeipräsidenten von Richthofen ist da eine instruktive Lektüre[7].

Wenn man diese Ausgangslage berücksichtigt, wird einsichtig, daß die entscheidenden Aspekte der parteiinternen Naturalismus-Debatte nicht vornehmlich in dem zu suchen sind, was einzelne Parteiführer oder sozialdemokratische Literaturkritiker dem Naturalismus in künstlerischer Hinsicht vorzuwerfen haben: etwa daß er im Schmutz wühle, Obszönitäten ausbreite, den Idealismus des Arbeiters nicht anzufachen vermöge und überhaupt dem gesunden Volksempfinden widerspreche und daher als Familienlektüre nicht zu empfehlen sei. Wichtiger ist die theoretische Fundierung solcher Kritik, und hier lassen sich schon 1891 bei Liebknecht und Kautsky, Robert Schweichel und Paul Ernst die wesentlichen Einwände ausmachen:

(1) Die Lage der Arbeiterklasse kann nicht durch die Kunst, sondern allein durch politischen Kampf verändert werden, ein Argument, das in der Auseinandersetzung mit bürgerlich-libera-

7 Siehe Brauneck, S. 54 f.

ler Volkspädagogik seine Berechtigung hatte und aus der Geschichte der Arbeiterbewegung zu verstehen ist, das der Partei aber sofort den Vorwurf der Kunstfeindlichkeit eintrug.

(2) Der Naturalismus ist künstlerischer Ausdruck des Verfalls der bürgerlichen Gesellschaft. Es gelingt ihm weder, den neuen Menschen, noch, die neue Zeit zu gestalten, die sich in der sozialistischen Emanzipationsbewegung ankündigen. Diese These wird sich bei verfeinertem Instrumentarium der Analyse bei Georg Lukács wiederfinden.

(3) Der Naturalismus schildert das Proletariat nur in seiner Verelendung (Lumpenproletariat, Alkoholismus, Prostitution), nicht aber in seinem Kampf für eine bessere Welt. Daher kann die naturalistische Literatur auch dort, wo sie bürgerliche Herrschaft kritisiert, nicht als Beitrag zum Sozialismus akzeptiert werden. Auch dieses Argument wirkte über Mehring und Lukács bis in die DDR-Germanistik fort[8].

Insgesamt läßt sich sagen, daß im Vordergrund der sozialdemokratischen Kritik am Naturalismus jene literarischen Werke standen, die eine Phänomenologie des Elends in der bürgerlichen Gesellschaft erstellten. Denn diese Werke forderten die Frage nach einer sozialistischen Literatur wesentlich intensiver heraus als jene anderen naturalistischen Texte, die sich auf eine Darstellung der in sich brüchigen bürgerlichen Familienstruktur beschränkten. Kompliziert wurde die Wertung des Naturalismus als Gesamtphänomen natürlich dadurch, daß etwa im Werk eines Autors wie Gerhart Hauptmann beide Richtungen vertreten waren.

Obwohl, oder vielmehr gerade weil sich die negative Grundposition der Sozialdemokratie gegenüber dem Naturalismus von 1891 bis 1896 nicht eigentlich ändert und in Mehrings Essay *Kunst und Proletariat* nach dem Gothaer Parteitag noch einmal theoretisch begründet wird, fällt um so deutlicher auf, daß 1891/92 ein scharfer Trennungsstrich zwischen Sozialismus und Naturalismus gezogen wird, während es auf dem Gothaer Parteitag, an dem Mehring nicht teilnahm, zu einer »indirekten Rehabilitierung«[9] des Naturalismus kommt. Dieses Paradox ist um so

8 Vgl. den frühen Naturalismus-Aufsatz von Ursula Münchow in den *Weimarer Beiträgen* von 1964.

9 Siehe Scherer, S. 185.

bemerkenswerter, als man eigentlich erwarten sollte, daß es bei der einmal vollzogenen strikten Abgrenzung geblieben wäre. Denn in der Mitte der 90er Jahre hatten mehrere ehemalige Naturalisten dem Naturalismus schon abgeschworen und sich zu nietzscheanischen und offen anarchistischen Positionen bekannt. Dieser Umstand mußte den Zusammenhang von Naturalismus und Sozialismus retrospektiv in einem noch fragwürdigeren Licht erscheinen lassen als zu Anfang der 90er Jahre, als sich viele Naturalisten zumindest subjektiv ehrlich mit dem Sozialismus identifizierten und von der literarisch interessierten Arbeiterschaft auch als Bundesgenossen akzeptiert wurden. Statt dessen sah der Parteitag ausdrücklich von einer Kritik am Naturalismus ab, die von der Hamburger Parteigruppe aus Anlaß der Veröffentlichung von Hans Lands *Der Neue Gott* und Wilhelm Hegelers *Mutter Bertha* in der von Edgar Steiger redigierten Leipziger »Neuen Welt« gefordert worden war. In seinem Schlußreferat zur Gothaer Parteitagsdebatte riet Bebel Steiger wohl zu etwas mehr Zurückhaltung in künstlerischen Dingen, vertrat aber andererseits ohne weitere Begründung die These, die Partei dürfe sich moderner bürgerlicher Kunst nicht verschließen. Daraufhin wurden die Anträge 41 bis 44, in denen sich der Protest gegen den Naturalismus niedergeschlagen hatte, ersatzlos zurückgezogen. Die wesentlichen Fragen, welche Funktion Kunst überhaupt und bürgerlich-oppositionelle Kunst im besonderen für die Arbeiterbewegung haben können, sowie das Problem des Verhältnisses der Partei zur linken bürgerlichen Intelligenz sind auf dem Parteitag nicht zur Sprache gekommen. Im Grunde bedeutete die Naturalismus-Debatte in Gotha einen Rückschritt im Vergleich zu der Auseinandersetzung der frühen 90er Jahre.

Dieser Wandel in der Einstellung der SPD zum Naturalismus ist nur aus dem politischen Kontext zu verstehen. 1890/91 befand sich die Parteiführung in einer scharfen politischen Auseinandersetzung mit der Linksopposition der sogenannten Berliner *Jungen,* die als »Literaten- und Studentenrevolte« (Friedrich Engels) in die Parteihistoriographie eingegangen ist[10]. Zu diesen *Jungen* zählten sowohl Vertreter des Friedrichshagener Kreises als auch

10 Zur Geschichte dieser Linksopposition vgl. vor allem Hans Müller, *Der Klassenkampf und die Sozialdemokratie* (1892), in: *Schriften zu Revolution und Produktion 1.* Heidelberg/Frankfurt/Hannover/Berlin 1969; Hans Manfred Bock und Dirk H. Müller, siehe Anm. 5.

einige Gründungsmitglieder des Vereins Freie Volksbühne. Auf dem Gothaer Parteitag von 1896 hingegen konnte sich die Parteiführung dem Naturalismus gegenüber konzilianter verhalten, da die Verteidiger des Naturalismus als einer legitimen künstlerischen Bewegung die Parteiführung politisch nicht mehr bedrohten. Auch war die naturalistische Bewegung zu diesem Zeitpunkt schon im Abklingen begriffen.

Fülberth, Scherer und Brauneck stellen die Verbindungen von Linksopposition und Naturalismus-Debatte zwar ausführlich dar, bleiben aber – trotz ihrer durchscheinenden Sympathie mit der linken künstlerischen Avantgarde der 1920er Jahre – durchweg zu eng an sozialdemokratischer und kommunistischer Parteihistoriographie haften, in der Linksoppositionen traditionell schlecht wegkommen[11]. Um Mißverständnissen vorzubeugen: es geht mir hier nicht um eine abstrakte Totalrettung der *Jungen,* die von marxistischem Standpunkt wohl auch kaum möglich ist. Es geht mir vielmehr um *ein* Moment ihrer Marxismuskritik, um ein spezifisches Problem, das im Verlauf des 20. Jahrhunderts zusehends virulenter geworden ist, aber in Ansätzen schon im späten 19. Jahrhundert zu beobachten ist – nicht zuletzt wegen des damals sich vollziehenden Strukturwandels bürgerlicher Öffentlichkeit von Kulturräsonnement zu Kulturkonsum (Habermas), dem sich auch die Kulturarbeit der organisierten Arbeiterbewegung mit ihrer bekannten Orientierung an einem klassisch idealistischen Kulturkonzept nicht entziehen konnte[12]. Gemeint ist die zentrale Bedeutung kultureller Revolte im weitesten Sinn für jede moderne revolutionäre Bewegung, die nicht der Fetischisierung des Ökonomischen und Politischen sowie einem verengten Begriff von Rationalität verfallen will. Inwieweit dieses Problem als solches von den *Jungen* schon bewußt erkannt wurde oder auch nur erkannt werden konnte und inwieweit es lediglich implizit in ihrer Kritik an der Partei enthalten war, ist eine nur schwer beantwortbare Frage, zumal die Gruppe der *Jungen* selbst keineswegs einheitlich war in ihrer sozialen Zusammensetzung und sowohl infolge des Parteiausschlusses als auch auf Grund interner

11 Vgl. z. B. Franz Mehring, *Geschichte der deutschen Sozialdemokratie.* Zweiter Teil, Berlin 1960, S. 676 ff.; *Friedrich Engels. Sein Leben und Werk.* Moskau 1973, S. 490 ff.

12 Zum Problem der Lesegewohnheiten organisierter Arbeiter vor 1914 vgl. Fülberth, S. 110-119; Roth, S. 356 ff. (s. Anm. 5).

Widersprüche schon bald auseinanderfiel[13].

Schon in den Jahren der Illegalität war linke Kritik am Kurs der Partei und vor allem an der Reichstagsfraktion laut geworden. Mit der Rückkehr der Partei zur Legalität jedoch verschärfte sich diese Krise, brach schon im Sommer 1890 in offenen Kampf aus und führte auf dem Erfurter Parteitag im Herbst 1891 zum Ausschluß der Linksopposition aus der Partei. Die Verdammung der *Jungen* durch Engels spielte sowohl bei diesem Parteiausschluß als auch in der späteren Geschichtsschreibung eine gewichtige Rolle. Engels' heftige und wenig analytische Abkanzelung der Linksopposition[14] erklärt sich einerseits aus seinem Bemühen, sich nicht durch die *Jungen* vereinnahmen zu lassen, die sich immer wieder auf seine Schrift *Zur Wohnungsfrage* (1872) beriefen. Engels hielt die Vorwürfe der Linksopposition an die Partei zum Teil durchaus für zutreffend, teilte aber nicht deren Schlußfolgerungen hinsichtlich Strategie und Taktik der Arbeiterbewegung in den 90er Jahren[15]. Vor allem aber ging es Engels vor dem Erfurter Parteitag darum, in der Partei die lassalleanische Tradition zurückzudrängen und mit Hilfe der Parteiführung auf ein marxistisches Grundsatzprogramm hinzuwirken. Die für Engels und die Parteiführung wesentliche politische Auseinandersetzung wurde in den frühen 90er Jahren nicht mit der Linksopposition, sondern mit dem Rechtsopportunismus eines Vollmar geführt. Bezeichnend freilich ist der Umstand, daß es nur für die Linksopposition zum Parteiausschluß kam.

Konkreter Anlaß zum offenen Streit zwischen Linksopposition und Parteiführung waren 1890 die reservierte und unschlüssige Haltung der Parteifraktion zu illegalen Maifeiern, die im Jahr zuvor auf dem Gründungskongreß der II. Internationale als internationale Demonstration für den Achtstundentag gefordert worden waren, sowie die Vorlage eines neuen Organisationsstatuts durch die Fraktion, das ein Kontrollrecht der Fraktion über den Parteivorstand (§ 16) und die Kontrollbefugnis des Parteivorstands über die Parteipresse (§ 14) festzuschreiben suchte. Auch

13 Zur Geschichte der *Jungen* vgl. vor allem Müller, Bock und Staffelberg.

14 Vgl. Bock, S. 39-41.

15 Zu Engels' Revolutionstheorie in den 90er Jahren vgl. Hans-Josef Steinberg, *Friedrich Engels' revolutionäre Strategie nach dem Fall des Sozialistengesetzes,* in: *Friedrich Engels 1820-1970. Referate, Diskussionen, Dokumente,* Redaktion: Hans Pelger. Hannover 1971, S. 115-126.

hier ist es bezeichnend, daß Parteiführer die Kritik der *Jungen* indirekt als berechtigt anerkannten. So gestand Bebel zu, daß der Organisationsentwurf in der Tat undemokratische Bestimmungen enthielt, die dann zum Teil auf dem Erfurter Parteitag auch fallengelassen wurden[16]. Und Mehring kritisierte noch 1917 die Haltung der Partei zu den Maifeiern von 1890[17]. Die Linksopposition, deren wichtigste Sprecher Paul Ernst, Paul Kampffmeyer, Hans Müller, Max Schippel, Carl Wildberger, Wilhelm Werner und Bruno Wille waren, warf der Parteiführung Autoritätenherrschaft und Fraktionsdiktatur vor und verdächtigte sie gar der Korruption, die eine unausbleibliche Folge der Mitarbeit in einem bürgerlichen Parlament sei. Die Tatsache, daß der offene Kampf durch einen Artikel des Friedrichshageners Bruno Wille, eines der engagiertesten Sprecher der *Jungen,* ausgelöst wurde, macht den Zusammenhang von Linksopposition und Naturalismus in den frühen 90er Jahren evident. Interessant an diesem Artikel, der unter Bezug auf den Ablauf des Sozialistengesetzes den Titel *Der 1. Oktober* trug und am 22. Juli 1890 in der Dresdener *Sächsischen Arbeiterzeitung* erschien, ist vor allem die Forderung nach mehr öffentlicher Diskussion in der Partei. Der Mangel an Öffentlichkeit sei zwar in den Jahren der Repression durch das Sozialistengesetz objektiv bedingt gewesen, habe aber zu Autoritätenherrschaft und Korruption in der Fraktion geführt. Die Arbeiterschaft jedoch habe in ihrer spontan aktiven Haltung zum 1. Mai 1890 ihre neugewonnene Reife und Selbständigkeit bewiesen und verdiene nun unter veränderten Bedingungen eine qualitativ andere Behandlung durch Fraktion und Parteiführung. In den folgenden Wochen beherrschte die Auseinandersetzung mit der Linksopposition eine Reihe von Massenveranstaltungen in Dresden, Magdeburg und Berlin. Der Korruptionsvorwurf, der – berechtigt oder nicht – von Wille ganz objektiv aus geschichtlichen Verhältnissen abgeleitet worden war, wurde besonders von Bebel sofort ins Persönliche umgemünzt und als Verleumdung gebrandmarkt. Während die Linksopposition einschließlich Wille zunächst bei vielen Arbeitern ein offenes Ohr fand hinsichtlich ihrer Forderungen nach mehr Parteidemokratie und öffentlicher Diskussion, gelang es der Parteiführung schließlich, die Arbeiter-

16 Vgl. Müller, S. 84.

17 Franz Mehring, *Zur Geschichte des Maitages,* in: F. M., *Aufsätze zur Geschichte der Arbeiterbewegung.* Berlin 1963, S. 424-426.

schaft durch systematische Personifizierung des Konfliktes hinter sich zu bringen und die *Jungen* zu isolieren.

Doch zurück zum Zusammenhang von Linksopposition und Naturalismus. Derselbe Bruno Wille hatte im Frühjahr 1890 im Parteiorgan der Berliner Sozialdemokraten einen Aufruf zur Gründung einer Freien Volksbühne veröffentlicht und war auf der Gründungsversammlung Ende Juli zum Vorsitzenden des Vereins Freie Volksbühne gewählt worden. Die Freie Volksbühne war eine parteinahe Theaterorganisation, die weitgehend mit Hilfe naturalistischer Stücke eine proletarische Gegen-Öffentlichkeit aufzubauen versuchte, sich aber von Anfang an in den Widerspruch von proletarischer Kulturpraxis und ästhetischer Erziehung der Massen verstrickte[18]. Dieser Widerspruch schlug sich nieder in Willes Parole »Die Kunst dem Volke« einerseits und der aktiven Teilnahme der Freien Volksbühne an der Maifeier des Jahres 1891 andererseits, bei der u. a. ein von Wille verfaßtes Festspiel *Durch Kampf zur Freiheit* mit großem Erfolg aufgeführt wurde. Bruno Wille war aber nicht nur Vorsitzender dieses kulturpolitisch für die Sozialdemokratie zentralen Unternehmens. Er war sozusagen der Kreuzungspunkt aller an der Freien Volksbühne beteiligten Gruppen[19]. Durch Vortragsveranstaltungen im Rahmen des Arbeiterbildungsprogramms war Wille in Berliner Arbeiterkreisen bekannt und beliebt, und es waren vor allem solche bildungsorientierten Arbeiter, aus denen sich die Mitglieder des Volksbühnenpublikums rekrutierten. Ebenfalls in den Arbeitervereinen war Wille mit der Linksopposition in Verbindung getreten, deren Mitglieder dann sowohl den technisch-organisatorischen Kern der Freien Volksbühne bildeten (vor allem der Tapezierer Carl Wildberger, der Schuhmacher Richard Baginski und der Buchdrucker Wilhelm Werner) als auch die Mehrzahl der Ordner stellten. Hinzu kommen einige Redakteure von sozialdemokratischen Parteizeitungen (Curt Baake, Dr. Conrad Schmidt), die Wille für die Theaterarbeit interessierte, sowie vor allem die Gruppe der mit Wille befreundeten naturalistischen Schriftsteller und Intellektuellen, von denen Wilhelm Bölsche, die Brüder Hart, Otto Brahm, Richard Dehmel, Fritz Mauthner und Max Halbe in verschiedenen Funktionen und zu

18 Vgl. dazu Brauneck, S. 27-40.
19 Vgl. Scherer, S. 83 f.

verschiedenen Zeitpunkten an der Freien Volksbühne mitarbeiteten.

Die preußische Vereinsgesetzgebung nun brachte es mit sich, daß die Freie Volksbühne keine offiziellen organisatorischen Verbindungen zur Partei unterhalten konnte, ohne Gefahr zu laufen, verboten zu werden. So überrascht es zunächst nicht, daß sich die SPD-Führung trotz ihrer Kritik an einzelnen naturalistischen Werken gegenüber der Freien Volksbühne, in deren Theaterpraxis der Naturalismus durchaus im Vordergrund stand, einer strikt neutralen Grundhaltung befleißigte.

Andererseits benutzten Bruno Wille und dessen politische Freunde die Freie Volksbühne von Anfang an als institutionell abgesicherte Basis für ihre Auseinandersetzung mit der Partei. Naturalistische Theaterpraxis blieb hier also personell und ideologisch gebunden an innerparteiliche Linksopposition. Nachdem dann die *Jungen* im Herbst 1891 aus der Partei ausgeschlossen worden waren, führte der Fraktionskampf auch in der Freien Volksbühne zum Bruch. Im Jahre 1892 kam es zur Spaltung, und so wie die *Jungen* nach dem Erfurter Parteiausschluß ihre eigene Partei der *Unabhängigen Sozialisten* und ihre Zeitschrift *Der Sozialist* gegründet hatten, so gründete die Gruppe um Wille im Oktober 1892 eine Neue Freie Volksbühne, die auf lange Jahre als Konkurrenzunternehmen zur Freien Volksbühne bestand. Anlaß der Spaltung war der Antrag des Gründungsmitgliedes Julius Türk, die *Unabhängigen Sozialisten* aus den Volksbühnengremien abzuberufen und durch Parteimitglieder zu ersetzen. Dieser Versuch führte zu einer Debatte über den Führungsanspruch der Intellektuellen und zur Forderung nach einer konsequenten Demokratisierung des Vereins. Das aber hieß, daß die künstlerische Leitung der Freien Volksbühne in die Hände der Arbeiter selbst übergehen sollte. Ironischerweise bestand Bruno Wille, der die Autoritätenherrschaft in der Partei so eloquent attackiert hatte, nun seinerseits auf seiner künstlerischen Autorität in der Freien Volksbühne und widersetzte sich vehement den Demokratisierungsbestrebungen. In Willes Sicht schlossen sich künstlerischer Sachverstand und Demokratie gegenseitig aus. Die Widersprüchlichkeit seiner Position erscheint vielleicht nirgendwo so klar wie hier.

Ganz ohne Frage siegte die Parteiführung machtpolitisch über die *Jungen* und hatte auch die Arbeiterschaft größtenteils hinter sich. Aber der entscheidende Mangel dieses Sieges war die Unfähigkeit der Partei, dem noch in liberal-bürgerlicher Volkspädagogik verwurzelten und von Nietzsche beeinflußten Kulturkonzept der *Jungen* und der Friedrichshagener eine eigene revolutionäre Kulturpolitik entgegenzusetzen. Der einzige, der versuchte, die Kunst als ›Hebel‹ oder ›Werkzeug‹ im proletarischen Emanzipationskampf einzusetzen, war Franz Mehring, der jedoch auch mit seiner theoretisch informierteren Volksbühnenarbeit von 1892 bis 1895 Schiffbruch erlitt. Der die Ideologie der Arbeiterbewegung insgesamt prägende Widerspruch von idealistischer Moral und Ästhetik einerseits und einem sozialdarwinistischen, naturwissenschaftlich orientierten Materialismus andererseits blockierte die Entwicklung eines konsequent materialistischen Verständnisses ästhetischer Phänomene. Die scheinbare Neutralität der Partei gegenüber der Freien Volksbühne war eben weniger in taktischen Überlegungen gegenüber den Staatsorganen begründet als vielmehr darin, daß die Parteiführung die Bereiche von Politik und Kunst strikt getrennt wissen wollte und immer wieder Befürchtungen äußerte, daß Kultur- und Bildungsarbeit Energien vom zentralen politischen und ökonomischen Kampf abzweigen könne. Die traditionelle Vorstellung von der Autonomie der Kunst dominierte eben nicht nur bei den bürgerlichen Intellektuellen, sondern ebenfalls, wenn auch mit anderem Stellenwert, bei den Führern der Arbeiterbewegung. Die damit einhergehende Verdinglichung des Politischen und Ökonomischen, die programmatische Geringschätzung des Naturalismus sowie das Desinteresse der Sozialdemokratie an kultureller Emanzipation und künstlerischer Revolte überhaupt, die ja durchaus von bürgerlich-oppositionellen Bewegungen wie dem Naturalismus hätte ausgehen können, führte schließlich bei Mehring, Willes Nachfolger an der Freien Volksbühne, zur Förderung der revolutionär-bürgerlichen Literatur des 18. und frühen 19. Jahrhunderts auf Kosten der Moderne.

Mehring war natürlich an kultureller Emanzipation interessiert, aber es erscheint fraglich, ob die Parteiführung seine Arbeit in einem qualitativ anderen Licht sah als die Willes. Die erste Chance der Arbeiterbewegung, ihr Verhältnis zur bürgerlichen Avantgarde in Interessenübereinstimmung und Interessendifferenz genauer zu bestimmen und daraus eine radikale Kulturarbeit zu entwickeln, war vertan. Die Linksoppositionellen – Friedrichshagener Intellektuelle und Arbeiter – hatten wenn auch diffuse Einsichten in das revolutionäre Potential kultureller Aktionen. Ihre Reformismus- und Parlamentarismuskritik, ihre Forderung nach revolutionären Massenaktionen und nach proletarischer Gegen-Öffentlichkeit, ihre Einbeziehung der kulturellen Arbeit der Freien Volksbühne in politische Tagesauseinandersetzungen und Klassenkämpfe, ihre Betonung revolutionären Geistes und demokratischen Fühlens und Denkens[20] zeigen an, daß sie die Bedeutung der Konstitution von Ideologie und Klassenbewußtsein anders und besser verstanden als viele der Parteiführer. Ohne Frage war es ein Verdienst der Gruppe der *Jungen,* daß sie »die quietistische Praxis des Parteivorstandes zu einer Zeit kritisierte, in der deren wirklicher Charakter noch hinter einem intransigenten Wortradikalismus verborgen blieb«[21]. Andererseits jedoch deutet ihre *politische* Bündnispolitik, die auf dem rein proletarischen Charakter der Partei insistierte und jegliche Konzessionen an Bürgertum, Kleinbürgertum und Bauern ablehnte[22], darauf hin, daß eine zielbewußte Kulturarbeit gemeinsam mit bürgerlichen Linksintellektuellen letztlich doch nicht ins Konzept gepaßt hätte. Die politischen Vorstellungen eines Hans Müller etwa wären auf die Dauer nur schwer mit den widersprüchlichen kulturellen Ideen eines Bruno Wille zu vereinbaren gewesen. Das Auseinanderfallen der Linksopposition nach dem Parteiausschluß jedoch verhinderte eine adäquate Diskussion dieser Probleme, die erst in den 1920er Jahren wieder aufgenommen und weitergeführt wurden.

Das, was einige der *Jungen* schließlich zu Nietzsche und zum Anarchismus trieb, war jedenfalls nicht nur ihre sogenannte »kleinbürgerliche« Klassenlage, sondern vor allem die Unfähigkeit der an einem deterministischen und eng rationalistischen Marxismus orientierten Partei, aktiv eine kulturelle Alternative zur bürgerlichen Gesellschaft und deren affirmativer Kultur zu fördern und zu entwickeln. Die Bindung an einen weitgehend traditionell bürgerlichen Kunstbegriff freilich bewirkte nicht nur

20 Eine Zusammenstellung der wesentlichsten Argumente der *Jungen* findet sich bei Bock, S. 28.

21 Wilfried Gottschalck / Friedrich Karrenberg / Franz Josef Stegmann, *Geschichte der sozialen Ideen in Deutschland,* hrsg. von Helga Grebing. München/Wien 1969, S. 151.

22 Vgl. vor allem Hans Müllers, *Der Klassenkampf und die Sozialdemokratie.*

die Vernachlässigung des kulturellen Sektors durch die Partei, sondern verstellte auch den bürgerlichen Linksintellektuellen den Blick auf alternative Möglichkeiten der Zusammenarbeit mit der Arbeiterbewegung. Ansätze zum Aufbau einer aktiv proletarischen Gegen-Öffentlichkeit hatte es ja bei der Freien Volksbühne unter Willes Leitung durchaus gegeben, wenn sie auch nicht systematisch entwickelt wurden.

Hier wäre jedoch zu fragen, ob nicht die Vorstellung vom eingreifenden, operativen Schriftsteller, wie sie u. a. Tretjakov, Brecht und Benjamin entwickelt haben, historisch erst später möglich wurde: nachdem nämlich die Avantgarde seit Dada den traditionellen Kunstbegriff gesprengt hatte, nachdem ferner durch die Weiterentwicklung der kapitalistischen Kulturindustrie die Stellung des Intellektuellen im Produktionsprozeß klarer geworden war, als sie es um 1890 sein konnte, und nachdem der Bankrott des wilhelminischen Deutschland im I. Weltkrieg sowie die russische Revolution konkrete Alternativen nicht nur möglich, sondern unumgänglich erscheinen ließen. Bejaht man diese Frage, so läge die ungelöste Problematik der SPD-Debatte um Naturalismus und Linksopposition darin, daß das radikale Potential bürgerlicher Avantgarde und oppositioneller Kulturkritik um 1890 noch gar nicht erfaßt werden konnte, daß vielmehr, wie Peter Bürger in seiner *Theorie der Avantgarde* gezeigt hat, die historischen Avantgarde-Bewegungen den traditionellen Kunst- und Autonomiebegriff erst problematisieren mußten, bevor an eine effektive Verknüpfung von Kunst und Leben bzw. von »bürgerlicher Kunst« und proletarischer Gegen-Öffentlichkeit überhaupt zu denken war. Im Bürgerschen Sinne wäre dann der Naturalismus als Literaturbewegung auch nicht zur historischen Avantgarde zu rechnen, da die wesentlichen Kriterien des avantgardistischen Kunstwerks seit Dada (Auflösung der Werkkategorie, Montage, das Neue, der Zufall)[23] weder im naturalistischen Drama Hauptmanns und Ibsens noch etwa im Roman Zolas gegeben sind. Wenn man allerdings Begriff und Funktion der Avantgarde nicht so weitgehend an den technischen Materialstand der Kunst und an das Verhältnis zur bürgerlichen »Institution Kunst« bindet, wie Bürger das tut, sondern zusätzlich den

23 Vgl. Peter Bürger, *Theorie der Avantgarde*. Frankfurt am Main 1974, bes. Kap. III.

radikalen politischen Kontext berücksichtigt, in dem »Avantgarde« seit Saint-Simons »Opinions littéraires, philosophiques et industrielles« (1825), seit Fourier und Laverdant bis zu den Anarchisten der zweiten Hälfte des 19. Jahrhunderts begriffen wurde[24], dann ließe sich sagen, daß der deutsche Naturalismus, wenn auch nur in der Arbeit Bruno Willes in der Freien Volksbühne und der Linksopposition, durchaus avantgardistische Momente aufwies. Kriterium eines solchermaßen in die politische Geschichte erweiterten Avantgarde-Begriffs wäre die Frage, inwieweit avantgardistische Kunst etwa den stumm bleibenden Erfahrungen der Massen Ausdruck verleiht. Die wachsende Problematik bürgerlicher Kunst rührte ja nicht zuletzt von der Entstehung städtischer Massen im Zeitalter der industriellen Revolution her, und ein künstlerisch *und* politisch sinnvoller Avantgarde-Begriff müßte wohl im Hinblick auf derartige Massenerfahrungen thematisiert werden. Konkret zum Naturalismus wäre z. B. zu fragen, welchen Wahrheitsgehalt ein von Form und Material her traditionelles Werk wie Hauptmanns *Weber* im Verhältnis zur Arbeiterbewegung der 1890er Jahre besaß[25] und inwieweit nicht die Organisations- und Kommunikationsformen an der Freien Volksbühne schon eine Vorstufe darstellen zu jenem avantgardistischen Angriff auf die bürgerliche Institution Kunst, den Bürger erst mit Dada ansetzt. Um mehr als eine Vorstufe handelt es sich allerdings gewiß nicht, und so kommt der Naturalismus-Debatte insgesamt im Rahmen der Entwicklung eines materialistischen Literaturkonzepts und sozialistischer Kulturpolitik nur eine Vorläuferrolle zu, eine Vorläuferrolle freilich, in der manche spätere Aporien marxistischer Ästhetik und Kulturpolitik schon angelegt sind.

24 Vgl. Donald D. Egbert, *The Idea of ›Avant-garde‹ in Art and Politics,* in: The American Historical Review LXXIII:2 (December 1967), S. 339-366; und Renato Poggioli, *The Theory of the Avant-Garde.* New York 1968, bes. S. 8 ff.

25 Vgl. dazu die ausgezeichnete Darstellung bei Brauneck, *Literatur und Öffentlichkeit,* S. 50-86.

Einige Literaturhinweise zum Ästhetizismus

(Da für den deutschen Naturalismus der Literaturbericht von Andreas Huyssen vorliegt und neuere Arbeiten zum französischen Naturalismus vor allem in dem Beitrag von Hans Sanders erörtert werden, beschränken sich die folgenden Hinweise auf Arbeiten, in denen allgemeine Aspekte der Ästhetizismus-Problematik thematisiert sind.)

Th. W. Adorno, *George und Hofmannsthal [...]*, in: ders., *Prismen. Kulturkritik und Gesellschaft*. Frankfurt 1955, 232-282.

P. Bürger, *Ästhetisierende Wirklichkeitsdarstellung bei Proust, Valéry und Sartre*, in: ders., *Aktualität und Geschichtlichkeit. Studien zum gesellschaftlichen Funktionswandel der Literatur* (ed. suhrkamp, 879). Frankfurt 1977, 160-194.

A. Cassagne, *La Théorie de l'art pour l'art en France*. Paris 1906.

M. Diersch, *Empiriokritizismus und Impressionismus. Über Beziehungen zwischen Philosophie, Ästhetik und Literatur um 1900 in Wien* (Neue Beiträge zur Litwiss., 36). Berlin (DDR) 1973.

J. Hermand, *Der Schein des schönen Lebens. Studien zur Literatur der Jahrhundertwende*. Frankfurt 1971.

J. Kammler, *Ästhetizistische Lebensphilosophie*, in: *Georg Lukács* (Text + Kritik, 39/40). München 1973, 8-23.

G. Lukács, *Die Seele und die Formen* [1911] (Sammlung Luchterhand, 21). Neuwied/Berlin 1971; darin die Aufsätze über George und Beer-Hofmann.

G. Mattenklott, *Bilderdienst. Ästhetische Opposition bei Beardsley und George*. München 1970.

M. Nutz, *Werte und Wertungen im George-Kreis. Zur Soziologie literarischer Kritik* (Abhandlungen zur Kunst-, Musik- und Litwiss., 199). Bonn 1976.

B. Rommel, *Transformationen des Ästhetizismus*, in: *Urszenen. Literaturwissenschaft als Diskursanalyse und Diskurskritik*, hrsg. v. F. A. Kittler / H. Turk. Frankfurt 1977, 323-354.

H. Schlaffer / H. Schlaffer, *Studien zum ästhetischen Historismus* (ed. suhrkamp, 756). Frankfurt 1975.

M. Schneider, *Subversive Ästhetik. Regression als Bedingung und Thema von Marcel Prousts Romankunst* (Konzepte der Sprach- und Litwiss., 16). Tübingen 1975.

P. Szondi, *Theorie des modernen Dramas* [1956] (ed. suhrkamp, 27). 90. Tsd. Frankfurt 1977.

R. R. Wuthenow, *Muse, Maske, Meduse. Europäischer Ästhetizismus* (ed. suhrkamp, 879). Frankfurt 1978.

P. V. Zima, *Le Désir du mythe. Une lecture sociologique de Marcel Proust*. Paris 1973.

Dokumentensammlungen:

Das Junge Wien. Österreich. Lit. und Kunstkritik 1887-1902, hrsg. von G. Wunberg. 2 Bde. Tübingen (Niemeyer) 1976.

Literarische Manifeste der Jahrhundertwende 1890-1910, hrsg. v. E. Ruprecht / D. Bänsch. Stuttgart 1970.

Die literarische Moderne. Dokumente zum Selbstverständnis der Literatur um die Jahrhundertwende, hrsg. v. G. Wunberg (Athenäum Paperbacks Germanistik, 8). Frankfurt 1971.

Les Manifestes littéraires de la belle époque. 1886-1914 [. . .]. Paris 1966.

edition suhrkamp

877 Starnberger Studien 1
878 Leithäuser/Volmerg/Wutka, Entwurf zu einer Empirie
879 Peter Bürger, Aktualität und Geschichtlichkeit
880 Tilmann Moser, Verstehen, Urteilen, Verurteilen
881 Loch/Kernberg u. a., Psychoanalyse im Wandel
882 Michael T. Siegert, Strukturbedingungen von Familienkonflikten
883 Erwin Piscator, Theater der Auseinandersetzung
884 Politik der Subjektivität. Texte der italienischen Frauenbewegung, Herausgegeben von Michaela Wunderle
885 Hans Dieter Zimmermann, Vom Nutzen der Literatur
886 Gesellschaft, Beiträge zur Marxschen Theorie 10
887 Über Hans Mayer, Herausgegeben von Inge Jens
888 Nicos Poulantzas, Die Krise der Diktaturen
889 Alexander Weiß, Bericht aus der Klinik
890 Bergk/Ewald/Fichte u. a., Aufklärung und Gedankenfreiheit. Herausgegeben und eingeleitet von Zwi Batscha
891 Friedensanalysen 5
892 Franz L. Neumann, Wirtschaft, Staat, Demokratie
893 Georges Politzer, Kritik der Grundlagen der Psychologie
895 Umberto Eco, Zeichen. Einführung in einen Begriff und seine Geschichte
897 Ralph-Rainer Wuthenow, Muse, Maske, Meduse
898 Cohen/Taylor, Ausbruchversuche. Identität und Widerstand
901 Der bürgerliche Rechtsstaat. Herausgegeben von Mehdi Tohidipur
902 Ernest Borneman, Psychoanalyse des Geldes
904 Alfred Sohn-Rethel, Warenform und Denkform
905 Beiträge zur Soziologie der Gewerkschaften. Hrsg. von Joachim Bergmann
906 Brecht-Jahrbuch 1977
907 Horst Kern, Michael Schumann, Industriearbeit und Arbeiterbewußtsein
908 Julian Przybós, Werkzeug aus Licht
910 Peter Weiss, Stücke II
913 Martin Walser, Das Sauspiel mit Materialien. Herausgegeben von Werner Brändle
916 Dürkop/Hardtmann (Hrsg.), Frauen im Gefängnis
917 Bowles S./Gintis H., Pädagogik und die Widersprüche der Ökonomie
918 Klaus-Martin Groth, Die Krise der Staatsfinanzen
920 Tagträume vom aufrechten Gang. Sechs Interviews mit Ernst Bloch, Herausgegeben von Arno Münster
921 Silvia Bovenschen, Die imaginierte Weiblichkeit
922 Anderson, Von der Antike zum Feudalismus
923 Sozialdemokratische Arbeiterbewegung, Band 1, Herausgegeben von Wolfgang Luthardt
925 Friedensanalysen 6

927 Ausgewählte Gedichte Brechts, Herausgegeben von Walter Hinck
928 Betty Nance Weber, Brechts ›Kreidekreis‹
929 Auf Anregung Bertolt Brechts: Lehrstücke. Herausgegeben von Reiner Steinweg
930 Walter Benjamin, Briefe 1 und 2. Herausgegeben von Gershom Scholem und Theodor W. Adorno
932 Jugendarbeitslosigkeit. Herausgegeben von Gero Lenhardt
933 Ute Gerhard, Verhältnisse und Verhinderungen
934 Sozialdemokratische Arbeiterbewegung, Band 2, Herausgegeben von Wolfgang Luthardt
935 Literatur ist Utopie. Herausgegeben von Gert Ueding
936 Berger/Heßler/Kavemann, Brot für heute, Hunger für morgen
938 Habermas, Bovenschen u. a., Gespräche mit Marcuse
939 Thomas Brasch, Rotter Und weiter
940 Simone Weil, Fabriktagebuch
941 Ute Volmerg, Identität und Arbeitserfahrung
942 Klaus Eßer, Lateinamerika
943 Gewerkschaften und Strafvollzug, Hrsg. v. Lüderssen u. a.
944 Alexander von Brünneck, Politische Justiz
945 Jacques Derrida, Die Stimme und das Phänomen
948 Thompson/Caspard/Puls; Alltagspraxis, Wahrnehmungsformen, Protestverhalten
949 Julia Kristeva, Die Revolution der poetischen Sprache
954 Elias/Lepenies, Zwei Reden. Theodor W. Adorno-Preis 1977
955 Friedensanalysen 7
956 Brecht-Jahrbuch 1978. Hrsg. Fuegi/Grimm/Hermand
957 Gesellschaft, Beiträge zur Marxschen Theorie 11
958 Friedensanalysen 8
959 Martin Walser, Wer ist ein Schriftsteller?
960 Albert Soboul, Französische Revolution und Volksbewegung
963 Starnberger Studien 2
964 Nach dem Protest. Literatur im Umbruch. Herausgegeben von W. Martin Lüdke
968 Frauen, die pfeifen. Herausgegeben von R. Geiger, H. Holinka, C. Rosenkranz, S. Weigel
969 Ernst Bloch, Die Lehren von der Materie
970 Giuliano Scabia, Das große Theater des Marco Cavallo
971 Siegfried Kracauer, Jacques Offenbach
974 Jirí Kosta, Abriß der sozialökonomischen Entwicklung der Tschechoslowakei 1945-1977
979 Bertolt Brecht, Tagebücher 1920-1922
984 Dieter Kühn, Löwenmusik
985 Agnes Schoch, Vorarbeiten zu einer pädagogischen Kommunikationstheorie
989 Brecht-Jahrbuch 1979
992 Naturalismus/Ästhetizismus. Herausgegeben von Bürger/Schulte-Sasse